企业合规师专业水平
培训辅导用书

Cases of Corporate Compliance Management

THE GUIDANCE BOOK
FOR CORPORATE
COMPLIANCE
PRACTITIONER
PROFESSIONAL TRAINING

企业合规管理实务案例

中国国际贸易促进委员会商事法律服务中心
主编

中国法制出版社
CHINA LEGAL PUBLISHING HOUSE

前　言

企业合规最初是为了保护社会公共利益、应对法律监管、避免企业及其员工违法行为，在企业经营管理实践中发展产生。20世纪70年代，程序合规成为企业运营的一部分，旨在防止公司在国际业务中的贿赂和腐败行为。之后企业合规管理范围不断扩大，涵盖更多专项领域，如劳工权益保障、环境保护、金融监管、出口管制、数据保护等。不同企业由于其主营业务、商业战略、合规环境不同，需要满足不同的专项合规义务，但无论哪些合规义务，其核心都在于确保企业运营管理活动符合相关法律法规、监管要求、道德规范和内部政策。随着全球化的推进和市场的开放，企业合规逐渐成为各国企业普遍接受和必须遵循的行为准则，成为现代企业治理的一个重要组成部分，对于推动企业完善治理体系、提升治理能力、实现持续发展，促进整体营商环境优化起到了不可替代的作用。

在当前全球产业链供应链加速重构，新一轮科技革命和产业变革蓬勃兴起的背景下，企业发展面临更加纷繁复杂的外部环境和合规监管要求。主动开展合规管理，建立科学有效的合规管理体系，已成为企业有效应对外部风险挑战，融入全球价值链、产业链、供应链的必然选择。

倡导合规、践行合规、监管合规也是推进法治中国建设和涉外法治工作的实际行动。《法治中国建设规划（2020—2025年）》等中央文件明确要求企业增强合规意识，加强合规管理。国家行政主管部门和司法机关陆续出台合规指导文件、开展合规工作部署，强化合规监管，引导企业合规经营。以尊重规则、诚实守信、公平竞争、践行责任为核心价值的合规管理理念正成为各类市场主体的普遍共识。加强合规经营管理既是企业主动适应合规监管政策，积极服务新发展格局和法治中国建设的应有之义，也是打造企业竞争新优势，建设世界一流企业的必由之路。以企业合规师为代表的企业合规管理专业人员和相关从业人员从中将发挥不可或缺的重要作用。

作为企业合规师国家新职业的申报单位，中国国际贸易促进委员会商事法律服务中心着眼于加快培养企业合规师专业人才，推动形成该职业独立的知识和技术技能框架体系，组织编写了企业合规师专业水平培训辅导用书，在梳理企业合规基本概念、基础理论和重点领域，明确企业合规管理专有的知识体系和从业人员所需的技术技能等方面进行了积极探索。该套书出版一年多来，得到社会各界充分肯定。同时，相关专家学者和企业实务工作者也建议，作为一门实务性的学科，企业合规管理亟需完善以实践为导向的人才培养机制，培训教材和课程也应强化案例研究和实践经验借鉴。近年来企业合规在我国的快速发展，尤其是中央企业和国有企业合规建设的实践，为案例研究提供了较为丰富的素材。我国企业国际化经营中遇到的境外合规监管问题也成为企业合规建设需要关注的重点领域和新方向。为此，我们通过企业调研和相关信息收集整理，选取国内外各类所有制企业合规管理的典型案例，组织编写了这本《企业合规管理实务案例》，作为企业合规师专业水平培训的配套用书。本书第一章至第四章主要解析企业合规管理体系建设的实务案例，从合规方针、合规组织、合规风险管理、合规管理制度与流程、合规审查、合规管理考核与违规问责、合规宣传培训与合规文化等基本要素出发，论述了企业在这些关键环节的实践做法。第五章至第十五章聚焦于反商业贿赂、反垄断、反不正当竞争、反洗钱、数据与网络安全、知识产权保护、环境保护、财税管理、劳动用工等重点专题的企业合规案例，从应遵循的合规义务入手，识别合规风险，解读企业合规重点领域合规管理的措施，力争为读者提供当前企业合规实践的全景式展现。

"见出以知入，观往以知来。"我们希望通过对以往企业合规管理实务经验和合规典型案例的总结分析，能够对企业合规管理从业人员提升专业能力，联系自身实际更好开展合规建设有所裨益。我们也希望本书能够成为建立以实践为导向的企业合规管理人才培养机制的一个有益探索，对于完善相关教材和培训体系，促进企业合规师新职业的健康持续发展有所贡献。

在本书编写过程中，我们得到学术研究领域和企业实务界多位专家的支持和帮助，尤其是中国社会科学院法学研究所、中国政法大学、南昌大学和中国法制出版社等单位的同志在企业调研、材料收集、案例分析、审校出版等工作中付出了辛勤劳动，提供了专业指导。在此，我们向上述单位华忆昕、姜川、杨宇祺、高嘉豪、项祎玮、周婧、杜昕、梅颖、卢剑波、韦宜均、熊君阁、倪胜、陈思瀚、李夏、陈希洁、韦宓、李依秋、赵杨、刘曜榕等同志对本书编写出版所作出的贡献表示诚挚感谢。同时，由于本书编写时间仓促，对于案例选择和解析难免存在疏漏不足，敬请读者提出宝贵意见和建议，以便我们今后对本书进行修订完善。

中国国际贸易促进委员会
商事法律服务中心

目 录

第一章　合规方针与合规组织 / 001

案例一：A 集团的合规方针与合规组织 / 002

案例二：D 公司的合规方针与合规组织 / 006

案例三：Z 集团的合规方针与合规组织 / 011

案例四：B 集团的合规方针与合规组织 / 014

案例五：K 集团的合规方针与合规组织 / 018

案例六：Z 公司的合规方针与合规组织 / 019

案例七：G 公司的合规方针与合规组织 / 022

案例八：S 公司的合规管理组织架构 / 028

案例九：M 公司的合规方针与合规组织 / 034

案例十：O 公司的合规方针与合规组织 / 037

第二章　合规风险管理 / 044

案例一：F 集团的合规风险管理 / 044

案例二：T 公司以风险为导向的合规管理 / 048

案例三：S 集团合规管理案例 / 051

第三章　合规管理制度与合规流程 / 055

案例一：N 集团以"手册管理为抓手"形成的"5+1"合规管理体系 / 055

案例二：H 公司的合规管理制度与流程 / 060

案例三：J 集团的合规管理制度与流程 / 064

第四章　合规管理运行机制 / 069

案例一：G公司的合规审查管理制度 / 069

案例二：A集团建立健全合规审查管理工作机制 / 072

案例三：X公司合规审查的"两个抓手" / 074

案例四：A集团的违规问责 / 076

案例五：N集团通过"手册落实"以考核监督促执行 / 076

案例六：J公司持续合规宣传培训 / 077

案例七：N集团增强员工争做"手册员工"合规意识 / 077

案例八：O公司的合规宣传与培训 / 078

案例九：Z集团创新开展合规管理评价 / 079

案例十：Y公司开展合规评估测试 / 081

第五章　反商业贿赂合规案例 / 085

案例一：S公司"贿赂门"事件开启全球企业强化合规经营 / 086

案例二：G公司在华行贿案 / 097

案例三：世界银行贷款项目"封杀"多家中国企业 / 105

案例四：S公司商业贿赂案 / 114

第六章　金融合规 / 123

案例一：中国某银行反洗钱管理不合规在意大利被罚 / 124

案例二：美国重罚B平台加密货币交易洗钱案 / 133

第七章　HSE（安全、环境、健康）合规 / 141

案例一：B公司生产不合规导致墨西哥湾漏油污染案 / 142

案例二：V公司汽车尾气门案 / 145

案例三：Z公司污染事件 / 149

案例四：B公司违规气体排放案 / 154

第八章　反垄断合规 / 158

案例一：Q 公司因垄断违规被处罚 / 159

案例二：C 平台"二选一"反垄断合规 / 167

案例三：Y 公司维持转售价格案 / 174

案例四：Z 公司滥用市场支配地位案 / 180

案例五：T 公司收购 Y 集团股权违法实施经营者集中案 / 189

第九章　反不正当竞争合规 / 197

案例一：Y 电商平台封号事件 / 198

案例二：K 公司商业诋毁 S 公司案 / 206

案例三：M 企业广告合规良好实践案例 / 214

第十章　财务合规 / 228

案例一：A 能源公司和 A 会计事务所违规 / 229

案例二：Z 公司内部控制案 / 240

案例三：K 公司财务造假案 / 247

第十一章　数据安全合规 / 258

案例一：D 公司网络数据安全审查案 / 259

案例二：G 公司位置数据案 / 263

案例三：L 公司违规收集个人信息案 / 267

案例四：T 公司数据合规管理实践 / 280

案例五：A 公司算法合规良好实践案例 / 291

案例六：Z 公司数据合规良好实践案例 / 299

第十二章　出口管制合规 / 306

案例一：X 公司出口管制案 / 307

案例二：Y 公司出口合规管理实践 / 311

第十三章　知识产权合规 / 316

案例一：B 公司知识产权合规管理实践 / 317

案例二：P 公司商标侵权案 / 322

第十四章　税务合规 / 328

案例：W 因"税务不合规"被查 / 329

第十五章　劳动用工合规 / 341

案例一：M 公司"灵活用工"合规案 / 342

案例二：W 公司竞业限制纠纷案 / 350

第一章

合规方针与合规组织

目前国内外发布了很多关于合规管理体系的标准和指引,包括但不限于:(1)巴塞尔银行监管委员会《合规与银行内部合规部门》;(2)经合组织《内控、道德与合规 最佳行为指南》;(3)世界银行集团《诚信合规指南》;(4)亚太经合组织《高效率公司合规体系基本要素》;(5)国际标准化组织《反贿赂管理体系 要求及使用指南》;(6)国际标准化组织《合规管理体系 要求及使用指南》;(7)美国司法部《企业合规计划评估》;(8)我国国务院国资委《中央企业合规管理办法》;(9)我国发改委等七部委《企业境外经营合规管理指引》。

关于企业应如何建立有效的合规管理体系并没有统一的答案。实践中在进行合规体系建设前通常需与企业管理者就合规的目标、宗旨及总体框架达成一致意见,企业应在考虑"成本-收益"的基础上,按照自身的合规风险和需求,构建合规体系,采取合规措施。有效的合规体系通常有一些共同规律,即相同的核心要素,包括:合规方针、合规组织、合规风险管理、合规管理制度与流程、合规管理运行机制等。

建立合规管理体系,首先需要明确企业的合规方针和目标,确保合规成为企业核心价值观之一。合规组织体系的建设一般需要包含以下内容:

一是合规治理机构(如董事会、最高管理层)的合规管理职责及合规承诺;

二是合规管理机构(包括合规委员会、首席合规官、合规管理部门)的职责;

三是合规管理部门的工作机制,包括汇报路线、与其他职能部门之间配合,可以从"三道防线"的角度上去说明;

四是如何保障合规管理的独立性、专业性等。

案例一：A集团的合规方针与合规组织

A集团是国有重要骨干企业，在国资委启动合规建设部署之初，便结合自身特点及时响应。在大方向上，A集团着眼行业全产业链的发展大局，对标世界一流企业合规管理，制订了《A集团合规管理体系建设方案》，对全集团合规建设进行系统部署，科学规划了合规三年建设期的阶段性目标和重点任务。在落实方案时，A集团又发布了《A集团合规管理办法》等规章制度，下发了《合规管理手册》等配套文件，进一步明确了公司治理层、经营管理层、工作执行层等各层级的职责，回答了"合规是什么""合规怎样管"等关键问题，厘清了合规管理与法律事务、风险内控、纪检监察等业务职能的权责边界，确保成员单位推进合规工作有据可依。在集团公司的推动之下，成员单位的合规管理工作也随之走实走远，人员队伍持续壮大。

A集团在推进合规管理建设之初面临两个主要难题，一是缺少顶层设计，合规管理不成体系，以致工作的计划性、系统性尤为欠缺（如相关职责散布于审计、纪检、人事、财务等不同部门，合规管理职能界限不清晰）；二是合规管理机制不够健全，不能达到覆盖经营管理各领域和各层级的管理要求，合规管理缺乏有效载体，针对性和实效性不强。A集团就此专门制订了合规管理体系建设方案，从基础开始推进各项工作落实落地，切实保障了"一年一小步、三年一大步"的进展。2022年，A集团以统筹推进"合规管理强化年"专项工作及经营业务合规问题治理专项行动为契机，进一步找问题、抓短板、强弱项，持续强合规、抓管理，推动了全集团合规经营管理水平再上新台阶。[①]

一、合规方针保障合规建设要求

A集团以习近平法治思想为指导，旗帜鲜明，尊法治、强合规，以贯彻落实国务院国资委《中央企业合规管理办法》（以下简称《办法》）为重要抓手，深入开展"小远散"单位违法违规问题整治，持续推动成员单位牢固树立依法合规经营意识，不断筑牢依法合规经营"防火墙"。

企业合规方针作为实施合规管理的纲领性文件，以合规管理体系设置完整且具有有效性为建设目标。A集团合规方针主要包括以下三个方面：

---

① 参见A集团官网。

（一）坚持"三个突出"

首先，突出顶层推动，针对合规管理工作，A集团董事会专题听取年度合规汇报并对全年合规管理工作统筹指导，A集团董事长对完善合规管理体系，提升合规管控水平提出明确要求，从领导层的态度传达做好合规工作的重要性。其次，突出系统思维，制订印发《"合规管理强化年"专项工作方案》及工作台账，明确任务和具体措施。召开合规管理推进会，集团总经理出席会议进行动员部署。最后，突出工作时效，各专业化公司、直属单位主要负责人履行合规管理第一责任人职责，推动本级及下属单位合规管理工作，形成自上而下依法合规经营的良好氛围。

（二）把握"三个聚焦"

"三个聚焦"包括"聚焦组织领导""聚焦重点领域""聚焦整改提升"。"聚焦组织领导"通过两个步骤来实现，第一个步骤是成立专项行动领导小组，让集团领导参与到合规工作中，由董事长担任组长，总经理、副总经理、总会计师任副组长，其余领导任组员；第二个步骤是下设领导小组办公室，并明确由合规部门专项负责经营业务合规问题治理工作。"聚焦重点领域"即在总体方案基础上，进一步在工程建设、贸易业务、采购招投标、安全环保等重点业务领域出台专项工作方案。"聚焦整改提升"，是以提升合规管理能力为目的，A集团在合规工作中发现风险问题，在逐一明确整改措施及责任人的基础上，自我加压收紧整改期限。此外，集团领导带队赴成员单位开展合规督导，强化依法合规经营意识，全系统完善管理制度，巩固治理成果。

（三）做到"三个到位"

第一个到位即"学习《办法》到位"，A集团组织全系统认真学习《办法》，推动各级单位做好合规管理体系建设。第二个到位即"贯彻《办法》到位"，在对《办法》深入研究的基础上制订《关于落实〈中央企业合规管理办法〉工作实施方案》，作为合规工作的开展依据。第三个到位即"执行《办法》到位"，在推进合规工作过程中需将《办法》提出的各项要求全面、准确落实到业务各流程、各环节。

二、建立合规管理组织体系

A集团以全面合规管理体系建设和专项重点领域合规管理强化为抓手，不断推进合规管理体系化、制度化、规范化和标准化，实现了"七大转变"。

（一）合规组织

作为一项系统工程，合规管理并非仅凭一个岗位或一个部门之力可以完成，它涉及经营的各个方面和环节，必须在统一的制度和体制框架下，分工负责、协同联动、齐抓共管。只有组织协调有力，各部门相互支持配合，形成合力，才能充分发挥组织管理体系和职能部门的优势，实现合规管理与各项业务衔接融合，并在实践中不断改进完善合规机制，把合规管理各项工作落实到位。因此，对于合规管理工作组织领导的力度，直接决定着合规管理工作能否有效开展。A集团以重组为契机，成立合规管理专门机构。

在建立健全合规管理组织体系的过程中，A集团研究并落实了三项重点工作：

一是突出"关键少数"领导作用。"关键少数"是合规建设的关键，必须由领导率先垂范，践行合规建设组织者、推动者、实践者的职责，以此为合规建设确定方向、道路、进度。A集团董事会每年定期听取合规管理情况报告，研究合规管理重点工作，提出工作要求。集团董事长亲自为《合规手册》、涉外合规指引作序，公开表明A集团合规态度。集团总经理亲自发布《合规手册》，组织召开合规管理推进会、涉外法治工作会等专题会议，统筹谋划合规管理工作。集团公司主要领导也切实引导成员单位的"关键少数"重视合规、履行好职责。同时，A集团还通过将"关键少数"履职情况纳入合规评价、组织开展领导干部合规培训、发布合规清单等措施，从机制上进行规范要求。在集团公司主要领导的示范带动下，成员单位把合规建设作为"一把手工程"落实落地，主要负责人签订合规承诺、主持合规会议、发布合规宣言、参与合规活动等成为常态。

二是推动"三道防线"职责落地。为确保"三道防线"职责落地，促成对合规风险有效管控的管理闭环，A集团主要从两方面入手：一是明确"三道防线"的各自职责。首先，业务开展的第一步就着手预防风险，这是业务部门和职能部门作为"第一道防线"的责任。其次，要发挥统筹协调、组织推动、督促落实的作用，建立健全合规管理体系，组织开展合规风险识别、预警和应对处置，保障合规的各项机制有效运转，不断增强系统性和针对性，这是合规归口管理部门作为"第二道防线"的责任。最后，重视发挥监督作用，对违规行为严肃问责，这是纪检监察、审计巡视、监督追责等部门作为"第三道防线"的责任。二是确保"三道防线"各尽其责。在制度规定的基础上，A集团通过制定重点岗位合规职责清单、明确各部门合规管理员职责、编制重点业务合规管理要求等方式，推动"第一道防线"有效落地，在具体部门设立专岗专员履行合规管理职责。同时建立合规与法务在重要决策审核、与内控在内部规范建设、与审计在合规风险线索共享等方面的协同联动机制，实现了"第二道防线"持续稳固。在"第三道防线"上，以各有关监督追责部门的业务职责为基础，厘清各自权限和职责边界，避免权责不清。

三是强化"上下联动"层层落实。A集团始终重视总部与成员单位间的协调共振。在组织推动上，A集团总部通过召开工作会议、印发工作文件等形式将国资委合规管理要求传达至各成员单位，并通过工作部署、现场督导、检查评价、培训指导等多种方式，推动合规管理在成员单位全面铺开。在作用发挥上，A集团总部要求成员单位切实履行好主体责任，因地制宜、实事求是地建立健全本单位合规管理体系，鼓励成员单位在完成好"规定动作"的基础上积极创新，做好"自选动作"，逐级筑牢合规管理基础。在信息共享上，建立上下级单位之间、上下游单位之间、成员单位之间的信息共享机制。统筹组织共性合规指引编制，鼓励成员单位相互学习、交流合规管理经验。在机制保障上，发挥考核"指挥棒"作用，将合规管理情况纳入对成员单位考核和"业绩突出贡献奖"的约束项指标，倒逼成员单位不断提升合规管理能力，确保合规管理工作落地见效。

三、合规要点解读

A集团结合自身特点及时响应国资委合规建设要求，着力推进合规管理的体系化和制度化，在合规实践中确立了坚持"三个突出"、把握"三个聚焦"、做到"三个到位"的合规方针。在大方向上，A集团着眼全产业链的发展大局，对标世界一流企业合规管理，研究制订《A集团合规管理体系建设方案》。通过划分体系构建、重点推进、优化完善三个阶段，制定具体措施，明确时间表、路线图，有效保障了集团合规管理工作的开展，对全集团合规建设进行系统部署，科学规划了合规三年建设期的阶段性目标和重点任务。在落实方案时，A集团又发布了《A集团合规管理办法》等规章制度，下发了《合规管理手册》等配套文件，进一步明确了公司治理层、经营管理层、工作执行层等各层级的职责，回答了"合规是什么""合规怎样管"等关键问题，厘清了合规管理与法律事务、风险内控、纪检监察等业务职能的权责边界，确保成员单位推进合规工作有据可依。同时，在PPP业务、境外业务等重点领域编制多份专项指引，建立起以《合规管理手册》为核心，由合规管理基本制度、重点领域合规管理具体制度、具体业务合规管理专项指引组成的"四位一体"合规管理制度体系，确保合规管理各项工作有章可循。在集团公司的推动之下，成员单位的合规管理工作也随之走实走远，人员队伍持续壮大。

在合规组织层面，A集团为将全面依法治国战略落到实处，全面贯彻法治央企要求，成立了党委领导下的法治工作领导小组，党委书记、董事长任组长，总经理和总法律顾问任副组长，全面领导公司法律合规工作。公司制定了《企（事）业单位主要负责人履行推进法治建设第一责任人职责实施意见》并逐项对照落实。公司党委至少每半年听取一次公司法律合规专题汇报，党委会和党委中心组学习将习近平法治思想和依法治理作为重要学习内容。公司党委书记、董事长主持发布《合规手册》，率先签署《合规承诺书》，在《合规管理手册》、海外反腐败合规管理指引中撰写寄语。总经理亲自发布《合规管理手册》。同时，多次组织、督促、指导成员单位深入开展重点业务领域合规管理工作。各成员单位结合自身经营业务及管理实际，在进出口、知识产权、股权投资等十余个重点业务领域，编制合规管理专项指引。在合规组织层面始终坚持发挥领导干部"关键少数"的示范引领作用，形成自上而下的合规管理组织体系。

案例二：D 公司的合规方针与合规组织[①]

D 公司是一家拥有光伏发电、风电、核电、水电、煤电、气电、生物质发电等全部发电类型的能源企业，是全球知名光伏、新能源和清洁能源发电企业。公司坚持"业务高质量发展"和"依法合规、行稳致远"双轮驱动，一方面业务迅速发展壮大，另一方面在合规风控方面也牢牢守住红线，管理成果屡获佳绩。

一、D 公司合规方针

2015 年国资委印发《关于全面推进法治央企建设的意见》，鼓励中央企业探索建立法律、合规、风险、内控（以下简称"四项职能"）一体化管理平台。2019 年，国资委发布《关于加强中央企业内部控制体系建设与监督工作的实施意见》，提出建立健全以风险管理为导向、合规管理监督为重点，严格、规范、全面、有效的内控体系，实现"强内控、防风险、促合规"的管控目标。D 公司积极落实国资委要求，从推动公司战略发展的高度，深入研究四项职能一体化管理平台建设的可行性，结合业务特点和企业管理实际，在四项职能体系各自独立的前提下，将其统一在法治建设的框架下，以四项职能协同运作作为一体化管理平台建设的逻辑基础和切入方式，基本形成面向业务、基于流程、根植岗位的四项职能协同运作模式，取得了较好的效果。

D 公司以协同运作作为企业合规方针，其应用价值因建设世界一流清洁能源企业的战略目标对企业系统防控风险提出了更新的、更高的要求，需要通过协同运作强化内部管理，提高运营效率，系统防范风险，实现资源高效利用。四项职能协同运作对于企业补齐短板、夯实基础、更加有效地防控风险具有较高的实用价值和意义。

第一，协同运作能够进一步加强企业风险防控。通过基于法治的法律、合规、风险、内

[①] 参见 D 公司官网。

控协同运作，充分地统筹了项目前期、建设期（实施阶段）、运营期、退出期"全生命周期"各阶段的风险管控；统筹了企业管理"三道防线"各维度的风险管控；统筹了职能监督、审计监督、法律监督、合规监督、巡视监督"大监督"格局下风险事项的整改和处置。

第二，协同运作能够进一步提高企业管理质效。通过基于法治的法律、合规、风险、内控协同运作，进一步明晰各项职能的逻辑结构和体系界面，找到四项职能的最大公约数和最小公倍数，剔除了职责交叉、重叠的冗余工作，弥补了单一职能对全面风险防控的不足和遗漏，最大限度地避免工作重复，减少资源占用，节约管理成本，提升管理效率，提升专业能力。

第三，协同运作能够进一步整合企业管理资源。基于法治的法律、合规、风险、内控协同运作使风险管控第一时间响应业务需求，第一时间传递市场信息，业务人员第一时间获得解决方案，第一时间完成业务赋能。通过历史数据整理、分析，做出风险趋势判断，通过海量案例归类、分析，提供解决问题初步方案。实现战略管控与风险管控的有机统一，职能管理与综合评价的有机统一，职能监督与审计监督的有机统一。

基于法治的法律、合规、风险、内控协同运作是在全面推进依法治国，建设中国特色社会主义法治体系的背景下，D公司贯彻落实国资委法治央企建设的一项前瞻性、探索性的管理创新，具有十分重要的现实意义和实践价值。

D公司基于法治框架的四项职能协同运作模式，以体制协同为前提，以体系协同为基础，以机制协同为主线，以岗位协同为重点，以规范化、信息化、智能化、数字化为手段，以人才队伍建设为保障，聚焦关键事项实现"一岗式审查"，聚焦内控体系实现"一站式评价"，聚焦风险管控实现"全景式支持"。

公司合规管理体系建设以"全面覆盖、全员合规、协同联动、客观独立、突出重点"为原则，采用"顶层设计，分级管理"模式。为落实体系建设，总部成立合规领导小组，二级、三级单位结合本企业实际，确定合规牵头部门并配备专（兼）职合规人员，实现组织建设，解决人的问题；配套完成业务流程梳理、合规制度、合规手册、合规表单编制，开展合规承诺、合规培训，全面实施各层面合规动作，落实事的问题。

D公司对合规管理五方面的总结和认识，值得各企业借鉴学习：

一是以准确定位为出发点，强化合规管理体系设计；

二是以规范运作为着力点，强化合规管理方式方法；

三是以创造价值为落脚点，强化合规管理作用发挥；

四是以合规风险为主干线，强化合规管理目标导向；

五是创新开展合规、法律、风险、内控协同运作。

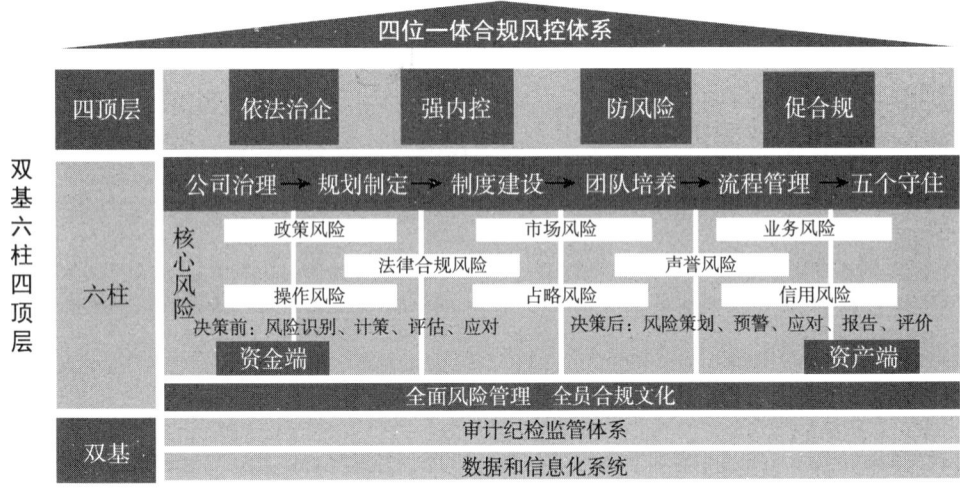

图 1-1　D 公司"双基六柱四顶层"立体式合规风控体系①

二、D 公司合规组织

D 公司成立了法治央企建设领导小组,与合规领导小组合署,在党组领导下开展工作。组建董事会风险(合规)管理委员会,履行风险、合规、内控专业委员会职责,把具体的法律风险、合规风险和内控缺陷纳入风险管理范畴,风险管理报告在提请党组会审议并完善后,提请董事会审定。把风险管理体系和内部控制体系融入法治央企建设体系框架,法治央企建设规划及实施方案在提请党组会审议并完善后,提请董事会审定;年度法治央企建设工作要点和考评报告经法治央企建设领导小组审定后向风险(合规)管理委员会汇报。党组、董事会定期听取法治建设和风险防控情况汇报。

(一)体制协同

体制协同是指四项职能在组织领导和责任划分方面建立的协同关系,主要解决四项职能在公司治理和职能管理中定位问题。依法治国是党领导人民治理国家的基本方略,依法治企是法治社会的重要组成部分,也是企业治理的基本方式。

在企业治理架构中,各治理主体在依法治企中履行相应职责。"防风险"是董事会职责之一,董事会对合规、风险、内控管理的有效性负有最终责任。把四项职能统一在法治建设框架下,党组织履行决策前置程序,董事会履行决策程序。在党组织下设专项领导小组,在董事会下设专业委员会,分别负责相应议事协调和专业审查工作,为董事会决策提供意见和建议。

---

① 《D 公司荣获第二届电力企业合规管理成果特等奖》,载中国能源普法网,2023 年 12 月 5 日。

（二）体系协同

体系协同是指四项职能在管理理念、机构设置、职责划分、方法工具、人员配置等管理要素方面建立的协同关系。通过对四项职能工作的系统梳理，四项职能工作在计划、实施、检查、整改、信息共享、独立报告、能力培训、考核评价八个方面具备协同因子，在相关工作开展过程中能够实现"五同时"，即同计划、同部署、同实施、同检查、同考核。四项职能间具有较强的关联性，其中法律与合规高度关联，风险与内控高度关联，将四项职能统一归口一个部门有利于建立协同关系，如果四项职能不能归口一个部门，可将法律与合规归属一个部门管理，风险与内控归属一个部门管理。近年来，随着国资委大力推进法律、合规、风险、内控一体化管理平台，在实践中有很多中央企业将法律、合规、风险、内控四项职能归属同一部门，为四项职能协同运作提供组织保障。

在体系协同方面，目前 D 公司总部把法律、合规、风险、内控四项职能整合到法律部，下属二级单位中，大多数单位将四项职能归口一个部门，还有一些单位将法治、合规职能归口到法律部，风险、内控职能归口到战略部或审计部，为探索实施四项职能协同运作奠定基础。D 公司制定了《法治建设规定》，明确在法治框架下，建立法律管理、合规管理、风险管理和内部控制体系，使四项职能的管理体系在保持各自独立的前提下，统一在依法治企的逻辑框架之下，实现同计划、同部署、同实施、同检查、同考核。在规范管理的基础上，通过建立信息化平台，实现协同运作和信息共享。

（三）机制协同

机制协同是指四项职能在工作事项、规则、程序、标准、评价等方面建立有机联系和高效运转的工作方式，把属性类同、高度关联的工作事项一次完成，最大限度地避免工作重复、交叉，使四项职能高质量服务保障业务发展。通过审查决策事项、法律文件、体系文件发现业务领域风险，确定专项评价和风险管控重点领域；通过合规评价、内控评价和风险评估监督检查业务过程风险控制情况，并建立台账；通过管控风险台账和内控缺陷台账整改落实情况，完善管理体系和管理机制，实现风险可控在控；通过梳理评价报告、评估报告、审计报告、后评价报告、巡视报告揭示的问题，建立问题库，建立风险预警体系。

（四）岗位协同

岗位协同是指四项职能在岗位上职责明确、相互配合，实现工作有序开展，面向业务快速、高效响应，达到节约信息传递与沟通成本，提高工作效率和质量的效果。在岗位协同方面，D公司合同审查和决策事项审查以合规为主线，整合法律、风险、内控要求，在同一岗位实现合同、协议、章程、投资项目等决策事项和法律文件审查一次完成；体系文件和规范性文件的审查以内控为主线整合法律、合规、风险要求，在同一岗位实现制度、流程、工作方案、实施意见等体系文件和规范性文件审查一次完成。

在实际工作中，四项职能基于流程，根植岗位开展工作，四项职能归口管理部门需要在内部岗位设置、定位与职责方面进行必要调整与优化，以保障协同运作的最终落地。

由于四项职能既要体现并发挥其专业性，又要在具体业务中发挥协同作用，在岗位设置上可将部门岗位分为体系和业务两大类。体系类可设置法治建设岗，以整合开展四项职能体系性工作为主，具体包括体系建设与维护、文化宣贯/培训、报告、考核等。业务类可分为法律合规和风险内控两个条线，法律合规条线下设置法务岗和审查岗，法务岗以日常法律事务工作为主，包括法律文书范本起草、商事谈判、法律救济、案件处理、外部律师管理等；审查岗基于关键业务事项开展"一岗式审查"，根据审查对象不同配备相应人员将岗位代入不同角色，一岗完成并出具审查意见，同时设置复核岗保障审查质量；风险内控条线下设置风控岗和评价岗，风控岗主要围绕重大风险开展风险研判、专项评估、应对与监控等工作；评价岗统筹开展合规管理、内部控制、风险防控的综合评价以及各类专项评价工作。两个条线岗位间实行A/B岗制，相互备岗。

三、合规要点解读

企业在合规管理组织体系建设时，应当进行以下考量：

1. 匹配原则

匹配原则是建立合规管理体系的一个基本原则，进行企业合规管理策划时，应与企业对应的大中小微型匹配。这样的匹配包括以下方面：

（1）合规管理组织结构和职责分工；

（2）合规管理体系的文件化信息；

（3）合规风险的防控模式与合规管理成本考量；

（4）合规管理信息化实现方式。

工业和信息化部、国家统计局、发展改革委、财政部研究制定发布的《中小企业划型标准规定》对各行业企业大中小微型有一个划型标准，根据企业从业人员、营业收入、资产总额等指标划分。

2. 企业发展对合规管理的要求

（1）合规管理是企业发展长期成功的基石

ISO37701：2021 明确以长期成功为目标的组织需要建立并保持一种合规文化，同时考虑到相关方的需求和期望。合规不仅是成功和可持续组织的基础，也是机遇。每一家企业都希望长期成功，不合规会导致各种不良后果，包括人身和环境损害、经济损失、名誉损害、行政处罚以及民事和刑事责任等。

（2）合规管理要求因企业而异

每一家企业的合规管理体系都是唯一的、个性化的，都与该企业所处的特定外部环境和内部资源禀赋、管理水平相适应。在不同国家的企业，适用的法律不同，在不同行业的企业，专业业务的适用法律不同，他们的合规管理体系自然不同。在相同行业的企业中，合规管理体系是否应该相同呢？从实践来看也不相同。同行业的企业，如上述所提及的大中小微型企业分类一样，大型企业向社会提供的服务、产品更全面，生产经营活动更复杂，合规管理的幅面自然就宽。同行业里规模相同的企业，其合规管理体系是否相同？这是企业合规管理体系个性化特征的主要分析点。同行业的两家企业，人数大致相同，经营的市场相同，哪怕这两家企业内部人员的生产经营业务分工是一样的，企业的愿景、目标也是一样的，还是会因为这两家企业的最高领导对合规风险的处理偏好不同，对企业所面临的合规风险、机会的应对处理策划而不同。

（3）合规与企业价值观、目标和战略一致

根据 ISO37301：2021 的要求和建议，企业在理解其环境时，要考虑业务模式，包括企业活动和运行的战略、性质、大小、规模、复杂性和可持续性；企业的合规管理体系应反映企业的价值观、目标、战略和合规风险，并且应结合企业环境；在合规领导作用中，要求确保确立的合规方针、合规目标与企业的战略方向相一致。作为企业最高管理者，要确保企业对合规的承诺与其价值观、目标和战略一致，以便恰当地定位企业合规工作；企业结构或战略发生改变时，要进行合规风险再评估；制定企业合规方针时，要考虑组织的战略、目标、文化和治理方法。总之，企业的合规管理体系必须满足企业的价值观、目标和战略实现需要，为企业的战略发展服务。

案例三：Z 集团的合规方针与合规组织

Z 集团是一家知名国际工程承包企业。多年来，在世界一百多个国家和地区从事港口、码头、航道、公路、桥梁、铁路、隧道、市政等基础设施建设。

近年，海外市场成为Z集团打造国际化企业的重要战略市场。自实施大海外战略以来，Z集团着力转变海外业务发展方式，调整产业结构，健全管理体系，构筑管控支持平台，不断提升发展质量，经营业绩取得了不断攀升。为保障顺利实施大海外战略，Z集团建立并实施了海外业务合规风险管理体系，加强对海外业务的风险管理。[①]

一、Z集团合规方针

根据国际政治经济形势，国家宏观政策调整以及公司业务发展情况，Z集团对境外投资业务的管理思路在于有收有放，具体可体现在"五管"，即管主体、管投向、管程序、管回报、管风险。

管主体是指基于公司内部各企业发展程度不同，限定若干家具备相关实力的企业作为投资主体，可独立开展境外投资项目。同时鼓励公司内部其他企业发挥自身优势，广泛获取信息，以参股等形式积极参与配合投资主体开展的境外投资业务。

管投向是指强调战略规划引导和聚焦主业，强调风险防控。鼓励开展有利于"一带一路"建设和周边基础设施互联互通的境外投资项目，鼓励发展带动优势产能输出的境外投资项目等。限制在敏感国家/地区开展境外投资，限制在境外投资敏感行业等。

管程序是指强调境外投资项目决策过程中需遵循相关程序，确保符合法律规定及相关制度。相关项目准备和决策环节包括项目筛选策划、立项、尽职调查、可行性研究、论证评审和投资审批等。明确各环节要求，违反相关规定、未能履行或未正确履行相关程序而造成损失及其他严重不良后果的需要追究责任。针对项目实际情况，对部分符合条件的项目适当简化审批流程，真正实现有收有放、管促结合。

管回报是指针对不同类型境外投资项目设置财务评价指标基准值作为投资收益底线。强调项目全生命周期管控，对重大项目实施情况进行监督检查，明确针对境外重大投资项目要开展后评价和审计，明确投资主体需拟定投资退出方案。

管风险是指对境外投资项目进行全过程风险管理，通过在项目管理各个环节和经营过程中执行风险管理基本流程，建立健全全面风险管理体系。

二、Z集团合规组织

Z集团设立包括决策层、经营管理层、职能部门直至海外办事处的合规管理组织机构，赋予各层次机构应负的职责与权限。在集团、集团所属单位及海外分（子）公司、办事处三个管理层级设立合规官。合规官按照合规风险管理职能报告路径，就重大合规事项向上级合

---

① 参见Z集团官网。

规官进行独立汇报和沟通。组织机构的设立遵循独立性原则，承担合规风险管理职能的部门和人员不得承担市场营销、采购等可能与其合规职责发生利益冲突的职责，保证处理问题时的公允性和客观性。在具体组织建设上，其合规组织包括：

（一）明确员工合规职责及行为合规要求，建立防范合规风险的"第一道防线"

将员工行为合规作为集团的一项基本政策，细化行为准则，签订合规声明，落实员工合规责任，把好高风险岗位员工的聘用关。招聘高风险岗位员工时进行合规背景调查，对新入职员工的教育背景、工作经历、个人诚信等基本信息进行严格审查，面试环节增加个人诚信、合规意识方面的考察，并向其说明公司的合规政策。对高风险岗位员工的选拔和任用，纪检监察部门需签署廉政鉴定意见，员工本人签订合规声明和廉洁从业承诺。

（二）对高风险事项进行合规审查，建立防范合规风险的"第二道防线"

对高风险事项进行事前合规审查，从源头上防止发生违规事件。例如，招聘高风险岗位员工时，要对候选人进行合规背景审查，了解其是否有违法犯罪、受到行业禁入限制等。选择合作方时，要进行合规尽职调查，了解其所在国家或地区的营商环境、公司受益人、董事及高管情况、在市场的声誉以及诉讼等。进行业务招待前要进行合规审批，审批时要充分考查礼品和款待的价值是否符合当地风俗习惯和社会经济条件的正常标准，礼品和款待的场合、对象、频率、接受者的职位和社会地位是否符合业务招待的基本原则。

（三）设置合规官，建立防范合规风险的"第三道防线"

Z集团将合规官作为合规管理的关键要素之一。在集团及所属单位及3人以上的海外分（子）公司、办事处设合规官。合规官的主要职责有三：一是负责识别、评估、监测和报告合规风险，提出风险防范和应对方案；二是对第三方聘用、采购招标、投标、合同管理、业务招待、业务付款等审批事项中高风险环节进行合规审查；三是受理违反合规管理的内外部投诉和举报，对违规事件组织调查等。此外，集团各级合规官均具有就重大事项直接向上级合规官报告的权利。合规官的设置，明显提高了企业及时识别、预防合规风险的能力。

（四）构建合规交叉审查，建立防范合规风险的"第四道防线"

定期抽调合规官对海外各单位进行合规交叉审查，既对合规管理流程的执行情况进行审查，也对合规官的履职情况进行审查。

案例四：B 集团的合规方针与合规组织

一、B 集团合规方针

B 集团是中国主要的汽车企业之一。其合规工作全面覆盖"三个层次"，即从一级企业牵头优先健全完善，给二级企业示范、支持、指导；二级企业再健全完善，之后再覆盖到三级以下企业，保证合规管理的独立性，完善了汇报机制。倡导并践行"处处""人人""事事""时时"的合规理念以及"尚法、崇德、博学、敬业"的合规文化。

（一）一流标准、B 集团特色。通过对标借鉴世界一流企业的先进经验，结合 B 集团实际，健全完善国内一流、国际领先的能有效落地的合规管理体系。

（二）全面覆盖、重点管控。坚持将合规要求覆盖各业务领域、各部门、各级子企业及分支机构和全体员工，贯穿决策、执行、监督全过程。对于重点领域、重点环节和重点人员进行重点管控。

（三）有机融合、协同联动。推动合规管理与法务、内控、审计、纪检监察等工作相统筹、相衔接，将合规管理全面嵌入企业规章制度、工作标准及业务流程中，确保合规管理体系与业务有机融合并有效运行。

（四）一体规划、分层推进。集团公司合规管理中心组织健全完善集团公司合规管理规划，确保每一阶段目标的实现。合规管理的具体工作通过"三个层次"逐级、逐步有效覆盖，并健全完善。

二、B 集团合规组织

B 集团健全完善了党委会、董事会、监事会及经营层的合规职责，同时也健全完善了合规管理综合部门（法律与合规部）、合规专项部门、合规参与部门职责及协同联动机制；建立有效的"3 个 3"的合规组织体系，形成"三位一体"的合规管理组织架构，即除健全完善党委会、董事会、监事会及经营层的合规职责外，健全完善合规管理综合部门、合规专项部门、合规参与部门职责及协同联动机制。有效的合规风险防控的"三道防线"，即业务部门是防范合规风险的"第一道防线"（业务人员及其负责人应当承担首要合规责任），法律与合规部门是防范合规风险的"第二道防线"（也是合规管理体系建设的责任单位），内部审计和纪检监察部门是防范合规风险的"第三道防线"（监督企业整体风险防控措施的有效性）。

为保证合规管理的独立性，完善的汇报机制必不可少，因此保障总法律顾问（首席合规官）等合规负责人（未设总法律顾问或首席合规官的，指法律与合规机构负责人，下同）就重大合规事务能直接向董事会（或执行董事）、监事会（或不设监事会的监事）、董事长、总经理（或总裁）汇报的机制是建立有效合规管理体系中重点完成的一项工作。同时，还需要保障下属公司首席合规官等合规负责人就重大合规事务可以直接向集团首席合规官、集团公司合规管理中心汇报的机制。

B集团在诚信合规价值观的指引下，持续开展包括完善合规重点领域、合规运行机制的更新、加强体系化建设、坚持信息化管理、提升团队执业能力的五项保障，提升机制和合规信息的引进、加强风险识别与预警、优化合规审查与筛查、推进合规评估与考核、强化监督与问责、广泛开展宣传与培训的六项运行提升机制在内的合规提升计划。[①]

三、合规要点解读

（一）B集团合规管理体系建设

1. 合规风险识别与评估

合规风险识别与评估是有效开展合规管理的基础。B集团法律与合规部持续加强合规风险识别与评估的相关工作，并融入日常工作中。

（1）定期合规风险识别与评估。B集团结合行业合规风险与业务实际，系统开展了合规风险识别，识别发现15个类别，共计90余项合规风险，形成合规风险清单，并定期进行更新。针对所识别的合规风险，法律与合规部通过合规联席会议机制、合规风险嵌入机制、合规审查机制等加强了重点管控。同时，法律与合规部制订了《合规风险识别、评估规范》，指导各下属企业开展合规风险识别相关工作。

（2）专项合规风险识别与评估。如涉外合规风险、App数据合规风险等专项风险识别与评估。

（3）日常合规风险识别与评估。法律与合规部通过合规举报及合规审查等方式在日常工作中持续开展合规风险识别与评估工作，并积极指导及支持下属企业开展相关工作。

2. 加强合规审查及强制咨询

合规审查及强制咨询机制是B集团合规管理工作的重要抓手，尤其是涉及合规重点领域、重点环节及重点人员的管理。

---

① 参见B集团官网。

3. 完善合规举报及调查管理

合规举报及调查是合规监督的重要途径，B 集团结合工作实际，修订《合规举报管理办法》并制定了《合规举报工作规范》以加强合规举报及调查。2019—2020 年，B 集团共计接收了 237 起合规举报，涉及合同纠纷、产品服务质量投诉、廉洁自律、招投标、劳动纠纷等方面的内容，根据相关管理办法立案处理 19 件，对于依据相关管理办法不予立案的举报案件也尽力安抚来电人的情绪，予以协调妥善处理。

4. 完善合规信息化系统建设

B 集团积极开展了合规管理信息化系统建设，搭建了 B 集团合规智慧管理信息化系统，目前该系统已经上线运行，包括 B 集团及所属二级企业、部分重点三级企业的全部合规人员及部分重点二级企业的采购人员开通了账号并实际使用该系统。该系统包含了 16 个大模块、12 个业务流程，通过该系统实现了对 B 集团合规管理工作全流程的管控。

5. 全面开展合规文化建设

合规培训与文化建设是夯实合规管理、实现合规管控的重要手段。B 集团已将合规理念融入公司核心价值观"敬业合规　重情诚信"，并在《合规行为准则》中明确了"处处""人人""事事""时时"的合规理念。同时，B 集团打造了"B 集团法律合规大讲堂"，定期开展合规培训。B 集团首席合规官在 B 集团党委常委会上讲合规已形成了惯例；各下属企业的首席合规官等合规负责人也开始纷纷在总经理办公会等场合讲合规；合规专职人员走上讲堂，为新员工、重点岗位人员等讲授合规。

6. 强化合规管理保障

通过加强党的领导，明确主要领导作为合规工作的第一责任人；加强合规团队建设，建立一支高素质具有竞争力的合规团队；加强合规预算的统一管理；以及进一步完善激励约束机制等多重手段，为合规管理提供了坚强的保障。

（二）B 集团合规体系分析

在合规管理中，B 集团密切关注包括反商业贿赂、反垄断、反不正当竞争，规范资产交易、招投标等在内的市场交易、安全环保、产品质量、劳动用工、财务税收、知识产权、商业伙伴等重点领域，并根据公司业务发展对合规重点领域及时进行更新。

针对合规重点领域，B 集团编制并在全公司范围内发布了《合规手册》，向全体员工详细介绍合规管理要求，并提示合规风险，以此不断提升全员合规意识，增强公司合规风险防范能力。根据公司业务发展，每年定期对手册内容进行更新。同时，B 集团紧跟时事热点，通过《合规》等公司内部刊物，对合规领域新法规、新政策及热点问题进行分析与解读，为业务部门开展业务提供参考与借鉴。为了进一步提升合规工作的效率与准确性，定制开发合规筛查系统，以更好识别与防范合规重点领域的风险，为公司合规经营保驾护航。

1. 合规组织结构

B 集团设立诚信合规委员会，并以中心为单位设立专业诚信合规委员会，各专业诚信合规委员会在诚信合规委员会的指导下开展工作。诚信合规委员会下设诚信合规办公室，办公室成员由合规部人员兼任，负责牵头处理公司的全部合规事务，持续推进公司合规工作的开展。

公司聘请各部门负责人为业务合规专家，负责本部门业务领域内的合规管理及风险防范工作。同时，各部门设立合规联络员，向本部门员工传播合规诚信文化及诚信合规要求。

2. 合规行为准则

《行为准则》是 B 集团合规工作的纲领性文件。公司及下属公司的管理人员、员工和其他企业的派出人员等均需遵守公司行为准则，公司的商业伙伴、其他第三方合作伙伴在合作范围内亦需遵守行为准则。公司愿与商业伙伴、其他第三方合作伙伴共同营造良好的诚信合规文化。B 集团秉承依法办企、依法管企、依法治企、合规经营的治理原则，致力于建设良好的合规文化，更好地履行企业的社会责任。

（1）基本行为准则方面

①公司及公司的所有员工，均应当遵守适用的法律法规及监管规定，遵守公司的相关政策、管理规定。

②对管理人员行为规范的要求

公司的管理人员应当以身作则，所有管理人员都必须履行其监督和管理职能，对其自身和下属的行为负责。

③对员工行为规范的要求

公司所有的员工都应当诚信待人、诚信做事，尊重他人的尊严，隐私和权利。所有员工都应当重视团队合作，通过团队合作，学习他人的优点，提升自己的能力，勤勉完成岗位职责。团队的力量是公司取得长久成功的基础。

（2）公司业务方面合规管理

①B 集团禁止员工的任何行贿受贿或其他贪腐行为，任何员工不得以任何形式直接或间接向任何商业伙伴、第三方输送或从商业伙伴、第三方处获得不当利益（包括提供金钱或其他任何有价物品或服务等）。

②公平竞争有助于培养良好的市场环境，实现更高的社会效益。B 集团遵守公平竞争原则，遵守关于反不正当竞争、反垄断的法律规定。

③B 集团不为任何洗钱活动提供便利。所有员工都必须遵守关于现金与付款等方面的会

计、账簿等相关的财务规定。

④B集团所进行的捐赠均应合法合规。符合公司的目标与原则，公司将积极为社会做出应有的贡献，承担相应的社会责任。

（3）公司员工合规管理

①员工应当保护公司资产，包括声誉、知识产权、信息、产品、房产和其他各类资产，使公司的资产免受损失或滥用。

②员工必须遵守关于软件、信息技术设备、电子邮件、互联网、企业内部网络等信息系统的使用、存取和安全性的相关规定，及公司内部的所有数据保护的相关规定。

③员工应严格保守在工作的过程中所知悉的公司的保密信息及公司负有保密义务的保密信息，包括公司的产品及设计、运营的数据等。

④公司所有员工必须确保其所进行的业务所涉的账簿与记录的完整性、准确性及真实性。财务人员应确保账簿、凭证和报表以合理详细程度准确反映公司资产交易和处置情况。公司应按照所有相关的商业和法律要求包括上市地的监督要求进行对外报告。

案例五：K集团的合规方针与合规组织

K集团是一家以电子信息产业为主业的国有高科技产业集团。K集团合规管理工作坚持四项原则：一是全面覆盖、强化责任，建立全员合规责任制，明确管理人员和各岗位员工的合规责任并督促有效落实；二是统筹推进、协同联动，逐步实现相关管理制度与工作标准的有效统一，工作机构与人才队伍的有效融合，工作机制与工作部署的有效衔接；三是结合实际、优化集约，设定合规目标和合规管理重点领域，形成所属单位之间良好实践的分享和借鉴；四是立根固本、放眼全球，合规管理体系建设涵盖K集团所有单位和国内外业务，为K集团中长期目标实现保驾护航。

一、K集团合规方针

K集团在建设大合规体系中坚持党建引领，坚持以习近平新时代中国特色社会主义思想为指导，深入践行新时代党的建设总要求：一是坚持党的领导，建立健全合规管理组织架构；建立并健全党委、董事会牵头抓总，经营管理层全面负责，分管领导、总法律顾问（兼首席合规官）牵头组织，法律合规部门具体推进协调，各业务部门分工协作，全体职工主动参与的合规管理体系。二是构建公司党委研究讨论事项的前置流程规范，对于涉及党委前置讨论的各类经营决策事项，严格按照党组织的议事规则和前置研究清单，对公司重大决策事项进行前置研究。三是遵循企业发展的客观规律，建立健全公司法人治理体系，依据国资委法人治理相关要求，结合企业自身发展情况选择适当的法人治理合规机制，以法人治理合规理念及机制保证国有资本控制权，以促进企业发展并为企业创造价值。

二、K集团合规组织

从完善组织机构出发，K集团将原来分设的内控建设工作领导小组和法治国企建设工作领导小组/合规委员会合并为公司法治国企建设工作领导小组/合规委员会/内控建设工作领导小组；将合规管理职责划入公司董事会下设审计与风险管理委员会；将审计中心的内控建设职责调整到法律合规部，法律合规部负责法务、合规和内控建设，审计中心负责内控评价及监督，实现内控建设与评价职能分开。相应地，所属下级单位的法律、合规、风险、内控管理也逐步实现统一。在此基础上，K集团明确企业党委、董事会、董事会审计与风险管理委员会、总经理办公会、部门和所属企业的合规管理职能，形成企业主要负责人负总责，分管领导、总法律顾问牵头推进，法务与合规管理机构具体实施，各部门共同参与的法治建设与合规管理工作机制，切实保障合规管理工作有效推进。同时，对总部组织机构进行了全面完善，聚焦"把方向、配资源、塑文化、优机制、防风险、抓党建"，调整K集团总部职能部门。

根据K集团"管控+赋能"的总部定位，明确两级风险管理责任，建立协同机制；建立两级风险管理清单，制定相互协同的应对措施。集团负责统筹整体风险管理体系建设工作，指导和检查所属企业的风险管理开展情况，识别集团应关注的风险并协调所属企业做好两级风险防控。企业层面负责防范化解自身生产经营风险，抓好风险管理体系建设，加强风险预判与管理，切实解决管理过程中的短板和漏洞，确保生产经营平稳有序。

案例六：Z公司的合规方针与合规组织

Z公司是全球领先的综合通信与信息解决方案提供商，集"设计、开发、生产、销售、服务"于一体，覆盖无线接入、承载、核心网、服务器、数通、云视频及能源、终端等20多个细分业务领域。[①] Z公司在应对境外合规监管和制裁方面进行了艰难的探索和实践，建立起国内领先的合规管理体系。

一、Z公司合规方针

Z公司将恪守商业道德、遵守业务所在国法律法规作为企业合规经营的基本理念，致力于

---

① 参见Z公司官网。

形成高效的合规管理，将合规管理嵌入全部业务流程，实现业务与合规的深度融合，创建业内一流合规管理体系，确保合规成为公司的商业竞争优势，实现"合规创造价值"的目标。

在Z公司的经营过程中，合规具有"公司发展战略基石"的地位，而不仅仅属于一种单纯的职能部门。Z公司将"商业可持续"作为最优先保障，在安全经营前提下提高管理效率，对违规事件保持"零容忍"的态度，维护客户、合作伙伴、股东、员工等利益相关方的长远利益。Z公司在推进合规管理过程中，从初期树立以体系要素为核心的管理导向，走向当前更为灵活和聚焦的风险导向，强调合规从"有效"到"高效"的进阶之路，不断优化合规嵌入业务管控和合规工具的产品化。

2023年，Z公司发布《商业行为准则》，敦促公司全体员工以最高道德标准衡量在Z公司及与相关方互动中的一切行为，其中包含了公司相关商业道德指导方针和业务原则，Z公司的每位员工都需要遵守，文件中的相关规定为公司在日益复杂的商业环境中经营提供指导，同时在公司层面提出了对员工的期望，以及公司的客户、供应商、合作伙伴、投资者等利益相关方对Z公司高标准的道德期望。

Z公司的合规文化建设不仅在书面文本中得到表达，而且体现在一系列制度建设过程之中。董事长和总裁定期向全体员工、股东、商业伙伴等发布公开信，表达有效实施合规管理的决心和承诺；公司高管作为各自领域的第一责任人，签署合规责任状，通过内部会议、视频、书面和内部大讲堂等方式进行合规承诺；公司通过开展全员合规培训，积极倡导全员监督，建立健全内部举报系统，开展全方位外部合作等方式，强化合规文化落地生根，使企业形成一种依法依规经营的文化氛围、价值倾向和行为习惯。

根据对"合规价值"的理解，Z公司的合规管理经历了三个发展阶段：一是"守护价值"阶段，在应对制裁事件发生后，设定公司红线，将合规嵌入业务流程，实现子公司穿透管理，避免公司再次发生系统性合规事件；二是"协同发展"阶段，持续提升和优化合规管控的效率和精准度，强化合规稽查，实现闭环管控；三是"创造价值"阶段，树立合规标杆，不断提升合规品牌影响力，构建与公司业务实践相一致的一流合规管理体系。

二、Z公司合规组织

在合规组织管理上，Z公司建立了"穿透式合规管理制度"以保障对风险的及时识别和升级，成立了由总裁直接领导的合规管理委员会，在其领导下，各业务单位、合规专业部门与合规稽查部各司其职，协调配合。在Z公司的金字塔形三级合规规则架构中，董事会确定公司经营政策，即公司当前经营的风险偏好和经营红线，此作为规则金字塔的第一级；法律合规专家中心（COE）基于外部法律法规和内部公司政策确定本合规领域下的合规手册总册，形成规则金字塔的第二级；业务单位（BU）合规结合具体实际业务开展情况，完善合规分册中不同领域的合规指引和要求，形成规则金字塔的第三级。

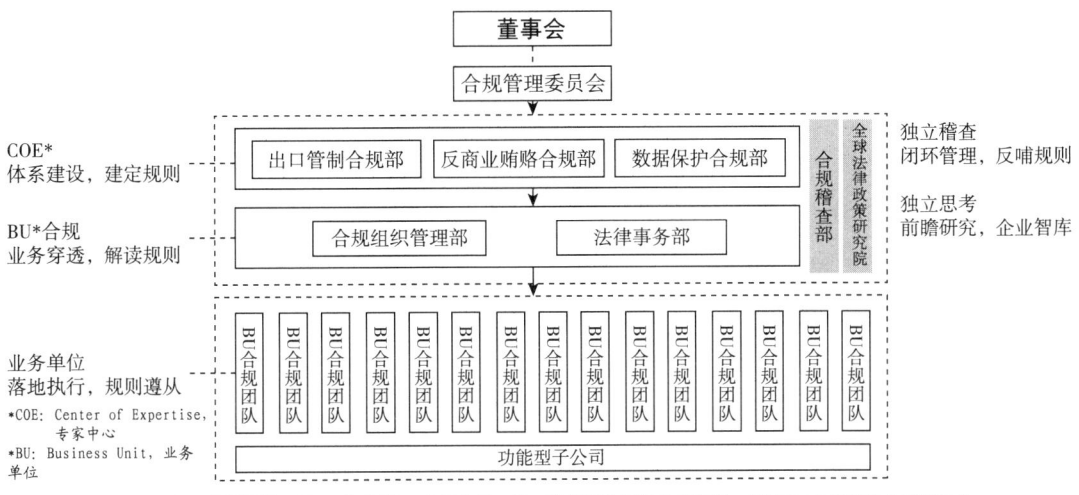

15个BU合规团队，近100位专职BU合规人员，近70位兼职合规的法务经理，设置400余位兼职合规接口人

图 1-3　金字塔形合规架构

为贯彻高层承诺原则，公司在董事会层面上，设置"合规管理委员会"，将其作为合规管理领导和决策机构。为保证合规决策得到强有力的执行，该委员会由公司总裁担任主任，公司全体高级副总裁以及以上人员，担任委员会成员。公司设置具有高级副总裁职衔的首席法务官，相当于企业的首席合规官（CCO）。

为实施"以风险为导向的合规管理"，Z公司经过审慎地风险识别和评估，将出口管制、反商业贿赂和数据保护视为企业所要重点防控的系统性风险领域。与此相对应，企业在总部层面设置三个专项合规管理部门：出口管制合规部、反商业贿赂合规部和数据保护合规部。在上述三个部门，分别设置合规专家中心，目前已经形成100人左右的专家中心队伍。这些专家牵头各自领域的风险控制体系建设工作，致力于将合规管控要求"本地化"。

为确保合规与业务的深度融合，避免发生合规与业务"两层皮"的现象，Z公司组建了合规组织管理部，将来自一线业务单位、熟悉业务流程的人员招募为管理人员。公司创造性地设立了专门的业务单位合规职能，按照公司业务BU的划分，形成了11个BU团队，分别对接公司各业务领域的业务人员和管理需求。合规组织管理部在总体合规管理中处于中介和桥梁的位置，对上承接COE部门的政策和任务，对下接收BU的咨询和上报。BU合规团队成员"是一群在业务单位深耕多年、对业务流程了如指掌的骨干员工，对公司现有的生产、物流、财务、商务、销售、工程服务、交付等流程有着深刻理解，这帮助他们能够更加基于经验视角的，识别合规管控点须要打到的'七寸'，也更能平衡管控要求与管理成本之间的矛盾"，"能够快速掌握合规管控的原理和要求，并依据其对业务流程和人员的熟悉，促进合规管控快速落到实处",同时"还在一定程度上缓解了原有COE部门为人诟病的'待在象牙塔'问题,能够将一线的困扰问题及时报告给COE部门,实现自下而上的反馈优化"。

为确保在一个庞大的组织体内部快速形成有效的合规建设通道,Z公司设置了"合规联络人"机制,在各管理单位和各子公司设置一名合规联络人,由其负责按照专业合规团队、所在单位的要求,负责合规规则、标准和指引的传递和有关合规管理任务的执行工作。对于没有设置合规联络人的业务单位或子公司,默认由该单位或子公司的总经理担任合规联络人。

在建立合规管理组织体系的基础上,Z公司建立合规风险控制的"三道防线"。其中,为确保全体员工参与到合规风险防控过程之中,公司确定各BU为合规管理的"第一责任人"。合规COE部门作为"第二道防线",通过合规手册规则制定和持续监督来识别和处理合规风险。合规稽查部门作为"第三道防线",负责接收违规事件的举报、违规事件的调查、违规人员的处分以及持续不断的合规审计工作。上述"三道防线"相互联系,共同发挥作用,有效管控合规风险的工作。

合规管理组织体系需要与合规风险管理运行机制结合起来,才能发挥有效合规管理的目标。Z公司已经初步形成一种包括合规风险评估、合规规则建设、合规过程监督、合规危机应对在内的合规运行体系。

案例七:G公司的合规方针与合规组织[①]

G公司是一家民营公司,采用比较独特的员工持股计划,实际上是由其员工间接持有。公司最高决策机构是由股东代表大会、董事会和监事会构成的治理结构。在执行层面上,G公司贯彻CEO轮值制度,旨在确保公司决策的连续性和稳定性。G公司的主要业务领域涵盖了信息与通信技术(ICT)相关的多个方面,同时,公司也在云服务与人工智能领域发展云计算服务和AI技术,并提供相应的平台和服务。在5G通信技术方面,G公司亦处于行业的前列。

经过10多年的持续投入和建设,G公司已逐步建立起符合业界标准的合规体系,已在100多个国家完成了当地相关法律法规和行业协会要求的对标,制定了各国子公司的法律合规手册,切实保障了公司的合法合规经营。G公司在全球化进程中特别重视合规体系的建设,在合规体系的建设方面,经历了从内部控制制度的建立到国际合规标准的引入,再到风险管理体系的完善。自21世纪初期开始,公司就着手搭建内部控制体制,以确保业务运作符合国际商业规范。随着业务的不断扩张,公司逐渐融入并遵循了国际合规标准,如ISO认证。此外,G公司设有专门的风险管理部门,负责评估和管理合规风险。定期对员工进行合

---

① 参见G公司官网。

规培训，强化合规文化的内部宣传工作，确保全员了解和遵守公司的合规要求。此外，G公司构建了覆盖贸易合规、金融合规、反贿赂及数据保护等方面的全球合规体系，旨在确保公司在各个层面上的合规运营。

G公司的主要合规措施包括严格的出口控制，以符合不同国家和地区的法律规定；制定反商业贿赂政策，禁止任何形式的贿赂行为；遵守全球数据保护法规，确保客户和个人数据的安全；建立强大的网络安全体系，保障网络和数据免受侵害；以及确保供应链管理符合环境和社会责任标准。G公司通过这些合规措施，确保其全球业务在各个国家和地区的合法合规性，应对国际市场中的法律和政策挑战。G公司在合规体系方面的努力，也体现了公司作为全球企业公民的责任感和对社会责任的承担。

一、G公司合规方针

G公司的合规方针体现了企业合规基本理论中的七个关键原则：

诚信经营与商业道德：G公司强调诚信经营和商业道德，这与合规理论中的道德合规相契合。道德合规不是遵守法律的最低标准，而是追求更高的道德标准，体现了企业对社会责任的承担。

遵守法律法规：G公司承诺遵守所有适用的法律法规，这是企业合规的基石。合规理论认为遵守法律是企业最基本的义务，这有助于企业规避法律风险，维护企业的合法权益。

建立合规管理体系：G公司通过资源的持续投入来建立合规管理体系，体现了合规理论中的系统性和预防性原则。通过建立一套完善的管理体系，企业能够更好地识别和应对合规风险，实现合规的持续改进。

合规文化的营造：G公司重视合规文化的建设，要求员工遵守商业行为准则，这与合规理论中提倡的组织文化与行为合规紧密相关。一个强调诚信和道德的企业文化可以有效地推动员工行为的合规性。

合规与业务的融合：G公司认为合规不仅是法律部门的事情，而是需要融入到业务的各个方面。这与合规理论中提倡的整合性原则相符，即合规不是独立于业务之外的，而应该成为业务流程的一部分。

权责一致与自查自纠：G公司的管理模式强调将权力下放到一线，并将监督也压到一线，实现自我监督和自我改正。这种做法与合规理论中的权责一致性原则和持续改进的理念相契合。

合规全覆盖：G公司首席法务官兼首席合规官强调，合规是业务，合规要全覆盖，体现了合规的普遍性原则。合规不仅关注特定的领域或活动，而且要覆盖到企业的所有业务和操作之中。

G公司的合规方针是一个全面、系统和文化层面的合规模式，不仅要求遵守法律法规，还注重从企业文化、业务流程和员工行为等多个层面来加强合规管理。这种模式有助于实现企业的长期可持续发展，并在全球化的经营中树立良好的企业形象。

二、G公司合规组织与流程管理

（一）职务设置

在职务设置上可以看出G公司对合规的重视，首席合规官同时担任公司监事和首席法务官，直接向董事长汇报工作，并对G公司的项目有一票否决权，体现出其在公司决策中的重要作用和对项目的决定性影响力。这样的制度设计，充分保障了合规管理的独立性和权威性，强化了G公司企业治理的核心竞争力。G公司的首席合规官统一管理公司合规并向董事会汇报；各业务部门、全球各子公司成立合规组织，负责本领域的合规管理。监事会是公司的最高监督机构，代表股东行使监督权。通过建立规则化、制度化、系统化的监督框架，对董事与高管履职、公司经营和财务状况、合规与内控体系等进行全方位的监督，推动公司逐渐从基于经验的管理走向基于规则的管理，让业务在边界内自由运作。

G公司重视并持续提升管理者及员工的合规意识，通过宣传、培训、考试、问责等方式，使全体员工充分了解公司和个人的义务，并与客户、合作伙伴及各国政府监管机构等利益相关方展开积极、开放的交流与合作，持续增强彼此的理解与互信。

（二）区域合规管理

G公司的区域合规管理策略在其国际化经营中扮演了关键角色。该策略的核心是确保每个子公司在遵守当地法规的同时，也能坚持集团总部的统一标准。G公司通过在全球各子公司设置合规官和监督型董事会，实现了对合规行为的有效管理和监督。

G公司在区域合规管理方面采取的方法是全面且层次分明的。例如，通过将合规标准纳入子公司的关键绩效指标（KPI），并与奖惩机制相结合，既体现了对合规行为的重视，又实现了对子公司合规表现的具体激励。这种方法不仅传递了一个明确信号，即合规是业务成功的关键部分，还提供了一种量化合规绩效的方式，从而推动全公司范围内的合规文化。

在区域化政策的制定上，"一国一策"的原则体现了G公司对每个市场独特法律环境的尊重和适应。这种策略使G公司能够在保持全球业务一致性的同时，也满足本地市场的特定需求。

全过程的可信性也是 G 公司合规管理的一个重点，从需求收集到代码开发，再到构建、测试和部署，G 公司确保整个开发过程可重复、可追溯，无植入、篡改的风险。代码重构和软件架构优化进一步提升了产品的安全性和韧性。

在风险管理方面，G 公司的子公司以识别和评估为基础，设立年度合规目标，制定相应的管控措施，并定期复审进展，确保控制措施的执行和合规目标的实现。

内部的自我检查、专项稽查，以及独立审计，加上对重大合规领域的第三方审计，构成了 G 公司合规管理的多层防线，确保了合规措施的有效性和公司在全球范围内合规风险的最小化。通过这些措施，G 公司的合规管理体系不仅支撑了其全球业务的稳健发展，也为其在各个市场中赢得了信任和声誉。

（三）子公司监事型董事会

G 公司在推进海外扩展的战略中，认识到了建立一套有效的监事型董事会结构的必要性。这是为了确保子公司在全球的业务活动不仅遵守当地法律和国际法规，还要确保内部管理和运营流程的合规性。这要求监事型董事会在参与和指导业务流程中拥有明确的职责与独立性，以保持监督的客观性和有效性。

为了实现这一目标，G 公司对子公司监事型董事会的角色与职责做出了详细规定。子董不仅承担监督子公司内外合规的职责，同时对年轻主管也提供必要的辅助和指导，确保作战部队在安全合规的前提下提高产出。监事型董事会的成员需要深入业务，及时识别风险，帮助管理层确保合规，而不是直接介入运营管理。

G 公司要求简化考核过程，以便提高工作效率，并减少不必要的内部审计和层层汇报。监事型董事会不仅是监督岗位，而且应注重增加产出和战略投入。在这个过程中，子董之间应有商有量，根据不同国家的实际情况，灵活配置监事型董事会的成员组成，确保 5—6 名子董可以高效管理 4—5 个国家的子公司。

（四）保障合规的独立性

为了保障合规的独立性，G 公司实行了垂直监督体系，涉及财务、审计和法务等职能部门。这一系统直接到位，确保了财务透明度和正确性，以及审计的独立性和有效性。同时，资金管理权、账务管理权和审计权的监督职能建立了清晰的边界，为子公司监督提供了数据支持和报表，保证了信息的真实性和透明度。

审计人员的角色是作为内部的"冷威慑"，回溯检查流程和计划的执行情况，并在必要时参与集体讨论和问题处理。监督体系人员需要不断强化学习，培养宏观和微观的观察能力，以及灵活的战略战术思维，以提高监督效率和质量。

监督不是业务发展的障碍，而应该是业务发展的加速器。合规与业务必须平衡，监事型董事会和审计人员应在保障合规的同时，考虑业务的效率和产出，与业务部门协调，共同推动公司的发展。此外，在授权业务决策权时，G公司强调权力的适当制约和责任的清晰界定，以确保业务的健康稳定发展。通过这些举措，G公司期望建设一个全球性的高效能运营平台，实现合规性与业务效率的最佳平衡。

可以看出，G公司的合规组织是一个结构化、分层次、多方参与的综合体系。它不仅通过组织架构确保了合规责任的明晰和执行的到位，而且通过监督机制、规则管理、文化教育和利益相关方的参与，形成了一个全面的合规管理环境。这种做法有利于促进企业在全球范围内的合法合规运营，维护企业的长期利益和良好声誉。

三、合规要点解读

在当今的商业环境中，合规管理不仅仅是一个法律要求，而是企业可持续发展的重要组成部分。作为全球通信和信息技术公司的领先者，G公司特别重视合规管理体系的构建。G公司通过构建健全的合规管理体系，不仅满足法律要求，还实现了企业可持续发展。清晰的职务设置、全球化与本地化的平衡，以及垂直监督体系的建立，共同保障了G公司的合规性。解读G公司合规组织和合规管理要点，我们可以从以下四个方面展开：

（一）职务设置

首席合规官的角色是合规管理体系中至关重要的。在G公司，首席合规官的角色扩展到了多个领域，包括合规、法务和监事的职责。这种多重角色的设置使得首席合规官在决策中拥有更大的权重和独立性。首席合规官向董事长直接汇报，意味着合规事务被放置在企业治理的核心位置，确保公司的方针和运作都在合法合规的框架内。

为首席合规官赋予一票否决权是G公司展示其对合规重视程度的明显标志。这种权力的设立意味着在公司的重要决策中，如果存在合规问题，首席合规官有权力停止该决策的实施，确保公司操作在法律和伦理的界限之内。这对于预防合规风险，保护公司免受潜在的法律和声誉损失至关重要。

此外，在G公司，合规不是一个单一的中心化部门的责任，而是一个广泛分布在各个业务单元和子公司的网络。每个子组织都有自己的合规团队，与总部的合规部门保持沟通和一致性。这种设置增加了合规的透明度，使公司能够迅速识别并应对合规风险。

（二）区域合规管理

G公司的全球业务面临着不同国家和地区的法律法规，这要求其既要有全球统一的合规标准，又要有足够的灵活性去适应地方法规。通过实施"一国一策"的战略，G公司在遵守全球统一合规标准的同时，也确保每个子公司能够遵守当地的法律法规。这种做法帮助G公司在不同的市场中灵活运作，同时维持全球品牌的一致性和信誉。

G公司将合规绩效纳入到子公司的关键绩效指标中，并将之与奖惩系统相结合。这种做法量化了合规的表现，并使其成为评价员工和管理层绩效的一个关键因素。通过这种方式，合规文化被内化在每个员工的日常工作中，从而确保公司的商业实践始终遵循合规的要求。

（三）子公司监事型董事会

在G公司这样的大型跨国公司中，监事型董事会的设置、工作效率与战略投入，以及其在保障合规中的独立性都是公司成功的关键因素。

监事型董事会的核心职能是监督。这意味着其必须在业务流程中发挥作用，对管理层的决策和公司的运营提供指导和监督。独立性是其有效运作的前提，只有当监事会能够保持客观和独立时，才能有效地防止管理层的滥权和公司的不当行为，及时识别风险，并指导管理层以确保公司的合规性。监事型董事会不直接介入日常运营，这有助于避免冲突和权力过分集中。但同时，监事会必须具备足够的知识和信息，以便其能够在必要时对管理层的决策提出有力的质询和指导。

监事型董事会的工作流程应当简洁高效。G公司在简化考核流程和减少内审及汇报的同时，更加关注产出和战略投入。这样的做法能够减少不必要的行政负担，让监事会成员能够专注于对公司战略和长期发展所需的关键决策的监督作用。

在此过程中，监事会的工作效率和战略参与成为衡量其价值的重要标准。有效的监事会应能够确保公司的决策和行动符合长期战略，同时检验和评估这些战略的执行情况。

（四）保障合规的独立性

垂直监督体系的建立和审计人员的有效作用，强化了G公司内部监督的独立性和权威性。G公司建立了一个垂直穿透财务、审计、法务等多个职能部门的监督体系。这种设置的目的是保证审计活动的独立性，防止内部利益冲突，确保财务报告的透明度和真实性。在这个体系中，监事会拥有直接或间接监督这些职能部门的权力，以确保这些部门能够独立地执行其职责。

在 G 公司，审计人员是内部监管的重要组成部分。他们像"冷威慑"一样，通过回溯检查流程和计划的执行情况，确保公司的所有活动都符合既定的政策和程序。此外，当发现重大问题时，审计人员会参与问题的处理，以确保能够及时有效地解决。

监事会和审计人员的职责并非仅仅是监督，他们还需要在保障公司合规的同时考虑业务效率和产出。监督不应成为业务发展的障碍，而应是推动业务进步的加速器。这就要求监事型董事会和审计人员在执行监督职责时，既要严格，又要充分考虑到业务流程的效率和市场竞争的需要。

合规管理是企业价值观和企业文化的体现，只有在合规的框架内，企业才能健康、持续地发展。G 公司的实践为其他企业提供了宝贵的经验，重视合规管理可以帮助企业建立牢固的根基，抵御风险，获得市场信任，并最终实现长期的成功。在瞬息万变的商业环境中，合规管理已成为一个主动的战略选择，不仅能保护企业免受法律惩罚和声誉损害，还能创造新的机会，提升企业在竞争中的优势。G 公司展示了合规管理不仅仅是遵守法律的工具，更是企业可持续发展的基石，有助于树立良好的声誉，赢得客户和合作伙伴的信任，并为企业的长期繁荣奠定坚实的基础。

案例八：S 公司的合规管理组织架构

S 公司是一家总部位于美国的跨国科技公司，作为一家分公司遍布全球，体量庞大的软件服务公司，为了实现自身的战略目标和使命，S 公司每天都会面临很多风险。比如，第三方管控、数据安全、采购、安全生产等。面对跨国业务带来的种种挑战，S 公司采用"一横一纵"作为合规部门的组织架构原则，在纵向关系上，将合规部门分为两个部分，一是法律部门与合规办公室，二是总部办公室与区域办公室。而在横向关系上则是合规官与其他企业部门的联动，形成了 S 公司独特的"小团队、大合作"的工作模式。[①]

一、"一纵"合规管理体系

从纵向上来说，S 公司设有专门负责合规的办公室，隶属于公司的法律部。重视合规管理的企业，往往会设置单独的合规管理部门，对合规风险进行专业化的管理。而 S 公司通过法律部下设合规办公室的方式，由法律部对企业的法律事务工作和合规管理工作进行统一管理。这样做的优点在于，部门的设立相对容易，投入成本相对较低，公司在成立合规部之前都有法律部门，在设立合规管理部门时可以利用公司现有的法律部门的资源。另外，因为合

---

① 来源：https://mp.weixin.qq.com/s/RYweX-ebx-BVlgPljVyfNw，2024 年 2 月 19 日访问。

规办公室开展工作的基础就是要对外部法律法规、监管规定有正确的理解,相对来说,合规管理工作与法律部工作容易配合,合规管理部门与法律部门之间的沟通比较顺畅。按照这样的方式设置合规管理部门,开展工作时与其他部门的沟通协调要求较高,需要合规管理部门与业务部门密切配合,合规管理人员职业技能要高,既要懂合规专业知识,又要懂具体的业务知识。

从 S 公司合规办公室的职能来说,合规办公室的职能有二,一个是防范合规风险,另一个是对各种举报进行调查。

1. 防范合规风险

对企业来说,通常的风险是指影响其总体或部门生产经营目标的不确定性。在市场经济环境中,企业的生产经营行为应该遵循合规义务,而一旦违反合规义务,便发生了合规风险。在 ISO37301:2021 的第 3.24 条将合规风险定义为:"因不符合组织合规义务而发生不合规的可能性及其后果。"在合规管理体系中,合规目标是由组织制定的,组织行为符合组织适用的合规义务的程度。合规风险主要涉及不合规事件发生的可能性以及不合规导致的后果,合规风险的存在是一个相对概念,它是比照"合规义务"是否履行的不确定性而产生的。假如企业没有承担"合规义务",就无所谓"合规风险"。反之,承担"合规义务"越多,未履行或者违反合规义务而导致的"合规风险"也越多。对于 S 公司这样庞大的企业来说,合规风险无处不在,根据 S 公司合规义务的不同,可以将 S 公司的合规风险分为三大类:行为不符合法律法规监管规定等的风险,行为不符合公序良俗、纪律与道德规范的风险,行为不符合企业合规承诺的风险等三类合规风险。

(1) 行为不符合法律法规监管规定等的风险,包括但不限于:违反安全生产法风险、违反反垄断风险、违反商业法规风险、违反职业健康安全法规风险、违反环境法规风险等,往往会导致刑事、民事责任或行政处罚的直接后果。

(2) 行为不符合公序良俗、纪律与道德规范的风险,包括但不限于:违反发布的各种纪律风险、违反社会道德风险、违反社会文明约定风险、违反社区文化风俗风险等,往往会导致企业声誉损失、品牌影响。

(3) 行为不符合企业合规承诺的风险,包括但不限于:违反自愿选择遵循的国家推荐性(GB/T)和团体性标准的合规风险、违反产品技术承诺风险、违反产品质量承诺风险、违反售后服务承诺风险、违反产品功能承诺风险、违反产品节能承诺风险、违反产品绿色承诺风险,或者企业自行对外公开的承诺、约定等,往往会给企业带来民事赔偿和市场信誉影响。

2. 对各种举报进行调查

合规风险监控是指企业针对关键业务表现和风险指标,开展日常持续的监督、审查和分析的过程，目的是使企业及时识别潜在或发生的合规风险和违规行为。为了进行企业合规管理，对合规风险进行事前事中事后管控，S公司建立了完善的合规举报机制，鼓励员工、交易相对人及社会人士对企业、员工的违规问题进行举报，畅通公司内部、外部举报渠道，并24小时接受举报，跟进举报信息，同时依照完善的企业合规调查处理机制，合规工作人员会对举报内容及时进行调查核实，对查证属实的违规事件进行处理并追究相关人的责任。

为了丰富举报途径和手段，S公司采取必要的技术措施建立安全的、令员工放心的举报环境，保证合规举报体系有效运行。措施包括：①充分考虑和理解举报人员的安全防范心理，在企业办公场所设立举报箱，在保证相关区域符合安全规定的前提下，举报箱设立的地点不设电子探头监控。②设立举报电话（或录音电话）、传真、电子邮箱等。与相关运营商协商，对于电话和传真，研究技术手段，屏蔽来电显示等可能暴露举报人员信息的内容，减少匿名举报者的担心。③对实名举报人员信息的保密。采取限定实名举报信息受理人的做法，指定一名或两名信息受理人员，举报信息受理人是知晓举报人信息的最初级，在发生泄密问题时将会以其为源头开展追责工作。④对于负责企业举报信息收集及调查处理工作的部门或岗位人员，确保其工作的保密性和独立性，由上级主管部门或领导垂直负责，业绩考核、职级升迁和工资待遇等由上级部门决定，尽量脱离本级企业的权力制约，避免在本企业管理层的领导下监管本企业的合规管理监督工作所造成的消极和尴尬局面。

在收到各种违规违纪的举报后，公司将对举报内容进行调查。在调查开始访谈和询问之前，合规官要熟悉与案件相关的政策规定，并且采取行动前先咨询公司的法律部门，然后再审查有关的文件和证据。例如与举报案件相关的所有文档、记录，还包括被指控人的个人档案，以便于了解其是否曾经被调查过，是否受过任何纪律处分等。如果有必要的话，还应包括其邮件、公司配给的电话通话记录等。其间，为了防止销毁证据及串通，在有些情况下，管理层要采取必要的措施防止被指控的人销毁证据或破坏公司的财产。措施包括禁止进入工作场所、公司的内部网络，禁止接触公司的文件或资金、锁定邮箱等，直到调查程序结束。

在调查结束确认违规事件存在后，S公司将对相关责任人进行追责。相关责任人包括违规行为人或未能对违规行为采取防范措施的人。违规行为一经查实，S公司将立即对违规行为人采取纪律处分。处理方式包括训诫、口头或书面警告、降级、降职、调职、最终警告、解雇等。S公司还会视情况向执法部门报告违法情况以及向违规者提起民事诉讼。S公司将纪律处分与违规者的福利和奖励相关联。例如，根据违规行为的程度和性质，扣减违规者的奖金，违规者将不享受调薪和/或晋升的机会。当员工收到奖励或晋升的提名时，S公司有适当的流程检查员工在过去12个月或其他设定的时期内有无涉及违规行为。如果有，则不再考虑对该员工的奖励或晋升。严格的合规问责机制是企业合规管理体系的重要环节，能够确保合规审查、合规检查、举报及调查等措施效果落到实处。问责并不以处罚为最终目标，而是希望通过问责机制，一方面帮助违规人员、违规部门消除调查所发现的缺陷，减少危害；另一方面，将合规结构性错误识别出来，并报告给相关负责人员，以保证从过去的案件中总结出经验教训，被纳入合规体系的发展过程之中。

3. 合规官的两条汇报线

当发现企业存在或即将发生合规风险、存在查证属实的违规事件时，合规官在进行事件调查后需要撰写报告并向上级进行汇报。在全球的每个区域，S公司一般会设置一到两位区域合规官，主要负责当地区域有关重大项目、复杂交易、兼并收购等重大业务活动的合规建议和咨询工作。除此以外，其占较大比重的工作是受理投诉和调查，合规官会通过大量调查发现问题，改进合规管理体系，提升合规文化。

S公司的区域合规官在汇报工作时也有不同于其他岗位的特征。区域合规官的汇报通常会有两条汇报线。第一条是实线：区域合规官直接向当地的法律部负责人汇报，然后当地的法律部再向总公司的法律部汇报。从合规办公室与法律部的关系而言，法律部下设合规办公室，就隶属关系来说，法律部与合规办公室是上下级关系，因此合规办公室应当向法律部进行汇报。第二条是虚线：在业务层面，合规部门的所有调查活动，是直接与总部的合规部门沟通的。虚线汇报路线体现了合规职能部门的独立性，即合规职能部门应该是独立的，不与组织、结构或其他因素冲突；应该可以自由行动，不受垂直管理者的干涉；应当配有体现有效合规重要性的适当能力、身份权限和独立性的人员，而且可以直接向治理机构报告。法律部门这条线本身独立，其会向上级法律部门并最终向总部的总法律顾问汇报。从各个国家、各个区域到总部，尽管合规部门设置在法律部门里面，但其另有一条独立的汇报线——工作上很多内容的交流分享，区域合规官都可以直接和总部的合规部门沟通，共同解决其面临的合规问题。

二、"一横"合规管理体系

在横向部门间关系上，S公司合规管理机构要与同一层级的相关部门，如审计、内控、纪检监察（国企或合资企业）等建立顺畅的联系和协调机制，实现部门之间的有效配合。

S公司的"一横"合规管理具体表现为，由合规官主要负责牵头，让很多其他的部门一起参与进来，共同管理，这也是所谓"小团队、大合作"的工作模式。"小团队"说的是人员精简，"大合作"指的是合规官会与企业其他部门进行广泛的联动。合规官会跟人力资源部门、法务部门、财务部门、内控部门、内审部门，以及业务部门等进行合作。所以合规工作绝不仅仅是合规部门来承担，而是各个部门共同来承担合规管理，管控风险。通过部门之间的配合与信息分享，合规管理部门可以得到其他部门的支持，从而更加有效地开展工作。在不同层级之间，合规管理部门也要与相关部门之间保持密切的联系，这样才能让合规管理部门可以获得相对充足的信息。合规工作需要"三道防线"联动，相关部门和岗位共同合作。比如，在具体的合规工作中涉及的很多要求，以"真实的交易"这个合规要求为例，绝不仅是虚假交易的问题，还涉及反洗钱、反恐怖、反贿赂、反欺诈的问题。很显然，财务部门在涉及钱的问题，运用财务控制手段来管控风险，其能力和经验远远要比合规官强得多。又比如，在公司员工的管理方面，人力资源显然比合规官拥有更丰富的经验。如何在合规风险管控过程中做到"小团队、大合作"，视情况不同而不同，但核心问题是要通过这个合作，充分发挥各个相关部门的主动性、能动性、积极性，把"三道防线"的作用充分地发挥出来。

三、合规要点解读

企业合规管理是企业稳健经营和持续发展的基石，有效的合规管理可以降低企业违法违规的风险，维护企业声誉和品牌价值，增强投资者和消费者信心，提升市场竞争力。国外企业在合规组织建设方面具有较高的成熟度与专业化水平，普遍建立了完善的合规组织体系，并注重持续改进和创新，如本节讨论的S公司，运用创新思维建立了"一横一纵"式的合规体系。近年来，国内企业在合规组织建设方面虽取得长足进展，仍面临许多现实困难。通过分析S公司的合规组织架构，能够帮助国内企业提升企业合规管理水平。

合规管理机构是承担合规管理职能的机构，可以是专门的机构，也可以是其他职能部门兼管，一个健全的合规管理机构一般包括合规委员会、合规负责人、合规管理部门等。在国有企业合规管理体系中，组织架构是非常重要的一环。组织架构应该包括以下三个方面：

党委（党组）：作为国企合规管理的领导核心，负责制定和推进国企的合规发展战略、政策以及重大合规决策。党委（党组）全面掌控和监督国企整体的合规风险，推动国企建设风清气正、清廉高效的组织环境。在实践中，党委（党组）或党支部（党总支）通常根据《公司章程》、《董事会议事规则》以及"三重一大"决策事项清单，研究讨论涉及企业发展战略、安全生产、职工权益、人财物等重要事项。

监事会：作为国企的独立监督机构，负责对国企的合规管理进行监督和检查。监事会通过对国企的合规管理措施、制度和程序的审查，确保国企的运营活动合规，防范和发现合规风险和问题。同时，监事会还负责向董事会和党委（党组）提供合规监督报告，提出合规改进建议。

内部合规部门：国企应设立专门的内部合规部门，负责组织和协调国企的合规管理工作。内部合规部门可以由合规部门、法律事务部门、内部审计部门等组成，这些部门协同工作，确保合规管理的全面性和有效性。

从国内国有企业的合规组织架构看，国有企业的合规组织与外资企业的合规组织之间存在着许多不同与相同之处。

（一）外资企业与国内国有企业合规管理组织机构的不同点

外资企业的合规管理组织机构虽然通常依据其所在国家的法律法规以及企业内部需要来设立，但其结构可能更加灵活，更注重效率和创新，国内国有企业的合规管理组织机构则受到更多监管。例如，S公司创新性地采用"一横一纵"模式，就是根据S公司运行机制制定的。横向上沟通各部门共同完成合规工作，纵向上向上级报告重要合规事项。国有企业的合规管理组织机构更加注重与国家法律法规、政策和监管要求的相符。党委（党组）在国有企业中扮演着领导核心的角色，负责制定和推进合规发展战略、政策以及重大合规决策。董事会则作为最高决策机构，负责监督合规管理的执行情况，并对重大合规风险和问题提出决策建议。

在合规管理方法上，外资企业更加灵活和多样化，而国有企业则更注重完善合规管理制度的建设和执行。

（二）外资企业与国内国有企业合规管理组织机构的相同点

从国有企业的组织架构来看，国有企业的合规管理与S公司等外资企业的合规管理存在相似之处，二者都强调合规管理组织机构的系统性。无论是外资企业还是国有企业，都需要建立一套完整的合规管理体系，包括合规政策的制定、合规风险的识别与评估、合规培训的实施、合规检查的开展等多个环节。这一系统性的要求确保了合规管理工作能够全面、有效地覆盖企业的各个方面。国有企业在建立合规组织架构的过程中，考虑到合规工作的开展，同样会与其他部门产生合规事务上的合作，这一点与外资企业是类似的，也是合规组织架构系统性的体现。

二者都重视合规部门的独立性。无论是外资企业的合规部门还是国有企业的合规管理部门，都需要具备相对的独立性，以便能够独立地履行合规管理的职责，不受其他部门的干扰或影响。S公司设置单独的合规部门即有助于确保合规管理工作的客观性和公正性。

二者都强调合规管理组织机构的专业性。合规管理是一项复杂的任务，需要具备专业的知识和技能。因此，无论是以S公司为代表的外资企业还是国有企业，其合规管理组织机构都需要配备具有相关专业背景和经验的合规人员，以确保合规管理工作的专业性和有效性。

案例九：M 公司的合规方针与合规组织

M 公司成立于 2010 年，2018 年在香港交易所主板挂牌上市，是一家以智能手机、智能硬件和 IoT 平台为核心的消费电子及智能制造公司。

M 公司自成立以来，一直在持续进行组织架构的调整，以适应市场和业务的发展。M 公司的组织结构是扁平化的，这种模式在提高效率和灵活性上起到了积极作用。根据 2023 年初的组织架构调整，M 公司设立了两个集团治理委员会，包括集团的经营管理委员会和人力资源委员会。M 公司经营管理委员由业务相关的高管、各个事业部的负责人以及营销体系战区的负责人组成，统筹管理层面的业务战略、规划和预算执行以及日常业务管理等。M 公司人力资源委员主要负责统筹管理人力资源的战略、制定重大的人力资源政策以及审批重大的组织结构调整和高级干部的任免。

作为一家公众公司，M 公司已经登上了国际竞争的舞台，合规管理也已成为公司实现可持续发展的重要抓手。M 公司集团高度重视合规管理，并制定了一系列规章制度规范员工行为。[1]

一、M 公司合规方针

2019 年，M 公司出台《员工行为准则》，将合规管理落实在每个员工的言行中。M 公司创始人 CEO 在准则开篇对全体员工提出殷切期望"要始终坚持我们的价值观，坚定践行我们的使命，在工作中保持高度的责任心和强大的自驱力，正直诚信，管好团队管好自己，为 M 公司成为一家伟大的公司而努力奋斗"[2]。M 公司自成立以来，一直秉承"真诚、热爱"的价值观，始终坚持做"感动人心，价格厚道"的好产品，让全球每个人都能享受科技带来的美好生活。

《员工行为准则》要求员工恪守正直、诚信、遵纪守法的重要原则。从尊重（相互尊重的工作环境、健康安全的工作场所）、信任（数据安全与隐私、保护公司财产、保护公司无形资产）、诚信（避免利益冲突、禁止证券内幕交易、防止腐败行为、与商业伙伴交往中的合规）、透明（反不正当竞争、反垄断、遵守贸易管制、防止洗钱行为）、责任（确保产品质量、确保记录和报告准确无误、与投资方媒体和公众沟通、环境保护）五大方面，就互相尊重、保护资产、反腐败、反不正当竞争、公众沟通等十六项内容提出了原则指南、实践方向。[3]

---

[1] 参见 M 公司官网。
[2] 来源：《M 公司员工行为准则》。
[3] 来源：《M 公司高管带你解读"M 公司合规实践"》，载"阳光 M"微信公众号，2020 年 2 月 25 日。

二、M 公司合规组织

M 公司的合规部门与国有企业之间存在一些显著差异，这些差异主要体现在部门职责设置、与其他部门的相互配合等方面。M 公司作为一个高科技企业，其合规部门更侧重于处理与知识产权、数据保护、隐私政策等相关的问题，并与研发部门紧密协作，确保新产品和新服务符合全球法规要求。M 公司的特点在于没有像国有企业一样建立一个总的法律合规部，而是根据行业特点选择了必要的重点领域分部门进行管理。M 公司的合规部门职责更侧重于前瞻性地预防和管理合规风险，而国有企业的合规部门则更多地关注于符合既定的合规标准和程序。在与其他部门的配合上，M 公司更强调跨部门的协同工作，如与业务团队、IT 团队等一起工作，而国有企业则可能更依赖于既定的汇报线和责任分配。

针对企业廉洁合规建设，M 公司设立了专门的部门，即审计委员会，负责监督本公司的财务监控、风险管理及内部控制系统。审计委员会的权限及职责包括"企业管治守则"等相关守则条文订明的有关职责及权限。审计委员会获董事会授权，调查职权范围内的任何活动，并获授权向任何雇员索取任何所需资料，而全体雇员将获指令配合委员会的任何要求。审计委员会与管理层讨论风险管理及内部控制系统，确保管理层已履行职责建立有效的系统。讨论内容应包括本公司在会计及财务申报职能方面的资源、员工资历及经验是否足够，培训课程及有关预算是否充足；应董事会的委派或主动考虑有关风险管理及内部控制事宜的重要调查结果和管理层对该等调查结果的回应。

M 公司设置了内控审计部与安全监察部，向审计委员会负责。其中 M 公司内控与审计部是 M 公司集团内部一个独立、客观提供审计与咨询服务的部门，以提高经营效率和效果为目标、以风险管理为导向、以流程梳理为基础、以财务内部控制为切入点、以关键控制活动为重点，旨在为 M 公司保值增值保驾护航。M 公司安全监察部是 M 公司集团廉洁举报的唯一归口部门，负责全球举报线索的跟进处理。安全监察部会根据举报反映的问题开展独立、客观、公正的调查，根据调查结果及公司相关规定，对涉事员工或商业伙伴提出惩处建议。安全监察部致力于在全球范围内建立健全的舞弊风险管理机制，促经营，防腐败，守住合规底线，完善风险防控体系，保障公司业务长期稳健发展。

三、合规要点解读

（一）合规方针解读

M 公司作为一家领先的消费电子与智能制造企业，其合规方针的要点主要体现在公司治理、反垄断合规以及全球合法合规经营等多个方面。

首先，在公司治理层面，M公司通过建立完善的公司治理结构、制定明确的股东权利和责任、加强内部控制和风险管理等手段，确保股东权益得到有效保护。其董事会和监事会通过定期召开会议、审核公司财务报告和内部控制等方式，保证公司的决策过程公正、透明。同时，M公司通过内部审计部门和风险管理部门，对公司的各项业务进行监督和评估，以确保公司的运营安全和稳定。

其次，在反垄断合规方面，M公司一向高度重视，并在集团层面建立了反垄断合规体系。M公司将反垄断与反不正当竞争作为《M公司集团员工行为准则》的要求之一，并制定了《反垄断合规手册》，明确了垄断协议、滥用市场支配地位、经营者集中合规、反垄断调查程序等内容，以指导旗下业务合规开展。此外，M公司还通过组织专项培训，提升员工的反垄断意识和内审能力。

最后，在全球合法合规经营方面，M公司坚守在全球范围内坚持合法合规经营的原则。面对各种挑战，M公司表示将积极应对，主动与各国政府进行沟通，解决可能的误解，寻找符合双方利益的解决方案。同时，M公司还加强对全球市场的研究，以应对可能的政策变化。

总的来说，M公司的合规方针体现了其对企业社会责任的承担，以及对法律法规的尊重和遵守。通过持续加强公司治理、反垄断合规以及全球合法合规经营，M公司致力于确保企业的稳健发展，并为全球用户提供优质的产品和服务。

（二）合规组织解读

M公司合规组织体系的要点主要体现在其构建理念、组织结构以及运行机制等多个方面，以确保公司在全球范围内遵守法律法规，维护良好的商业道德，并保障利益相关方的权益。以下是对M公司合规组织体系要点的深入解读：

首先，M公司合规组织体系的构建理念是以法律为准绳，以诚信为基础。公司始终坚持依法经营，严格遵守国内外相关法律法规，将合规要求融入公司的核心价值观和企业文化中。同时，M公司强调诚信经营，注重商业道德和社会责任，致力于成为行业内的合规典范。

其次，在组织结构方面，M公司建立了完善的合规管理组织架构。公司设立了专门的合规管理部门，负责制定和执行合规政策，监督公司的合规运营。此外，M公司还在各个业务部门设立了合规专员，负责具体业务的合规管理和风险控制。这种多层次的合规管理组织架构确保了合规要求的全面覆盖和有效执行。

再次，在运行机制方面，M公司合规组织体系注重风险预防和控制。公司通过对业务流程的梳理和分析，识别出潜在的合规风险点，并制定相应的风险应对措施。同时，M公司还建立了合规监测和报告机制，定期对公司的合规情况进行检查和评估，及时发现和纠正违规行为。此外，M公司还加强了与监管机构的沟通和合作，确保公司的合规运营符合监管要求。

最后，M公司合规组织体系还注重持续改进和提升。公司定期对合规政策和管理机制进行审查和更新，以适应不断变化的法律法规和市场环境。同时，M公司还加强了员工的合规培训和教育，提高员工的合规意识和能力。

综上所述，M公司合规组织体系是一个以诚信为基础、注重风险预防和控制、持续改进和提升的体系。通过这一体系的有效运行，M公司能够确保公司的合规运营，降低违规风险，提升企业的竞争力和可持续发展能力。

案例十：O公司的合规方针与合规组织

O公司于2004年成立，已经成为一家全球领先的智能终端制造商和移动互联网服务提供商。过去，O公司基于"本分"的价值观，把恪守商业道德、遵守法律法规，作为企业经营的基本准则，构建起朴素而普适的合规意识与合规能力，确保了企业的稳健经营。现如今，随着国际局势与市场环境的变化，O公司开始注重其合规体系的建设。在O公司的理念中，合规体系建设是企业健康经营的基石。全面系统地进行合规管理，既是O公司应当履行的社会责任，也是"本分"价值观的内在要求。同时，O公司向外界郑重承诺：无论在哪个国家和地区开展业务，O公司都将始终遵守当地的法律法规与市场规则，尊重商业伦理道德、宗教习俗和善良风俗，并在公司内部持续推进合规建设。对标先进合规体系建设的标准和指南，O公司合规体系已经具备了基本的要素，并根据业务特点全面落地和闭环优化。首先，O公司在全球数据隐私保护、贸易合规、商业秘密保护、反商业贿赂、竞争法合规等领域致力于全面、深入地了解合规要求，并不断建设和完善O公司的合规体系、打造业界领先的合规能力。同时，O公司不断完善合规制度，明确合规规则，并将这些规则贯穿各业务流程和业务活动中，通过合规审计来检验和提升合规管理机制，同时持续提升员工的合规意识，形成"我要合规"的合规文化。此外，O公司加强组织建设和合规平台运作，建立由业务系统、合规专业部门、审计监察部门组成的合规风险管理"三道防线"，将合规管理工作布防到业务一线，形成全面覆盖、全员参与、主动合规的高效合规平台。

一、O公司合规方针

O公司坚持做好合规工作，以确保公司的健康长久经营。通过双管齐下的方法，O公司不仅注重建设合规能力，也积极解决合规问题。同时，避免重大合规事件的发生，并将合规纳入业务部门的绩效指标，强调业务部门对合规的责任和重要性。O公司的合规方针可以划分为以下四方面：

（一）以合规的确定性应对不确定性：O公司认识到外部环境的不确定性，因此坚持以合规作为应对的确定性，通过建立健全的制度、流程和机制来规范和管理业务活动。

（二）双管齐下：O公司重视合规能力建设和问题解决的双重重要性。一方面，公司注重建设合规的基础设施，包括制定合规政策、流程和培训计划等；另一方面，及时解决来自外部合规监管机构和内部业务发展方面的合规问题。

（三）避免重大合规事件的发生：O公司将零发生重大合规事件作为所有业务活动的底线要求，强调通过制定流程和制度来确保合规问题不会发生，以保障公司的声誉和长期经营。

（四）业务部门的合规责任：O公司将合规工作纳入业务部门的关键绩效指标中，确保业务部门对合规负有责任，并赋予合规工作在业务决策中的否决权，以确保合规始终得到重视和执行。

上述合规方针有助于确保O公司在经营过程中遵守法律法规和道德规范，减少合规风险，并提升公司的声誉和形象。

二、O公司合规组织

在O公司的合规组织架构中，包括合规与风险管理委员会、业务系统/区域平台、质量运营部、合规BP（业务伙伴）/合规官/合规接口人，以及法务合规中心在内的五个组织和平台。

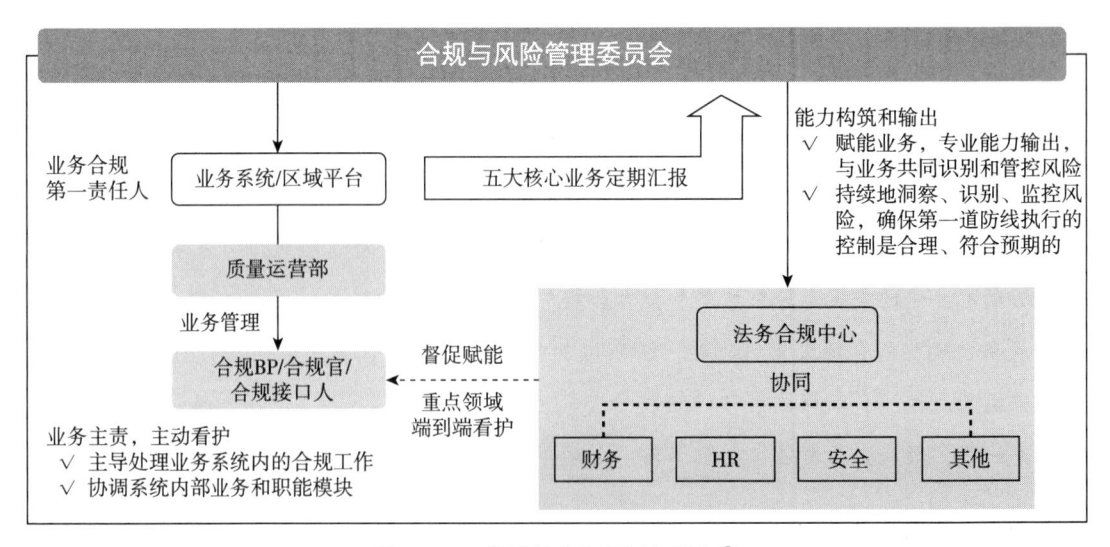

图1-4　O公司的合规组织与平台[①]

---

① 参见O公司官网。

O 公司通过设立合规与风险管理委员会，管理及监督全球业务合规运作。合规与风险管理委员会是公司合规与风险管理的最高决策机构，由核心业务高管参加，规划和决策合规与风险管理工作。法务合规中心负责合规事务的日常管理，完善公司合规管理体系的建设与落地推行工作。合规与风险管理委员会负责统筹协调合规与风险管理工作，并对法务合规中心进行能力建设和资源输出，包括赋能业务、输出专业能力、与业务部门共同识别和控制风险，以及持续地洞察、识别、监控风险，确保第一道防线执行的控制是合理、符合预期的。

合规与风险管理委员会下属的业务系统/区域平台负责第一线的业务合规，并定期向委员会报告五大核心业务的情况。质量运营部则管理合规 BP/合规官/合规接口人，后者负责推动业务系统内的合规工作，以及协调内部业务和功能模块。法务合规中心协同财务、HR、安全等方面，同时对合规 BP/合规官/合规接口人进行监督赋能，在重点领域对他们提供端到端的支持，确保他们能够有效地执行职责。

三、合规要点解读

O 公司的合规组织机构设置体现了其在应对全球市场尤其是境外经营中合规风险方面的先进思维和策略。以下是 O 公司合规组织机构设置的关键优势：

（一）合规与风险管理委员会

合规与风险管理委员会作为最高决策机构，由核心业务高管组成，这确保了合规事务在公司决策中的重要性和优先级。这种高层次的参与为合规工作提供了必要的支持和资源，确保合规策略能够快速适应全球各地的法律法规变化。高层管理的参与有助于迅速响应和适应境外市场的变化，特别是在涉及重大合规风险或决策时，能够确保公司采取统一和高效的行动。

该委员会负责全球业务的合规运作监督，涵盖规划、决策到合规与风险管理的各个方面。它的存在不仅保障了公司策略和运营的合法性，也保护了公司免受可能的法律和商业风险。该委员会作为一个跨部门的决策和协调机构，能够有效整合来自不同部门的信息和资源，促进合规与业务之间的沟通与协作。这种跨部门的合作对于识别潜在风险、制定有效的风险控制策略至关重要。

在全球市场环境不断变化的背景下，合规与风险管理委员会能够确保公司合规策略的灵活性和适应性，能够迅速响应外部法律法规的变化，及时调整公司的合规措施和策略，减少合规风险。在境外经营中，合规与风险管理委员会尤为重要。它通过对全球合规风险的统一监督和管理，帮助 O 公司有效应对不同国家和地区的法律法规差异。该委员会确保 O 公司的境外业务符合当地的合规要求，同时识别和控制跨国经营的风险，保障公司的全球战略顺利实施。

总的来说，合规与风险管理委员会是 O 公司合规体系的核心，它通过高层领导的参与、跨部门协调、风险管理和策略调整，确保了公司能够有效应对全球合规挑战，特别是在复杂多变的境外市场环境中，保持业务的持续健康发展。

（二）地区化的业务系统/区域平台

通过设置业务系统/区域平台，O 公司能够在地理和业务领域内进行专门化的合规管理，这样的结构有助于精确识别和应对特定市场的合规风险。O 公司地区化的业务系统/区域平台是其合规架构中的一个关键组成部分，使 O 公司能够更加灵活和精准地处理特定地区的合规要求和风险，特别是在复杂的跨境法律环境中，针对性地解决了跨国经营中面临的复杂合规挑战。这一策略体现了 O 公司对于全球化市场策略的深度理解和响应。

1. 针对性的合规策略：通过地区化的业务系统/区域平台，O 公司能够为不同的市场制定更为精细化和针对性的合规策略。考虑到不同国家和地区在法律法规、文化习俗、市场环境方面的巨大差异，这种策略能够确保 O 公司的产品和服务符合当地的合规要求，同时优化用户体验。

2. 快速响应地区变化：地区化的业务系统/区域平台使 O 公司能够快速响应各个地区法律法规的变化和市场动态，及时调整其业务策略和操作模式。这种灵活性是 O 公司在复杂多变的全球市场中保持竞争力的关键。

3. 加强地方合作与沟通：这种地区化策略促进了 O 公司与当地政府、监管机构和合作伙伴之间的合作与沟通。通过建立良好的地方关系，O 公司能更有效地导航合规风险，同时探索更多业务机会。

4. 提升合规效率和效果：地区化业务平台通过专门的合规团队，能够更精确地识别和处理合规问题，提升了合规工作的效率和效果。这种在地化的合规管理，有助于减少潜在的违规风险，保护公司免受负面影响。

在境外经营中，地区化的业务系统/区域平台尤为关键，因为它直接关系到 O 公司能否有效应对跨国经营中的合规挑战。不同国家和地区的法律法规千差万别，地区化平台能确保 O 公司的业务操作满足当地的法律要求，减少法律风险。了解并尊重当地的文化习俗和市场特点是跨国经营成功的关键。地区化的业务系统使 O 公司能够设计和推广更适合当地市场需求和文化偏好的产品。地区化管理提高了决策的灵活性和响应速度，使 O 公司能够更快地适应和把握市场变化，有效应对竞争挑战。

（三）综合性的法务合规中心

设立法务合规中心，负责合规事务的日常管理和合规体系的建设，保证了合规措施的有效执行和持续改进。法务合规中心能够确保 O 公司的全球业务遵守当地的法律法规，同时，通过与其他部门，如财务、HR、安全等的协同合作，形成了一个多方位防控合规风险的网络。

O 公司设立的综合性法务合规中心是公司合规架构中的关键部分，它在确保公司全球业务遵守法律法规、管理合规风险及推进合规文化方面发挥着核心作用。法务合规中心具有以下核心职能与作用：

1. 日常合规管理与监督：法务合规中心负责公司合规事务的日常管理，包括但不限于监督公司业务活动的合法性，确保各项操作符合国内外相关法律、法规和政策。通过日常的合规监督，法务合规中心能够及时发现潜在的合规风险，防止违规行为的发生。

2. 建设与完善合规体系：该中心不仅负责现有合规体系的维护，还涉及合规管理体系的持续完善和优化，包括制定和更新合规政策、流程，以及根据业务发展和外部环境的变化调整合规策略。

3. 合规培训与文化建设：法务合规中心承担着对公司员工进行合规培训的责任，通过定期的培训和教育，提高员工的合规意识，建立起良好的合规文化。这种文化的建设有助于形成自上而下的合规氛围，使合规成为企业运营的自然部分。

4. 合规风险评估与处理：该中心负责对合规风险进行评估和分析，制定风险应对计划，并在发现合规问题时，及时采取措施进行处理和整改，防止问题扩大。

5. 跨部门合作与支持：法务合规中心还需要与公司的其他部门（如财务、人力资源、研发等）紧密合作，共同识别和控制合规风险。此外，该中心还提供合规方面的专业建议和支持，帮助各部门在日常操作中遵守合规要求。

法务合规中心能够帮助 O 公司适应和遵守各个国家和地区的法律法规，特别是在涉及知识产权、数据保护、反垄断等方面，确保公司的国际业务合法合规。随着业务的全球扩展，合规风险也会相应增加。法务合规中心通过全面的合规风险评估和管理，帮助公司识别和应对跨境业务中的合规挑战。良好的合规记录是企业参与国际市场竞争和合作的基石。法务合规中心通过确保 O 公司的国际业务符合高标准的合规要求，为公司赢得更多的国际合作机会。

（四）合规业务伙伴（BP）/合规官/合规接口人的角色

在 O 公司的合规架构中，合规 BP、合规官、合规接口人扮演着至关重要的角色。这些职位构成了连接公司合规体系与业务部门之间的桥梁，确保合规措施得以有效执行，并将合规理念深植于公司的日常运营之中。这些角色负责推动和协调内部业务和功能模块的合规工作，通过他们的工作，合规文化和意识能够深入到公司的每一个角落。在境外经营中，这些角色的存在确保了即时和有效的沟通渠道，帮助解决跨部门、跨地区的合规问题，特别是在需要快速适应当地市场变化和法规要求时。

合规 BP 作为业务部门与合规部门之间的联络人，深入业务部门，了解业务的运作模式和需求，同时传递合规部门的要求和政策。他们负责将合规视角融入到业务决策中，提供合规建议和解决方案，帮助业务部门在遵守法律法规的前提下达成业务目标。合规 BP 通过深入业务部门，能够更准确地识别和评估业务活动中的合规风险，及时提供专业的合规指导和支持，从而减少合规风险。

合规官通常在合规或法务部门内部，负责监督和管理公司的合规程序和政策的实施情况，确保公司业务活动的合规性。合规官负责制定和更新合规政策和流程，进行合规风险评估，以及组织合规培训和宣传，提高全公司的合规意识和能力。合规官作为合规管理的专家，能够提供高层次的合规指导和策略，对公司的合规文化建设和合规体系的完善起到关键作用。

合规接口人在具体业务单元或项目中担任合规事务的第一联系人，是实现合规政策和措施在日常业务中具体应用的关键人物。合规接口人负责在其所在的业务单元或项目中监督合规事务，传达合规信息，在发现合规问题时及时报告并寻求解决方案。合规接口人能够确保合规政策和措施在业务层面得到有效执行，通过日常的合规监督和管理，为业务的合规运营提供即时的支持和指导。

合规 BP、合规官、合规接口人通过各自的职责和作用，共同构成了一个覆盖公司全方位的合规管理网络。这一网络确保了合规策略和措施能够被有效地传达和执行，无论是在战略规划阶段，还是在日常业务活动中，通过提高合规意识、识别和管理合规风险，以及提供合规解决方案，共同支撑了公司的合规文化和合规体系的稳固和发展，为公司的健康持续增长提供了坚实的保障。

(五) 合规纳入业务部门绩效指标

将合规责任纳入业务部门的绩效指标，强化了业务部门对合规的责任感，确保了合规措施的执行力。这种做法确保了在全球范围内，无论是哪个部门或地区，合规都是业务操作的一个不可分割的部分，从而大大降低了境外经营的合规风险。将合规纳入业务部门绩效指标，是 O 公司强化合规文化和提升合规执行力的关键措施之一。这一做法确保了合规不仅仅是法务或合规部门的职责，而是整个公司共同的责任。

通过将合规责任分配至各个业务部门，每个部门都直接参与到合规工作中来。这种做法确保了合规管理的全面性，强化了合规是每个人职责的理念。将合规作为绩效考核的一部分，为业务部门设定了明确的合规目标和指标。这些指标既包括合规培训的完成度、合规风险的识别和处理情况，也涵盖了合规问题的预防和改进措施的实施效果。此措施通过将合规表现直接关联到业务部门的绩效评价和奖励机制中，形成了对合规表现的正向激励。同时，对合规表现不佳的部门，也构成了一定的约束和压力，促使其改进和提升合规管理水平。将合规纳入业务部门的绩效指标，有助于在公司内部培育和强化合规文化。它使得合规成为员工日常工作的一部分，提升员工对合规重要性的认识和理解，能有效提升业务运营过程中的合规性，减少违规风险，引导业务部门在追求业绩目标的同时，积极确保业务活动的合法合规，从而保护公司免受法律风险和声誉损害。

将合规纳入业务部门绩效指标是O公司推动合规文化深入企业每一个角落、提升企业合规管理水平的重要策略。这不仅体现了公司对合规重视的程度，也展现了O公司将合规管理融入企业日常运营和长远发展战略中的决心。

总之，O公司的合规组织机构设置通过高层管理的参与、地区化的业务管理、法务合规中心的日常监管、专职合规角色的推动，以及将合规纳入绩效考核，构建了一个强大的、多层次的合规管理体系。这不仅增强了公司应对全球合规挑战的能力，特别是在境外经营中，也确保了公司能够有效地应对并管理合规风险，支持其全球业务的健康持续发展。

第二章
合规风险管理

企业的合规风险管理一般应包括对合规义务的识别以及对合规风险的评估及应对。企业主要是根据行业特点、市场环境，基于业务活动的需要定期开展合规义务梳理和合规风险识别评估，本章具体从合规风险识别评估工作开展的方式、步骤、范围、内容以及合规风险应对措施等方面进行研究和说明。

案例一：F集团的合规风险管理[①]

F集团是一家业务多元的综合企业，总部位于香港。目前，F集团主要业务集中于交通物流、综合金融、城市与园区综合开发，以及近年来布局的大健康、检测等新兴产业。

F集团于2016年开始开展合规管理体系建设试点工作，组织各部门、各下属试点企业建立贯穿治理层、管理层和执行层的合规管理组织体系，完善纵向横向的合规管理制度体系，开展重点领域的合规管理和合规检查，进行合规培训与宣传，合规试点范围覆盖了核心产业的主要公司，目前已实现合规管理体系建设全覆盖的目标。

作为一个多元化经营的国有集团公司，F集团制定合规管理的原则性规章制度，各下属企业根据自身经营特点和需要再制定实施细则，不采取"一刀切"的政策。F集团于2018年制定并实施了《合规管理手册》，提出"合规从高层做起、全员主动合规、合规创造价值"的合规理念，其合规管理体系主要由合规管理制度体系、合规管理组织体系、合规风险管理机制和合规文化建设机制四方面构成。其中，合规管理制度体系由合规管理基本制度、管理办法、工作流程、管理工具和合规工作方案组成，从概括的行为准则、具体的执行程序到表单等予以规定。合规管理组织体系包括合规管理的治理机构、领导机构、合规负责人、合规工作小组、合规工作机构、合规工作人员等设置及其合规管理职责。合规风险管理机制包括

---

① 参见F集团官网。

六个方面，即合规风险识别和管控机制、合规审查和报告机制、合规检查整改机制、合规举报监督机制、合规责任追究机制以及合规管理绩效考核机制。合规文化建设机制包括合规理念的宣导、合规培训与教育制度、合规文化的培育等。

一、合规义务的识别

在ISO19600《合格管理体系指南》和GB/T35770《合规管理体系要求及使用指南》中，合规义务分为合规要求和合规承诺，国际标准化组织在2021年4月13日正式发布的A类认证标准ISO37301：2021将合规义务定义为组织强制性地必须遵守的要求，以及组织自愿选择遵守的要求。这些要求包括成文明示的、不成文的或必须履行的需求或期望。新旧标准对比看，之前的合规要求对应新标准的"组织强制性地必须遵守的要求"，之前的合规承诺对应新标准的"组织自愿选择遵守的要求"。

合规义务是企业合规经营的标准，是企业追求商业行为合规价值观水平的综合反映。企业的生产经营活动遵守的"合规义务"是因企业而异的。即使是相同行业领域的不同企业，因为其生产经营管理水平、规模、复杂性、结构、运营的方式和市场竞争地位不相同，所坚守的商业行为合规价值标准有高有低，从而企业主动遵守的"合规义务"也各不相同，其中起决定作用的是企业的主要领导对合规价值的认知程度。根据ISO37301：2021，合规义务除了包括企业强制性地必须遵守的要求，如法律法规、强制性标准、强制性条款以外，还包括企业自愿选择遵守的要求。对于企业自愿选择遵守的要求，企业就有充分的自由度，企业的主要领导对合规价值的认识深度、合规对企业品牌的作用等，都会影响企业自愿选择遵守的要求。某种程度上，决定一家企业合规经营品质的，是企业合规经营的标准。从有利于企业长期健康、持续发展和市场品牌竞争力出发，企业应该遵守足够高标准的"合规义务"，高品质的合规经营，企业才能够常青。

F集团《合规管理手册》专门设立"企业合规义务"一章，共十节四十三条，详细列举了包括合法雇佣和劳动安全保障、依法纳税、反垄断、反不正当竞争、反洗钱、遵守出口管制和贸易制裁规定、商业伙伴合规、财务报告真实准确和上市公司信息披露、环境保护义务、数据保护和信息安全等企业应当遵守的十项重要义务。这些合规义务几乎涵盖了企业运营的所有关键领域，从员工雇佣到财务报告，从反垄断到环境保护，确保了企业在各个方面都有明确的合规指导。通过明确各项合规义务，企业能够增强自身的法律意识和风险防范意识，有效减少违法违规行为的发生，降低法律风险和声誉风险，有助于企业建立良好的内部治理结构和运营环境，提升企业的整体竞争力和市场形象，为企业的持续健康发展提供有力保障。

二、合规风险管理机制

ISO37301：2021明确：企业应在合规风险评估基础上，识别、分析和评价其合规风险，将其合规义务与其业务活动、产品、服务以及运行的相关方面联系起来，以识别合规风险，同时，企业应评估与外包的和第三方的过程相关的合规风险。应定期评估合规风险，并在周围形势或企业所处的环境发生重大变化时，及时进行再评估。企业应保持有关合规风险评估和应对合规风险措施的文件化信息，并建议合规风险能够以不遵守组织的合规方针与义务的后果和不合规发生的可能性来表征。

F集团《合规管理手册》"合规风险管理机制"章节，对"合规风险"和"合规风险管理"进行定义：

"合规风险是指因各单位或其工作人员的经营管理或职业行为违反法律、规则和准则，而使各单位受到法律制裁、被采取监管措施、遭受财产损失或声誉损失的风险。

合规风险管理是指对合规风险进行识别、预防、应对和管控，以及追究合规管理相关责任的过程。"

同时，F集团将合规风险管理机制分为合规风险识别和管控、合规审查和报告、合规检查整改、合规举报监督、合规责任追究、合规管理绩效考核六个机制。这六个机制共同构建了一个全面风险管理的框架，确保企业能在所有业务领域和流程中实施有效的风险管理。这些机制为企业的合规管理提供了明确的指导和流程，提高了合规管理工作的效率，同时，通过定期的合规检查、整改和报告，企业能及时发现并应对潜在的合规风险，有效预防和减轻可能的损失。举报监督机制允许实时监控和报告任何违法违规行为，有助于及时采取纠正措施，而责任追究机制能够明确各方的职责，对违规行为进行严肃处理，维护企业的合法权益。建立合规管理绩效考核机制可以激励员工更加重视合规工作，提高整个企业的合规水平。

三、合规要点解读

F集团合规管理体系以有效识别和管理集团遇到的合规风险，维护和提升F集团的良好声誉和品牌价值为导向，具有以下可资借鉴的特点。

（一）合规管理制度体系

该体系不仅涵盖了合规管理基本制度、管理办法、工作流程、管理工具和合规工作方案，还从概括的行为准则到具体的执行程序、表单等进行了详细规定，具有高度的系统性和完整性。通过制定合规管理基本制度,明确了合规管理的总体目标、机构职责、运行机制等,为整个集团的合规工作提供了明确的指导。同时,管理办法、工作流程和管理工具的制定,使得合规管理在各个环节都有明确的操作规范,确保合规要求能够得到有效执行。

(二) 合规管理组织体系

该体系划分了合规管理的治理机构、领导机构、合规负责人、合规工作小组、合规工作机构、合规工作人员的职责范围,确保了合规要求能够渗透到集团的各个层级和业务领域,其细致的层级划分和明确的职责设定有效地支持了F集团在合规风险识别评估实践中的工作。特别是合规负责人和合规工作小组的设置,使得合规工作有了明确的责任主体和执行者,其负责具体的合规风险评估、监测和报告工作,能够及时发现并应对潜在的合规风险。这种专业化的分工,提高了合规工作的效率和准确性。

(三) 合规风险管理机制

该机制下设了合规风险识别和管控、合规审查和报告、合规检查整改、合规举报监督、合规责任追究、合规管理绩效考核六个小机制,在及时发现并应对风险、确保决策合规性、及时纠正违规行为、鼓励员工参与以及强化责任追究和绩效考核等方面有显著效果。近年来,F集团一方面积极建立与"十四五"战略规划相匹配的风险偏好及核心业务风险限额指标体系,将提高金融资产质量、化解房地产库存等要求纳入风险限额范围,防控工作从事后应对向事前防范转变,构建风险偏好制定、监测、跟踪、通报和检视的管控闭环,强化风险偏好执行约束力,有效管控重点二级公司资产周转效率和不良资产;另一方面,强化重点业务风险在线监控,围绕流动性、汇率、海外等重点风险,组织二级公司建立风险监测体系,"一企一策"推进重点业务风险监测,集成业务职能打造在线监测系统,动态管理下属企业风险事项。F集团建立法律合规风险全流程管理机制,法务系统建设子企业全覆盖,缩小了各子公司管理差距。

(四) 合规文化建设机制

该机制通过合规理念的宣导、合规培训与教育制度以及合规文化的培育等多方面的努力,为集团的合规风险识别评估工作提供了坚实的文化基础。F集团的企业合规文化建设不仅提高了员工的合规意识和能力,使得员工能够主动识别和应对合规风险,还增强了企业的凝聚力和向心力,使得全体员工能够共同为企业的合规发展贡献力量,更重要的是,F集团通过合规文化建设提升了企业的品牌形象和声誉,使集团在行业内树立了良好的合规形象。

2023年8月，F集团举行了《F集团诚信合规行为准则》发布会暨第一届首席合规官和合规专员培训，深入学习贯彻习近平法治思想，全面落实国务院国资委《中央企业合规管理办法》和集团合规管理深化工作方案，此举不仅强化了集团的合规管理体系，更深化了合规文化在集团内部的传播与实践，为企业的稳健运营和可持续发展注入了新的动力。

案例二：T公司以风险为导向的合规管理

目前，国内企业在监管部门和司法机关监管要求下，普遍开始进行建立合规管理体系的探索。但许多企业大都奉行"大合规"或"全面合规"的理念，注重建立一种以遵从规则为目标、以合规义务梳理为基础、遴选多个重点合规风险领域并覆盖企业全部人员、全部环节和全部流程的合规管理体系。对于这种合规管理理念，有知名企业的首席合规官称之为"以管理为导向的合规体系建设思路"。T公司曾按照这一思路进行合规体系建设，也就是从合规文化建设、合规资源投入、流程制度建设和专业能力提升四个维度，通过投入巨量资源，快速地建立了一种"自上而下"的出口管制合规管理体系。这种合规管理围绕着合规体系建设八要素，将"计划-执行-稽查-处理"（Plan-Do-Check-Act，PDCA）循环的模式引入合规管理之中，创设了业务与合规的双循环模式，将合规管理的核心界定为"合规规则的制定"、"全面无死角的培训"、"坚决的执行"以及"有效的稽查"。但是，随着合规管理"进入深水区"，T公司逐渐意识到这种"不分场景的僵化遵从规则"的做法，存在着盲目执行、效率低下等严重弊端，不能满足实际业务中灵活多样的场景化需求。为克服这些弊端，需要对企业合规风险进行实时监控和防范，推动风险治理前移，梳理一种"以风险为导向的合规管理体系"。[①]

一、合规风险评估

根据"以风险为导向"的合规理念，T公司确立了"风险-管控-流程-工具"的风险控制流程。T公司区分了"抽象性合规风险"和"具象性合规风险"，将前者定位为一种宏观的、概括的、潜在的合规风险，将后者界定为一种微观的、纯粹的、现实的合规风险。在识别具象性合规风险的基础上，T公司明确合规规则的出处和遵从基线，为合规管控提供依据和载体；为保证合规管控措施落地实施，企业将合规规则在业务流程中融入关键管控点（KCP），避免出现合规与业务"两张皮"的现象；然后通过引入合规管控自动化系统，实现合规管控工具的"产品化"，确保合规规则得到有效执行。据此，通过对合规底层思维的掌

---

① 参见T公司官网。

握,以具象性风险识别为导向,以合规管理为工具,有效推进合规规则与具体业务的深度融合,形成契合业务实际的合规管理体系。

与国内众多大型企业动辄开展"大合规"或"全面合规"的合规体系建设道路不同,T公司的风险导向是"以管控系统性风险为主的专项合规管理体系"。所谓系统性风险,不是一般的合规风险,而是会严重影响企业可持续经营的重大合规风险。根据T公司的行业特性,经过审慎的风险识别和评估,T公司将专项合规治理集中在三大风险领域:贸易合规风险、腐败风险和数据合规风险。

所谓贸易合规风险,主要是指物项和技术进出口管制风险,由于T公司所从事的通讯行业,国际供应链很长,要保证企业的供应链安全和可持续经营,就不得不确保各项交易遵从产业链上各个国家的出口管制法律。因此,T公司将贸易合规风险列为首要系统性合规风险,并据此建立了出口管制合规管理体系。

所谓腐败风险,又称为商业贿赂风险,这是外向型企业所普遍面临的系统性合规风险。T公司属于资金密集型企业,会从事重大基础设施建设,容易发生腐败事件。再加上T公司从事海外投资经营活动,也会面临海外子公司、分支机构、办事处、代理商等遵从所在国或所在地区反腐败法律法规的问题。因此,为防控这一风险,T公司建立了专门的反商业贿赂合规管理体系。

所谓数据合规风险,既是外向型企业在面对日趋严格的国际和国内数据合规监管要求的情况下所要管控的重大风险,也是通讯行业所普遍面临的特有合规风险。通讯行业是"数据经济的筑路行业",是"数据产生、处理和转移的基础",T公司防范个人数据保护和数据跨境转移等方面的风险,必须建立并实施数据保护合规管理体系。

按照T公司合规负责人的说法,上述三大风险领域"属于本行业可能面临的影响企业可持续经营的三大系统性合规风险",为面临这些风险的发生,T公司"构建了'规则制定-落地执行-稽查监督'的业务闭环,形成了有效的合规专项治理体系"。至于其他"非系统性合规风险",一般通过"第一道防线"以业务流程管控方式进行控制,不需要进行专项合规治理。

二、"合规融入业务流程"的合规风险管理措施

如何防止合规风险管控与业务运行出现"两张皮"的现象?如何将合规管理真正融入业务流程之中?这是企业在推进合规体系建设过程中需要解决的关键问题。"由点及线",流程嵌入是合规管控的具体落地路径。为响应"本土化"需求,企业需要基于合规规则制定情况在业务流程中融入关键管控点。在流程制度建设方面,T公司加强了合规管理委员会的作用,

将公司合规管理制度的制定、合规事项审议和决策权纳入合规管理委员会;将合规检查点嵌入具体业务流程之中。

首先,在确定合规管控领域的前提下,需要准确定义和识别合规义务。企业根据法律、法规及相关规则,使其转化为具体的合规义务,将其纳入合规政策和员工手册之中,使之成为企业上下一体遵守的行为规则。T公司建立了多维度和实时的"外法监控渠道",设立专门的政策追踪团队,对相关领域的合规政策进行追踪,分析其对公司业务的影响,修订各合规领域的合规义务清单。

其次,在确定合规义务的基础上,进行合规风险由抽象向具体的转化。通过持续进行风险评估,深入了解企业的经营状况及存在的合规风险,先发现宏观的、潜在的、概括的"抽象性合规风险",再缩小范围,定位微观的、现实的、迫在眉睫的"具象性合规风险"。简要说来,就是将可能违背公司合规义务的风险映射到具体的业务活动,在业务活动中设置关键合规风险点以及相应的合规管理要求,以达到管控合规风险的目标。

再次,在识别和分析具象性合规风险之后,企业需要确定业务流程中的关键管控点。关键管控点是指"一个能够预防和消除风险的影响或将其减少到可接受水平的控制措施",如检查、验证、评审、审核、复核、决策、考核、预算、预警、分析、授权、盘点、不相容职务分离等措施。通常情况下,企业可以通过四个步骤来判断某一风险控制点是否为关键管控点:一是该步骤是否有风险控制措施?二是该步骤是否有专门用于消除风险因素或能够将风险因素降低至可接受风险水平的管控措施?三是判断风险因素的影响是否超出可接受水平?四是判断后续步骤是否可以消除或降低风险发生的影响?通过建立一个判断控制点属性的模型,企业可以判定风险控制点的类型,结合风险评估结果和业务类型来设定关键管控点,有效分配合规管理资源,增强风险管控能力。

在识别每个关键管控点的基础上,企业需要根据风险的具体内容,制定相应的管控方法。例如,在出口管制合规管理中,具象性合规风险通常涉及主体、国家、物项和最终用途等四个要素,企业需要针对某一具体风险点,来设置相应的关键管控点管控要求,如"进行受限制主体扫描""进行尽职调查""进行受制裁国家或地区筛查""确认出口授权",等等。

不仅如此,企业还要将合规关键管控点的管控要求进行有效落地。无论是管控方式还是合规工具,都要结合企业业务管理的情况,结合资源状况和管理成本,制定合理有效的合规管控落地方案,最终将合规管控要求嵌入业务,达到合规融入业务流程的效果。

最后,针对新的合规风险,从管理和业务两个方向优化合规管理体系。一方面,根据外部规则的变化,自上而下地按照规则优化原则,通过系统性地审视规则金字塔体系,从合规政策-原则性规范-流程性规范-关键管控点,全面梳理合规管控原则、流程规范和管控关键管控点，找到制度中的疏漏和盲点。另一方面，根据业务驱动的原则，通过向业务人员收集合规优化建议，快速识别合规优化点，优化流程中的关键管控点，确保合规流程更加符合业务发展需要。实践中，这种源自业务需要的自下而上的合规优化方式，可以从清除、简化、整合、自动化等四个方面加以展开。

以售前营销最终用户审查嵌入 T 公司的端到端销售管理 LTC 流程（Lead to Cash）为例，从时间点来看，此项业务活动最先接触交易主体，是做好最终用户审查的重要环节。为了在此阶段做好最终用户相关风险管控，T 公司首先对"客户管理-商机管理-竞标管理"等售前业务流程进行了梳理。在此基础上，结合业务开展实际对不同阶段存在的出口管制合规具象性风险进行了评估和分析，进而在客户管理、项目立项、投标和签约评审等业务环节引入合规人员参与项目审批，确保有效管控出口合规风险。

案例三：S 集团合规管理案例

S 集团主业是基础设施投融资、投资与资产管理，有二级权属企业 9 家，参股多家企业。集团总资产达到 400 亿元，累计出资、投资 190 多亿元，撬动社会资本 1400 多亿元。[①]

S 集团打造"国企金盾"风控品牌，构建起覆盖从战略决策到岗位操作的全过程、全方位、全员的国有资本投资公司合规管理体系。年均开展风险论证项目 50 余个，全面实现规章制度、经济合同、重要决策法律审核"三个 100%"，有效实现内部审计全覆盖，逐步形成了风险、法律、内控、合规、审计的一体化管理体系，创新打造了国有资本投资公司风控体系的"发投模式"。

一、S 集团合规风险管理

（一）合规风险管理

根据合规管理的外部压力不同，合规风险管理可以分为日常合规管理和危机合规管理。

1. 日常合规管理

日常合规管理，是指企业在没有违法、违规或者犯罪的情况下，根据常态化的合规风险评估结果，为防范企业潜在的合规风险，开展合规管理体系建设。日常合规管理体系建设的主要目标，是把普通合规风险管理起来，以免"跑冒滴漏"产生累积效应，最终演变成颠覆性重大合规风险。但假如企业不建立日常合规管理体系，潜在普通合规风险就有可能转化为

---

① 参见 S 集团官网。

显在的违法事件,由此不仅带来商业声誉的降低,还会使得企业被行政机关调查、被司法机关立案乃至被国际组织制裁的可能性大大增加。无论是行政执法调查、刑事追诉,还是国际组织制裁,最终给企业带来的可能不仅是被行政处罚、追究刑事责任的结局,更可能导致各种市场准入资格的被剥夺和商业交易资格的丧失。

企业在建立日常合规管理体系时,通常拥有较为宽裕的时间,可以根据企业合规风险的现状,在公司治理结构之中完成对合规管理体系的搭建,实现对合规管理与决策治理、业务治理、财务管理的有机整合。一个企业的合规管理的体系化程度越高,与公司治理结构的结合越紧密,该企业防范危机合规风险的成功率也就越高。

日常合规管理方案虽然覆盖企业决策、经营、财务、人事等管理的诸多环节,但不能简单理解为单纯的依法依规经营更不能盲目照搬指引或其他企业的做法,让日常合规管理变成一种纸面上的合规计划,而是需要遵循协同联动这一基本要求,实实在在地落地。也就是说,日常合规管理与法务、监察、审计、内控、全面风险管理等其他风险管理工作要相互统筹相协调。只有形成完整联动的企业合规治理体系,在预防合规风险、监控违规行为和应对违规事件等方面才能统一行动,融合程度高的日常合规管理体系才能有效避免危机合规管理的启动。

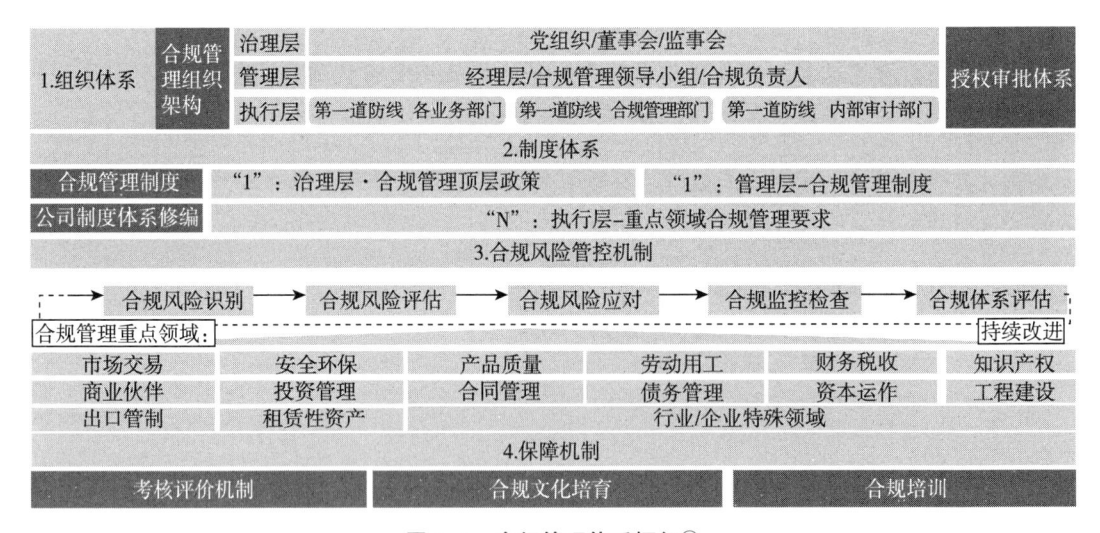

合规管理	治理层	党组织/董事会/监事会	授权审批体系
1.组织体系 组织架构	管理层	经理层/合规管理领导小组/合规负责人	
	执行层	第一道防线 各业务部门　第一道防线 合规管理部门　第一道防线 内部审计部门	
2.制度体系				
合规管理制度	"1":治理层·合规管理顶层政策	"1":管理层-合规管理制度
公司制度体系修编	"N":执行层-重点领域合规管理要求
3.合规风险管控机制
→ 合规风险识别 → 合规风险评估 → 合规风险应对 → 合规监控检查 → 合规体系评估 → 持续改进
合规管理重点领域:
市场交易　安全环保　产品质量　劳动用工　财务税收　知识产权
商业伙伴　投资管理　合同管理　债务管理　资本运作　工程建设
出口管制　租赁性资产　行业/企业特殊领域
4.保障机制
考核评价机制　合规文化培育　合规培训

图 2-1 合规管理体系框架①

2. 危机合规管理

危机合规管理属于危机应对式合规管理模式。通常是企业在涉嫌实施违规、违法或者犯罪行为,面临监管部门的行政调查、司法机关的刑事追诉或国际组织的制裁时,针对自身在

---

① 参见 S 集团官网。

经营模式、管理方式、决策机制等方面存在的漏洞和隐患，进行有针对性的制度修复和错误纠正。

(二) 风控体系全流程防控

S集团"国企金盾"风控品牌的一个突出特色是全流程全链条防控，包括投前三重防控（尽职调查、预审会、风控会）、投中四层控制（投资审核、合同预审、法律审核、会议决策）、投后五类监督（投后管理、风险监控、合同检查、项目后评价、项目审计），形成"三四五"风控模式。投资全过程的各个风险点都纳入风险控制范围，实现了精细化管理，将投前论证方向、投中决策内容和投后监督手段协同起来。通过处于中枢地位的专业高效论证审核体系，充分参考吸收投前尽调成果，为投中决策提供支撑，为投后监督管理指明方向。

具体做法是在决策会议前，项目单位提报的项目要过两关，即"风险论证关"和"投资审核关"。首先，项目要提交S集团风控论证会，经过由外部风控专家和内部风控人员联合组成的评委在法律、财务、商务、行业等方面的专业询问，并就S集团风控中心所出具风险报告提出完整且具有可操作性落实方案后方可进入后续程序；其次，项目要提交S集团投审委员会，经过正反辩论、专家询问，且通过委员会表决后才能提交S集团有关决策会议进行最终决策。通过上述程序，基本做到了对项目各层面风险的充分揭示，从而较好保证了S集团决策会议在充分衡量收益和风险基础上作出审慎科学的投资决策。

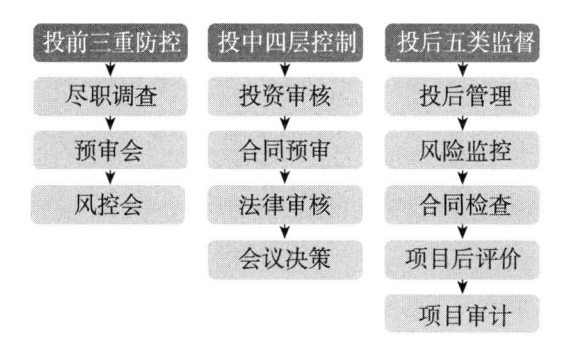

图2-2　S集团"三四五"风控模式①

1. 风控体系全维度建设

风控模式要落地见效，需要靠制度固化规范、机构统筹推动以及队伍支撑保障。因此，在"国企金盾"风控品牌建设过程中，S集团注重从制度建设、组织建设、队伍建设三个维度发力。在制度建设方面，制定投资风险管理办法及其配套指引，建成了企业投资风控领域"1+N"制度体系，固化投资风控模式，规范工作流程和重点环节，强化制度对业务活动风

---

① 来源：http://www.zjgj.com/，2024年3月4日访问。

控的刚性约束，实现了科学化和程式化管理。在组织建设方面，搭建了专门管理平台，设立S集团风控中心，牵头组织开展集团公司全面风险管理工作，统一调配集团风控资源力量，统筹开展各项风险控制活动，形成上下风控"一盘棋"格局，增强了S集团对权属企业风险管控力。在队伍建设方面，按照国内一流投资公司标准配强总部风控部门力量，专职风控人员须具有博士研究生或硕士研究生学历，均来自北京大学、南京大学等一流高校，同时在大型国企、律师事务所、会计师事务所等有过专业从业经历；从集团及权属企业选拔了一批懂业务有经验的业务骨干，从高校、院所、头部机构聘请了一批行业内知名专业人士，高标准建立内部风控人才库和外部风险专家库，形成公司风控"智囊团"，为科学决策提供专业化支持。

2. 风控体系全方位把控

在日常工作中，S集团不是单纯地就风险而论风险，把视野局限于"小风险"上，而是以"全风险"视角探索实施风控、法律、内控、合规、审计一体化管理，将上述五项职能统一纳入企业风控体系，均由风控部门组织开展，进行同计划、同部署、同实施、同检查。以"防范化解重大风险"为逻辑主线，实行五项职能体制协同、体系协同、机制协同、成果协同，较好统筹了全面风险管理"三道防线"上的各种风控手段，剔除了职责交叉、重叠的冗余工作，弥补了单一职能对全面风险防控的不足和遗漏，实现了法律、内控、合规、审计和风控共同精准发力。

合规管理是国有企业提升管理能力的关键一步，在市场推动与政策要求的双重影响下，国有企业应当积极建立健全合规管理体系。国有企业也应当意识到，合规管理体系的构建是一个复杂、系统、长期的工作，实际执行中要充分考虑企业的业务、组织等实际情况。从组织到制度再到执行，形成系统的、自上而下的体系，以坚实有效的合规管理为企业经营发展保驾护航。

第三章

合规管理制度与合规流程

合规管理制度是在合规风险识别评估的基础上，落实合规管理要求的具体措施。企业的合规管理制度体系一般是分级管理的，合规手册或合规行为准则以及合规管理办法构成基础性的合规管理制度，同时专项重点领域的合规管理制度、相关指引要求以及合规管理机制文件的制定和实施都是合规管理制度构建的主要内容。

案例一：N集团以"手册管理为抓手"形成的"5+1"合规管理体系

随着党的十八届四中全会作出的全面推进依法治国的重大战略部署，N集团作出了《关于贯彻落实中央要求统一思想行动努力打造阳光N集团的决定》（以下简称《决定》），明确将"以手册管理为抓手，提升规范化管理水平"放在落实《决定》各项工作的首位。N集团以"法治企业""阳光企业"为文化品格，以"建法治、强内控、防风险、促合规"为目标，结合行业特点和公司管理经验，将手册管理作为合规管理体系建设的重要抓手，切实做到"一切行为形成制度、一切制度纳入手册、一切手册落实到行动"，形成了"事前规范——手册管理""事中监控——增设法律审核环节""事后补救——解决争议"的合规管理体系。

N集团将手册管理打造为合规管理的特色与核心内容，梳理完善公司规章制度及业务规范，纳入手册管理，运用信息化手段将手册嵌入管理过程与业务流程，增强执行刚性和约束力，为合规管理夯实基础。通过构建"手册、合规、风险、内控、法律"5项工作+"合规管理系统"1个平台的"5+1"合规管理工作机制，分析经营管理中存在的合规风险，加强合规审核，协同进行合规监督，形成合规管理闭环，有效防控违规风险，确保公司及员工的经营管理行为符合法律法规、监管规定、行业准则和企业章程、规章制度以及国际条约、规则等要求。[1]

---

[1] 参见N集团官网。

一、N 集团构筑以手册管理为基础和特色的"5+1"合规管理机制

搭建 N 集团手册体系"大合规",首先按照"三个一切"的原则,将公司经营运行所有遵循的外部法律法规和政策文件内化为"公司级手册",如公司章程、财务管理制度、法律管理制度、党建管理制度、客运营销管理制度以及运行手册等。接着将公司级手册细化分解为"部门级手册",真正将合规要求融入各二级单位和全体员工的职责和操作流程,如《北京分公司手册》《营销委手册》《法标部手册》等。手册体系"大合规"的建成将合规管理要求嵌入各业务系统,如合同管理系统、法定自查系统、财务管理系统、采购管理系统、OA 公文系统以及大客户系统等。

在此基础上,根据法律法规变化及外部监管、风险管理、内控管理、纪检监察、巡视、手册考评工作中梳理出的风险与整改要求,持续完善内控缺陷认定标准、风险评估标准和合规指引,构建相互融合协同高效的制度体系和业务流程,夯实"5+1"合规管理机制基础。手册体系不断完善,定期开展制度梳理,及时将合规要求固化为公司手册,为合规管理全覆盖、有效运行奠定基础。2021 年,N 集团推动手册"从厚到薄""由全到优",在各业务领域持续推动统一制度规范和业务标准,为防控经营管理合规风险提供有力抓手。为加强手册质量管理,构建了由手册建议者、审批者、运营者、评估者、监督者"五个者"构成的手册质量管理体系。

(一)将合规指引要求与手册管理相融合

1. 宣贯文化统一思想。在全集团大力宣贯以"一切行为形成制度、一切制度纳入手册、一切手册落实到行动"为指导思想,以"手册公司"、"手册管理者"和"手册员工"为管理目标的手册文化。

2. 梳理业务主线达成共识。N 集团手册合规管理体系将公司的各项业务确定为 38 个主流程,制订 38 套公司级手册;进行上至公司领导、下至一线员工的多场座谈和访谈,讨论、思想碰撞,最终凝聚共识。

3. 全员动员编写手册。38 个公司级手册控制单位成立公司领导带队的跨部门编写小组,各二级单位组织成立班子带队的部门级手册编写小组,法律标准部组织并全面参与各级手册制订。

4. 自上而下大力推进。奖励手册编写人员和组织有力单位;连续三年将手册管理工作作为公司年度重点工作,将手册管理推向深入。

（二）手册管理实现了依法合规要求与业务操作的有效融合

N集团层面制订发布公司级手册和手册文件，各二级单位制订发布部门级手册和手册文件。手册管理全覆盖成为合规管理与法律风险防范、内控、风险管理等工作相统筹、相衔接的联通点，也是监察、审计、巡视等监督工作的重要抓手和成效归属。

（三）手册管理实现了依法合规要求贯穿于公司决策、执行、监督各环节

N集团通过打造"手册公司"、"手册管理者"和"手册员工"，实现了法治工作从专项业务工作向全面覆盖、全员参与的全局性、战略性工作升级，成为公司的核心理念和全体员工的自觉遵循。

二、构建"一个平台""两级手册""三大分类""四级管理"体系

（一）"一个平台"

手册管理平台是公司集中管理和发布各类手册的信息系统，与办公OA系统对接，具有手册上报、会签、审核、签发、发布、查询、阅读、下载、报表统计、反馈意见等功能。所有手册均需经过合规审核后发布于手册管理平台，将手册管理平台打造成N集团的"内部法规"库。

手册管理平台移动端应用软件为"N集团手册"App，便于公司领导与员工随时随地查阅手册，是手册员工落地的重要技术支撑。

（二）"两级手册"

N集团手册分为两级，由公司级的总体运营规章文件和部门级的各二级机构贯穿公司总体运营规章的管理手册组成。

公司级手册为第一级。公司经营运行所有遵循的外部法律法规和政策文件均内化于公司手册之中，例如，与本行业相关法律规定的许可证制度、法定自查、《蒙特利尔公约》、《GDPR》等；上市公司有《公司法》《证券法》《上市规则》《萨班斯法案》等；央企有党内法规、《国有资产交易监督管理办法》、《国有资产评估管理办法》等；市场主体有《民法典》《税法》《反垄断法》《个人信息保护法》《劳动法》等。公司级手册是按照规定程序制定并发布，规范公司各项经营管理行为，对公司具有全局性影响力。

部门级手册为第二级。部门级手册是各公司、业务运营单位、总部各职能部门为贯彻公

司总体运营规章文件制定的规范部门日常的经营运行管理行为，并按程序报经所在单位总经理办公会批准后方可实施的规范性手册文件的总称。

公司级手册将外部的法律法规内化到企业内部的各项经营业务，对公司具有全局性约束；部门级手册是公司级手册的内化与细化，是实现"手册员工"管理目标的关键。

（三）"三大分类"

"三大分类"特指"公司级手册"中的三类，分别为"公司治理类手册"、"运行管理类手册"以及"基础管理类手册"。"公司治理类手册"是统筹规范公司治理的对应工作；"运行管理类手册"是与N集团日常运行管理工作的规范指导，包含"安全""运行""飞行技术""维修工程"等类目；"基础管理类手册"是规范集团内部各项细分小类，包含"客运营销""货运营销""财务""统计""人力资源""党建工作""内部审计""采购""行政"等。

（四）"四级管理"

N集团手册的"四级管理"构架内容如下：首先，由手册批准机构及签发人按照法律规定并根据公司授权，手册根据层级及性质不同，由不同级别管理人员或决策机构批准签发。接着，由手册责任单位负责手册的制定、修改和执行监督等全流程日常管理，手册控制单位负责组织协调各手册责任单位进行手册编制、修订、宣贯等工作。随后，手册主管部门也即法律标准部，负责N手册的全面管理工作，建立手册管理制度，明确手册管理职责，控制手册信息平台，对手册进行合规审核、监督和考核手册执行。最后，由手册管理员负责本单位手册工作职责的落实和组织协调工作，对手册进行形式和内容上的审核把关，负责手册文件在手册管理平台的上传、流转、发布等工作。

三、合规管理制度：形成"手册生命周期"与"五个者"的管理模式与管理机制

（一）形成"手册生命周期"的管理模式

1. 手册酝酿计划。N集团根据外部法律法规及公司管理要求变化，结合风险排查、审计、巡视、纪检监察、内控测试和手册考评收集的手册完善意见；各二级单位制定手册立改废计划；法标部统筹规划全集团手册体系优化计划。

2. 手册制定。N集团根据手册年度编制计划，各单位开展手册编制工作，报法标部进行合规审核。

3. 手册发布。手册编制完成后,通过手册管理平台完成审批后发布生效。

4. 手册复核。手册主管部门组织各二级单位于每年6月、12月对手册内容合规性等进行复核。

5. 手册修订和废止。根据手册复核结果,结合年初计划,进行手册修订和废止;N集团年均修订量15000份次,体现了"要我合规"转变为"我要合规"。

以上五个步骤形成了N集团手册管理体系从手册内容酝酿到手册内容修订和废止,再转到手册内容酝酿的周而复始的生命周期制度,实现了手册管理体系不断创新发展的目标。

(二)建立"五个者"手册质量管理机制

1. 手册建议者:手册控制单位,手册责任单位、员工等;

2. 手册审批者:手册批准机构及签发人;

3. 手册运营者:手册控制单位,手册责任单位、员工等;

4. 手册评估者:手册评审专家组;

5. 手册监督者:具有监督职责的各级党组织及纪检检察、审计、安全管理、法标部等。

除了上述"五个者"手册质量管理机制之外,为持续提升内部"立法"质量,N集团还组建手册专家组从独立第三方视角对手册合规审核效果进行审视和评价。具体做法为,对应38套公司级手册,组建38个公司级手册评审专家组;对应各专业手册,组建6个运行手册专家组。目前44个专家组共有手册专家成员500余人,担任手册质量管理体系中最关键的角色"评估者",开展对手册的优化评审和运行评估工作。

"五个者"的具体工作内容为:首先要"事前控制——优化建议集中评审",根据外部法律法规变化及手册定期复核结果,形成优化方案,提交给手册评审专家组开展评审,形成评审报告提交至手册控制单位及法标部,评审报告结果将运用于后续的手册审批发布流程。其次是"事后评估——执行运营情况评估",各手册评审专家组于每年的5月、11月启动定期评估工作,汇总形成评估报告(内含改进方案或建议),并最终得出手册执行运营情况优秀、良好、合格及不合格结论,并反馈至手册控制单位及法标部,评估结果将纳入年度手册管理与执行考评。

案例二：H 公司的合规管理制度与流程

H 公司的合规管理体系包括三维管理体系、四级制度框架及合规体系闭环化三方面。

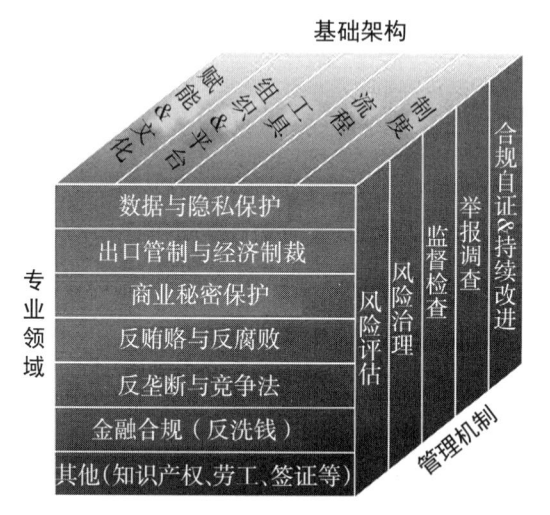

图 3-1　H 公司的合规管理体系①

一、"三位一体"合规管理体系

H 公司搭建适配业务特点和用户需求的合规体系，建立了一套符合其商业特征和消费者需求的"三位一体"合规管理系统。通过与行业标准和先进做法相比较，H 公司专注于关键领域，逐步推进合规体系的专业化运作，并确保合规措施全面而有效地实施。②

对于体系的构建，不仅是制度或政策文件的制定，其包含三个维度：

第一个维度是合规的专业领域。专业领域对标 H 公司在全球业务开展过程中所面临的首要和基础的合规问题，以此建设相应的专业能力。由于 H 公司遍及全球的产业链和 TOC 的商业模式，其涉及数据与隐私的安全、出口管制和经济制裁、商业机密的保护、反贿赂和反腐败、反垄断和竞争合规、金融合规（包括反洗钱）等重要的合规领域，H 公司致力于在相关领域建设相应的专业能力。在如知识产权、劳工问题、签证等基础与业务合规，H 公司也努力建设相应的专业能力。

第二个维度关注管理机制的构建，形成一个闭环风险管理体系。其涵盖了风险评估、风险管理、监督与检查、举报机制与调查合规自证与持续改进一系列流程。

---

① 参见 H 公司官网。
② 同上。

第三个维度是基于制度流程的基础架构。要使合规成为系统化的制度，从公司政策的制定到融入业务流程的细节，再到在IT系统中的具体实施，需要通过IT的固化来对抗流程遵从的不确定性，这是H公司整体的合规体系的架构。这个架构的结构包括增能与文化建设、组织架构和平台、实用工具、流程设计、制度体系五个层面。

上述三个维度相互支持，相互连接，共同打造了H公司合规性的"三位一体"管理体系。

二、四级合规管理制度框架

H公司建立包含合规纲领准则、合规管理制度/规范、合规手册及指南、合规操作指引在内的四级合规管理制度框架。在建立四级制度框架的过程中，H公司遵循以下原则：风险导向、实用有效、通俗易懂。为了使合规体系更加完善，H公司分别从为什么建立合规体系（WHY）、公司具体的合规要求是什么（WHAT）、如何实现合规要求（HOW）、以及用什么工具和方法落实合规（WITH WHAT）四个层面来构建不同级别的文件。

（一）合规纲领准则

合规纲领准则是整个合规体系的灵魂，它回答了为什么要建立合规体系的问题。在Ⅰ级文件中，H公司基于监管要求，对外呈现公司的合规承诺、价值主张以及H公司对基本合规要求的理解和表述。这是一种对外的声明，传达了公司对合规工作的重视程度和决心，同时也是对内部员工的指引，明确了公司的合规文化和基本遵循的原则。

（二）合规管理制度/规范

合规管理制度或规范是公司内部的基本合规要求，明确了具体的合规要求，回答了公司有哪些具体的合规要求的问题。Ⅱ级文件强调了公司对于合规管理的具体执行标准和预期，包括了不同合规领域的详细规定和标准。这一层面的文件为公司内部员工提供了明确的合规指南，使得合规工作可以具体化、条例化。

（三）合规手册及指南

合规手册及指南是如何将公司的合规要求落到具体业务场景中的实操指南。Ⅲ级文件提供了确保合规落地的具体指引，其基于不同的业务场景识别出具体的合规要求。这使得员工在面对不同的业务挑战时，能够具体地知道如何做到合规，如何在日常工作中维护和执行公司的合规标准。

(四) 合规操作指引

合规操作指引是用什么工具和操作方法来落实合规要求的详细说明。Ⅳ级文件涉及到实现合规要求所必备的日常合规工具和程序，包括具体的操作流程、使用的技术工具、以及监控和报告机制等，确保合规要求能够在日常工作中得到有效执行和维护。

H 公司各合规领域相关的管理制度和业务指引涵盖了贸易合规、数据隐私、反垄断、商业秘密保护、反贿赂等多个领域。它们不仅体现了 H 公司对业务合规管控的重视，也提供了详细的业务细则和指引，帮助公司和员工理解和实践合规的要求，确保公司业务的稳健运行，并符合法规和伦理标准。通过这种层次分明、覆盖广泛的合规文件体系，H 公司能够在变化多端的商业环境中保持灵活性和适应性，同时持续改进和提升合规管理水平。

三、合规体系闭环优化

H 公司以合规为基础，根据适用的法律法规和业务场景，通过建立合规制度来指导和约束其业务活动和流程。合规体系的优化是一个动态平衡的过程，主要围绕合规流程、合规制度和合规检查三个环节展开。这三个环节相互关联、相互影响，形成闭环，共同推动合规工作的发展。

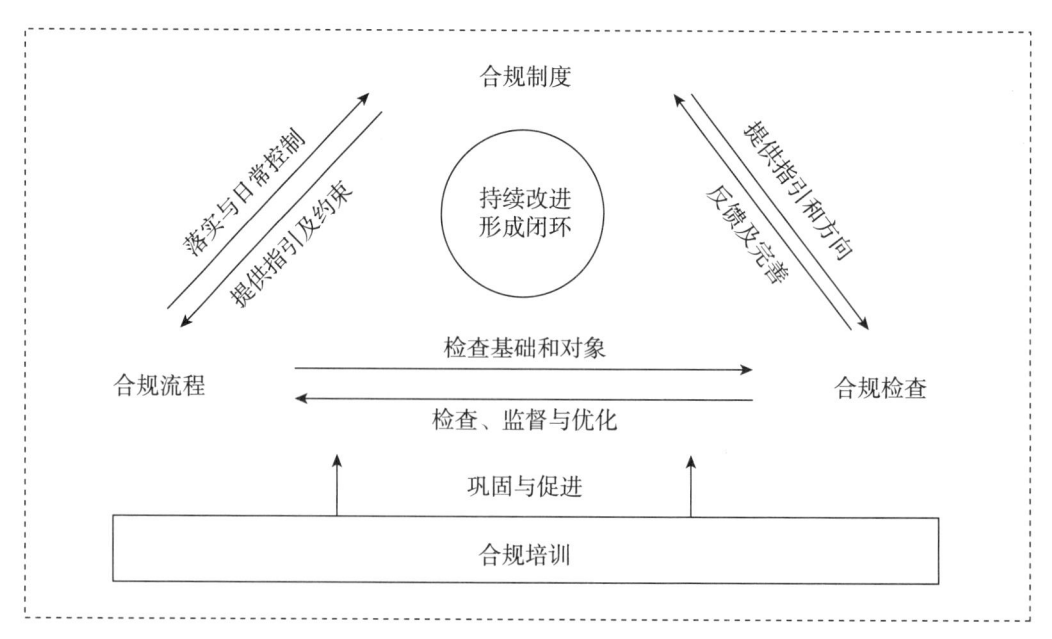

图 3-2 H 公司合规体系

首先，合规制度为合规流程提供了指引和约束。它确保了业务活动在合规的框架下进行，为员工提供了明确的行为准则和规范。合规制度同时也为合规检查提供了指引和方向，使得检查过程更加有针对性和有效性。

其次，通过合规流程对合规制度具体落实。它将合规制度转化为具体的操作步骤和流程，确保合规要求在日常业务中得到有效执行。合规流程不仅对合规制度进行日常控制，还为合规检查提供了检查基础和对象，为检查工作提供了必要的依据和参考。

最后，合规检查对合规流程进行检查、监督和优化。它通过内部或外部的审查，评估合规流程的执行情况，发现潜在的合规风险和问题，并提供相应的改进建议。合规检查的反馈不断完善合规制度，确保其与实际业务需求相匹配，并持续推动合规体系的优化。

H公司通过合规体系的闭环优化，不断改进合规流程、合规制度和合规检查三个方面。这一持续改进的过程旨在确保业务活动在合规框架下进行，提高合规管理的有效性和可持续性，以适应不断变化的法律法规和业务环境。

四、合规要点解读

H公司的合规管理体系是为了确保其全球业务遵守相关的法律法规，同时也为了保护公司自身的利益和声誉。以下是对H公司合规管理体系三个方面的详细解读。

（一）"三位一体"合规管理体系

合规专业领域：这一维度体现了H公司针对其全球业务重点关注的合规问题进行专业能力建设。包括但不限于数据安全、出口管制、商业机密保护、反贿赂和反腐败、反垄断和竞争法规、金融合规等关键领域。H公司在这些领域建立专业团队和流程，确保业务符合国际和地方的法律法规标准。

管理机制构建：这个维度关注风险管理体系的建立。H公司通过评估合规风险，建立监督检查机制，保证合规性的持续改进。此外，还包括举报机制，以确保任何可能的合规问题都能被及时发现和解决。

制度流程基础架构：这一维度强调将合规嵌入到公司的政策、业务流程，以及IT系统中。H公司通过这种方式确保合规措施能够系统地被执行，同时也强调了内部文化建设、组织架构、实用工具、流程设计和制度体系的重要性。

（二）四级合规管理制度框架

合规纲领准则：是合规体系的核心，表明了H公司为何要建立合规体系，体现了公司的合规承诺和价值主张，同时也是员工的行为指南。

合规管理制度/规范：具体明确了公司的合规要求，是内部执行的标准和预期，包含了不同合规领域的详细规定和标准。

合规手册及指南：提供操作指南将合规要求具体化为业务场景中的实际行动，帮助员工在具体工作中知道如何符合合规要求。

合规操作指引：包含了具体的日常合规工具和程序，确保合规要求在日常工作中得到有效执行。

（三）合规体系闭环优化

合规流程：指定了合规制度如何转化为具体的日常操作步骤和业务流程。

合规检查：通过内部或外部审查来评估合规流程的执行情况，发现和修正潜在的问题。

闭环系统：表示合规体系是一个动态的、自我循环的系统。规定的实施和监控相互依存，为持续改进提供动力。

H公司的合规管理体系通过这三个方面的有机结合和相互作用，确保公司不仅在现行业务中保持合规，而且能够预见并适应未来合规风险和挑战，保持业务的持续健康发展。

案例三：J集团的合规管理制度与流程

J集团始建于1986年，1997年进入汽车行业，一直专注实业，专注技术创新和人才培养，坚定不移地推动企业转型升级和可持续发展，致力于成为具有全球竞争力和影响力的智能电动出行和能源服务科技公司。J集团现资产总值超过4800亿元，员工总数超过12万人。J集团能够取得健康、可持续的发展，得益于秉承"战略协同、推动变革、共创价值"的使命和"充分授权、依法合规、考核清晰、公平透明"的经营管理方针。J集团高度重视清廉企业建设，在组织、制度、文化、商业伙伴管理等方面开展了一些探索和实践。

J集团很早就成立了纪检督察部门，2014年成立了合规管理办公室，配备专职人员，构建了较为完善的合规制度，保障企业合规经营，净化了企业环境，树立企业发展的正气。通过持续优化合规管理工作机制确保合规管理有序运行，不断探索合规文化建设，让合规的理念不断增强，让合规办事成常态，目前合规文化成为J集团的四大文化之一，并已转化成企业发展和走向全球的巨大力量，成为企业顺利进入国际化领域的"通行证"。[1] J集团不断完善合规制度体系，建立了包括费用申请、档案管理、礼品、婚丧喜庆等各方面合规管理制度，规范员工操作流程，将员工在工作中的合规表现纳入绩效考核，以便公司管理人员对员

---

[1] 参见J集团官网。

工行为进行有效的指引和监督。同时，设立合规24小时举报热线，保持举报渠道畅通。对举报人和举报内容严格保密，在查实举报违规事件后，公司将给与物质或精神奖励。让员工践行合规的自觉性不断增强，从根源处解决清廉合规问题。同时开展第三方商业伙伴合规宣贯座谈会，建立了合规文案签订机制，向供应商发送《廉洁经营告知函》，践行承诺、廉洁合规、诚信经营。在合规组织架构及合规文化的基础上，J集团各项廉洁合规建设举措齐头并进，通过"一个标准、两个步骤、三道防线"进行风险防控，即借助业务流程与控制、合规体系建立管理、合规有效评审"三道防线"，让合规保障与信息安全相辅相成，建立一个合规标准，形成了不断推动企业健康发展的整套成果。此外由业务部门、职能部门从各专业角度识别分析风险，法务、内审等侧重事前和事中管控风险，纪检督查部负责事后的审查督查，开展风险自我评估工作，健全防控机制、加强监督审查力度。

一、J集团合规管理制度与流程

建立全面、适用的制度体系是促进企业合规建设的基本依据，J集团按照"大合规"的理念建立了四个层次的合规制度体系。第一个层次是准则类，即适用于全体员工的《合规行为准则》，分别从企业发展、员工发展、保护公司资产与利益、商业伙伴交往、海外合作、履行社会责任、合规咨询与举报等方面提出合规管理要求。第二个层次是管理类，适用于全体员工，主要有《礼品与招待管理制度》《利益冲突管理制度》《商业伙伴合规管理制度》《婚丧喜庆事宜操办规范》《领导干部"一岗双责"规定》五项制度。第三个层次是操作类，适用于合规系统管理人员，指导和规范合规管理人员开展合规业务，主要包括合规风险管理办法、合规培训实施细则、合规绩效评价办法等制度。第四个层次是业务类，由各职能部门依据国家法律法规和行业标准内化的各种制度规则，如《合同管理办法》《招标管理办法》《费用管理办法》《个人信息管理办法》等。2021年，J集团根据业务发展实际，修订并发布了《商业行为准则》《供应商行为准则》《反腐败管理制度》《合规监管纪律处分实施细则》等制度，进一步明确了企业及员工关于诚信合规的要求。

建立灵活、高效的运行机制是促进企业廉政合规建设的重要抓手。为保证制度的有效执行，J集团建立了一套运行机制，即"五会四训三法二谈一报"（54321）和"双书双责"。"五会"指合规委员会季度例会、职能部门半年联席会、风险防控形势分析会、典型案件通报会、年度合规表彰会；"四训"指高管半年度集中合规培训、中层及关键岗位季度培训、新员工入职培训、合规管理人员业务培训；"三法"指举报奖励办法、案件调查办法、考核评价办法；"二谈"指重大风险问题约谈、重大项目中标约谈；"一报"指领导干部和关键岗位利益冲突申报等。"双书双责"是指集团经管会成员每年都要签订《高管目标承诺书》、

《信息保密承诺书》和《领导干部"一岗双责"》，即"领导干部一手抓勤政、一手抓廉政"。

商业伙伴是J集团事业发展的命运共同体，J集团致力于打造风清气正的供应链生态圈。J集团拥有招标管理、合同管理、知识产权管理、诉讼管理、利益冲突管理和外来礼品管理等信息化系统以及"国家法规数据库"，方便了合规管理，也增强了企业透明度。J集团在合同中设置了《诚信自律特别条款》，约定双方不得进行贿赂或者其他形式的舞弊行为，如有违约，违约方将按合同承担违约责任。J集团还出台了重大工程项目中标单位约谈机制，要求双方签订履约承诺书，承诺做到"十个不准"，承诺及时发现和通报在合作过程中相关方存在的问题，绝不隐情不报、袒护纵容、串通勾结。此外，J集团纪检督查部门还向所有供应商发布了《关于加强企业清廉建设共筑阳光诚信伙伴关系的通知》，要求商业伙伴加强对双方吃拿卡要、索贿受贿和双方在合作过程中内外勾结、营私舞弊等行为的监督，并及时通过专用邮箱和电话进行监督举报。

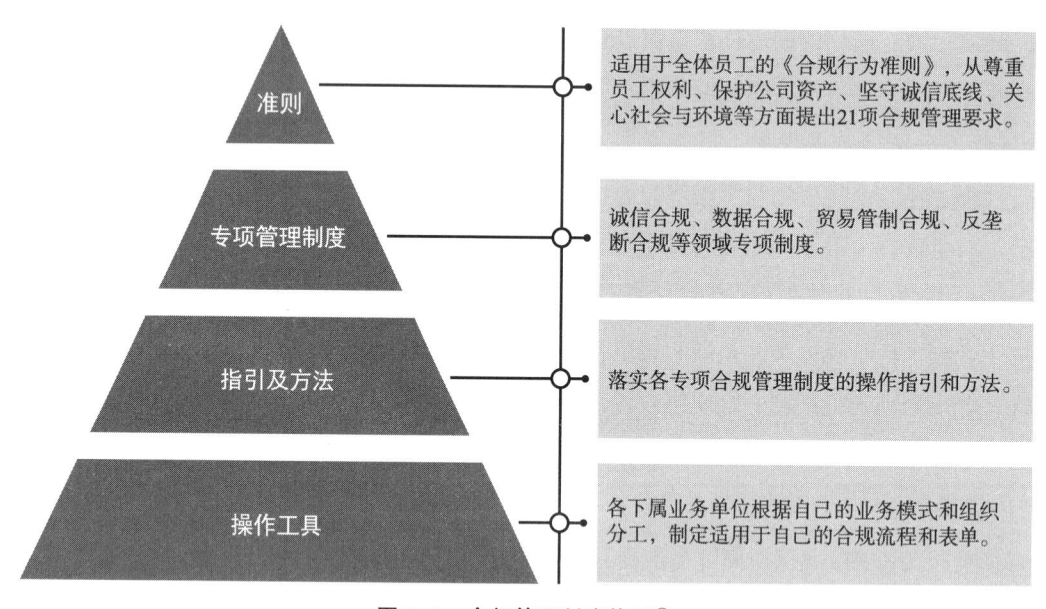

准则	适用于全体员工的《合规行为准则》，从尊重员工权利、保护公司资产、坚守诚信底线、关心社会与环境等方面提出21项合规管理要求。
专项管理制度	诚信合规、数据合规、贸易管制合规、反垄断合规等领域专项制度。
指引及方法	落实各专项合规管理制度的操作指引和方法。
操作工具	各下属业务单位根据自己的业务模式和组织分工，制定适用于自己的合规流程和表单。

图 3-3　合规管理制度体系[①]

二、合规要点解读

为促进企业稳健运营与可持续发展，J集团依据运营过程中业务所在国家或地区的法律法规、普遍认可的国际行为规范、全球公司负责任的商业实践等，制定了《合规行为准则》，《合规行为准则》适用于J集团及业务集团、业务板块、公司等下属业务单位，并允许各单

---

① 来源：J集团官网。

位根据自己的业务模式和组织分工,制定适用于自己的合规管理流程。要求每一位J集团员工在做业务决策时,都应本着公司主人翁精神问自己如下几个问题,并倾听自己内心的声音:(1)该决策是否符合法律、法规和商业惯例?是否符合本准则和J集团价值观?(2)该决策是否符合J集团及其客户、员工、投资者和社区的最佳利益?(3)该决策如果被媒体曝光,是否会对J集团的品牌形象产生不良影响?(4)我将来真的不会对自己所作的这个决策后悔吗?如果员工对上述任何问题存在疑虑,那该项决策可能存在较高的风险,需与其上级或合规部门联系。

在作出具体行为或决策上,J集团主要从以下层面对员工作出合规要求,首先是尊重员工权利,包括工作条件、薪酬福利、禁止骚扰等方面,例如,有员工"担心在工作场所受到了主管的骚扰,但害怕受到打击报复不敢申诉",该怎么办?《合规行为准则》有明确规定:J集团的任何单位、员工、客户、商业伙伴或其他相关方,若知晓违规或疑似违规的情况,可及时通过本集团建立的渠道咨询或举报。任何单位和个人不得以任何借口和手段阻止、压制举报人进行举报,也不得打击报复举报人。受骚扰员工可以向所在单位的合规人员或通过本准则所列的J集团合规举报邮箱或电话向合规部门反映。合规部门接到员工举报后,会依照程序开展调查,如果查证属实,将依据内部规定和流程对相关责任人员采取适当的纪律处分。其次是保护公司资产,包括公司业务记录与文档管理、知识产权、数据与信息安全等方面。《合规行为准则》规定:不当使用或披露内幕信息可能构成严重的违法犯罪,行为人可能因此面临严厉的刑事处罚和经济赔偿责任,作为知悉本集团内幕信息的员工,应该做到:(1)不利用内幕信息从事证券交易,也不向他人推荐相关证券;(2)严格保密内幕信息,保证未经授权的人员无法获得这些信息;(3)未经适当授权,不得擅自接受新闻媒体采访。再次是坚守诚信底线,包括反贿赂、反腐败、礼品与招待、反洗钱、利益冲突等方面。如在员工面对"利益冲突"时,《合规行为准则》作出以下四点要求:(1)员工应以公司最佳利益为重,尽量避免与公司发生利益冲突;(2)员工应签署关于利益冲突的声明,知悉公司关于利益冲突的规定;(3)当有利益冲突情况发生时,员工应及时中止导致利益冲突的行为,并遵守必要的申报和审批程序;(4)公司有权对违反利益冲突管理规定的员工进行处罚。最后是关心社会环境,包括融入社区、环境保护两个方面,依据《合规行为准则》,J集团通过向所在社区扶贫、教育等公益事业提供资助,持续回报社会;承诺遵守经营所在地的环境保护相关法律、法规及标准,确定环境保护程序并组织实施等。

在明确合规范围基础上,针对《合规行为准则》当中的四个主要板块,J集团区分不同领域分别设置了专项管理制度。例如,在尊重员工权利层面,J集团制定了《员工绩效管理制度》《考勤管理制度》《招聘管理制度》等;在保护公司资产层面,J集团制定了《资产管理制度》《数据安全管理总则》等；在坚守诚信底线层面，J 集团制定了《反贿赂合规管理制度》《禁止内部腐败合规管理制度》《领导干部"一岗双责"规定》《反垄断合规管理制度》《贸易管制合规管理制度》《隐私保护合规管理制度》等；在关心社会与环境层面，J 集团制定了《HSE 法律法规管理标准》及公益基金会和集团 ESG 管理等相关政策。总之，J 集团力求在各个层面都有对应的管理制度对员工行为进行约束，从而提升企业合规管理水平。

为了落实上述各项专项管理制度，J 集团针对不同板块的管理制度设置了操作指引或者办法。如关于尊重员工权利的制度，设立了《干部分级管理办法》《全球人才派遣流动管理办法》等；关于保护公司资产的制度，设立了《专利管理办法》《数据分类分级管理办法》等；关于坚守诚信底线的制度，设立了《数据跨境合规管理办法》《招标指导原则》等。此外，为了贯彻《合规行为准则》的有效实施，J 集团建立了良好的合规咨询与举报机制，鼓励所有员工、客户、商业伙伴和其他相关方通过恰当渠道就可能的违规问题进行咨询或举报，J 集团承诺对举报人和举报内容严格保密，对于所有可能违反准则规定的举报线索都会依照集团相关流程予以回应，如果查证属实，J 集团将依据内部规定和流程对相关责任人员采取适当的纪律处分，并设置了《合规咨询、举报、查处及奖励管理办法》作为指引。为强化合规管理，防范合规风险，2022 年 J 集团制定《J 集团合规经营绩效评价办法（2022 年版）》，并组织各下属业务单位开展年度合规经营绩效评价，定期检验合规管理工作的有效性，实现合规风险闭环管理。同时配合合规举报、合规文化建设、信息安全、商业伙伴合规等方式，保障 J 集团在合规的道路上顺利前行。

J 集团通过设置《合规行为准则》，建立起自上而下的合规管理制度体系。作为 J 集团合规要求的基本规范，有利于全体员工自觉遵守该准则的行为要求，坚持诚信经营，积极培育和主动践行符合商业道德的企业文化。

第四章

合规管理运行机制

企业不仅要制定合规管理制度,更重要的是确保这些政策要求被真正地贯彻下去,并有效地执行开来。要把企业的合规风险管理真正落实到业务操作层面,就必须要把政策制度上的规定转变为可执行的流程。一方面要确保各项业务操作符合外部法律和内部政策的要求,另一方面要使合规政策的要求与实际的工作实践衔接一致,并落实到企业管理的每一个层面、每一个岗位和每一环节。合规管理运行机制包括但不限于合规审查、考核、宣传培训、有效性评价等。

案例一:G 公司的合规审查管理制度[1]

G 公司基于法治的四项职能,即法律、合规、风险、内控协同运作,充分统筹了项目前期、建设期(实施阶段)、运营期、退出期"全生命周期"各阶段的风险管控;统筹了企业管理"三道防线"各维度的风险管控;统筹了职能监督、审计监督、法律监督、合规监督、巡视监督"大监督"格局下风险事项的整改和处置。在工作事项、规则、程序、标准、评价等方面建立有机联系和高效运转的工作方式,把属性类同、高度关联的工作事项一次完成,最大限度地避免工作重复、交叉,使四项职能高质量服务保障业务发展。通过审查决策事项、法律文件、体系文件发现业务领域风险,确定专项评价和风险管控重点领域;通过合规评价、内控评价和风险评估监督检查业务过程风险控制情况,并建立台账;通过管控风险台账和内控缺陷台账整改落实情况,完善管理体系和管理机制,实现风险可控在控;通过梳理评价报告、评估报告、审计报告、后评价报告、巡视报告揭示的问题,组建问题库,搭建风险预警体系。机制协同四项职能协同运作的核心,是以解决问题为导向,以防控风险为目标,聚焦关键业务事项实现管理要素"场景化"和"全周期"的协同。

---

[1] 参见 G 公司官网。

一、聚焦关键事项实现"场景化"运作协同

"场景化"运作协同是指四项职能面向业务时,要置身于具体业务场景或业务事项,明确四项职能哪些项需要参与到该业务事项中,及其在业务事项中的角色定位。在运作层面的协同事项通常是由"第一道防线"部门发起并主导,四项职能归口部门作为"第二道防线"通常发挥审查、咨询、督导的作用,其中专业化审查工作是四项职能发挥系统风险防控的重要抓手。为了更好地理解并实现四项职能"场景化"协同运作,可以从宏观、中观和微观三个层面理解其协同运作的机制。

宏观层面,四项职能协同运作的组织基础是"三道防线",围绕风险防控目标,厘清各关键事项在"三道防线"间的相关职责,形成"三道防线"运作协同。按照"三道防线"管理要求,"第一道防线"应落实风险/合规/内控主体责任,负责部门职责范围内的日常业务工作,对其中的重大事项,需要"第二道防线"共同参与;"第二道防线"一方面负责建立健全四项职能体系,另一方面参与重大事项的专业审查、咨询以及督导工作;"第三道防线"负责对第一、第二道防线风险防控效果进行独立监督和评价。在实践中,四项职能参与的关键业务事项主要包括制度文件、投资项目、重大决策以及合同协议四大类,通常属于企业"三重一大"事项或者法律文书范畴。

中观层面,第二道防线对关键业务事项开展一岗式审查,坚持法律、合规为主线,结合内部控制、风险管理融入业务,实现制度文件、重大决策和合同协议审查率100%

制度文件审查。在进行制度、规范性文件审查时,将制度法律合规性审查、内控要求符合性审查融入并固化于审查流程中,确保法律审查全过程覆盖和有据可查,将内部控制要求全面与制度管理进行对接。

投资项目审查。建立健全投资项目审查机制,对于未经合法合规性审查或者经审查不合法、不合规的项目,不得提交决策会议讨论。同时,引入投资项目风险评估机制,按照"事权清单"由相关主体开展风险评估,充分揭示项目风险,由四项职能归口部门开展风险审查并出具审查意见。

重大决策审查。建立健全重大决策审查机制,对于未经合法性审查或者经审查不合法的重大决策事项,不得提交决策会议讨论。同时,按照重大决策事项类别和属性,将风险、内控要素融入审查过程中,由四项职能归口部门出具审查意见。

合同审查。建立健全合同法律审查管理制度,完善权责体系和工作程序,实现合同法律审查全覆盖,有效预防可能出现的法律风险。同时,将第三方合规等审查融入合同法律审查环节。

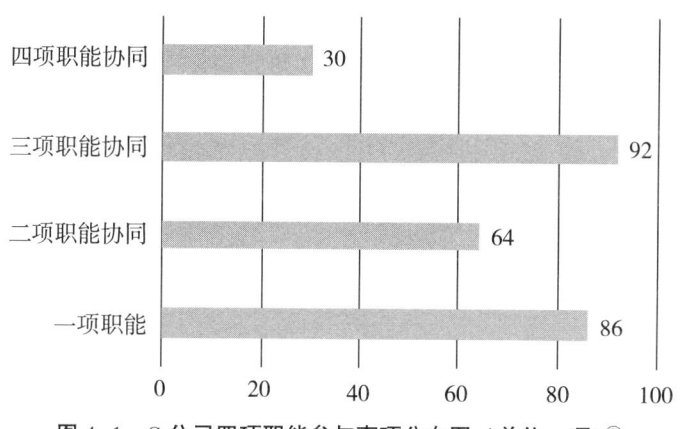

图 4-1 G 公司四项职能参与事项分布图（单位：项）①

微观层面，四项职能开展审查工作时，将岗位角色化，实行"一岗式审查"，即每个岗位根据关键业务事项审查侧重点不同，同时履行一项或多项审查职能，实现在流程节点上的协同运作。开展"一岗式审查"是四项职能协同运作根植于岗位的具体体现，以"一岗式审查"取代岗位间传递式审查，能够实现节约信息传递与沟通成本，提高工作效率。同时，可设置复核岗保障审查质量。在实践中根据关键业务事项的性质，开展"一岗式审查"包括多种"角色"组合。

表 4-1　G 公司四项职能一岗式审查表②

类别	法律	合规	风险	内控	一岗式审查
制度文件类	√	√	—	√	内控
投资项目类	√	√	√	—	法律
重大决策类	√	√	√	—	法律
合同协议类	√	√	—	—	合规

二、聚焦关键事项实现"全周期"运作协同

推动关键业务事项在事前、事中、事后"全周期"协同，进而带动"三道防线"整体协同，实现风险防控系统化。四项职能在不同阶段相互协同，各有侧重，采用多种管理手段，实现业务/事项闭环管理。事前主要以法律、合规审查为主线，按具体事项不同带动风险评估、内控审查融入并完成各职能协同的"一岗式审查"；事中主要以内控为主线，整合内控、合规、风险开展专项综合评价，督促事前各项审查意见、风险防控措施有效落地；事后主要

---

① 《G 公司基于法治框架的法律、合规、风险、内控协同运作》，载国务院国有资产监督管理委员会信息平台。
② 同上。

是在审计报告、后评价报告征询意见过程中提出意见建议，与"第三道防线"建立协同路径，确保事前、事中提出的意见和发现的问题得到落实和处理，法律职能提供法律救济，支持业务谈判和纠纷解决。四项职能协同运作由针对关键业务事项拓展到关键业务事项的"全周期"，一方面在不同阶段四项职能分别以法律、合规、内控为主线协同其他职能；另一方面在四项职能协同运作的基础上，推进"三道防线"实现更高层次的"大协同"，从而达到系统防控风险的最终目标。

案例二：A 集团建立健全合规审查管理工作机制[①]

防范化解重大合规风险，是合规管理的职责所在，也是创造价值的着力点所在。A 集团以合规管理"五项机制"为主要抓手，持续优化机制措施，丰富机制内涵，发挥机制实效，筑起防范化解重大合规风险的牢固屏障。A 集团将合规管理与全面风险管理工作有机结合，定期组织开展年度、半年度、季度合规风险识别工作。根据合规风险识别结果，及时对重大合规风险进行预警，指导成员单位制定应急预案，妥善应对合规风险。针对突发合规风险事件，实施合规风险事件报告及应对机制，积极做好应对。公司围绕"实现一个目标，健全五个体系，提升五种能力"，不断健全法治工作体系。公司董事会和监事会中均有法律专家分别担任独立董事和监事，董事会、董事会风险与审计委员会每年度审议公司法治工作报告和合规管理报告。董事会选聘总法律顾问，作为法律事务和合规管理的分管领导，协助主要负责人履行法治工作第一责任人职责。经过多年探索，A 集团已建立了由"业务部门—法律合规部—纪检监督部"构筑的法律合规风险防控三道防线体系。

法律合规部负责协助业务部门按重点领域完成法律合规义务识别和风险排查，业务部门在开展日常业务时负责履行法律合规业务、规避风险。法律合规部对重要经营决策进行复审、出具意见，并持续完善法律合规义务清单和风险库，对业务部门的依法合规管理进行检查、评价。纪检监督部负责核查违法违规线索，对违法违规行为追责，并与法律合规部共同开展经验反馈。公司持续推进"三项审核"信息化，全面实现重要经营决策、管理制度和合同在线审批，切实做到未经审核的重要经营决策不能上会审议，未经审核的制度无法发布，未经审核的合同无法签署。为进一步鼓励员工学法知法、不断提升法律意识，为 A 集团高质量发展培养法律合规人才，公司党委于 2021 年提出实施 A 集团法律合规人才"星火计划"，对"十四五"期间通过法律职业资格考试的员工给予职级晋升和薪酬激励。

企业合规审查是指对企业的相关法律法规和道德标准进行审查和监督的过程。这包括对

---

① 参见 A 集团官网。

企业的法律框架、财务报告、税务、劳动保护、环境保护等方面进行审查，以确保企业遵守所有的法律法规和道德标准，是确保企业合法运营和投资者利益保护的重要保障。企业合规审查不仅可以确保企业遵守相关法律法规和道德标准，还可以保护企业的财务安全和声誉，保护投资者的利益，建立企业的社会声誉。对于法律审核而言，国务院国资委《关于落实中央企业法制工作第三个三年目标有关事项的通知》（国资发法规〔2011〕196号）强调，国资委在2011年9月召开的中央企业法治工作会议上明确提出了中央企业法制工作第三个三年目标包括：中央企业及其重要子企业规章制度、经济合同和重要决策的法律审核率全面实现100%。自此以后，全面实现法律审核三个100%的要求就沿着"国资委—中央企业集团—各级中央企业、国资委—地方国资委—各级地方国企"的链条全方位传递到了几乎所有国有企业，但是对于合规审查如何开展、怎么落地，确保可行性，很多企业还在"摸着石头过河"。合规审查与法律审查并不能完全划等号，二者的不同主要集中在：其一，合规审查强调对企业经营活动的全面审查，其范围要远远广于法律审查，并包括法律审查；其二，合规审查是对企业所有合规规范予以审查，但法律审查仅在法律法规实务领域审查。当前，针对企业规章制度、经济合同和重要决策等文件材料的合规审查，主要是由企业法律合规管理部门的专职合规管理员工或外部律师进行的，有些企业为了区分合规审查与法律审查，会要求上述人员出具两份审查意见，一定程度上造成了重复劳动，如何有效地将合规审查与法律审查进行有效衔接，精简合规流程，进行"合法合规性审查"是当前企业在探索的方向。国务院国资委于2022年4月1日起草发布了《中央企业合规管理办法》，在第24条中就提到了"合法合规性审查机制"，要求企业建立健全合法合规性审查机制，将其作为经营管理行为的必经前置程序。

针对这种趋势，A集团已经在积极地探索实施合规复审与法律审核一体化，通过完善法律审核参与机制，加强合规审查与法律审查融合，将法律合规审查嵌入规章制度、经济合同、重要决策审核流程，实现未经法律合规审核的，规章制度不得发布、经济合同不得签署、涉及法律问题的重要决策不上会或上会不决策，以此实现审核质量和工作效率双提升。A集团将规章制度制定、重大事项决策、重要合同签订、重大项目运营作为合规管理的关键事项，严格合规审查要求。在持续做好制度、合同、项目合规审查的基础上，编制发布《有关重要决策法律审核事项清单》，明确必须经过法律合规审核事项，并将关键事项的合规审查作为对成员单位评优评先的重要指标，全面提升了合规审查执行力和可操作性。明确业务部门的合规审查责任、合规管理归口部门的合规复审责任，厘清权责边界。探索实施合规复审与法律审核一体开展，在风险有效防控的基础上精简流程。推进重要决策合规复审清单式管理，确保"应审尽审"，为集团公司决策把好关、站好岗。

案例三：X 公司合规审查的"两个抓手"[①]

一、X 公司合规审查清单

2022 年 2 月，在中央企业强化合规管理专题推进会上，国务院国资委提出的五项专题工作里，明确要求中央企业要研究制定一组清单，即风险识别清单、岗位职责清单、流程管控清单，即通常所说的"三张清单"。国资监管部门之所以强调这"三张清单"，既是央企、国企适应 ISO 管理的需要，也是近年来某些企业在管理及业务领域中，经验教训的总结。"三张清单"的制作并不简单，在使用上也各有要求，具体来说：

·风险识别清单：通过识别企业管理中的各种合规风险点，将其按照风险程度和发生概率排列出来，形成风险识别清单。

·岗位职责清单：企业对照岗位职责，将每个职责中与合规相关的要求——合规审核、合规管理、合规动作——都确定并汇总后，形成岗位职责清单，强调每个岗位都要有清晰的合规职责。

·流程管控清单：在业务流程和管理流程中，列出清晰明细的管理内容，通过合规风险的识别，设置控制要点（或称"关键管控点"），增加合规审查环节，每个流程管控环节依次确认，由此形成流程管控清单。

"清单管理"是 ISO 中关于"质量管理"的一种支持性工具，企业针对某项管理活动，通过分析流程，细化、量化流程的内容、建立起台账，形成清单，具有全面提醒、细节提醒、简单实用的特点。X 公司在合规管理中，就借用了这个工具。

X 公司以《合规审查清单》为依据，实行标准化管理，在开展业务时，业务人员必须对照合规清单并结合合规清单上的问题来对该业务是否合规进行判断。

一个设计良好的合规管理措施（政策、流程、程序），是合规清单落地的保障。合规清单的落地，更需要把关注点放在责任主体上，X 公司的全员合规，强调每个员工、每个职能和业务部门都是合规主体，这就要求把岗位职责（特别是重点岗位）清单做好，岗位信息要与合规信息相匹配、正面清单与负面清单相互参照，即以岗位为单元，将合规职责、合规义务、合规风险识别、合规评价、合规管控等都落实到岗位上，"三张清单"的使用落实到考核上；同理，将落实到岗位上的所有内容，同步落实到管理与业务流程中去。

X 公司在开展业务时，要求业务人员必须对照合规清单，并结合以下五个问题来对该业

[①] 参见 X 公司官网。

务是否合规进行判断：

- 该举措是否违反法律法规、监管规定、内部规章制度？
- 该举措是否符合公司的规章制度、利益及价值观？
- 该举措如果被媒体曝光，是否会损害公司利益？
- 该举措是否能满足相关的需求，是否会损害相关方的利益？
- 该举措是否准备好为此承担责任？

X 公司既考虑了合规义务的要求，也调动了相关人员的主观能动性，该管理措施把将清单的使用转化为制度的"硬要求"，业务人员可以此为引导，做出合规、高效且负责任的决定。

二、X 公司合规审查部门

在 X 公司，合规牵头部门站在明确公司的合规工作标准的视角来使用合规清单，使用合规清单掌握各个业务领域常见的违规手法、表现形式、应对措施。同时，合规清单还是合规牵头部门监督合规职能部门、业务部门是否履行合规职责的依据，与合规职能部门协同联动进行合规检查的依据，处理举报线索及是否将线索移交追责部门进行处理的依据等。

合规职能部门则以合规清单确定的标准为依据，掌握本业务领域常见的违规手法、表现形式、应对措施，监督业务部门工作是否合规尽责，受理本业务范围内的违规举报，进行合规检查等。合规职能部门还可从统一的合规要素库摘取各自所须的合规要素，形成自身的合规需求库，满足外部审查认证标准。

业务部门的业务人员应将合规清单作为引导自身作出合规、高效且负责任的决定的工具。

各部门配合做到坚持"从业务中来，到业务中去"，以减少重复管控、减轻基层负担、提升合规管理水平为导向，以业务流程为主线，对组织、角色、资源、IT、外部检查问题、内部业务需求、流程绩效指标等多个关联要素进行综合分析，从而形成完整的解决方案，打破职能部门之间的壁垒，实现部门化协同运作。

加强合规管理牵头部门、业务部门、执行单位之间的沟通衔接，按年度分解目标，落实保障措施。建立目标一致、方向统一、互联互通、相互衔接的实施计划，并认真组织实施，各相关单位根据《合规义务风险清单》《合规审查清单》建立本业务领域的执行监督检查考核标准，开展有效的监督检查，对违规情况要视情节严重程度进行责问责，确保体系制度、流程的刚性执行。

案例四：A 集团的违规问责[①]

没有问责，就不会有合规，合规整改问责机制是合规管理体系的重要组成部分，一定程度上起着牵引合规机制运作的关键作用。合规问责可将合规管理中存在的问题"浮现"出来，也可以让合规运行机制有"活"的体现，加上联动合规举报等机制，将合规制度呈现在具体工作中，进而有助于合规文化的沉淀。合规问责并不是最终目的，合规问责只是手段。问责机制对个案而言，可以将确实违反公司合规政策的员工加以处分，起到惩戒作用；同时，还可以发现合规管理中有无缺陷，通过"吃一堑长一智"的方式将经验提炼出来，融入合规体系，让合规管理制度形成闭环管理。

A 集团坚持"有责必问、追责必严"，建立总部和二级单位两级负责的责任追究组织体系，配备责任追究兼职人员。将责任追究范围丰富到 13 个方面 90 种情形，并制定《违规问题线索查处工作实施细则》等细化工作要求，各二级单位均结合实际制定了覆盖所属企业的责任追究制度。近年来，对多起资金管理、投资管理等领域的违规问题进行了严肃追责问责。设立责任追究处专门负责违规经营投资责任追究，与纪检监察、巡视巡察及业务部门密切协作，对经营管理人员违反规定造成国有资产损失或其他严重不良后果的，按程序严肃追究相关责任人责任。[②]

案例五：N 集团通过"手册落实"以考核监督促执行[③]

一、建立考评机制

N 集团制定印发《手册管理与执行考评办法》，明确考评手册范围、考评对象、考评方式、考评结果运用、考评要求等内容，按照"抓两头，带中间"的工作思路，建立可检查、可量化、可考核的手册管理与执行考评工作机制，也是对合规要求落实情况的全面评价。

二、明确考评指标

考评维度：采用自查与实地检查项相结合的方式，从手册管理岗位设置与人员匹配、手

[①] 参见 A 集团官网。
[②] 来源：国务院国有资产监督管理委员会信息平台。
[③] 参见 N 集团官网。

册体系建设、培训与宣贯、日常管理、手册执行五个维度。

考评内容：包括强化手册内部法律地位，共建"手册公司""法治N集团"；凸显手册服务公司战略落实作用，提升"总部管总"能力；增强手册执行力度，落实"手册员工"要求；开展法定自查工作，落实行业监管要求四方面，下设30个具体指标等。

三、开展考评工作

采用过程监控与年度评价并重的考评方式，将各单位季度手册自查与法标部年度手册检查相结合，通过合规风险管理系统导入考评指标，针对各二级单位发起自查和检查单，开展考评工作，确保合规要求落地执行。

四、考评结果运用

手册考评部分结果运用于N集团各二级单位的专项考核，每年度通报考评结果，表彰先进；同时针对考评中排名靠后的单位，发起整改通知，跟进整改情况，并作为约谈和实地检查的重点单位。

案例六：J公司持续合规宣传培训

J公司持续开展丰富、有效的培训宣传，这也是促进企业合规建设的持续动力。合规文化是人们在潜移默化的影响中自觉尊崇规则的一种坚持，合规文化建设就是让全体员工养成这种自觉坚持。一是开展各类合规培训。每年对高管层、中层及关键岗位、新员工和合规岗位人员开展合规培训，已认证兼职合规讲师百余人，开发合规培训教材和试卷。二是开展多种宣传活动。除日常合规宣传外，纪检督查部门还开通了企业内部"廉洁J公司"微信公众号，将调查核实警示教育与完善制度流程融为一体。举办合规文化月活动，开展座谈研讨、风险评估、观影读书、知识竞赛、网上考试、对标评比、参观廉政教育基地等多种活动。三是通过严惩强化意识。J公司对违法违规员工一视同仁、严肃查处，并不定期通报违规案例。

案例七：N集团增强员工争做"手册员工"合规意识

一、建设宣传专栏

N集团专门建设宣传专栏，在内部媒体及"N集团手册"App，建设手册管理文化宣传专栏，宣传各单位手册落实先进事例，发布手册管理应知应会知识及管理动态，宣贯企业合规文化。

二、明确宣贯和培训要求

在手册考评指标中，N集团设置手册合规文化宣贯及手册新增修订及时培训要求等；在合规风险管理系统设置培训管理模块，与手册管理平台对接联动，要求各单位及时录入培训情况，对培训情况进行在线查询、监控和统计。

三、组织开展宣贯和培训

N集团专门组织召开座谈会，邀请手册管理有亮点的单位介绍手册管理先进经验，听取手册管理改进意见和建议。通过编制手册工作亮点汇编，供各单位相互交流学习，宣传手册管理文化，提升合规管理水平。同时，N集团充分利用公司普法合规类系列培训"法标大讲堂"，配合以"N集团手册"App、邮件、工作群、公众号等多种方式对新增及修订的手册内容进行培训。除此之外，N集团还适时举办手册竞赛，以此增强员工按章操作意识。N集团举办手册管理知识竞赛，参与人数超过14万人次，试题为手册管理应知应会内容及工作中手册运用类题目，宣贯手册文化和合规管理要求，强化各级员工依法合规经营理念。为了保障N集团手册拥有源源不断的生命力，N集团激励每一名员工争做手册合规"吹哨人"，积极开展"我为手册找缺陷活动"，倡导员工读懂弄通手册的基础上，主要从合规性、可操作性等维度查找手册存在的问题和不足，员工广泛参与，活动开展至今，该活动为N集团手册征集有效意见1万余项。

案例八：O公司的合规宣传与培训

O公司通过线上/线下培训、法规解读及合规洞察、管理层合规宣传、商业行为准则及合规红线普及率100%、合规宣传周、合规趣味视频、O公司微讲座、行业研讨交流等进行合规宣传与培训，主要包括以下几个层面：[①]

一是合规文化建设：O公司通过制定合规红线、商业行为准则等来建立合规文化，要求所有员工进行培训学习和考试，并在线签署相关文件。这种文化建设有助于让普通员工和管理层了解基本的合规要求。

二是融入与践行：知晓合规要求只是第一步，更重要的是确保业务人员能够将其践行到

---

① 来源：O公司2022年合规年度报告，参见O公司官网。

日常工作中。O公司将合规要求与业务流程相结合,根据风险大小和必要性将合规要求适配到各个业务流程中,并建立单独的合规流程。这样做可以确保合规要求融入到业务的主流程中,使业务伙伴在日常工作中具备履行合规要求的主动意识。

三是合规专项驱动:除了基本的合规措施外,O公司还针对当期业务重点和业务战略开展合规专项工作。通过对专项工作加强合规宣传和培训,确保落实到每一位有关人员,进一步完善合规措施,确保公司领导层和业务人员持续认同和践行不断变化的合规要求。

O公司通过合规文化建设、融入与践行以及合规专项驱动等措施,确保公司领导层和业务人员知晓、认同和践行合规要求。这种综合的方法能够有效地将合规要求落地,并确保其与公司的业务活动相结合。重要的是,落地的有效性并非由某个特定的标准做法所决定,而是取决于能否确保公司领导层和业务人员认同并践行不断变化的合规要求。

案例九:Z集团创新开展合规管理评价[①]

自2019年1月,Z集团公司董事会审议通过《Z集团合规管理体系建设方案》以来,Z集团稳步、快速推进合规管理各项重点任务,取得了明显成效。但成员单位合规管理认识不一致、工作不平衡的问题也逐步显现,如何推动各级成员单位合规管理体系建设,提升集团整体合规水平,是集团公司亟需解决的重要问题。为此,Z集团以标准化为抓手,以客观、适用、有效为目标,归纳、提炼近年外部监管要求和集团公司管理重点,从合规管理体系建设及运行情况、境外业务合规管理情况、约束性扣分项三个维度,总结提炼了共80条合规管理评价指标,印发《Z集团合规管理评价标准》,将庞杂的制度和文件转化成具体、明确、可操作的评价指标。

基于合规管理评价标准,Z集团定期开展成员单位合规管理评价,检验合规管理体系有效性,指导成员单位完善合规管理体系,推动合规管理优化提升,实现评价工作的规范化、标准化。通过修订集团公司经营业绩考核评分制度中的合规管理约束性指标,对子企业进行合规约束,子企业重大违规、多次违规的进行穿透性扣分,压紧压实专业化公司、直属单位管理责任,有效解决子企业违规与上级单位担责"两张皮"的问题。另外,采取进一步优化合规评价机制的举措,每年根据合规管理的重点工作、重点领域修订评价指标,在保持主要指标稳定性的基础上进行多样化、灵活性评价,切实以评价帮助子企业找准合规管理薄弱环节。

在指标的设立过程中,Z集团立足现状,从合规管理工作实际出发,将必须开展的工作

---

① 张恒:《揭秘:Z集团如何管理法律案件》,载《企业观察报》2023年11月20日。

及当前强调的重点领域合规管理工作纳入评价指标体系，不追求评价指标"大而全"。同时，拓宽视野，着眼未来，把握合规管理发展趋势，积极对标世界一流企业及行业先进，在合规风险防控、合规信息化建设等评价标准设置上适度摸高，以适应合规管理发展趋势，为成员单位合规管理引领好方向。在此基础上，集团持续对照合规管理外部监管要求及集团内部合规管理工作重点，对评价指标进行动态调整，确保各项合规管理要求在评价指标中及时体现。围绕"建设什么样的合规管理体系""如何确保合规管理体系有效实施和运转""如何推动各级成员单位合规管理体系建设"等问题，Z集团合规评价体系在标准的设置上，注重合规管理体系完整性、有效性的评估，从合规管理顶层设计、合规管理体系建设、合规管理工作机制及运行、对成员单位合规管理的推动以及合规管理体系优化提升等方面，设定了6个评价领域、23项评价点、56条评价标准。内容涵盖了合规管理组织体系及制度体系建设，合规风险防控、审查、报告等合规工作机制运行，以及合规文化培育等合规管理体系建设重点工作。

针对当前境外合规监管及处罚手段不断升级，境外业务合规风险日益突出的情况，Z集团专门设置了境外业务合规管理专项评价指标。境外合规专项指标以《企业境外经营合规管理指引》为基础，结合国资委、集团公司对企业境外经营合规管理的具体要求，在境外合规管理体系建设、组织机构建设、制度体系建设、合规管理协调、境外合规工作要求、境外合规培训等方面设定了6项评价要点、17条评价指标，为各单位开展境外合规管理体系建设等具体工作提供明确的工作方向和工作标准。

为强化合规管理的效果，Z集团合规管理评价指标中专门设置了扣分指标，将违法违规经营作为约束性扣分项指标，对一定时期内单位因违法违规导致发生合规风险事件，被境内外监管机构处罚或造成资产损失的情况，依据事件的严重程度予以扣1-4分不等，扣分总额不超过20分。约束性指标的纳入使合规管理评价指标导向性更加明确，促使成员单位坚决守好不能逾越的"红线"。

合规评价指标体系为成员单位开展合规管理体系建设提供了重要的标准，是集团总部指导成员单位工作开展的"指挥棒"，推动了集团合规管理能力的提升。成员单位通过对照评价标准开展自查自评，可迅速、准确地查找当前合规管理工作中的短板和弱项，在发现问题和解决问题的过程中，不断完善并夯实合规管理各项工作机制，强化经营管理合规意识，推动合规管理体系不断健全。合规管理评价体系建立后，Z集团每年根据标准对成员单位合规管理工作开展情况进行评价，根据评价结果，将成员单位合规管理分为优秀、良好、合格、不合格四种情况。Z集团根据不同结果，分析成员单位合规管理体系建设中的突出问题，进行有针对性的指导，因企施策，提升集团总部对成员单位合规管理工作指导的针对性和实效性。集团各专业化公司、直属单位需要在集团公司合规评价体系基础上进一步细化评价领域，完善评价要点，完成合规评价标准的本地化，形成符合本系统实际的合规管理评价标准体系，按照一级抓一级的思路，将合规管理体系延伸至各级子企业，推动各级成员单位合规管理能力和水平的持续提升。

Z集团构建合规管理评价标准体系的实践可简单概括为两点：

一是夯实"评"的基础。制定发布《Z集团合规管理评价标准（2021版）》，将近年来合规管理外部主要监管要求及集团管理重点进行归纳和提炼，从合规管理体系建设及运行情况、境外业务合规管理情况、约束性扣分项三个维度，总结提炼了29个评价要点、80项具体评价标准，将庞杂的制度文件转化成具体、明确、可操作的评价指标，实现评价工作的规范化、标准化。

二是强化"促"的效果。2021年，对20家二级单位开展了合规评价，根据评价结果，因企施策，逐一进行有针对性的指导，推动各级单位发现问题、解决问题、查找短板、弥补漏洞。不断完善并优化合规管理体系，提升全集团合规管理水平，真正实现合规管理降风险、增效益、促发展的目标。

案例十：Y公司开展合规评估测试[①]

合规评估测试工作机制是建立合规管理的"仪表盘"。精准的合规评估测试，既可以确认合规管理预期目标是否达到，管控效果如何，合规风险整体水平如何，风险分布及重点在哪里，也是合规管理考核问责的前提，同时又是合理分配合规管理资源的重要依据。

一、合规评估测试的内容及其目标

合规评估测试，简称为合规评估或合规评测，按照评估测试的目标和对象不同，可以分为合规风险评测和合规管控效果评测。合规风险评测又可以分为合规固有风险评测、合规管控缺陷评测及合规剩余风险评测；合规管控效果评测又分为合规管控设计有效性评测和合规管控执行有效性评测。

合规风险评测是根据合规风险后果和可能发生的频率评定的不同等级和重要性排序，是为了便于管理层据以确定不同的管控策略和合理匹配对应的资源。

合规固有风险，也称"威胁"，是指假设未进行合规管控或管控完全失效的情况下可能遭受的最大合规风险损失。合规固有风险可以反映金融机构合规管理最客观、最原始的管控

---

① 参见中国银行保险报网，http：//www.cbimc.cn/，2023年12月17日访问。

重点，也是合规管控资源初始配置的依据。

合规剩余风险是指经过一轮或多轮合规管理后，仍然可能发生的合规风险，是下一轮合规管理需要加强的方面和区域，或者是控制成本高于预期损失的那部分风险。

合规管控缺陷，也称合规管控薄弱环节，是指合规管控措施未能达到预期目标或未得到有效执行的环节和区域，是需要跟踪改进和完善的地方。合规管控缺陷属于一种特殊的合规剩余风险。

合规管控效果评测是对合规管控措施是否达到预期目标或合规剩余风险水平是否可接受的评测活动，如果管控效果不可接受，需要分析原因，以寻找改进的机会和空间。通常情况下，首先评测管控后剩余风险水平是否可接受，若不可接受属于合规管控目标不合理；若合规剩余风险水平可接受，则继续评测其预期管控目标是否完成；若管控目标已经完成，可进一步评测其管控经济性，即是否存在更经济的管控措施。通过检查已全部完成的业务操作，测试规定的合规管控措施是否得到切实执行的评测活动，即为合规管控执行有效性评测；通过检查已全部完成的业务操作且严格执行管控措施，测试是否仍然存在无法达到管控目标的情况，或者按照管控流程逐个环节分析管控措施的目标关联性的评测活动，即为合规管控设计有效性评测。

二、规划定位不同主体的合规评测活动功能

（一）业务单位日常自评活动：流程、制度与控制矩阵的日常更新维护

各业务条线、各职能管理部门制定根据公司战略分解明确的职能和工作目标，根据职能和工作目标确定明确的业务作业和管理逻辑，按统一要求绘制标准流程图，根据各流程环节的控制目标所可能出现的偏差建立风险清单，各流程环节的作业任务包含对应风险的控制矩阵，作业内容和控制矩阵成为制度的核心内容。

法规的变化、公司战略的调整以及其他合规风险提示和合规需求的变化，都可能触发风险清单及控制矩阵的更新维护的立项启动，管控效果是否达到预期目标，需要随时评测。流程、制度与控制矩阵的改进完善及评测，形成各业务条线、各职能管理部门最主要的日常合规管理活动。

（二）年度自我评估：拾遗补阙，"大考"前自我测试

除日常更新维护外，各业务条线、各职能管理部门每年还需要进行一次全面系统的年度自我评估，对所有流程合规风险控制的有效性进行一次全面的"穿行测试"和"抽样

测试"，相关测试工作底稿上传和保存在统一的数据库中，这既是一次合规内控活动的梳理总结，也是合规内控履职举证的一份答卷，其结果也将成为公司内控自评报告的重要组成部分。

所谓"穿行测试"就是根据业务或管理流程规定的作业环节逐一模拟操作，测试控制措施的有效性以及对控制目标的满足程度，是评测内控设计有效性的主要手段。

所谓"抽样测试"就是对已经完成作业的样本质量进行评价，检查规定的内控措施是否得到切实执行，执行以后的实际效果，是检查内控执行有效性的主要手段，同时也是评测内控设计有效性的辅助手段。

（三）内部独立性测试：法人年度自评报告的基础

内部独立性测试是内审稽核部门代表金融机构所进行的合规管控有效性自我评估活动，最终形成法人年度自评报告。同时，内部独立性测试也是内部最权威、频率和覆盖面最高的测试，最适宜作为合规风险识别和评估工作质量校验的内部标准。

内部独立性测试分为日常评价活动和年度补充抽样测试。所有的内审稽核项目均可构成合规管控自评活动；所有的内审稽核发现均应列入整改追踪，其中风险遗漏要补充入合规需求与风险清单，管控设计有效性缺陷要改进完善相关控制矩阵；所有的内审稽核结论和评分均应计入合规管理考核；所有的内审稽核抽样均可计入管控测试抽样覆盖，所有的内审稽核工作底稿均可列入管控测试工作底稿。每年第四季度，内审稽核部门应根据已完成内审稽核项目盘点抽样覆盖，对尚未覆盖或覆盖薄弱的流程和领域立项进行专门的合规风险与管控评测，并补足相关的抽样。

内审稽核部门基于上述工作成果，依据监管要求编制合规内控评价相关报告，提交高级管理层和审计与风险管理委员会审核。

审计与风险管理委员会审议内审稽核部门提交到本机构的合规内控评价报告，并提交公司董事会审议。

（四）年度第三方审计：最终披露的结论

年度第三方审计是指聘请第三方专业机构，对金融机构的合规内控状况进行审计，并对合规管控机制运行情况与合规内控自评工作质量发表意见，出具评价报告的专项审计活动。

金融机构内审稽核部门负责与外审就年度内控审计范围、时间表、评估方法、测试方法、人员安排、发现缺陷及重要性水平、缺陷整改完成情况、缺陷对内控评价报告的影响等进行沟通，并及时就内控审计可能遇到的重大问题提请相关领导审阅，合规部门、财务部门予以协助。

内审稽核部门负责外审与各职能部门的联系，提供必要的工作条件和配合。并在考虑保护公司商业秘密需要的前提下，通过适当的方式，向外审提供合规内控审计需求的文档、资料，并做好归档保存。

稽核（内审）监察部门根据本机构及相关监管要求，协助金融机构相关部门披露已报送董事会审议的合规内控评价报告和会计师事务所出具的合规内控审计报告。

第五章
反商业贿赂合规案例

> 通过本章的学习，学员需掌握反贿赂合规的特点、主体以及不合规的民事、刑事及行政后果，尤其掌握《刑法》《反不正当竞争法》《关于禁止商业贿赂行为的暂行规定》中关于商业贿赂行为构成与责任后果的规定；了解联合国《反腐败公约》、国际标准化组织《反贿赂管理体系 要求及使用指南》、美国《反海外腐败法》、英国《反贿赂法》等国际规范或域外法规；在此基础上，识别包括但不限于企业礼品、招待活动、样品、公益赞助和慈善捐赠、人员聘用、业务伙伴、佣金回扣、业绩压力等领域的反贿赂合规风险，掌握合规倾向测试、合规筛查、合规绩效考核、高风险流程控制等企业反贿赂合规常用应对措施。

理论综述

反贿赂合规是最早开展企业合规立法与管理的领域之一。反贿赂合规源于美国 1977 年颁布的《反海外腐败法》，该法的主要内容为防止美国企业在海外业务中贿赂当地官员。2007 年以来，大型跨国企业因违反该法频繁受到处罚，使该法备受关注，在此背景下企业纷纷设立反贿赂部门。此外，1997 年经济合作与发展组织颁布的《国际商务交易活动反对行贿外国公职人员公约》、2003 年 43 个国家签署的《联合国反腐败公约》以及 2011 年英国颁布的《反贿赂法》使反贿赂合规逐步走向国际化。2016 年国际标准化组织发布的《反贿赂管理体系 要求及使用指南》中指出："贿赂会引发严重的社会、道德、经济和政治问题，破坏良好治理，阻碍经济发展，扭曲公平竞争。它侵蚀正义、危害人权，阻碍贫困的消除。它还会提高经商成本，在商业交易中增加不确定性，提高商品和服务成本，降低产品和服务质量，从而可能导致生命和财产损失，破坏机构公信力并妨碍市场公平、高效运行"。目前，反贿赂合规呈现无避风港、跨国界、强道德属性的特点。反贿赂合规对于企业管理而言具有极强的必要性。

然而，立法对于反贿赂的行为规定较为概括，反贿赂合规的落地仍需企业通过自身制度将其转化为内部管理规则实现。从企业角度而言，反贿赂合规的主体包括企业、企业成员、中介机构和业务伙伴；反贿赂不合规的后果除了民事、刑事、行政责任外还包括被列入违法失信记录名单、监管机构黑名单等；企业常见的合规领域包括但不限于：企业礼品、招待活动、样品、公益赞助和慈善捐赠、人员聘用、业务伙伴、佣金回扣、业绩压力等；企业常见的反贿赂合规措施包括："审批-记录-报告"制度、费用标准确定、设定"红旗信号"、重点岗位合规倾向测试、合规流程明确、合规主体反贿赂合规培训、合规审计、岗位合规职责描述等。

案例一：S公司"贿赂门"事件开启全球企业强化合规经营

一、案例情况介绍

2006年11月，以一封匿名信为导火索，德国警察和检察官突击搜查了S公司位于慕尼黑和埃尔兰根的办公室，公司的管理人员被指控为了赢得订单贿赂全球多个国家的客户和政府官员。随后，美国司法部对S公司提起了刑事诉讼。[①]

某国际会计事务所在2006年11月出具的审计报告显示，9家与中国业务有关的公司和个人被牵扯到S公司贿赂案中。2007年6月，美国DP律师行调查小组对S公司（中国）展开调查，其中通信和电力行业是调查的重点。2007年8月，S公司总部发言人承认S公司（中国）市场的确存在不正当的商业行为，使得S公司的"贿赂门"事件不断升级。

根据美国证券交易委员会的披露，从1998年开始，S公司交通技术集团、输配电集团、医疗集团及两家美国子公司涉嫌向官员和医生行贿，行贿资金高达7000多万美元，这些贿赂使S公司赢得23亿美元以上的订单，涵盖医疗设备、高压输电线路、地铁列车和信号系统等领域。

2008年12月15日，号称"史上最大行贿案"的S公司全球行贿案以S公司支付巨额罚金和解而告终。S公司最终与美国司法部达成了刑事和解协议，协议内容包括：S公司因违

[①] 参见中国新闻网，https://www.chinanews.com.cn/it/itxw/news/2008/12-17/1490427.shtml，2024年1月6日访问。

反FCPA有关会计条款和内部管制条款，对其处以4亿4850万美元的罚款；因违反该法会计条款，对S公司阿根廷分公司处以50万美元罚款；因违反反贿赂条款和会计条款，对S公司委内瑞拉和孟加拉分公司各处以50万美元的罚款。

此外，面对美国证券交易委员会的民事起诉，S公司选择了民事和解，未就S公司涉嫌违反反贿赂条款的指控作出认可或否认，但同意向证券交易委员会退还3.5亿美元的非法获利。与此同时，S公司与德国慕尼黑检察机关达成协议。检察机关认定S公司退货行贿行为获利至少3亿9475万欧元，鉴于公司董事会监督存在瑕疵，决定对其处以3亿9500万欧元罚款，并不再追究刑事责任。

以上和解协议达成后，S公司主要在两个方面挽回了损失：一是S公司没有被认定为参与了行贿行为，德国的公共出口信用机构的保险对其继续有效；二是S公司作为负责任的合同签订者，可以继续与美国政府进行相关的交易。

此后不到两年的时间内，S公司针对内部调查期间发现的薄弱环节启动了全新的综合性合规项目，引入了一系列强制性规章制度，以及配套的流程和工具，并在全球各地实施，该项目也是S公司合规管理体系的雏形，并成为全球合规体系建设的样板。S公司在合规领域不断探索，进一步完善合规体系，推进诚信的企业文化建设，同时开展廉洁行动，构建公平的商业环境。今天的S公司已经成为合规领域的标杆，连续多年在道琼斯可持续发展指数评选的合规领域获得满分。

二、合规义务识别与合规管理要点解读

（一）美国《反海外腐败法》（Foreign Corrupt Practices Act，FCPA）

1977年，美国国会颁布FCPA，法案于1977年12月20日生效，成为世界上第一部反海外腐败法，包括反贿赂条款和记录、会计条款两大部分，主要规定了两方面内容：第一，禁止向外国官员行贿；第二，要求基于1934年《证券交易法》的规定做到会计的透明性。美国反腐败执法机构以美国司法部（DOJ）和证券交易委员会（SEC）为主，其中DOJ有权对于政府、公共机构以及其雇员的腐败贿赂行为进行监管、调查和处罚。[1]

1. 反贿赂条款

反贿赂条款主要适用于以下三类人：一是"美国发行人"（U.S. Issuers）；二是"国内相关者"（domestic concerns）；三是"其他主体"（persons other than issuers or domestic concerns）。从措辞上可以看出，FCPA对适用的法律主体基本没有限制。

---

[1] 参见美国司法部官网，http://www.justice.gov/。

"美国发行者"是指股票、债券或美国存托凭证在美国证券交易委员会备案登记的所有上市公司，或者需要定期向美国证券交易委员会提交报告的公司。

"国内相关者"包括任何美国公民、国民或居民，或者任何依美国法律成立或主要营业地在美国的任何公司、商业信托、合伙企业、独资公司、非社团性组织和协会。

其中，根据美国司法部和证券委员会在2012年颁布的FCPA指南（以下简称指南）中确定的"母子责任"（Parent-Subsidiary Liability），美国的母公司要为其在海外的子公司向外国政府官员行贿的行为负责。

"其他主体"指除发行人或国内相关者以外的非美国国籍的自然人，或是在国外注册登记的任何公司、合伙企业、联合企业组织、股份公司、商业信托、非法人组织或个人独资企业，即在美国领域范围内支付贿赂的任何其他人。

这些主体的董事、高级管理人员、代理人或者代表该主体行事的股东以及普通职员，利用美国的邮政系统或者任何跨州的商业方法和手段，在美国领域之内实施上述所禁止的行为的，也可以构成FCPA所规定的犯罪。

此外，上述三类主体的代理人、雇员、高级管理人员、董事和股东，均受FCPA的约束。

根据指南中对于"corruptly"的解释，与交易有关的贿赂意图是构成犯罪的必备要素。

行为人必须有支付或授权支付贿赂的目的，并且进行这项支出的意图必须是引诱或影响外国官员违反其法定职责或不履行法定职责，以不当的方式影响商业行为来为行贿者或其他人谋取利益。这种利益，包括不正当的利益，也包括本来可能是正当的预期的收益。需要特别注意的是，指南指出，FCPA并不需要行贿意图的实现，提供或许诺提供贿赂也构成对FCPA的违反。

禁止的行为包括提出支付、促成支付、授权支付或承诺支付金钱或任何有价物品。其中，指南对于"任何有价物"的含义作了宽泛的解释，指出其不仅包括金钱，还包括任何其他有形财产和无形财产等有价值之物，如礼物、旅行、娱乐、慈善捐助等。此外，指南特别强调，FCPA禁止通过中间人支付贿赂，禁止借助诸如销售代表、批发商、顾问、承包商等中间人行贿。

简言之，任何形式的经济利益，无论数额大小，无论是直接支付还是通过中间人，抑或代表公司支付任何有价值的事物都可能被视为贿赂。

FCPA禁止的贿赂对象是外国官员（foreign official）。关于何为外国官员，FCPA同样赋予了宽泛的定义。外国政府或任何部门、机构或其职能机构、公共国际组织的官员或雇员，或以公务职位代表该政府或部门、机构或代表该公共国际组织行事的任何人均包括在内。

为了适度维护美国海外投资者的利益，FCPA设置了相关免责条款。主要包括：

（1）加速性支付

现行FCPA明确规定，为加速或确保外国官员落实"日常政府行为"而进行的加速性（expediting）或便利性（facilitating）的支付不属于该法禁止的范围。举例来说，为进行取得许可证、执照、办理政府证件、提供警察保护、提供电话服务等日常政府行为的支付行为满足以上规定，不属于FCPA禁止的行为。

（2）抗辩事由

除加速费外，FCPA规定以下两类抗辩事由：

一是外国法上认可的合法行为。即向外国官员支付、赠予、提供或承诺提供有价物品是符合该国成文法。不过，在司法实践中，外国法上认可的行为通常局限在竞选捐助、游说活动产生的费用等。

二是合理善意的支出。如给予外国官员一定款项、礼物或承诺支付其他有价物品，该支付是合理而善意的支出，且真实记载在公司账簿或接受过审计，则可以援引这一抗辩事由。不过，这种费用必须与产品或劳务的促销，或者与外国政府签订的合同的执行直接相关。

2. 有关记录和会计条款

会计条款适用于所有符合反贿赂条款的发行人，不论该交易是否涉及境外经营活动都适用会计条款。此外，FCPA针对发行者对子公司的不同控制程度创设了不同义务。发行人如果拥有子公司超过50%的表决权，则发行人应遵守FCPA的规定。发行人如果拥有子公司的表决权在50%以下，且其本着诚意运用其影响力，使得其在美国或境外设立和保存准确的会计账簿和记录，并建立内部会计控制制度，那么该发行人不需对子公司的会计行为承担任何法律责任。

根据FCPA，发行者设立并保存的账簿和记录应当准确记录公司货币往来的所有项目，尽量详尽地反映发行人对资产的处置情况及其交易过程；公司应当建立内部会计控制制度，以确保每笔交易都得到合理的授权。

（二）合规管理要点解读

此次事件后，S公司通过改革在企业内部逐渐形成了一整套完整的合规体系。合规组织由首席合规官担任负责人，向总法律顾问报告工作，并可以直接向S公司管理委员会和监事会提交报告。而总法律顾问则直接向总裁兼首席执行官汇报工作。在各个集团和80多个地区公司中，S公司都任命了集团合规官和区域合规官，并向首席合规官报告工作，他们在合规部门其他合规人员的帮助下，执行合规体系，对员工进行合规体系所要求的持续性培训，确保整个管理层每两年一次作出遵守商业行为准则的书面保证,负责对违规事件进行调查,确保上报人免受任何打击报复。如果违规事项得到确认,合规官将负责执行纪律处分。除了这些合规官以外,S公司还向各个职能部门、业务集团、业务部门、外国分公司任命或分派了数百名合规人员。在分派合规人员时,除了考虑业务规模以外,还要考虑与业务有关的合规风险。为保证所有合规官和合规人员的独立性,S公司要避免他们在履行职责时存在利益冲突,禁止他们在合规组织之外担任职务。

在原来反腐败合规的基础上,S公司的合规领域已经得到显著的扩大。目前,S公司的合规工作主要集中在四大领域:一是反腐败,防止权钱交易行为;二是反垄断,防止违反公平竞争原则;三是数据保护,注重保护相关的隐私数据;四是反洗钱,注重防止S公司被用作洗钱和为恐怖主义融资的工具。除此以外,对于员工涉嫌违反刑事法律、行政法律或者内部规章制度的行为,或者针对涉及针对公司或者员工的刑事诉讼或者行政处罚程序,展开内部调查,并采取相应的惩戒措施。这也被视为合规工作的有机组成部分。

S公司的合规体系由两个部分组成:一是商业行为准则,二是三大制度保障。前者被视为合规体系的核心环节,所有员工按照合规体系行事的基本要求,是保证"只有清廉的业务才是S公司的业务"的关键要素。后者则由三大支柱组成:防范(prevent)、监控(detect)和应对(respond)。

S公司的商业行为准则包括七个部分,分别确立了"基本行为要求""如何对待商业伙伴和第三方""避免利益冲突""公司财产的使用""环境、安全与健康""投诉与建议""合规执行与监督"等方面的规则。

1. 防范体系

所谓防范,是针对可能的合规风险所采取的预防性措施。防范体系主要由六个部分构成:合规风险管理、制定政策和流程、培训和其他沟通方式、建议与支持、与人事流程相结合、联合行动和廉洁行动项目等。其中,合规风险管理和培训是防范体系的核心部分。

一个成功的合规体系,要得到有效的运转,关键是在具体业务流程中准确及时地确定合规风险,并有效地降低乃至化解这些风险。具体而言,在每一项业务流程中都要遵守法律法规和S公司商业行为准则。对于某些项目,决策者在作出是否参与投标、是否收购股权等决策之前,需要首先进行合规风险的评估。在雇佣商业伙伴之前,也要从合规的角度核查商业伙伴的诚信度,根据核查结果,更高管理层再作出决策,或者采取适当措施降低风险。在合规风险评估之外,合规风险管理系统还要对业务部门乃至整个S公司的合规风险进行有效的识别。为此,S公司建立了自下而上和自上而下的两种识别方法。

当然,即便拥有再完善的合规制度,假如员工不了解这些制度,也不清楚如何将其付诸实施，那么这些制度也难以达到预期的效果。因此，合规防范体系中的重要环节就是将法律规定和合规制度及流程告知全体员工，同时为管理层和员工提供相应的培训和建议，并在公司所有层级持续传递高层关于合规的态度。

在培训之外，S公司注重与员工保持不断的沟通，以确保员工了解所有法律法规和内部规章制度的最新信息，以及最新的合规流程和合规工具。合规组织主要通过定期更新合规内部网络信息来支持这种沟通方式。与此同时，内部合规沟通还要确保在所有层级持续不断地传达高层管理者的合规态度，为此，各业务部门的合规组织要通过各种媒体和活动来提供这方面的支持。除此以外，S公司的防范体系还建立了"建议和支持系统"。管理层和员工可以直接向所属合规官提出问题，询问在业务决策中处理合规风险和合规条例的解释和运用的情况。S公司将诚信与合规融入员工的思维方式，从而形成一种独有的合规文化。

2. 监控体系

监控体系包括四项流程：控制管理、审计、投诉处理以及报告责任。同时，S公司还设立了全球特别调查官制度来处理员工和第三方的投诉，以作为对现有违规报告渠道的补充。

所谓控制管理，是指控制管理人员在进行业务活动时，都要在其职责范围内进行可持续的控制管理检查，包括对具体项目进行随机检查，以确保项目符合反垄断法和反腐败法的规定。

而审计则是指公司审计人员要定期检查合规体系是否在全球各个集团及分公司内得到了贯彻和执行，并定期检查是否存在违规情况。

投诉处理是一种为发现违规情况而设置的特殊程序。根据这一程序，任何员工均可向其主管、人事经理或公司指定的其他人员或部门提交投诉，或提供违反商业行为准则事项的线索。接到投诉后，首席合规官将启动由公司审计人员执行的专项调查，并向审计委员会进行汇报。对于投诉或者投诉线索，应当进行彻底调查，所有文件都会得到保密存档，对投诉者不得采取任何形式的报复陷害。

与此同时，投诉也可以向S公司的全球特派调查官提出。这类特派调查官通常由执业律师担任，接受公司的聘请。经过调查，若特派调查官发现存在着违反商业行为准则甚至违反刑法的可疑行为，可以将这一信息提交给公司合规办公室。后者据此启动专项调查程序，公司所有部门都有义务为该项调查提供帮助和支持。

为保证投诉机制的有效运行，S公司设立了一个全天候（每周7天、每天24小时）的合规帮助平台。该平台被视为全球特派调查官职能的延伸，员工、客户以及合作伙伴均可通过多种语言，对公司内部的任何违法、违规或者犯罪行为进行网络或者电话举报，呼叫中心和网站由专业的外部供应商来进行运作，以确保每个问题都得到保密处理。员工发出的每一份电子邮件，末尾自动生成这样一段内容：如果发现任何违反商业道德或违反法律的行为，尤其是违反反腐败法及反垄断法的行为，请联络S公司合规帮助平台，并附上相应的网址。

所谓报告责任，是指公司内部的报告责任机制。这个机制可以由若干个要素组成。首先，首席合规官定期或不定期地就合规问题作出内部该报告的机制。报告的对象是公司董事会、审计委员会，报告的内容可以包括公司合法发展情况、合规计划的贯彻实施情况以及公司内部的重要合规程序。其次，公司设有披露委员会，向公司首席执行官和首席财务官负责，首席合规官以及其他部门主管都是该委员会的成员。披露委员会的职能是对提交给美国证券交易委员会的所有文件进行检查，以确保这些文件的完整性和准确性。首席合规官有义务确保合规程序与财务报表的关联性在财务报告中得到适当的反映，各部门主管也有义务确保上报给首席执行官和首席财务官的财务数据具有完整性和准确性。最后，披露委员会在每个季度还要向首席执行官和首席财务官汇报针对公司资产所发生的刑事犯罪情况。整个公司的汇报系统已经达到良好的运行，公司审计部门可以对有关案件进行内部调查，合规办公室的人员可以提供有关的法律建议。

3. 应对体系

应对体系包括对违规行为的及时调查识别，对存在违规行为的员工进行处罚，并在全球范围内进行个案的跟踪。

无论是S公司员工、第三方还是其他人士，都可以通过举报系统和独立的特派调查官对违规行为进行举报。接获举报后，S公司各业务部门的合规组织要启动审查和评估程序。在这一程序中，各个业务部门的合规官通过审查举报材料，认为指控有足够的可信性的，将对案件的实质问题进行审查，以便确定是否有充分信息开展内部调查。首席合规官可以发布对案件集中调查的指令。在调查完成后，合规组织的人员需要准备调查报告，该报告应涵盖调查过程中发现的所有事实，对这些事实的法律评估，以及有关纪律处罚的建议。不仅如此，针对调查过程中发现的制度薄弱环节，调查报告还要提出整改意见和建议。

对于违反包括商业行为准则在内的法律法规的员工，S公司建立了两种惩戒机制：一是由中央纪律委员会（CDC）在集团层面进行全球纪律处分，首席合规官是该委员会的常设委员；二是在CDC权限不适用的情况下，由S公司业务部门负责人和人力资源部按照一般纪律处分流程进行惩戒，惩戒要遵守有关的合规规则。在进行纪律惩戒之前，纪律处罚的结果将在集团或者地方层面进行纪律惩戒的评估。负责惩戒的部门要考虑案件的全部情节，并尊重员工代表的共同决定权。

所谓全球案例追踪，是指S公司合规组织集中记录所有的违规案例，跟踪相关的处理情况，确保每个案例的处理都依照法律法规和公司制度进行。所有记录的案例都要根据其影响进行专门评估，也会被纳入首席合规官向管理委员会和监事会提交的合规报告之中。

在针对有关员工的纪律处罚作出后，涉案的相关部门必须落实调查报告中提出的建议，对相关的制度漏洞和工作缺陷做出必要的补救，以避免类似的违规行为再次发生。

三、S 公司案带来的启示

跨国企业的商业贿赂已成为一个全球性的社会问题，在经济落后的发展中国家尤其显著。跨国公司频繁曝光"贿赂病"，严重危害东道国民族企业、创新型经济的发展，蚕食东道国经济资源，恶化东道国商业环境，也从侧面凸显出东道国立法、监管以及市场机制方面存在的问题。随着经济全球化不断发展，中国企业越来越多地参与到国际商业贸易活动中，外国企业也开始雄心勃勃地拓展中国市场。那么跨国企业应如何做到廉洁合规经营呢？

1. 完善会计要求和内部控制

如果内部控制制度不完善或得不到有效的执行，那么商业贿赂发生的可能性就会增加，而发现商业贿赂的概率会降低。同样，如果财务会计制度得不到严格的执行，商业贿赂就会更易通过各种形式进行财务会计处理。完善有效的内部控制和严格的会计制度，既可以有效防止商业贿赂，同时便于执法机关对商业贿赂的治理。

2. 加强内部审计

行贿企业能够有组织有计划地实施行贿，其内部控制存在问题已经是不争的事实。尤其是在内部环境方面，从高层到基层中蔓延着对腐败和贿赂的纵容和忽视。在这种情况之下，内部审计也许更能够切实地发现问题。

3. 利用外部审计追查错报舞弊的深层原因

外部审计作为一项外部治理活动参与公司治理过程，是公司治理的构成要素和重要基石。一方面，应加大对外部审计师的要求，并规定其应承担的责任，从而使其尽职尽责，更有效发现商业贿赂行为。另一方面，要加大对外部审计的指导。由于贿赂尤其是国外企业在华贿赂方式很隐蔽，较难发现，加之我国会计事务所舞弊审计起步较晚，对贿赂审计经验不多，所以应为外部审计提供相应的指导和帮助。

4. 内部审计和外部审计的协调配合

内部审计和外部审计作为公司治理的重要组成部分，二者的相互协调、相互合作对于完善公司治理具有巨大的推动作用。内部审计与外部审计相互利用彼此的工作成果和人力资源不仅可以实现审计资源的最有效配置，实现整体审计最大效率和最佳效果，而且也体现了审计人员专业胜任能力。

5. 除了强制性地从内外部对商业贿赂行为进行施压和规范之外，应加强道德建设，重视商业道德以及守法诚信为本的文化，纠正贿赂"潜规则"的价值观，倡导公平竞争、诚实守信的商业活动，营造良好营商环境。

四、延伸阅读：FCPA 主要内容

（一）FCPA 的历史沿革

1. 1977 年 FCPA

1977 年，美国国会颁布 FCPA，法案于 1977 年 12 月 20 日生效，成为世界上第一部反海外腐败法。1977 年 FCPA 法案包括反贿赂条款和记录、会计条款两大部分，主要规定了两方面内容：第一，禁止向外国官员行贿；第二，要求基于 1934 年《证券交易法》的规定做到会计的透明性。其中，反贿赂条款主要规制美国发行者、国内相关者及其他主体向外国官员提供、授权或许诺给予财物或任何有价物的行为；会计条款主要规定公司内部审计应遵守的会计账簿记录制度，要求建立内部会计控制制度以保证公司的所有交易已获得明确授权。

2. 1988 年《综合贸易和竞争法》

由于 1977 年 FCPA 立法仓促，相关条文存在一些不明确、不合理的模糊条款及推断性表述，美国国会于 1988 年制定《综合贸易和竞争法》，对 1977 年 FCPA 进行了修订。在反贿赂条款方面，1988 年《综合贸易和竞争法》主要进行了以下修订：扩大了行贿对象的范围。将外国官员的范围扩大到外国政府、国际组织以及"具有类似职能的机构"的官员。加大了处罚力度。把对违法企业的最高罚款额度从 100 万美元提高到 200 万美元，把对个人的最高处罚从 1 万美元提高 10 万美元；还规定可以两罚并用，即违反 FCPA 的企业或个人同时承担刑事责任和民事责任。规定了一些免责条款。主要包括："外国法律允许""合理善意的支出""加速费"和"日常政府行为"。在记录、会计条款方面，1988 年《综合贸易和竞争法》明确规定规避内部会计控制制度或伪造账簿和报表行为的主观要件为故意，避免了将过失行为或技术性失误规定为犯罪。

3. 1998 年《国际反贿赂和公平竞争法》

FCPA 的颁布导致美国企业单方面受到本国法律禁止海外贿赂的规定，而美国以外的竞争者因为不受该法的约束，继续以行贿的方式获得海外投资的机会，并不惜通过政府补贴、减免税收等方法变相支持海外贿赂。这使得美国在国际贸易中一度处于被动地位。根据当时美国商务部的统计，美国因此遭受的损失每年约达 300 亿美元。

为了扭转这一局面，美国决定将这一本土法律推向国际，并最终促成经济合作与发展组织（OECD）成员国签订了《关于反对在国际商业交易中贿赂外国公职官员的公约》（以下简称《OECD 公约》)。

为了与公约内容保持一致，美国国会在 1998 年通过了《国际反贿赂与公平竞争法》，对 FCPA 进行了相应的修订。修订的主要内容如下：

在行为的主观方面扩大了 FCPA 的适用范围，将行为目的改为"为了取得任何不正当利益"。

增加 78dd-3 节，通过属地管辖扩大了 FCPA 的管辖范围，将发行者或国内相关者之外的行为人实施的非法支付行为规定为犯罪。从此，FCPA 基于属地管辖可以对任何人在其境内实施的海外腐败支付行为行使管辖权。而在实践中，司法机关对"境内实施"的概念又进行了非常宽泛的解释。例如，利用美国境内的银行支付贿赂的行为也被视为"境内实施"，即使行贿受贿双方都不在美国境内，也不是美国国民，甚至从没去过美国。

拓宽了"外国官员"的范围，将国际组织官员列入贿赂对象的范围。

1998 年修正案特别确立了 FCPA 对美国公民境外违法行为的域外效力，将美国人在境外实施的有助于非法支付的行为规定为犯罪。

在反贿赂条款中，对被美国公司雇佣或者以其代理人身份行事的外国国民增加适用刑事处罚，消除了上述对象与美国国民适用刑罚上的差异。

（二）FCPA 典型案例

除了著名的 S 公司案以外，近年来美国司法部和美国证券交易委员会调查了多起反海外贿赂案件。选取 2 则与中国市场相关的典型案例作简要介绍：

案例 1：H 行贿案

2017 年 11 月，中国香港某前任官员 H 在纽约被捕。美国检方指控其涉嫌参与贿赂乍得和乌干达官员，为某公司换取合约。

美国检方基于"贿款都是经由纽约的银行汇入到对方的银行账户中"这一连接点，主张 FCPA 对 H 有司法管辖权。2018 年 12 月，裁定 H 违反 FCPA 罪名成立，H 被判刑 3 年，罚款 40 万美元。

案例 2：B 公司贿赂及指控案

2015 年，美国证券交易委员会宣布，制药巨头 B 公司同意支付超过 1400 万美元，以和解有关其涉嫌在华行贿的指控。除支付巨额罚金外，B 公司还必须在未来两年内就其反腐败合规措施的整治与实施情况向美国证券交易委员会进行汇报。

该公司在和解协议中既未承认也未否认相关行贿指控。相关指控表明，B 公司中国公司的销售代表以现金、珠宝及其他礼物、饮食、旅游、娱乐以及为会议提供赞助等形式向中国医院的医生行贿，然后将这些贿赂记录为合法的业务开支，从而违反了 FCPA。

(三) FCPA 对中国企业的影响与启示

结合 FCPA 指南与相关案例，不难看出，美国监管部门将 FCPA 的执法范围扩大到了非美国公司。中国企业在全球化过程中，不可避免地会存在利用美国金融系统支付等"美国连接点"，从而为美国建立 FCPA 管辖权提供基础。对于美国日益加强的 FCPA 域外管辖以及违反 FCPA 可能面临的严峻处罚，中国企业有必要加强防范 FCPA 风险的能力。可以采取的有效措施包括：

1. 加强对顾问（第三方）的尽职调查

由于东道国陌生的政治、法律与文化环境给市场开发带来的困难，中国企业的海外项目通常会聘请东道国顾问帮助开发市场和代为进行项目尽职调查。

诚然，在商业活动中，代理商、顾问等第三方的服务至关重要，但中国企业需对上述第三方进行充分的尽职调查并施加足够的控制力，避免第三方代表公司从事的活动违反 FCPA。

为防范这类风险，企业应当对第三方的运营资质、声誉等背景做好详尽的尽职调查并保存第三方的资质证明。同时，为了避免被认定为虚假顾问，企业需注意保存第三方提供真实具体服务的证据，并确保相关发票内容恰当。

2. 增加合同保护条款

中国企业在完成项目尽职调查并决定开展相关投资活动后，可以在合同文本上加强自身利益的保护。相关投资交易文件应加入反腐败与合规条款，并且要求交易对方做出合规陈述与保证。

同时，可以加入违反反腐败条款后的赔偿条款，若因对方从事的商业贿赂行为导致中国企业遭受损失，中国企业有权向其追偿。

3. 加强企业合规培训

企业自身经营的合法性离不开员工的配合，而提升员工的合规意识依赖完善的培训制度。企业应根据员工所担任的具体职务以及所在项目的地域，设计并提供具有针对性的培训内容，并且随着项目的进展不定期地更新培训内容。同时，项目合作方如果欠缺对于 FCPA 的理解，企业也应将其一并纳入培训体系中。

4. 建立内部合规程序

根据 FCPA 指南，美国监管部门在查处 FCPA 违规时，会考虑企业是否建立了良好的内部合规程序，从而决定是否减轻甚至免除企业责任。

完善有效的内部合规程序不但能帮助企业预防、发现并纠正法律风险，更是推动企业经营合规化的制度性保证。

案例二：G 公司在华行贿案

一、案例情况介绍

G 公司（中国）是在华跨国制药企业之一。2013 年 7 月，我国公安部门对 G 公司（中国）部分高管涉嫌严重经济犯罪依法立案侦查。2014 年 9 月，法院以对非国家工作人员行贿罪判处 G 公司罚金人民币 30 亿元；判处 G 公司（中国）高管等人有期徒刑；2016 年 9 月，G 公司与美国证券交易委员会达成和解，同意支付 2000 万美元来解决其在中国的子公司违反《反海外腐败法》的指控。

G 公司（中国）为达到打开药品销售渠道、提高药品售价等目的，实施的贿赂行为包括以下几个方面：一是利用旅行社等渠道，向政府部门官员、医药行业协会和基金会、医院、医生等行贿。涉案的 G 公司（中国）高管涉嫌职务侵占、非国家工作人员受贿等经济犯罪。旅行社相关工作人员则涉嫌行贿并协助上述高管进行职务侵占。G 公司的企业运营总经理等部分高管通过旅行社，用虚增会议规模等手段进行套现。旅行社按照不成文的默契协议向部分高管通过支付现金等方式行贿。二是行贿政府官员、专家和医生等。三是通过上述行贿手段及转移定价、进口药品原料等方式提高药品在华售价。例如，用于慢性乙肝治疗的拉米夫定，其中国售价 142 元，而其在韩国、加拿大和英国的购买价格分别折合为人民币 18 元、26 元、30 元。基于此，G 公司被判处罚金人民币 30 亿元，这是迄今为止中国因企业商业腐败开出的最大罚单。G 公司（中国）高管等被告人被判处有期徒刑 2 到 3 年。

然而，作为大型跨国企业的 G 公司并非没有完善的合规体系。事实上在华贿赂案发生以前，其已成立了风控合规部门，且合规部和内审部向集团总部出示了公司伪造发票、编造记录和账簿的证据，但这些内部警告并未得到认真对待。当时的中国负责人甚至认为合规规则的严格执行影响了 2011 年的销售业绩而解聘了合规部门的一位总监。即便是在在华行为案被揭露后，G 公司的做法仍为向监管机构行贿，试图将调查重点转向"不平等竞争"而非"商业贿赂"，试图将罚款限制在 5 万美元以内。上述做法均为 G 公司最终受到高额处罚埋下隐患。

二、合规义务识别

（一）反商业贿赂的合规义务来源

我国规制商业贿赂行为的主要法律及政策性文件包括《刑法》、《反不正当竞争法》（以及相关司法解释)以及国家工商行政管理局《关于禁止商业贿赂行为的暂行规定》(以下简称《暂行规定》)。

1. 《刑法》

《刑法》对商业贿赂采取了一种广义的界定方式,即不仅包括狭义的商业贿赂,而且涵盖所有公务性的商业活动中的商业贿赂。根据《刑法》,最高人民法院、最高人民检察院《关于办理受贿刑事案件适用法律若干问题的意见》(2007年)、《关于办理商业贿赂刑事案件适用法律若干问题的意见》(2008年)、《关于办理行贿刑事案件具体应用法律若干问题的解释》(2012年)等司法解释,总共有十一种商业贿赂犯罪,这些犯罪可以分为三种类型:第一种是行贿犯罪,包括行贿罪(《刑法》第389条)、对非国家工作人员行贿罪(《刑法》第164条第1款)、对外国公职人员、国际公共组织官员行贿罪(《刑法》第164条第2款)、对有影响力的人行贿罪(《刑法》第390条之一)、单位行贿罪(《刑法》第393条)和对单位行贿罪(《刑法》第391条);第二种是受贿犯罪,包括受贿罪(《刑法》第385条)、利用影响力受贿罪(《刑法》第388条之一)、非国家工作人员受贿罪(《刑法》第163条)和单位受贿罪(《刑法》第387条);第三种是介绍贿赂犯罪,即介绍贿赂罪(《刑法》第392条)。通过设立这些罪名,我国刑法建立了一个完整的打击商业贿赂的刑法体系。

其中,对外国公职人员、国际公共组织官员行贿罪主要规定于《刑法》第164条:为谋取不正当利益,给予公司、企业或者其他单位的工作人员以财物,数额较大的,处三年以下有期徒刑或者拘役,并处罚金;数额巨大的,处三年以上十年以下有期徒刑,并处罚金。为谋取不正当商业利益,给予外国公职人员或者国际公共组织官员以财物的,依照前款的规定处罚。单位犯前两款罪的,对单位判处罚金,并对其直接负责的主管人员和其他直接责任人员,依照第一款的规定处罚。行贿人在被追诉前主动交待行贿行为的,可以减轻处罚或者免除处罚。

2. 《反不正当竞争法》第7条、第19条

《反不正当竞争法》第7条规定:经营者不得采用财物或者其他手段贿赂下列单位或者个人,以谋取交易机会或者竞争优势:

(一)交易相对方的工作人员;

(二)受交易相对方委托办理相关事务的单位或者个人;

(三)利用职权或者影响力影响交易的单位或者个人。

经营者在交易活动中,可以以明示方式向交易相对方支付折扣,或者向中间人支付佣金。经营者向交易相对方支付折扣、向中间人支付佣金的,应当如实入账。接受折扣、佣金的经营者也应当如实入账。

经营者的工作人员进行贿赂的,应当认定为经营者的行为;但是,经营者有证据证明该

工作人员的行为与为经营者谋取交易机会或者竞争优势无关的除外。

《反不正当竞争法》第 19 条规定：经营者违反本法第七条规定贿赂他人的，由监督检查部门没收违法所得，处十万元以上三百万元以下的罚款。情节严重的，吊销营业执照。

3.《暂行规定》

1996 年《暂行规定》第 2 条第 2 款规定：本规定所称商业贿赂，是指经营者为销售或者购买商品而采用财物或者其他手段贿赂对方单位或者个人的行为。

需要指出的是，上述《反不正当竞争法》与《暂行规定》所谓的商业贿赂只是一个狭义的商业贿赂概念，仅限于双方主体均为商业活动经营者的情形，而不包含公务性的商业活动（即一方主体为国家工作人员或者国有公司、企业、事业单位，另一方主体为商业活动经营者的商业活动）中的贿赂。例如，某非国有公司为了在招投标中中标而给予主管的国家工作人员以财物，就不属于《反不正当竞争法》与《暂行规定》所指的商业贿赂。

《暂行规定》第 5 条至第 8 条分别对账外回扣、折扣、佣金、附赠现金或者物品等商业贿赂手段的行为构成进行了规制。

（二）合规风险识别

1. 刑事风险

从 G 公司在华行贿案的判决来看，被告人所涉及的主要罪名是对非国家工作人员行贿罪。根据《刑法》第 164 条第 1 款，对非国家工作人员行贿罪是指为谋取不正当利益，给予公司、企业或者其他单位的工作人员以财物，数额较大的行为。以下结合 G 公司商业贿赂案的事实来分析本罪的构成要件。

（1）犯罪主体

根据《刑法》第 164 条第 3 款规定：单位犯前两款罪的，对单位判处罚金，并对其直接负责的主管人员和其他直接责任人员，依照第一款的规定处罚。这表明对非国家工作人员行贿罪的犯罪主体不仅包括单位，还包括直接负责的主管人员和其他直接责任人员等自然人。因此，本案中，法院不仅对 G 公司这一单位判处罚金（30 亿元），而且对直接负责的主管人员等自然人判处了有期徒刑。

（2）主观目的

对非国家工作人员行贿罪的主观目的一般表现为为单位谋取非法利益或者以单位名义为本单位全体成员或多数成员谋取非法利益。根据最高人民法院、最高人民检察院《关于办理行贿刑事案件具体应用法律若干问题的解释》（法释〔2012〕22 号），行贿犯罪中的"谋取不正当利益"，是指行贿人谋取的利益违反法律、法规、规章、政策规定，或者要求国家工作人员违反法律、法规、规章、政策、行业规范的规定,为自己提供帮助或者方便条件。违背公平、公正原则,在经济、组织人事管理等活动中,谋取竞争优势的,应当认定为"谋取不正当利益"。根据最高人民法院、最高人民检察院《关于办理商业贿赂刑事案件适用法律若干问题的意见》(2008年)第9条的规定:在行贿犯罪中,"谋取不正当利益",是指行贿人谋取违反法律、法规、规章或者政策规定的利益,或者要求对方违反法律、法规、规章、政策、行业规范的规定提供帮助或者方便条件。

在本案中,该公司行贿的目的就在于在药品竞争中处于优势地位,从而扩大公司所生产和销售的药品份额,进而获取巨额的经济利益,而这些利益最终归于G公司,因此符合对非国家工作人员行贿罪的主观要件。

(3)犯罪客体

对非国家工作人员行贿罪的犯罪主体侵犯的是复杂客体,即国家、公司、企业的正常管理秩序和市场竞争秩序。对公司、企业人员行贿行为则违背诚实信用,严重挫伤合法经营者的积极性,使市场竞争营业处于混乱无序的状态。

(4)客观方面

从行为手段上看,本罪要求行为人向非国家工作人员提供财物。根据最高人民法院、最高人民检察院《关于办理商业贿赂刑事案件适用法律若干问题的意见》(2008年)第7条的规定:商业贿赂中的财物,既包括金钱和实物,也包括可以用金钱计算数额的财产性利益,如提供房屋装修、含有金额的会员卡、代币卡(券)、旅游费用等。具体数额以实际支付的资费为准。从本案事实看,G公司(中国)各业务部门邀请各地医疗机构的医务人员参加由其赞助和组织的境内外各类会议,为这些医务人员支付差旅费、讲课费以及安排旅游。同时,各业务部门通过医药代表等,向各地医疗机构的医务人员支付业务招待费、讲课费以及现金回扣等。这些费用很显然构成本罪意义上的"财物"。

从行为对象上看,本罪要求行为人必须向"非国家工作人员"行贿,这是本罪与行贿罪(《刑法》第389条)的根本区别。"非国家工作人员"是与"国家工作人员"相对的概念。《刑法》第93条规定:本法所称国家工作人员,是指国家机关中从事公务的人员。国有公司、企业、事业单位、人民团体中从事公务的人员和国家机关、国有公司、企业、事业单位委派到非国有公司、企业、事业单位、社会团体从事公务的人员,以及其他依照法律从事公务的人员,以国家工作人员论。

就本案的事实来看,认定被告人是否构成对非国家工作人员行贿罪,关键在于收受财物的医务人员是否为"国家工作人员"。对此,不可一概而论。最高人民法院、最高人民检察院《关于办理商业贿赂刑事案件适用法律若干问题的意见》(2008年)第4条规定:医疗机构中的医务人员,利用开处方的职务便利,以各种名义非法收受药品、医疗器械、医用卫生材料等医药产品销售方财物,为医药产品销售方谋取利益,数额较大的,依照《刑法》第163条的规定,以非国家工作人员受贿罪定罪处罚。由此可见,虽然我国公立医院是事业单位,但是在公立医院仅具有处方权的普通医务人员,只能认定为非国家工作人员。然而,公立医院的院长、科室负责人、药事委员会委员等,则有所不同,他们具有双重身份,一方面他们是医院的管理人员,具有领导干部身份,在医院中具有一定的管理职责,其职务活动与其职权息息相关,其职权行为引发的法律效果全部由医院承受。因此,当他们实施这些职权行为之时,毫无疑问具有国家工作人员的身份。另一方面,除了公务行为以外,医院领导完全可能从事具体的医疗工作,如果在行使处方权的过程中收受财物,则应当将其视为非国家工作人员。从 G 公司案判决来看,法院最终没有认定各被告人构成行贿罪(《刑法》第389条),这表明相关的医务人员并不是在履行职权行为,而是在行使处方权的过程中收受财物。

(5) 反贿赂合规失败的刑事风险

从罪量要素上看,本罪的成立还要求财物达到"数额较大"的标准。最高人民检察院、公安部《关于经济犯罪案件追诉标准的规定》(2001年)规定:为谋取不正当利益,给予公司、企业或者其他单位的工作人员以财物,个人行贿数额在1万元以上的,单位行贿数额在20万元以上的,应予立案追诉。由于本案是单位犯罪,因此"数额较大"的标准是20万元。在本案中,G 公司向各地医务人员行贿的数额达到数亿元,因此远远超过了法定的罪量标准。

此外,根据2016年《最高人民法院、最高人民检察院关于办理贪污贿赂刑事案件适用法律若干问题的解释》第 7 条规定:为谋取不正当利益,向国家工作人员行贿,数额在三万元以上的,应当依照刑法第三百九十条的规定以行贿罪追究刑事责任。刑法第一百六十四条第一款规定的对非国家工作人员行贿罪中的"数额较大""数额巨大"的数额起点,按照本解释第七条、第八条第一款关于行贿罪的数额标准规定的二倍执行。即对非国家工作人员行贿罪的立案标准为6万元。

2. 涉外合规风险

作为一家跨国公司,G 公司在华行贿行为不仅受到我国法律的规制,还受到美国《反海外腐败法》的规制。由于违反美国《反海外腐败法》,2016年9月 G 公司与美国证券交易委员会达成和解,同意支付2000万美元来解决其在中国的子公司违反《反海外腐败法》的指控。

三、合规管理要点解读

（一）企业价值观

公司价值观可以起到指导和约束的作用，帮助公司树立正确的经营理念，遵守相关的法律法规，防范和控制合规风险。G公司提出了"以销售产品为导向""没有费用就没有销售"的经营方针，这种经营方针导致了片面追求销售成绩而无视中国相关法律法规的销售模式，使得G公司涉嫌严重的商业贿赂等经济犯罪，损害了广大患者的切身利益，也影响了社会公平和正义。这种价值观在G公司的合规管理上造成了严重的缺陷和漏洞，也导致了G公司在中国市场上遭到了惨痛的失败。

认清企业真正的使命，企业才能走上中和的正路，一味追求利润就会忘记真正的使命。忽视长期发展，破坏企业与自然、社会和内部员工的关系，这样的企业或许可以在短期拿出漂亮的财务数据，但是绝对不会有可持续发展的能力。

（二）合规管理体系

合规体系是公司防范和控制合规风险的重要手段，但合规体系并不可以包治百病，它和任何管理工具一样，都有其局限性和不足之处。例如，合规体系可能存在设计缺陷、执行障碍、监督失效等问题，导致其不能有效地发挥预期的作用。在评价合规体系时，不能只看其表面上是否完善和规范，还要看其实际上是否有效和可持续。G公司虽然有完善的合规体系，但是在实际运营中，却没有有效地执行和监督合规政策和流程。

G公司没有建立一个有效的合规机制，反而提出了"以销售产品为导向"的经营方针，并在全体员工年会、领导力峰会、销售精英俱乐部等公司内部各种会议和活动进行鼓动宣传。更令人瞠目结舌的是，在公司已经陷入危机时，公司高层做出的决策居然是雇佣私家侦探去寻找"告密者"，并牵扯出侵犯公民身份信息的案中案。G公司并非没有合规体系的文件，其体系比绝大多数企业都要完整，但是，在其偏激地追求利润的价值取向影响下，这些文件、体系在实际经营中没有人遵守运用。事实上，G公司低估了外部环境的影响，仍然坚持高增长的要求，这可能是G公司出现合规风险的重要原因。

考核、举报和调查三种机制，使得合规管理的体系能够有效地运行。这三种机制很大程度上遏制企业内的违规行为。但合规机制的有效运行，很大程度上取决于企业最高负责人能否以身作则积极推进合规，即合规要素中的来自高层的声音（tone of the top）。公司领导者应该将合规视为企业的首要责任和企业经营行为的底线。促使全公司合规，领导者必须率先垂范，而且需要明确表示反对违规，反对腐败。具体可有如下做法：

1. 传达公司反对商业贿赂的立场，通过承诺宣言，向公司内外传达对贿赂零容忍的态度。不仅仅在公司内部管理，对于公司的商业合作伙伴，也需要有效地传达公司立场。

2. 高层应参与制定合规制度及政策，如反贿赂程序。

外部环境变化、市场竞争压力、员工个人利益等因素都会导致合规管理体系有效性的降低。因此，在评价合规体系时，不能只看其表面上是否完善和规范，还要看其实际上是否有效和可持续。

（三）内部调查

内部调查是指公司为了查明某一事件或问题的真相而进行的一系列调查活动。内部调查是公司解决合规问题、维护自身利益、恢复公众信任的重要手段之一。为了开展有效的内部调查，公司需要注意以下几个方面：

1. 确定内部调查的目标、范围、方法、时间等基本要素，并制定详细的内部调查计划。

2. 组建一个由专业人员组成的内部调查团队，并明确各自的职责和权限。

3. 采用多种方式收集证据，并确保证据的真实性、完整性、合法性和保密性。

4. 对证据进行分析和评估，并根据证据形成内部调查报告。

5. 根据内部调查报告的结论，采取相应的纠正措施，并向相关的监管机构和公众进行披露和沟通。

内部调查的权威指南是ISO37008，这是国际标准化组织（ISO）发布的一项技术规范，全称为"组织内部调查指南"。这项标准旨在为各类组织提供关于内部调查的指导，包括以下内容：

1. 内部调查的原则，如独立性、保密性、专业性、客观性、合法性等；

2. 内部调查的支持，如资源、领导力和承诺等；

3. 内部调查的政策或程序的建立，如制定和宣传内部调查的政策、流程、标准和报告等；

4. 安全和保护措施，如保存和保护证据、保护和支持参与调查的人员、反报复、安全防范等；

5. 调查过程，如调查团队的组建、初步评估、确定调查范围、制定调查计划、保持保密性、警告责任、不干涉等；

6. 调查结果的报告，如形成调查报告、向相关方披露和沟通调查结果等；

7. 整改措施的实施，如根据调查结果采取相应的整改措施，并进行跟踪和评估等。

ISO37008适用于所有类型、规模、地点、结构或目的的组织，无论是公共部门还是私营部门，无论是非营利性还是营利性。这项标准反映了国际上关于内部调查的最佳实践，也符合其他相关的国际标准，如 ISO37301（合规管理体系指南）、ISO37001（反贿赂管理体系 要求及指南）等。

（四）业务合规

G 公司具备完整的财务处理和应对审计的流程，多年的审查均没有出现问题，但是公司内部的财务合规不应仅仅关注收支审查和流程审查，更应关注业务本身是否合法合规。常见的商业反贿赂合规风险领域包括但不限于：企业礼品、招待活动、样品、公益赞助和慈善捐赠、人员聘用、业务伙伴、佣金回扣、业绩压力等领域。

公司内部的商业贿赂及舞弊行为，往往手段更隐蔽，形式更复杂。G 公司涉案的旅行社，是经过正规的招投标采购流程进入到供应商体系的，同时每年的财务的发票和提供的服务均能对应得上。但作为公司合规重点领域，反商业贿赂以及反舞弊的工作，不应仅仅关注制度、流程、账面的合规性，更应从业务本身设计出发考量，采用"审批-记录-报告"的合规流程。以企业礼品为例，企业礼品的赠送应经过事先审批，并按照财务制度形成备案。当企业员工被索要礼品、接受人明示或者暗示收到礼品会帮助企业实施某一行为、赠送礼品后发现可能存在不合规或者被认为不合规的情形、礼品被退回应及时报告。具体可参考以下做法：

建立健全公司内部合规举报调查的通路。被动获取型线索往往会让公司管理层措手不及，但该类线索具有更强的针对性和实效性。对于公司内部反商业贿赂的日常全方位监控，完善相关重点领域合规体系的同时，也应开通内外部的举报通道，利用好互联网平台对相关信息进行及时发现和处理，针对性的检举揭发会极大提高调查工作的效率。

配备组织保障。针对公司内部，应成立领导组和工作小组。总法律顾问、负责合规工作的相关领导或其他高层领导应承担领导职责，负责重大事项决策及审批。工作组可以吸纳法务、审计、财务人员，也可以聘请外部的专业团队进行代调查。

积极保障调查安全。在处理相关员工和案件的同时，应制定调查计划，同时监督相关参与调查的人员采取保密措施。对于参与调查的员工，也需要进行制度和安全的保障。

制定应急预案。内部调查面临很多的不确定性，调查行为的本身也需要避免不合规带来的风险。需要提前制定应急预案，做好风险评估。避免在调查的同时，出现证据销毁，人员受伤死亡的情况。

四、结语

G 公司在中国市场上遭到了巨大的经济损失和声誉损害，也引发了全球对其合规问题的关注。G公司不得不进行全面的合规整改，包括重新制定和宣传合规政策和流程、取消以销售业绩为核心的薪酬福利制度、加强合规培训和宣传、建立有效的内部举报和投诉渠道、加强对第三方合作伙伴的筛选和管理等措施。

G公司案件反映了涉医药行业在合规管理方面存在的严重问题，也提醒了各类制药企业要严格遵守中国相关的法律法规，不要以牺牲消费者利益和社会公平为代价谋求私利。许多制药企业也纷纷加强了自身的合规体系，学习借鉴了其他企业在合规方面的经验和做法。G公司案件也引发了社会公众对医药行业的监管和改革的关注和期待，希望能够建立一个更加透明、公正、健康的医药市场。

案例三：世界银行贷款项目"封杀"多家中国企业

一、案例情况介绍

我国企业使用世界银行贷款的项目涉及生产、流通、服务以及科研、教育、卫生等多个领域，但因合规问题也曾受到世界银行制裁。

2009年1月，世界银行宣布在菲律宾公路项目投标中，有包括4家中国企业的7家公司存在串标违规行为，并暂时或永久取消其参与世界银行资助项目的投标资格。2019年5月，世界银行宣布对中国某公司进行15个月的制裁，制裁理由是其在西非的跨境输变电项目的投标中存在欺诈行为，具体表现为虚构过往业绩以满足项目要求。制裁要求该公司在制裁期间继续全面配合世界银行廉政局。该制裁同时触发了其他多边开发性金融机构的联合制裁。2019年6月，世界银行宣布对中国某企业、该企业的两家子公司及其下属公司进行制裁，制裁原因是其在某建筑工程项目的投标过程中存在"欺诈行为"，具体包括对子公司的相关经验、人员配备、设备情况进行虚假陈述。后世界银行宣布对中国某公司进行制裁——15个月内禁止该公司参与世界银行融资支持的项目，到期并满足条件后才可以解除制裁。制裁的原因是其在利比里亚电力项目的投标中存在"欺诈行为"。[1]

企业在参与世界银行的招标项目时，被发现串标、违规、腐败等问题就会被列入其黑名单。这不仅对企业的当期经营业绩产生重要影响，还会对企业的信用、声誉带来不良影响，从而影响企业的未来发展。因为企业被世界银行列入黑名单后，其他国际银行或者企业可以通过信息共享和检索，查到企业的违规历史，导致企业在涉外信贷与合作中受到限制，影响企业国际化发展。

---

[1] 参见世界银行官网，https://www.shihang.org/zh/home。

二、合规义务识别

（一）世界银行监管要求①

世界银行于 2016 年 7 月 1 日修订了《预防和打击欺诈和腐败指南》[Guidlines on Preventing and Combating Fraud and Corruption in Projects Financed by IBRD Loansand IDA Credits and Grants（revised as of July 1，2016）]，禁止以下不正当行为：

1. 腐败行为（corrupt practice）：直接或间接地提供、给予、接受或索取任何有价物以不正当地影响另一方的行为。

2. 欺诈行为（fraudulent practice）：任何故意或不顾后果地误导或试图误导一方，以获得经济或其他利益或避免义务的行为或不作为（包括虚假陈述）。

3. 串通行为（collusive practice），指两方或多方为了达到不正当目的而进行的一种安排，包括不正当地影响另一方的行为。

4. 胁迫行为（coercive practice），指直接或间接损害或伤害，或以损害或伤害任何一方或一方财产作威胁，以不正当地影响一方的行为。

5. 阻碍行为指（a）蓄意破坏、伪造、修改或隐瞒证据材料，或向调查人员作出虚假陈述，以实质性阻碍世界银行对腐败、欺诈、胁迫或串通行为指控的调查；和/或威胁、骚扰或恐吓任何一方，以阻止其披露其对与调查有关事项的了解或阻止调查的进行；或（b）旨在实质性阻碍世界银行行使其合同规定的审计或信息调查权的行为。

（二）国内法律

《反不正当竞争法》第 7 条规定：经营者不得采用财物或者其他手段贿赂下列单位或者个人，以谋取交易机会或者竞争优势：（一）交易相对方的工作人员；（二）受交易相对方委托办理相关事务的单位或者个人；（三）利用职权或者影响力影响交易的单位或者个人。第十九条规定：经营者违反本法第七条规定贿赂他人的，由监督检查部门没收违法所得，处十万元以上三百万元以下的罚款。情节严重的，吊销营业执照。

经营者在交易活动中，可以以明示方式向交易相对方支付折扣，或者向中间人支付佣金。经营者向交易相对方支付折扣、向中间人支付佣金的，应当如实入账。接受折扣、佣金的经营者也应当如实入账。经营者的工作人员进行贿赂的，应当认定为经营者的行为；但

---

① 参见世界银行官网，https：//www.shihang.org/zh/home。

是，经营者有证据证明该工作人员的行为与为经营者谋取交易机会或者竞争优势无关的除外。

《民法典》第 148 条规定：一方以欺诈手段，使对方在违背真实意思的情况下实施的民事法律行为，受欺诈方有权请求人民法院或者仲裁机构予以撤销。

《民法典》第 150 条规定：一方或者第三人以胁迫手段，使对方在违背真实意思的情况下实施的民事法律行为，受胁迫方有权请求人民法院或者仲裁机构予以撤销。

《民法典》第 154 条规定：行为人与相对人恶意串通，损害他人合法权益的民事法律行为无效。

三、合规风险识别

1. 组织机构

世界银行集团打击腐败的一种方式是对与世界银行资助的项目有关的欺诈、腐败、胁迫、串通或阻挠（统称为"可制裁做法"）的公司或个人使用行政制裁。世界银行制裁体系由廉政副总裁领导下的独立机构、资格暂停与除名办公室和制裁委员会组成。具体工作流程与职责分工如下：①世界银行廉政局（INT）是世界银行集团的专门调查机构，负责调查世界银行资助项目中针对欺诈、腐败、串通、胁迫和妨碍等不当行为的指控（外部调查），以及针对世界银行内部员工行为不端的指控（内部调查）。②资格暂停和除名办公室（OSD）是世界银行制裁体系中的第一级审查机构，负责审核世界银行廉政局的调查结果，并决定是否对调查对象采取制裁措施。该层审查为世界银行暂停和解除禁令制度提供了第一级裁决。③制裁委员会（Sanctions Board）是一个独立的行政法庭，由七名外部法官组成，是世界银行资助的发展项目中所有引起了不当行为的争议案件的最后决策者。制裁委员会是世界银行的第二级制裁机构，如果经过世界银行廉政局调查及资格暂停和除名办公室审查，当事人对拟实施的制裁措施仍不认同，向制裁委员会提出上诉，由其进行复核作出最终裁决。④世界银行诚信合规办公室（ICO）可对被制裁对象进行监督和评估。如果企业被施加的制裁措施中包含"附条件不除名/取消资格"或"附解除条件除名/取消资格"中的任意一种，则意味着受制裁企业必须与世界银行廉政合规官合作，采取相应措施以满足所附条件，达到减轻或解除制裁的效果。世界银行廉政合规官将通知被制裁方所附"条件"的具体内容，一般会包括内控及实施合规计划。在合规整改期间，世界银行廉政合规官会要求被制裁方递交定期报告、聘请监管人监督实施合规计划、对相关记录和文件进行外部审计、检查等。

2. 制裁主体范围

世界银行针对上述可制裁行为的调查和制裁对象较为广泛，基本贯穿了招投标及合同履行、后期维护的全过程，包括项目的所有参与者及其关联方。投标公司、采购合同及项目合同的供应商、承包商、分包商、代理人、负责人，项目过程中的顾问、服务提供商，以及任何项目利益的接收者及其代表，各类机构及机构中负相关责任的个人都可能成为制裁的对象。

值得注意的是，根据世界银行的制裁程序及规定，作为受制裁行为主体的贷款收益接收者，例如，其附属公司、子公司、权益继承者或受让人，都会因不合规行为而受到制裁，因此这些主体并不能通过公司结构变更或控制权转移等方式来规避世界银行制裁。而另一方面，受制裁公司的母公司或并行关联公司在原则上不会受到受制裁主体的影响，但如果这些主体在不合规行为当中应当起到但并没有起到承担监管责任的作用或存在一定过错，则同样会置身于世界银行的制裁程序当中。并且制裁对象不仅包括机构，还包括机构中负责的个人；但通常情况下，世界银行不会制裁会员国政府或政府官员。

3. 制裁行为范围

为了打击欺诈和腐败，确保所有世界银行贷款的项目资金被用于正当目的，世界银行于2016年7月1日修订了《预防和打击欺诈和腐败指南》。

其中，腐败和欺诈行为是最为频发的两种行为。根据该文件，"腐败行为"是指直接或间接地提供、给予、接受或索取任何有价值的东西，以不正当地影响另一方的行为；"欺诈行为"是指为了获取经济利益、其他利益或逃避义务，而故意或不顾后果地误导或试图误导一方的任何作为或不作为，包括虚假陈述。在实践中，中国企业常因"对过往业绩虚假陈述以满足招标要求"受到世界银行廉政局关于欺诈行为的控诉。例如，Z集团及其全资子公司就某项目中的欺诈行为受到世界银行的制裁，主要行为体现在其对子公司的相关经验、人员配备、设备情况进行虚假陈述。从实践经验上来说，企业为了满足项目招标要求，将其母子关联公司的业绩或资质作为材料申请，又或者是将自身并未完工运行的项目作为业绩提交，这些"擦边"行为均构成虚假陈述的欺诈，而许多中国企业并没有意识到这一点。

上述不当行为不仅适用于世界银行贷款项目的资金接受方，还适用于使用该贷款资金的任何实体或个人，包括世界银行项目投标人及其代理，项目所涉及的承包商、供应商、服务商、分包商、各类代理等第三方及相关人员等。就我国对外承包企业而言，上述不当行为的风险往往产生于公司作为投标人/承包商的情况，其中业绩陈述不实和违规分包等是最常见的不当行为。

4. 制裁措施

根据严重程度和被制裁对象的应对态度，世界银行对经过调查确认后的不合规行为采取多种制裁方案，世界银行对所采取的方案具有一定的自由裁量权。

（1）斥责：也称为谴责。向被制裁方发出公开的斥责函或谴责信。

（2）除名：也称为阶段性制裁/取消资格或永久性制裁/取消资格。永远或在规定期限内取消被指采访参与世界银行项目的资格，且立即生效。

（3）有条件不除名：也称为附条件免除制裁。告知被制裁方，除非其遵守特定的条件，否则将采取特定措施以保证受制裁行为不会再次发生，或对受制裁行为导致的损害进行赔偿，否则将被除名。具体的条件通常包括退款、实施道德操守制度、展开企业道德培训、承认错误并配合采取纠正措施。该种制裁方式常见于关联公司的处罚，或者被制裁对象已经采取了积极措施进行纠错。

（4）有条件除名：也称为附条件解除制裁。被制裁方处于被除名状态，直到满足所规定的条件。该种制裁属于最常见的制裁方式，一般的除名时间为三年，条件包括实施诚信合规计划、处分或解雇相关责任人等。

（5）恢复原状及赔偿：向政府或受制裁行为的受害者退还所有不正当所得并进行损害赔偿，或采取措施纠正其行为造成的损害。

（6）其他措施：包括罚款、与其他区域型银行的交叉制裁等。

同时，世界银行也确认了企业可以被考虑的减轻情节，这些情节可以缩短取消资格期间25%至50%，甚至更多，包括在不当行为中担任次要角色、停止行为、对责任人采取内部行动、执行有效的合规计划、经济赔偿、配合廉政局调查、内部调查、认罪并自愿承担责任及自愿约束等。其中，停止行为、对责任人采取内部行动、执行有效的合规计划、经济赔偿等在调查过程中的自愿纠正行为对被调查企业最为有利。根据世界银行制裁名单，被制裁中国企业大部分遭受到的制裁期间在15个月到4年左右。[①] 在确认制裁的加重和减轻情节后，如果世界银行最终的制裁决定期限超过了12个月，将自动触发交叉制裁（cross-debarment）（妨碍调查行为除外）。2010年4月9日，亚洲开发银行、非洲开发银行、欧洲复兴开发银行、欧洲投资银行、美洲开发银行与世界银行签订了《执行交叉制裁协议》（Agreement for Mutual Enforcement of Decisions），从而确定了交叉制裁的基本规则。交叉制裁是指企业或个人被某多边开发银行除名后，取消获得某多边开发银行的合同的资格，并且如果该银行有充分证据显示该企业或个人有欺诈、腐败等行为，那么该企业或个人也会被上述其他多边开发银行除名，禁止参与其他多边开发银行资助的项目，该企业将在制裁期间内无法参与任何包括但不限于上述签约行援助支持的项目。不仅如此，一旦某公司被世界银行等银行交叉制裁后，一些其他金融机构甚至非金融类企业在做背景调查时，也会认真对待被制裁的公司，会更加谨慎地开展交易，甚至设置一些额外条件，或者直接就停止商业往来。因此，交叉制裁对企业的威慑力更大，负面影响也更大。

---

① 参见世界银行官网，https://www.shihang.org/zh/home。

四、合规要点解读

我国企业若想更好地走出去,实现世界范围内的价值,不仅要提升自己的"硬实力",更要重视企业合规管理的"软实力",在企业的合规建设与制裁应对方面,有如下几点建议:

(一)合规风险管理

公司的内部诚信合规体系建设是做好世界银行诚信合规工作的第一步,也是最重要的一步。应当根据前文所述的重点审查内容,建立针对领导层及不同员工的落实到个人的责任制度,并且按年度进行内部审计并合理规划诚信合规的相关预算。将风控管理、伙伴管理、员工管理、调查机制、调查应对预案等相关制度书面化,并且根据世界银行出台的新政策进行定期审核更新,确保内部合规政策始终保持规范化。

(二)合规宣传和培训

在制定出明确的合规政策的基础上,必须通过人员的教育和管理将书面制度落实在具体工作上。对内确保文件发放到管理层和各级员工手中,定期开展学习培训工作,加强员工对世界银行规则及处罚案例的了解,完善员工考核及奖惩制度,并可以要求员工签署诚信保证书;对外展开宣传工作,尤其在进行招投标、建立供应商或其他对外合作伙伴关系时,严格展开尽职调查,做好监督工作。同时,还必须注意建立起良好的沟通机制,为"吹哨人"提供便捷高效的汇报路径,同时方便对员工进行有针对性的咨询和指导工作,加强员工的合规意识和警惕性。对某些突发情况,例如,出现了不当行为举报或世界银行介入调查等,应当定期进行演习,熟悉应对方案。我国企业参与的"一带一路"沿线国家项目中,有很多都是世界银行资助的项目。一旦确认采购项目属于世界银行资助,企业应该邀请专业人员对参与招投标的员工及时进行培训,详细解读世界银行采购相关政策,提请注意易引发制裁的行为。比如,上文中提到中国企业在国内招投标中常常使用的"擦边"行为都将成为涉嫌欺诈的"铁"的事实。同时,对员工的反腐败警示也十分必要。世界银行资助项目的所在国多存在腐败高发风险。而这些地区往往是中国企业"走出去"较主要关注的区域。因此,项目人员在这些地方的行为如果稍有不慎,企业极有可能承担腐败的风险。

(三)合规风险识别

世界银行廉政局根据经验总结与归纳,发布《采购中常见的欺诈和腐败危险信号》(Most Common Red Flags of Fraud and Corruption in Procurement),这份文件总结了十个危险信号（Red Flags），即（1）投标人的投诉；（2）多份合同价值低于采购限额；（3）异常投标模式；（4）看似虚高的代理费；（5）可疑的投标人；（6）报价最低的投标人未入选；（7）同一个承包商反复中标；（8）变更合同条款和价值；（9）多次变更合同订单；（10）工程、服务质量低劣。[①] 企业在采购过程中应当极力避免上述情况的出现；如有特殊情况，应当保存充分的合理证据以应对日后潜在调查。根据实践经验，以上十个信号中来自投标对手的投诉和举报是世界银行廉政局最大的危险信号来源，也就是说一同参与投标的对手即是最为有力的监督员。同时，不论是内部的政策制度、员工培训、突发状况演习，还是对外的合作伙伴合同签署、尽调报告，都必须做好记录留存工作。基于世界银行项目周期通常较长，不论是书面材料还是电子资料，建议保留至少两年以上，做好归档管理工作。这些记录在面临世界银行调查时将成为重要的证据来源，一方面可以帮助公司增加谈判砝码，另一方面也可以证明公司在日常工作中对于诚信合规的态度及完成度，帮助公司降低制裁风险，增加免责可能性。

（四）合规审查

企业应对有较多业务来往的商业伙伴进行全面评估以及定期评估，防控商业伙伴的不正当行为对企业造成影响。

（五）应对合规调查

1. 态度良好地配合世界银行调查

当遇到世界银行已经对公司的某项行为立案并展开调查时，积极地应对可以为公司争取免责或部分免责的可能性。第一时间展开内部审计调查，了解所涉事项、行为、人员的情况，能够在应对调查时为公司争取主动性。一旦发现确实存在问题，必须在调查的同时就尽快展开整改，并将调查和整改的过程及结果进行记录。对于世界银行提出的查看记录的要求，公司应当尽量予以满足，对世界银行的质询进行及时、全面、真实的答复。尤其注意不要为了逃避处罚提供虚假资料、隐瞒事实或拖延不提供已有资料，这些行为均可能被判定为妨碍调查，导致处罚结果的进一步加重。当然，对公司有利的证据和材料更加应当积极全面地提供，以良好的态度配合世界银行的调查。

2. 面对制裁不卑不亢，积极寻求和解方案

若已经接收到世界银行资格暂停和除名办公室发出的制裁审理通知，就必须尽快展开行动。一方面对于不实的指控必须积极与世界银行进行沟通，提供证据证明合规。如有必要可

[①] 参见世界银行官网，https://www.shihang.org/zh/home。

以向世界银行制裁委员会提出异议，在证据的支持下进行合理抗辩，等待最终裁决结果。但同时也应当考虑到最终裁决可能比原始建议的裁决更加严厉，并且具有终局性，做好利弊权衡。另一方面，对于确实存在的不合规行为进行积极整改，争取与世界银行达成和解协议，谋求尽早解禁的可能性。

3. 及时寻求专业人员帮助

在接到调查通知后，企业往往会出于节省费用的考虑，而决定内部解决，但如果没有一个专业的合规部门或合规团队，则很难对一些较大的合规风险进行预知，从而对企业造成不利影响。所以，从长远来看，在此种情况下，应积极寻求专业合规顾问的帮助，确保万无一失。

4. 免予制裁或解除制裁

如果受到的制裁措施为"附条件的免予取消资格"或"附解除条件的取消资格"（所附条件如实施合规计划、追究内部人员责任、采取补救措施等），被制裁方在按照《世界银行诚信合规指南》的要求实施合规计划、建立并运行合规体系后，则有机会免予制裁或解除制裁。

当然，从长远来看，企业应该在经营过程中主动建立科学的合规管理体系，从而有效提升企业合规管理能力。

世界银行廉政局在掌握不当行为的基本线索和证据后，会向被调查方发送"要求解释信"（Show Cause Letter），这意味着世界银行"调查程序"和"协商解决机制"的开启，而是否接受将由被调查的企业决定。信中会对指控的不当行为、具体理由、所掌握的证据等进行详细陈述，同时要求被调查方与世界银行廉政局积极联系并提出和解要求。实际上，世界银行廉政局在发出这封邮件后，就说明其已掌握了部分的证据，并且已基本了解了事实。这封信的主要目的实际上是在通知企业其已经进入了调查程序，并希望其积极配合调查，以获取和解或减轻情节。从实践上看，很多中国企业在收到信后不仅没有及时沟通答复，有些甚至试图掩盖、捏造事实，这样的行为往往使企业处于更为不利的境地。实际上，在收到要求解释信的期间是企业最应当把握的时期，通过咨询相关专业人士的意见积极坦率地应对。首先，正如上文所言，停止行为、对责任人采取内部行动、执行有效的合规计划、经济赔偿等在调查过程中的自愿纠正行为对企业减轻制裁最为有效，可以减轻50%甚至更高的制裁期间，而这些行动都是可以由企业在这一时期与世界银行廉政局积极提出和解的措施。其次，如果消极应对调查甚至掩盖捏造事实，极有可能被认为符合延长制裁期间的干扰调查程序行为，这将直接导致1-3年的制裁期间延长。

（六）重视制裁结果

如果企业被世界银行制裁后，要想从制裁名单上解禁，就必须达到世界银行的条件。上了世界银行制裁名单的企业，就可能出现以下几种情况：第一种情况，被制裁的企业与世界银行合作，在规定期限内达到合规条件，然后被世界银行解禁；第二种情况是，在制裁期间与世界银行合作，在规定期限没有达到世界银行的合规条件，世界银行将延长制裁时间，直到企业达到合规条件后被解禁；第三种情况是，企业被制裁后不按照解禁条件行事，那么企业就可能永久性失去承接世界银行援助项目的机会，甚至失去承接多边开发银行援助项目的机会。对于长期依赖国际金融机构援助项目的企业来说，不正确应对的结果将是灾难性的。而有的企业认为自己承接的世界银行项目不多，日后也可以不做世界银行项目，从而消极应对调查和制裁结果。然而，其实际付出的代价可能远远超于其想象，因为世界银行制裁名单是公开的，世界银行的制裁结果极有可能引起国内金融机构和媒体的关注，企业在制裁名单上就等于贴上了不诚信合规的标签，对名声与商誉带来很大的负面影响。同时，国际市场中有合规意识的企业和机构在选择客户时，都可能参考世界银行的制裁名单，因此企业可能因此而错失许多商业机会。

（七）积极开展合规建设

在上文中所提到的制裁期间减轻情节中，建立合规体系是世界银行最为青睐的整改方案，同时利于企业自身的长期发展，使其符合国际社会高标准的企业管理模式。世界银行在与被制裁企业进行对接沟通时，通常将制定并执行有效的合规计划作为一项最主要的解禁条件或和解条件。合规不仅仅指符合法律法规、公司的规章制度，同时也要符合国际条约、规则，以及诚实、公平、公正的商业道德行为准则。在2017年世行主持的第四次暂停和取消学术讨论会上，世界银行代理暂停主管Jamieson Smith就提到，美国要求参与公共项目合同的企业在竞标前要有一个合规方案。我们可以合理预见，世界银行及其他多边开发银行把合规作为重要业务加以推广，极有可能在未来项目合同中要求一定规模以上的企业在竞标前就须制定一个合规方案。①

---

① 参见丁继华：《中国企业如何化解日益增长的世行制裁风险》，载"中国对外工程承包商会网"2019年7月23日，https://www.chinca.org/SJTCOC/info/19072315511711。

案例四：S 公司商业贿赂案

一、案例情况介绍

S 公司创立于 2012 年，经十年潜心耕耘，已发展成为年销售额破百亿元的民营上市公司，正加速向数字化供应链平台企业转型。从创业之初，S 公司就将廉洁文化作为企业的基石，在实践中不断摸索，聚力"不想腐""不能腐""不敢腐"的理念，通过创新廉洁文化宣教路径、全面布局廉洁监察体系、提升廉洁调查问责力度，共同筑牢廉洁合规的三条防线，将廉洁合规当作一件产品打造。其曾于 2018 年荣获首届"中国廉洁创新奖"提名奖，于 2020 年荣获第二届"中国廉洁创新奖"优秀创新项目奖，以及于 2021 年荣获"民营企业廉洁合规创新奖"。公司创始人、CEO 也曾在 S 公司廉洁七周年纪念活动大会上表示："希望有一天廉洁能成为我们每一个人的本能，真正把文化自信建立在敬畏之上。"但是，如此注重廉洁建设的公司，却也避免不了相关合规问题。

2017 年 12 月至 2019 年 12 月，原 S 公司某旗舰店运营部总监程某，利用职务上的便利，指使供货商提高供货价，从中索取回扣。最终，程某因犯非国家工作人员受贿罪，被判处有期徒刑 3 年，并处罚金 40 万元。

2018 年 10 月至 2020 年 4 月间，S 公司原总监蒋某非法收受和索取他人财物，为他人谋取利益；同时利用职务上的便利，伙同他人将公司财物非法占为己有，最终法院判决，蒋某因犯非国家工作人员受贿罪、犯职务侵占罪，被判处有期徒刑。

有行业分析人士认为，频频出现的"内部贪腐"显露出的是 S 公司内部管理制度上的缺陷，权力未能得到有效监督和制约。对此，S 公司表示，公司对于内部贪腐行为从来都是"零容忍"，一些公开审理的案件是公司主动反腐的结果，也会持续强化监察、严打腐败。[1]

现代企业在发展过程中可能会遇到各类风险，而在诸多风险当中，隐藏在后勤支持保障部门背后的职务侵占风险常常被忽视，但却影响巨大。其不仅会对企业造成重创，还会破坏市场经济规律及其发展，需要企业法律合规部门引起重视。对于任何行业和企业来说，防腐都是一项长期、坚决且不可回避的责任。在经历这些内部腐败问题后，S 公司在反腐倡廉方面的工作力度有所加强。有关报告显示，S 公司大型廉洁活动、廉洁文化宣传产品、廉洁宣传片数量较往年均有增加。同时，通过打造公司廉洁品牌、成立公司廉署、建立企业大学等途径塑造企业廉洁文化。

---

[1] 参见 S 公司官网。

二、合规风险识别

S公司员工的行为主要触犯了非国家工作人员受贿罪和职务侵占罪。对非国家工作人员受贿罪的风险识别，前文已述。此处就职务侵占罪展开。

（一）构成要件

1. 犯罪客体要件

本罪的犯罪客体是公司、企业或者其他单位的财产所有权。公司，是指按照《公司法》规定设立的非国有的有限责任公司和股份有限公司；企业，是指除上述公司以外的非国有的经过工商行政管理机关批准设立的有一定数量的注册资金及一定数量的从业人员的营利性的经济组织，如商店、工厂、饭店、宾馆及各种服务性行业、交通运输行业等经济组织；其他单位，是指除上述公司、企业以外的非国有的社会团体或经济组织，包括集体或者民办的事业单位，以及各类团体。职务侵占罪侵犯的对象是公司、企业或者其他单位的财物，包括动产和不动产。所谓动产，不仅指已在公司、企业、其他单位占有、管理之下的钱财（包括人民币、外币、有价证券等），而且也包括本单位有权占有而未占有的财物，如公司、企业或其他单位拥有的债权。就财物的形态而言，犯罪对象包括有形物和无形物，如厂房、电力、煤气、天然气、工业产权等。

2. 犯罪客观要件

本罪在客观方面表现为利用职务上的便利，侵占本单位财物，数额较大的行为具体而言，包括以下三个方面：

（1）必须是利用自己的职务上的便利。利用职务上的便利，是指利用职权及与职务有关的便利条作。职权，是指本人职务、岗位范围内的权力，与职务有关的便利条件，即虽然不是直接利用职务或岗位上的权限，但却利用了本人的职权或地位所形成的便利条件，或通过其他人员利用职务或地位上的便利条件。包括：①利用自己主管、分管、经手、决定或处理以及经办一定事项等的权力；②依靠、凭借自己的权力去指挥、影响下属或利用其他人员的与职务、岗位有关的权限；③依靠、凭借权限、地位控制、左右其他人员，或者利用对己有所求人员的权限，如单位领导利用调拨、处置单位财产的权力；出纳利用经手、管理钱财的权利；一般职工利用单位暂时将财物，如房屋等交给自己使用、保管的权利等。至于不是利用职务上的便利，而仅是利用工作上的便利，如熟悉环境、容易混入现场、易接近目标等，即使取得了财物，也不是构成本罪，构成犯罪的，应当以他罪如盗窃罪论处。

（2）必须有侵占的行为。本单位财物，是指单位依法占有的全部财产，包括本单位以自己名义拥有或虽不以自己名义拥有但为本单位占有的一切物权、无形财物权和债权。其具体形态可是建筑物、设备、库存商品、现金、专利、商标等。非法占为己有，是指采用侵吞、窃取、骗取等各种手段将本单位财物化为私有，包括将合法已持有的单位财物视为己物而加以处分、使用、收藏即变持有为所有的行为，如将自己所占有的单位房屋、设备等财产等谎称为自有，标价出售；将所住的单位房屋，过户登记为己有；隐匿保管之物，谎称已被盗窃、遗失、损坏等。还包括先不占有单位财物但利用职务之便而骗取、窃取、侵吞、私分从而转化为私有的行为。不论是先持有而转为己有还是先不持有而采取侵吞、窃取、骗取方法转为己有，只要本质上出于非法占有的目的，并利用了职务之便作出了这种非法占有的意思表示，达到了数额较大的标准，即可构成本罪。值得注意的是，行为人对本单位财物的非法侵占一旦开始，便处于继续状态，但这只是非法所有状态结果的继续，并非本罪的侵占行为的继续。侵占行为的完成，则应视为既遂。至于未遂，则应视侵占行为是否完成而定，如果没有完成，则应以未遂论处，如财会人员故意将某笔收款不入账，但未来得及结账就被发现，则应以本罪未遂论处。

（3）必须达到数额较大的程度。如果仅有非法侵占公司、企业及其他单位财物的行为，但没有达到数额较大的标准，则不能构成本罪。至于数额较大的起点数额，参照《最高人民法院、最高人民检察院关于办理贪污贿赂刑事案件适用法律若干问题的解释》规定，关于职务侵占罪的立案标准为六万元以上为数额较大，一百万元以上为数额巨大。

3. 犯罪主体要件

本罪主体为特殊主体，包括公司、企业或者其他单位的人员。具体是指三种不同身份的自然人，一是股份有限公司、有限责任公司的董事、监事，这些董事、监事必须不具有国家工作人员身份，他们是公司的实际领导者，具有一定的职权，当然可以成为本罪的主体。二是上述公司的人员，是指除公司董事、监事之外的经理、部门负责人和其他一般职员和工人。这些经理、部门负责人以及职员也必须不具有国家工作人员身份，他们或有特定的职权，或因从事一定的工作，可以利用职权或工作之便侵占公司的财物而成为本罪的主体。三是上述公司以外企业或者其他单位的人员，是指集体性质企业、私营企业、外商独资企业的职工，国有企业、公司、中外合资、中外合作企业等中不具有国家工作人员身份的所有职工。综上，凡具有国家工作人员身份的人员，利用职务或者工作上的便利，侵占本单位的财物的，应依照《刑法》第382条、第383条关于贪污罪的规定处罚，不具有国家工作人员身份的，利用职务上的便利，侵占本单位财物，则按本罪论处。这里所说的"国家工作人员"是指在国有公司、企业或者其他公司、企业中行使管理职权，并具有国家工作人员身份的人员，包括受国有公司、国有企业委派或者聘请，作为国有公司、国有企业代表，在中外合资、合作、股份制公司、企业等非国有公司企业中，行使管理职权，并具有国家工作人员身份的人员。具有国家工作人员身份的人，不能成为本罪的主体。

4. 犯罪主观要件

本罪在主观方面是直接故意，且具有非法占有公司、企业或其他单位财物的目的。即行为人妄图在经济上取得对本单位财物的占有、收益、处分的权利。至于是否已经取得或行使了这些权利，并不影响犯罪的构成。

（二）量刑基准

犯本罪的，最高人民法院《量刑指导意见（试行）》规定：

1. 构成职务侵占罪的，可以根据下列不同情形在相应的幅度内确定量刑起点：

①达到数额较大起点的，可以在三个月拘役至一年有期徒刑幅度内确定量刑起点。

②达到数额巨大起点的，可以在五年至六年有期徒刑幅度内确定量刑起点。

2. 在量刑起点的基础上，可以根据职务侵占数额等其他影响犯罪构成的犯罪事实增加刑罚量，确定基准刑。

三、S 公司打造"互联网+"时代的廉洁合规体系

公司创始人兼 CEO 说："S 公司是新时代的产物，廉洁是这个时代最大的红利。"伴随着企业业务量和规模的迅猛扩张，S 公司廉洁体系建设也不断完善和优化，深度融入业务发展进程和公司治理脉络。2019 年公司上市，对企业廉洁治理既是挑战，更是机遇。一方面，企业面临供给端升级、业态不断丰富、规模急剧增长带来的诸多挑战，规范化发展的要求进一步提升，必须打造有序化、健康化、可持续的发展路径。因而，构建与业务发展和公司治理相匹配、相适应的廉洁体系至关重要。另一方面，在新的发展阶段，单点式管理措施、人工化核查手段难以适应企业的发展需要，廉洁体系的升级需要实现更加高效、精准的目标。因而，必须全面布局数字化平台建设，信息流、货品流、现金流均可在信息技术的辅助下实现真正的透明，这也为 S 公司全链条云廉洁体系建设提供了数字化机遇。

在此背景下，S 公司提出廉洁的全新使命——"让廉洁捍卫真实"；提出廉洁核心价值理念——"聚焦核心价值观，建立严密监察网络"，提出推动企业廉洁治理体系再创新再升级。

第一阶段：廉洁体系初创和综合创新阶段（2012-2018 年）

致力于推动"互联网+"时代的预防端廉洁文化的打造和宣导。第一步：（2012-2014 年）积极探索，将廉洁文化作为企业发展基石写入"S 公司家规"。第二步：（2015-2016 年）聚

力成长，成立"S公司廉署"，专司廉洁建设；完善制度，初建廉洁培训、监督、调查和宣传体系。第三步：（2017-2018年）深化发展，优化各个风险节点监督，形成闭环管理系统；明确"四严"要求，建立数字化监察体系。

第二阶段：廉洁体系再创新、再提升阶段（2019-2020年）

致力于打造全链条云廉洁体系，从侧重于预防端转向预防与监察并重，实现廉洁体系升级。2019年，着力推动组织变革，S公司专职廉洁事务的部门S公司廉署并入CEO总参办，正式更新为廉洁部，构建起符合廉洁业务发展要求的组织架构，廉洁部增设合规监察组；打造云廉洁系统，遵循"廉洁与业务融合"的目标方向，开展分板块监察网络布局，借助数字化手段进一步规范业务流程和行为准则。

S公司将廉洁工作根植于业务，在实践中不断摸索，聚力"不能腐、不敢腐、不想腐"的理念，通过创新廉洁文化宣教路径、全面布局廉洁监察体系、提升廉洁调查问责力度，共同筑牢廉洁合规的三条防线，将廉洁合规当作一件产品打造。

（一）文化建设

S公司于2019年提出自己新的廉洁使命："让廉洁捍卫真实；以严密监察行动促进个体廉洁从业行为的落实。"前者基于S公司文化价值观的静态定位，后者基于当前阶段廉洁监察的核心动态定位。聚力"不想腐"，创新廉洁文化宣教路径，筑牢第一道防线。廉洁部下设生态关系组负责S公司廉洁文化的培训和宣传，对内针对员工端，对外针对伙伴端建立事前的预防体系，建立共同认知，通过在预防端为相关人员接种"廉洁疫苗"，强化了内部员工和外部伙伴对廉洁文化的心理认同，打造了廉洁、真实的商务环境。一方面，开展形式多样的廉洁文化活动，通过520"爱廉周"、1210文娱活动等活动的举办，将廉洁文化宣传仪式化、日常化。另一方面，设计制作丰富多彩的廉洁文化产品，依托自身的专业化能力，S公司还开发了大量廉洁文化周边产品、文化宣传阵地，如廉洁漫画、廉洁日历、手机壳、玩偶、廉洁侠吉祥物、廉洁香薰、S公司廉洁展厅等，让廉洁文化融入到员工和合作伙伴的生活中。同时，为进一步提升全员文化的认知度，继廉洁奖惩结果纳入绩效考核、廉洁文化成为文化力中重要评估参考之后，廉洁部在S公司大学廉洁学院落地之际，推出"星河同盟"主题培训项目，以"分级赋能——盟友两学一做"为目标，以全体S公司员工为宣教对象，按月度频率，加强廉洁培训宣导力度，促进全员廉洁惯性的养成，提升廉洁荣誉感和羞耻感。（星河同盟寓意：期望与各部门共同点亮廉洁星光，将廉洁力量汇聚成河。）

（二）培训建设

针对员工端，S公司从多个维度发力，做好内部廉洁文化培训工作。一是做好新员工的廉洁培训，廉洁文化作为新入职员工的必修课，纳入转正入岗考核的重要内容，从源头构建起员工的廉洁意识。二是做好泛廉洁人员专项培训，构建相关人员的标准意识。岗位职责上具有廉洁风险的员工被列为泛廉洁人员，是廉洁部的重点监察对象。三是做好问题人员的回炉培训，强化执行管理。如果监察过程中发现有员工屡次出现廉洁问题，则需要开展再教育再培训，让廉洁文化体系真正入脑入心，执行到位。四是做好预防腐败队伍的建设，培育廉洁文化标兵。面向全体员工，招募廉洁文化讲师，配发讲师津贴，发动员工做培训。

针对客户端，S 公司将廉洁文化的培训工作落实到位，通过向合作伙伴传递廉洁理念，统一内外部认知差异。一是针对有合作意向的伙伴，在洽谈前需通过内部云廉洁系统线上发送的方式开展首轮系统培训，让伙伴知晓并认同 S 公司廉洁的基础规则。二是针对到访 S 公司的伙伴，在正式洽谈前需开展现场廉洁培训，考核合格后才能进入下一阶段合作，为伙伴建立更加完整的 S 公司廉洁文化认知。三是在正式的业务洽谈前，向伙伴宣读廉洁 5P 令，从饮食、住宿、娱乐、礼品和关联交易五个方面的细节入手，明确合作中的商务对接规范。

（三）廉洁合规制度体系

廉洁制度体系是 S 公司廉洁文化的重要基础，也是展开廉洁治理的有效抓手，自 2013 年创始人亲自编写 S 公司家规十一条，奠定 S 公司内部文化基因以来，廉洁部陆续在行为规范、奖惩细则、监察管理、举报管理等维度明确规定，设置文化红线。通过宣教动作不断强化全生态的文化认知，形成规则意识，促进规范养成。同时管理规范也引导合作双方将文化与业务充分融合，凝聚廉洁共识。

（四）廉洁合规监察体系

推进组织架构调整，CEO 总参办下设廉洁部，廉洁部下设业务监察组，负责对事中环节重点风险业务板块的监督，在廉洁数字化建设的助力下，围绕廉洁风险事项展开过程管理，提升廉洁规范的执行率。

1. 完善基础监察，全力打造廉洁监察信息库和工具箱。信息库建设主要是完成泛廉洁人员的筛选入库，通过考核信息、岗位信息、伙伴信息等综合识别监察对象，实现目标锁定。工具箱也是完善基础监察的重要一环，它包括 S 公司廉洁相关的制度要求，如廉洁规则和奖惩办法，也包括廉洁监察操作和实施细则类的手册，还包括一些监察模型，通过信息化平台实现监察行为的提质增效。

2. 做实行为监察，实现重要行为无死角监督。对泛廉洁人员日常工作中"三个凡是""廉洁 5P 令"等制度的执行情况进行跟踪监察，将伙伴开发、伙伴来访对接、出差/外出对接等环节的监察工作由月清改为日清，建立长效监察机制，并定期公布监察信息，精准触达关联部门及人员，对廉洁制度执行不规范的行为进行公示和处罚，提升监察结果的价值。

3. 建立风险监察，有的放矢匹配监察资源提升监察质效。做好风险评级，围绕风险流程、风险岗位人群及合作伙伴三个维度开展，根据不同风险等级匹配监察资源。做好风险预警，形成设定预警逻辑、系统预警埋点、系统预警推送、预警后续管理的完整闭环。做好风险核查，帮助业务部门及时止损和处理风险问题。

（五）推动廉洁合规建设数字化

建立起与企业业务规模和发展进程相适应的廉洁治理数字化平台是客观需求，也是主动作为。借助数字化平台云廉洁系统，深入不同业务板块，以风险人员为坐标，以业务逻辑为主线，促进廉洁体系与业务发展的深度融合，撬动宣教和调查防线的廉洁工作。针对伙伴端的 S 公司云造 App 和针对员工端的出差监察系统 S 公司廉行 App 已趋于完善。以云廉洁系统为基础，实现廉洁基本流程在线化，廉洁资源共享共创。围绕 S 公司发展战略规划纲要中提出的"廉政与业务融合"，逐步将业务对接数据等接入云廉洁系统，基本实现业务对接链条可追溯，业务情景透明化。

（六）积极构建对外交流平台

S 公司联合当地检察院成立检企合作平台——S 公司检署，这是全国该行业首个检企共建的廉洁工作站，为探索检企廉洁共建的新思路新方案提供了鲜活的案例。双方已组织交流及培训、宣教、廉洁活动十余次，根据各自优势合作设计制作针对非公企业的防贪锦囊。S 公司还与当地公安机关建立了以服务经济发展为中心，以安全监管为核心的"一企一警"工作机制，建设集教育、预防、服务、活动、研究、推广于一体的合作平台。S 公司又与当地法院正式签约共建协议，实现"公检法企"顺利会师。

四、延伸阅读

关于反贿赂合规，目前国际上已形成了多个理论对其成因进行解释。其中较为知名的理论包括：GONE 理论，商业贿赂的成因包括贪婪（greed）、机会（opportunity）、需求（need）、暴露（exposure）。风险因子理论，商业贿赂的成因包括个别风险因子和一般风险因子，其中个别风险因子包括道德品质和动机；一般风险因子包括机会、发现可能性、惩罚的性质和程度。冰山理论，商业贿赂的成因包括"露出水面"的问题，即组织管理问题，以及潜"藏在水面下"的问题，即主观化、个性化的问题。

反贿赂合规常见的风险领域及应对措施包括：

（一）企业礼品涉嫌行贿。其基本原则在于禁止以企业名义或在与企业有关联的情况下，为了对接收方造成不当影响而赠送礼品。其核心控制点在于市场价值。企业一般应在行为守则中对礼品的市场价值进行规定。但市场价值并非安全阀，常见的考虑因素还应包括向同一接受者送礼的频次、礼品给人的印象、接受者的身份、赠送礼品的时间点等。

（二）招待活动涉嫌行贿。邀请活动包括接送、交通、餐饮、娱乐、住宿等。招待活动包括邀请和提供，但有些情况下邀请本身即构成招待。招待的控制措施包括：目的控制，即为了被招待方更好地了解本企业的经营状况、生产能力、产品和服务特征；不能为被招待方家属支付费用；招待过程中不得支付现金补贴；交通协助、住宿不得超过本企业为员工提供的同等待遇；餐饮避免过于奢华；娱乐活动不应安排不妥当内容等。

（三）样品涉嫌行贿。样品的目的在于实现测试本身的目的，与样品相关的行贿常发生于测试对象的选择上，其管控应对包括：区分测试品和礼品，进行分别管理，就测试的对象选择设立明确的标准，对测试品的申请、协议签订、领用、发放、反馈征集、回收和处理的流程进行管控，并设定"红旗信号"等。

（四）公益赞助和慈善捐助涉嫌行贿。公益赞助和慈善捐助的目的在于帮助企业维护良好声誉。其常见风险为第三方提议或者要求企业进行赞助或捐助，赞助或捐助是给予受赞助或捐助方对本企业有利的行为或承诺，其应对措施包括：明确流程，保留完整记录，设定专门基金并统一接受申请。

（五）人事聘用。其常见风险包括在选人用人问题上因人设岗，或招聘过程中存在不公平现象，影响人力管理秩序，造成其他员工的不公平感，对员工整体的士气和业绩考核机制造成不利影响。其应对措施包括：避免因人设岗；人力资源团队在招聘中应客观评价候选人情况与岗位要求之间的契合度，避免考虑无关因素。可以适时请专业合规团队对整个招聘团队进行评估。

（六）业务伙伴行贿风险。其是指业务伙伴（外包服务商）的行贿给企业正常经营的持续性和声誉带来影响，且外包服务商行为不能免除企业责任。其应对措施包括：协议管理，对业务伙伴进行反贿赂业务调查、反贿赂合规审计、业务人员培训等。此外，常见的风险还包括佣金、回扣行贿风险，行业相关行贿风险，业绩压力导致的行贿风险等。

随着各国目前逐渐通过国内立法的方式加强对商业贿赂的规制，越来越多的国家注重本国之外发生的贿赂行为。不少国家的立法均具有域外效力。我国企业在国际化的过程中尤其需要关注可能产生关联国家的反贿赂相关立法。以英国《反贿赂法》为例，在英国注册、在英国有分支机构、在英国经营业务、在英国某个证券交易所上市、聘请英国居民、通过一个英国账户收受贿赂、资助英国的活动均可能导致域外企业受到英国《反贿赂法》的管辖。

  我国企业大多通过制定《反贿赂合规手册》的方式对商业贿赂行为进行内部规制。例如，某知名科技企业 Z 公司 2020 年版本的《反贿赂合规手册》包括了来自总裁的一封信、《反贿赂合规手册》声明、如何使用该手册、反贿赂概述反贿赂管理体系、如何管理具体业务中的贿赂风险、会计与记录管理、纪律处分、咨询与举报几个部分。其中，在具体业务中的"贿赂风险"一章中，其规范了礼品及款待、提供外部差旅、客户培训、商业伙伴、采购交易、经销商销售业务、商业赞助、公益赞助、雇佣、并购及合资以及其他几个部分。

第六章

金 融 合 规

> 本章针对金融合规领域的专项案例进行了研究。金融风险包括信用风险、流动风险、支付风险、市场风险和操作风险，具有不确定性、相关性、高杠杆性和传染性的特征。通过本章的学习，学员应明确金融领域违规可能导致的法律制裁、行政处罚、重大财务损失和声誉损失等后果；掌握合规管理要素在金融合规领域的应用；重点掌握金融机构在市场准入、股权管理、关联交易、信息披露、市场行为等领域的风险管理；了解银行、保险、证券等金融机构的重要指标体系，重点掌握反洗钱合规管理的相关规范和管制措施。

理论综述

国内外合规建设都从金融业起步，主要原因在于金融业是收益与风险高度集中的行业。融通货币资金、拓展市场主体信用、调动分配社会财富资源，金融业的这些功能提高了社会资源的利用效率，也汇聚了社会的大量财富。而金融业的高杠杆和高关联性使得其风险具有传染性和破坏力，一旦爆发，损害范围可能会超出具体项目、企业或机构。因此，合规作为一种加强监管、控制风险的手段，被优先应用于金融业。世界上最早的合规为美国银行业在19世纪三四十年代建立的包含合规理念的部分法规。我国的合规概念最早出现在21世纪初的银行业金融领域。2006年原中国银监会发布了《商业银行合规管理指引》，随后，原中国保监会、中国证监会先后发布了《保险公司合规管理办法》《证券公司和证券投资基金管理公司合规管理办法》，由此以银行、保险、证券业为代表的我国金融合规管理体系基本形成。金融机构的合规体系建设除遵守总则提出的十三个合规要素外，还应特别注意在分支机构所在地设立合规职能岗位。同时，金融机构一般应按照业务线及基本功能设置合规团队，具体包括反洗钱或反金融犯罪、合规咨询、合规检查、合规运营保障等团队。金融机构的合规风险主要集中于金融机构在市场准入、股权管理、关联交易、信息披露、市场行为等领域。此外，金融机构还需就其指标体系进行合规管理。银行业的指标体系主要基于《巴塞尔新资本协议》提出的信用风险、操作风险、市场风险三大风险，提出了最低资本要求、外部监管和市场约束三大支柱。保险业同样借鉴巴塞尔协议提出的"三支柱体系"，设定了中国第二代偿付能力监管制度体系，对保险公司的偿付能力设定了达标值规定。其监管指标包括核心偿付能力充足率、综合偿付能力充足率和风险综合评级。证券公司关于资本管理适用《证券公司风险控制指标管理办法》，明确证券公司的资本由核心净资本和附属净资本构成，以净资本和流动性为核心，强调流动性监管和压力测试。

金融合规中应尤其注重反洗钱合规。反洗钱立法的起源为美国国会 1970 年通过的《银行保密法》。我国 2007 年施行的《反洗钱法》将通过各种方式掩饰、隐瞒毒品犯罪、黑社会性质的组织犯罪、恐怖活动犯罪、走私犯罪、贪污贿赂犯罪、破坏金融秩序犯罪、金融诈骗犯罪所得及其收益的来源和性质的活动认定为洗钱活动。反洗钱的合规管理包括反洗钱制度建设、客户禁止调查、反洗钱资料保存管理等。

随着金融科技爆发式发展和颠覆式创新环境的出现，金融风险高关联性和传染性以及新业态下的隐蔽性和突发性，都极易产生不可预期的重大风险。因此，应进一步加强金融领域合规建设和监管，在金融高水平开放的同时构筑与更高开放水平相适应的全面合规管理体系。

案例一：中国某银行反洗钱管理不合规在意大利被罚

一、案例情况介绍

2015 年 6 月，意大利检察部门指控中国某银行境外分行涉及 45 亿欧元（约合 332 亿元人民币）洗黑钱案件。该银行于 2017 年同意支付 60 万欧元的罚金，就该行境外分行的洗钱案达成庭外和解。

据报道，在案件达成和解后，意大利法院还判决该银行涉案员工有期徒刑。除 60 万欧元（约合 437 万元人民币）罚款外，法院还判决该银行上缴 98 万欧元（约合 713.8 万元人民币）收入。不过，该银行称这些收入是通过合法途径获得。

该银行还通过电子邮件发表声明，称和解是为了避免冗长的官司，同时也能让该境外分行可以集中精力拓展业务；该银行同时强调，该境外分行一直遵守国家和国际相关规定。

意大利检察部门关于此案的正式调查在 2008 年启动，针对在意大利托斯卡纳地区影响力越来越大的犯罪团伙，检察官们提出了多项罪名，包括洗钱和逃税。调查人员说，资金通过一家现已停业的转账公司在几个意大利城市的办事机构汇出，这些资金包括造假、贪污、非法剥削劳工以及逃税等犯罪所得。据该文件称，在 2006 年到 2010 年间，通过这家汇款公司从意大利汇出的资金超过 45 亿欧元，其中有 22 亿欧元是经由该银行境外分行汇出。报道称，该银行对其于调查期间在境外分行工作的人员负有监管责任。

针对遭意大利检察部门调查一事，该银行 2015 年 6 月发布公告称，事件缘于该银行境外分行于 2012 年收到意大利司法机构的通知。并表示，其始终坚持依法合规经营，要求各海内外机构严格遵守中国及经营所在地国家或地区的监管规定。在反洗钱方面，其不断完善反洗钱管理和防控制度，积极履行法定的尽职调查、可疑交易的监控和举报等反洗钱义务和责任，持续提升反洗钱风险管理能力。

2017 年 2 月，中国人民银行召开反洗钱工作会议，强调进一步完善反洗钱制度体系，全力推进接受反洗钱金融行动特别工作组（Financial Action Task Force，FATF）互评估工作，不断拓展和深化反洗钱国际合作，突出防范风险为本，加强反洗钱监管，提升反洗钱监管有效性。①

二、合规义务识别

（一）国外反洗钱监管呈现法律法规更完善、处罚更严厉的态势。

1. 美国

在美国反洗钱法律体系中，最为核心的法律是 1970 年出台的《银行保密法》（Bank Secrecy Act）和 2001 年出台的《爱国者法案》（Uniting and Strengthening Americaby Providing Appropriate Tools Required to Intercept and Obstruct Terrorism Act of 2001，USA Patriot Act）。美国《银行保密法》是最早将洗钱行为界定为犯罪的立法，其立法目的是遏制使用秘密的外国银行账户，并通过要求受监管机构提交报告和保存记录的方式来识别进出美国或存入金融机构的货币和金融工具的来源、数量及流通，从而为执法部门提供审计线索。该法案要求银行：（1）对超过 10000 美元的现金交易须提交货币交易报告；（2）正确识别交易行为人的身份；（3）以书面形式保存适当的金融交易记录。

美国《爱国者法案》确立了长臂管辖，建立了覆盖全球的反洗钱监管体系，只要美国认为某一外国人或外国金融机构参与了洗钱活动，即使该机构在美国没有分支机构，也会受到

---

① 参见中国某银行官网。

美国的制裁。美国财政部金融犯罪执法网络（The Financial Crimes Enforcement Network，FinCEN）依照美国《爱国者法案》的要求，于2001年成为美国财政部下属机构。FinCEN是美国反洗钱监管体系的核心，是串联各个执法部门的中心节点，确保反洗钱工作的数据收集、共享、应用，协调反洗钱监管活动，在整个反洗钱监管体系中发挥着核心枢纽作用。

2. 欧盟

2021年7月20日，欧盟公布了关于反洗钱和反恐怖融资的"一揽子"立法计划，其中第4项建议明确将修订2015年发布的《资金转移条例》，将加密资产服务提供商纳入反洗钱监管范围。此外，2022年10月10日，欧洲议会委员会通过了《加密资产市场监管法案》（亦称《MiCA法案》），是欧盟颁布的首个统一加密资产市场监管法规，不仅明确建立起对加密资产和加密资产服务商的监管框架，同时也为世界各国的加密资产市场立法起到示范作用，推动全球加密资产市场进一步规范化。

3. 反洗钱国际合作

FATF是1989年在巴黎成立的政府间国际组织，目前在全球已有39个成员，其制定的反洗钱40项建议（简称FATF40项建议）和反恐融资9项建议是国际反洗钱和反恐怖融资领域的最权威文件。FATF成员也加大了本国跨境银行的反洗钱管制力度，开展所谓的反洗钱调查。

（二）我国反洗钱监管步调与国际整体趋势基本保持一致。

2019年4月，FATF公布《中国反洗钱和反恐怖融资互评估报告》（以下简称FATF报告）。FATF报告在充分认可近年来中国在反洗钱和反恐怖融资工作方面取得的积极进展的同时，也指出反洗钱工作存在一些问题。例如，洗钱罪所处罚的行为未包含其他国际上公认的洗钱行为，反洗钱的处罚力度仍有待提高，针对特定非金融行业、互联网金融行业监管存在缺陷，针对受益所有人的监管有待加强等。2018年反洗钱金融行动工作组对我国进行第四轮评估后，愈发受到司法部门和金融监管部门重视。2021年《刑法修正案（十一）》对刑法中洗钱罪的内容进行了修改，中国人民银行、银保监会、证监会、证券业协会也就反洗钱问题颁布了相关监管规则。

2022年1月6日，中国人民银行、公安部等11个部门联合印发《打击治理洗钱违法犯罪三年行动计划（2022—2024年）》，明确开展为期三年的打击治理洗钱违法犯罪行动，该行动不仅体现了监管部门对着重打击洗钱犯罪行为、加大反洗钱反恐怖融资监管力度的决心，也表明与反洗钱违法犯罪行为之间的斗争是具有长期性、持续性和负责性特征的。对于反洗钱的重点领域，金融机构等企业将面临更加严格的刑事合规风险，企业刑事合规治理应加快由"规则为本"向"风险为本"的转变。

三、合规要点解读

结合《中国银保监会办公厅关于加强中资商业银行境外机构合规管理长效机制建设的指导意见》（银保监办发〔2019〕13号），针对在境外设有经营性机构的我国商业银行如何进一步建设健全跨境合规管理机制，所应承担的具体工作汇总如下：

（一）健全合规责任机制

1. 明确各层级主要负责人的责任。董事会对经营活动的合规性负最终责任。监事会应对董事会和高级管理层合规管理职责的履职情况负监督责任。高级管理层应制定和执行合规政策，识别主要合规风险，审核批准合规风险管理计划。总部主要负责人应承担集团合规管理的首要责任。各业务条线和境外机构主要负责人应承担本条线和本机构合规经营的首要责任。

2. 明确总部各部门条线管理和监督责任。各业务条线管理部门承担本条线合规经营的主要管理责任，按照有关权限对境外机构开展检查。内部审计部门应承担境外合规管理适当性和有效性的审计评价责任。

3. 落实整改责任。总部应承担起制定系统性整改计划和完善合规管理长效机制的责任。各业务条线和境外机构要把合规经营和问题整改有机结合起来，有效承担具体问题的整改落实责任。

4. 严格违规问责。总部应指导境外机构加快制定完善违规问责处理办法，明确问责依据、标准和流程。

（二）优化合规管控机制

1. 动态优化境外发展战略。总部应结合国别环境、金融监管等因素，持续监控境外机构发展状况，前瞻审慎地识别、评估和应对各类风险，适时优化境外发展战略。

2. 健全合规制度流程。总部及境外机构应充分了解东道国（地区）法律法规和监管要求，梳理、更新和优化反洗钱、反恐怖融资等重点领域的制度，实现合规管理对业务领域、操作流程的全覆盖。

3. 强化业务及产品合规审查和风险监测。提高境外机构相关产品和业务合规审查有效性，确保符合东道国（地区）监管要求。总部应采取有效方式加强对境外机构重点业务领域的合规风险监测。

（三）改进合规履职机制

1. 前移跨境合规风险管控关口。压实一道防线识别、评估、监测、报告、控制或缓释跨境合规风险的直接责任。提高对客户和业务尽职调查的质量，将合规审批嵌入前台业务部门和一线经营主体的业务流程及系统。

2. 提升二道、三道防线的独立性和权威性。充分保障境外机构合规官履职独立性。各级合规管理部门应具备在事前审查、事中审批和事后评价中提出否决意见的权力，有效指导一道防线的合规工作。各级内部审计部门应定期独立评价合规管理职能的履行情况。

3. 强化合规报告。总部合规负责人除向高级管理层报告外，还应加强与董事会、监事会及下设相关委员会的沟通。境外机构合规官除向本机构主要负责人报告外，还应在公司治理框架下加强与上级机构合规管理部门的沟通。

4. 完善问题整改的确认和验证机制。合规管理部门应牵头建立境外机构监管检查发现问题整改跟踪台账，督导问题责任部门（机构）制定切实可行的整改计划。业务部门的整改结果应由上级机构主管部门及本级机构合规管理部门确认。

（四）强化合规保障机制

1. 健全合规资源投入保障机制。境外机构应结合监管要求和本机构特点，优化资源配置，加大合规投入，确保合规管理能力与业务发展相适应。

2. 改进境外机构负责人及重要岗位人员管理。优化境外机构负责人及重要岗位人员选派机制，加强对其履职的全程监督，确保其任职资格持续符合东道国（地区）法律法规和监管要求。

3. 完善合规激励约束机制。强化对境外机构高级管理人员的绩效考核、薪酬延期支付和追索扣回管理。建立境外机构管理人员履职档案和责任追究机制，将合规履职情况与相关人员考核、晋升等挂钩。

4. 加强合规文化培育、人才培养和全员合规能力建设。树立合规是所有员工的共同责任的理念，高层管理人员应率先垂范，增强全体员工的合规意识。建立与跨境合规管理目标相匹配的人力资源管理体系。实现合规培训对全体员工的全覆盖，培训活动应形成书面记录。

5. 强化信息科技系统支持。加快客户尽职调查、反洗钱异常交易监控、制裁名单筛查及监测、监管发现问题整改跟踪等各类合规管理信息系统的建设和应用，根据业务发展需要和监管要求持续优化升级相关系统。

6. 严格外部服务机构管理。加强对律师事务所、会计师事务所、咨询机构、IT服务供应商等境外机构外部服务商的选聘管理，加强外包风险管理，强化服务质量控制，合法有效转化技术成果。

（五）加强监管沟通机制

1. 加强日常监管沟通。总部应加强与境外监管机构的沟通，增进双方理解。境外机构主要负责人应将与东道国（地区）监管机构的主动沟通纳入基本工作职责。

2. 有效回应监管关注事项。总部和境外机构应理解并及时回应监管关注的事项，制定并采取有效改进措施，消除风险隐患。建立健全重大合规风险事件的快速响应和处置机制。

四、银行应加强反洗钱合规风险管理

（一）加快反洗钱合规观念转变。银行要尽快培养正确的反洗钱合规观念，实现从"形式合规"到"实质合规"、从"被动合规"到"主动合规"、从"结果导向"到"风险为本"的转变。

具体而言，银行要努力建设良好的反洗钱合规文化，培养全员的合规意识与合规能力。比如，可以通过专家分享会、内部学习交流会等方式将反洗钱合规理念融入公司文化和经营理念中，贯穿银行经营管理活动的各个方面，营造整体的合规文化氛围。此外，银行管理层应当以身作则，坚决贯彻反洗钱合规理念，承担培育全员合规文化的责任，奠定合规文化总基调。

（二）构建反洗钱组织架构。银行境外机构应该按照当地的监管要求，成立反洗钱领导小组作为决策机构，由管理层及各部门共同商议决策反洗钱重要事项，明确各职能部门反洗钱职责，切实建立涉及全员、贯穿全流程的反洗钱合规管理体系。银行内部应当建立"三道防线"共同控制风险。

业务部门是反洗钱的"第一道防线"，负责客户的尽职调查，从源头上发现客户异常情况，防止洗钱分子进入银行系统。合规部门是反洗钱的"第二道防线"，负责业务的反洗钱监控、检查，如果发现可疑交易立即报送监管或金融情报中心。审计部门是反洗钱的"第三道防线"，负责对银行反洗钱管理及业务进行审计，定期审查反洗钱内部操作规程的健全性和有效性，并及时修改和完善。

（三）梳理经营所在地的反洗钱合规要求。对海外机构来说，当地监管、当地法律无疑是必须遵守的立身之本，是开展业务的基础。银行海外分行了解经营所在地国家法律、地区性监管规定及世界性文件是其建立反洗钱合规制度、进行自我合规管理的前提。

各国对当地银行反洗钱的有关法律规定一般体现在其银行法、反洗钱法、刑法等部门法之中，除此以外，还有类似于欧盟反洗钱指令的地区性文件，以及 FATF 制定的反洗钱四十项建议和反恐融资九项特别建议等世界性反洗钱权威文件。银行需要尽早梳理并动态跟进业务所在法域的反洗钱合规要求，准确掌握监管当局的监管规则，并内化为自身的监管要求并从严从高执行，全面融入东道主国家的金融体系和监管环境。

（四）制定有效的反洗钱制度。银行应该因地制宜，将国内的反洗钱制度与反洗钱系统跟所在法域的监管要求进行充分融合，制定满足当地监管要求的反洗钱工作方案。具体有以下两方面的合规举措：

1. 制定客户身份识别制度。银行境外分支机构要加强"了解你的客户"（Know Your Customer，KYC）以及"了解你的业务"（Know Your Business，KYB）审查，真正掌握客户的经营范围、业务性质、资金流向等各类情况，并依据客户的职业、收入来源、居住地、工作地、商业活动以及与银行交易目的等合理确定客户洗钱风险等级。银行可依托指纹识别，声音识别、人脸识别等生物识别技术来提高客户身份识别的效率和准确性；对客户行为数据进行分析和跟踪，辅之机器深度学习不断迭代优化，生成更加全面的客户画像，预警可疑客户和可疑行为。同时，使用新技术（如分布式记账工具）创建行业可以共享的公用设施，汇总各类参与者的数据，来减轻每个金融机构分别识别和监控同一客户的负担。这种共享模式还有助于提升分析跨机构交易和资金流动关联关系的能力，比如，金融机构可以建立客户信息存储区块链，运用加密技术进行数据传输，实现安全可控的客户反洗钱信息共享。当然，在上述过程中，银行必须建立严格的数据合规保护体系，既充分发挥数据在反洗钱工作中的价值，又避免数据泄露、数据滥用引发新的合规风险。

2. 建立可疑交易报告机制。制定可疑交易报告，既是向监管机构证明有效履行反洗钱义务的有力证据，也是银行验证自身反洗钱合规水平的必备手段。在 KYC 的基础上，银行境外分支机构要建立严密的境外分支机构可疑交易监控系统，制定可疑交易报告内部管理制度、操作规程、交易监测标准，配备专职人员负责可疑交易报告工作，在识别出可疑交易后，及时进行调查和处理，履行可疑交易报告义务，报送至当地监管机构。

（五）建立智能反洗钱合规管理系统。银行可利用新技术实现汇总风险数据、建立风险衡量标准、生成风险监管报告等一系列合规流程的自动化。跟踪和解读监管法规占用合规部门大量的人力物力，使用自然语言和机器学习来解读新旧法规，自动提供差异分析，实时更新监管法规，及时提醒新的执法行动，节省人力物力。比如，英国金融行为管理局（FCA）和英国央行（BOE）为使其法规手册具有"机器可读性"（被机器处理和解读），鼓励机构将其纳入自己的合规系统。一些机构还尝试用新技术将自动合规功能嵌入到日常运营中，在系统采取任何行为之前，对适用条例的遵守情况进行核查。

（六）加强多边交流。银行要积极开展信息交流和互通，加强内外沟通，促进与监管部门和同业的良好关系。具体有以下四方面的合规举措：

1. 加强与境外监管部门的沟通协调，充分了解并积极响应当地反洗钱监管的要求。根据自身反洗钱合规工作情况，积极与境外监管机构交流并寻求指导。在受到境外监管机构的问询或警告时，及时开展整改工作，并将整改进程和整改结果汇报给境外监管机构，避免因屡查不改而导致海外监管部门的执法处罚手段进一步升级。

2. 加强境外分支机构与总行双向交流。银行境外分支机构要定期将反洗钱合规情况汇报给总行相应的管理部门和高级管理层，确保反洗钱合规问题得到总行的适当关注。银行总行也要重视境外反洗钱合规问题，对境外分支机构的汇报情况和问题做出及时的回应与指导。银行要避免因内部沟通反馈不畅导致境外反洗钱合规问题长期得不到关注而受到反洗钱制裁。

3. 咨询境外有经验的反洗钱专业人员。银行可以通过招聘，引入当地反洗钱职业人员，以本地监管者的视角监督机构合规运转。此外，还可以合作海外专业培训机构，定期对工作人员进行有效培训，对银行经营所在地反洗钱法律法规、监管体系、调查机制进行深入研究，提升工作人员反洗钱履职能力，培养一支能够准确把握监管规定、密切跟进前沿课题、专业概念清晰的反洗钱人员队伍。

4. 促进同业间反洗钱信息共享。随着金融科技和互联网金融的发展，在跨境交易中实施洗钱行为的隐蔽性和专业性越来越强，银行要密切关注洗钱形势发展的新动向，与金融同业形成良好的协作关系，通过定期与金融同业共同举办反洗钱发展论坛，相互交流反洗钱典型案例，分享反洗钱工作中形成的先进方式方法等，实现与金融同业反洗钱数据库和信息系统的互联互通，增加在银行业反洗钱工作中的参与度。不仅如此，还可以通过与国际银行共同建立国际反洗钱信息交流平台，实现反洗钱信息的共享共用，从而提升银行的反洗钱甄别效率和效果。

五、延伸阅读

实践中，根据金融监管客体的不同，通常采用机构监管和功能监管两种金融监管模式。其中，机构监管是按照金融机构的类型设立监管机构，不同监管机构分别管理各自的金融企业，但某一类别的监管者无权干预其他类型金融企业的业务活动。2009年中国人民银行发布的《金融机构编码规范》对我国金融机构的范围进行了梳理。在金融环境、金融产品、金融服务日趋复杂化，金融新业态不断涌现的情形下，传统的机构监管虽然简单明了，但可能存在监管重复或监管空白的问题。功能监管能够实现跨产品、跨机构、跨市场的协调，更具有连续性和一致性。以下为两种监管模式的图示：

图 6-1 机构监管模式

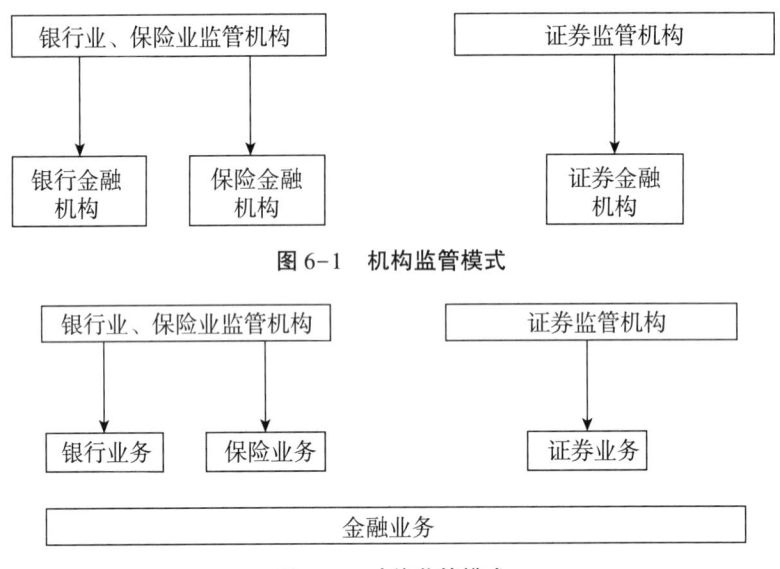

图 6-2 功能监管模式

金融合规的主要领域发生在公司治理、金融机构指标体系和反洗钱合规三大领域。2019年银保监会发布的《银行保险机构公司治理监管评估办法（试行）》指出银行保险机构公司治理监管评估内容包括：党的领导、股东治理、董事会治理、监事会和高管层治理、风险内控、关联交易治理、市场约束、其他利益相关者治理等方面。其中每一个部分都包括了合规性评价、有效性评价和重大事项调降评级三个步骤。其中合规性评价满分100分，主要考查银行保险机构公司治理是否符合法律法规及监管规定，监管部门对相关指标逐项评价打分。一般认为，公司治理领域的金融合规风险主要发生在以下几个领域：（1）市场准入领域。主要包括机构准入、业务准入和高级管理人员准入。对于金融准入，我国采用行政许可主义模式。（2）股权合规领域。其要求金融机构股权管理应做到股东分类与差异化管理、强化股东自治要求以及股权结构穿透管理。（3）关联交易合规。其主要规范性文件包括《商业银行与内部人和股东关联交易管理办法》、《保险公司关联交易管理办法》、《金融控股公司监督管理试行办法》以及相关会计准则和证券交易所规则。关联交易合规管理重点包括关联交易制度建设及穿透性识别、关联交易管理、利用关联交易或内部交易向股东和其他关系人进行利益输送、违反或规避并表管理规定，集团成员间未做到内部风险隔离等。（4）信息披露合规。其实质是金融机构及时公开发布其财务状况、经营活动和风险管理的有关信息，建立多层次的信息披露体系。信息披露应做到内容真实、准确、完整，披露及时，以及简明清晰、通俗易懂。其包括定期披露和重大事项的临时披露。（5）市场行为规范。目前许多金融机构都着手制定了公平待客规范，其内容体系包括战略、业务模式、文化行为相关；客户相关；市场相关和治理监督相关。

金融机构指标体系主要是指以资本充足率为核心的合规管理。其包括巴塞尔协议体系，C-ROSS 体系等，其基本指标均参考了巴塞尔新资本协议提出的最低资本要求、外部监管和市场约束三大支柱。

案例二：美国重罚 B 平台加密货币交易洗钱案

一、案例情况介绍

B 平台在短短八个月内就成为世界上最大的加密货币交易所，其爆炸性的增长归因于低交易费和快速交易的结合。凭借着极快的交易响应速度、50%的交易费用折扣，B 平台在 2022 年年底拥有超过 1.2 亿用户，每天处理价值约 650 亿美元的交易，占市场的 70%。其发行的加密货币按照规模计算为全球第四大加密货币。由于 B 平台专注于加密货币之间的交易，不涉及加密货币的兑现，因此能够在一定程度上避开银行和监管机构的某些规则。

2021 年 3 月开始，B 平台受到美国方面的调查。直到 2023 年 11 月 22 日，美国司法部官网发布消息，运营着全球最大加密货币交易所的 B 平台控股有限公司承认反洗钱不力、参与无证汇款和制裁违规的行为，并同意支付 43 亿美元罚款；同时，B 平台创始人兼首席执行官对涉嫌洗钱的指控认罪，支付 5000 万美元罚款并同意辞职。

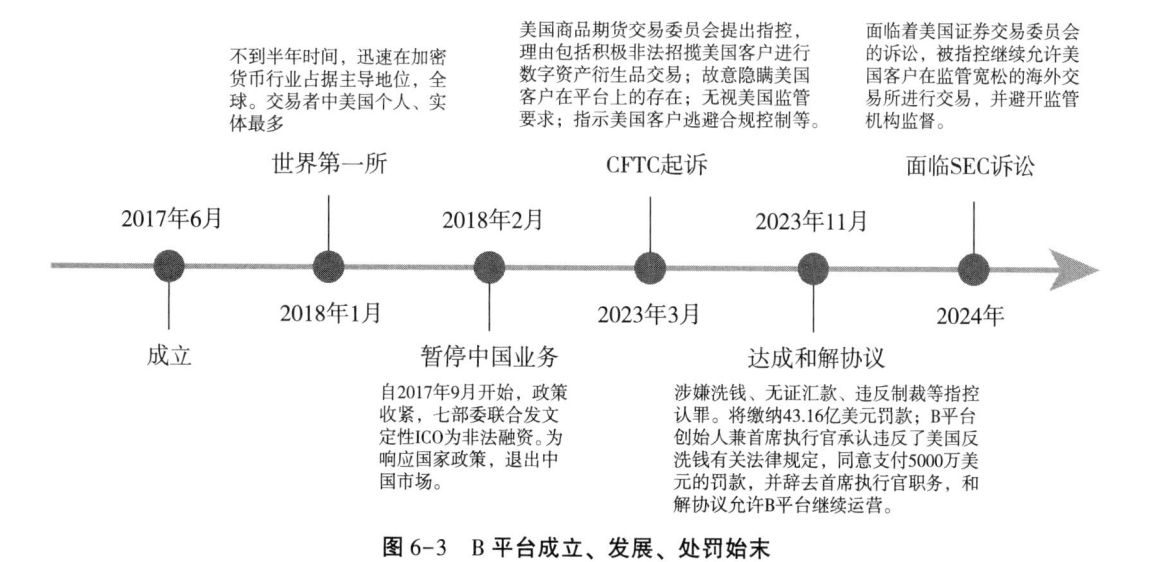

图 6-3　B 平台成立、发展、处罚始末

2017 年 9 月份，央行等七部委定性首次代币发行（Initial Coin Offering, ICO）为非法融资，数字货币价格暴跌，被币圈称为著名的 9.4 时刻。到了 2018 年的 1 月 20 日，央行又下发了《关于开展为非法虚拟货币交易提供支付服务自查整改工作的通知》，要求辖内各法人支付机构开展自查整改工作，严禁为虚拟货币交易提供服务，并采取有效措施防止支付通道用于虚拟货币交易。一周之后，中国互联网金融协会发布《关于防范境外 ICO 与"虚拟货币"交易风险的提示》，告知"根据国家相关管理政策，境内投资者的网络访问渠道、支付渠道等可能会受到影响，投资者将蒙受损失"。

事实上，监管的"铁拳"早已冲向混乱的加密货币市场。2022 年 12 月，全球第二大加密货币交易所 FTX 的创始人因金融诈骗在巴哈马被警方逮捕。FTX 也迅速倒闭，用户大量涌入 B 平台。随着调查的深入，FTX 创始人团队构建的庞氏骗局逐渐浮出水面，FTX 创始人最高可能被判处 115 年的监禁。

2023 年 3 月，美国商品期货交易委员会（CFTC）对 B 平台和其创始人及首席执行官提出指控，理由包括非法招揽美国客户，并直接在 B 平台平台及量化交易公司上进行数字资产衍生品交易。B 平台还违反了相关条款，允许至少两家主要经纪商开设不受 B 平台约束的"子账户"，并允许美国客户使用相关账户在平台上进行交易。CFTC 还进一步发现，被指控人清楚知道美国的监管要求，但选择无视这些要求，并故意隐瞒美国客户在平台上的存在。此外，CFTC 还发现，B 平台创始人和其他高级管理层为客户违反美国法律提供便利，包括指示美国客户逃避合规控制。美国地区法院对 B 平台创始人兼首席执行官个人处以 1.5 亿美元的民事罚款，并勒令 B 平台退还 13.5 亿美元的非法交易费用，还对该公司处以 13.5 亿美元的罚款，合计为 28.5 亿美元。

2023 年 11 月，美国司法部与 B 平台和其创始人及首席执行官达成和解协议。和解协议表明 B 平台对涉嫌洗钱、无证汇款、违反制裁等指控认罪，将缴纳 43.16 亿美元罚款；其创始人及首席执行官承认违反了美国反洗钱有关法律规定，同意支付 5000 万美元的罚款，并辞去首席执行官职务，但和解协议允许 B 平台继续运营。值得一提的是，该协议并不包括美国证券交易委员会的和解。这意味着对其创始人及首席执行官提出的 13 项指控，包括在美国经营非法交易平台、经营未注册的交易所、经纪自营商和清算机构、滥用客户资金、未经登记的证券发行和销售等等行为还在进一步调查审理。时任美国司法部部长梅里克·加兰说："B 平台成为世界上最大的加密货币交易所，部分原因是它犯下的罪行——现在它正在支付美国历史上最大的企业罚款之一。"①

---

① 参见 B 平台官网。

二、合规风险识别

（一）反洗钱合规风险

美国 1970 年《银行保密法》、2001 年《爱国者法案》和 2021 年《反洗钱法》是其反洗钱体系三大支柱，规制了现金走私、美元结算的贸易洗钱、向美国制裁实体提供金融、货物或服务等方方面面。按美国《反洗钱法》，当事人为掩盖非法活动，从美国境外向境内转账，即可构成洗钱罪。美国《爱国者法案》还规定，外国实体洗钱时，交易发生在美国，或在美开设银行账户，美司法即可长臂管辖。而 B 平台涉及的去中心化金融（Decentralized Finance，DeFi）业务，虽然其主要交易以去中心化方式分布进行，B 平台交易所注册在离岸金融地马耳他，但相当一部分美国客户的美元资金在美国境内和 B 平台发生交易，这就使美国具有了管辖权。

也正因为 B 平台未能实施有效的反洗钱计划，非法行为者以各种方式使用 B 平台的交易所，包括进行混淆加密货币来源和所有权的混合服务交易；利用勒索软件变体转移非法收益；以及转移暗网市场交易、交易所黑客和各种与互联网相关的骗局的收益。

（二）贸易合规风险

对于拥有庞大经销体系的企业，也必须了解其经销商所扮演的角色。因为如果企业通过经销商将产品出售给在管制清单上的客户，一样会面临贸易合规的制裁。而 B 平台恰好不断触犯贸易合规的红线。

B 平台明确知道美国制裁法禁止美国人（包括其美国客户）与受美国制裁的客户进行交易，包括伊朗等全面制裁司法管辖区的客户。B 平台有大量来自全面制裁司法管辖区的用户和大量美国用户，其匹配引擎必然会导致美国用户违反美国法律与受制裁司法管辖区的用户进行交易。尽管如此，B 平台为了实现更高的盈利、更快的市场扩张速度和更多的用户，没有实施阻止美国用户与伊朗用户进行交易的控制。由于这种有意放纵，在 2018 年 1 月至 2022 年 5 月期间，B 平台在美国用户和通常居住在伊朗的用户之间造成了超过 8.98 亿美元的交易。

为了逃避美国法律的监管，2019 年，B 平台还公开宣布停止为美国居民提供服务。但事实上，B 平台上不仅仍有活跃的美国人，而且数量相当庞大，美国市场占公司潜在收入的 20% 至 30%。为了留住美国用户，B 平台亲自帮一些美国用户改 IP 地址以显示自己合规，在内部的月度报告里，还特地把美国用户的标签删除，把他们分类为"UNKOWN"（未知）。

（三）资产安全合规风险

B 平台在用户资产的安全保障方面存在不足，如用户资产被盗事件频发。尽管 B 平台采取了一些措施来保护用户资产，但由于其安全机制的不完善，用户资产仍然容易被盗。一些黑客利用 B 平台的安全漏洞，盗取用户资产并导致大量损失。

B 平台在一份声明中承认，公司在合规制度上存在不足。"足够的合规控制，这对正在迅速成长的公司来说是应该的。B 平台在全球范围内以极快的速度增长，这个新的、不断发展的行业正处于监管的早期阶段，B 平台在这一过程中做出了错误的决定。"在巨额盈利面前，优先考虑公司业绩的增长而不是遵守法律。这一错误观点导致 B 平台合规管理形同虚设。

三、去中心化非法金融的监管要点

去中心化金融（Decentralized Finance，DeFi）通过提供开放且无需许可的金融服务而获得了巨大的关注。然而，随着生态系统的发展，监管合规的需求变得更加明显。KYC 和反洗钱（AML）法规是关键的合规措施，旨在防止非法活动并确保金融系统的完整性。

（一）什么是 DeFi

B 平台所从事的 DeFi 服务，通过区块链等去中心化协议构建了开放式金融系统，很长一段时间内，B 平台无需客户提供身份信息，为交易实体提供隐秘性；而且，DeFi 服务可以通过将资产在某区块链兑换成易用的虚拟资产，用跨链桥转移到其他区块链、混币器发送虚拟资产等一系列操作，使金融交易快速倒手，难以追溯。交易者可以规避各国的监管和追踪，这迅速吸引了各方面的注意，形成巨大的灰色地带，这至少包括：

- 缅甸、中东等地的电诈园区，毒枭等犯罪组织可以迅速洗钱；
- 恐怖组织进行融资和洗钱；
- 受到国际/某国单边长臂制裁的国家通过 DeFi 交易获取并调度资金。

B 平台作为 DeFi 最大交易所，可能控制了 1/3 的加密币现货和 1/2 的衍生品交易，在灰色地带中获取了不小的收益。即便受罚后，B 平台仍控制着 650 亿美元的资产。

（二）了解 KYC 和 AML

KYC 法规是一套国际社会为打击金融犯罪、洗钱、恐怖主义资金等不法活动而提出的法规要求。该法规要求金融机构对客户进行身份核实和背景调查，以确保客户身份的真实性和合法性。根据《金融行动工作组 40 条建议》的要求，了解客户原则的审查程序包括：确认直接客户的身份，核实客户身份时使用可靠、独立的文件、数据或资料，确认实际所有权和控制权，核实其客户的实际所有人和/或交易的实际受益人的身份，进行持续的尽职审查和详细审查等。

AML 法规是一套预防和打击洗钱和恐怖主义资金等不法活动的法律框架，其目的是防止犯罪分子将非法获得的资金进行合法化，并遏制不法资金对全球经济体系的冲击。与 KYC 法规相比，AML 法规更注重对不法活动的预防和打击，以及对金融机构和特定行业的监管。因此，金融机构和特定行业需要建立完善的内部控制体系，制定风险评估和监控程序，以确保其业务符合法律法规的要求，并及时报告可疑交易。

在传统金融中，KYC/AML 法规是旨在打击金融犯罪和保护金融体系完整性的监管框架的基石。通过进行 KYC 检查和实施 AML 程序，金融机构可以：

1. 防止洗钱

KYC/AML 措施通过确保金融交易透明和可追踪来帮助识别和阻止洗钱活动。通过验证客户身份和监控交易，可以检测和报告可疑模式。

2. 反恐怖主义融资

KYC/AML 法规对于打击恐怖主义融资至关重要。通过彻底筛查客户和监控交易，金融机构可以识别并报告任何可能与恐怖组织有关的可疑活动。

3. 保护消费者

KYC/AML 法规旨在通过降低欺诈和身份盗窃的风险来保护消费者。通过验证客户的身份，金融机构可以最大限度地减少未经授权的交易机会并保护个人的金融资产。

（三）KYC/AML 与 DeFi 的关系

DeFi 的去中心化和无需许可的性质在实施 KYC/AML 措施时带来了独特的挑战。虽然 DeFi 协议致力于开放访问和匿名，但为了确保生态系统的长期可持续性和合法性，监管合规性变得越来越重要。

1. 集中化入口和出口

许多 DeFi 平台依赖中心化交易所或法币入口/出口服务来促进传统货币向加密货币的转换。这些中介机构须遵守 KYC/AML 法规，并对用户执行必要的身份验证程序。

2. 监管合规举措

一些 DeFi 项目正在积极探索合规解决方案，以弥合 DeFi 的去中心化性质与监管要求之间的差距。这包括开发去中心化身份解决方案以及与外部合规提供商的集成。

3. 监管审查和未来合规性

随着 DeFi 获得主流关注，监管机构开始更加关注该行业。预计将建立更多的监管框架和指南，以期在消费者保护、金融诚信和 DeFi 创新潜力之间取得平衡。

随着 DeFi 的不断发展，挑战在于如何在监管合规性和生态系统的去中心化原则之间取得平衡。虽然中心化的入口/出口和合规举措不断涌现，但 DeFi 中 KYC/AML 的未来可能会涉及去中心化身份解决方案的开发以及与监管机构的合作。

四、域外各国对 DeFi 的相关法律规范

域外各国对加密货币洗钱犯罪制定了各类法律规范，普遍积极预防加密货币洗钱犯罪，要么增设新的法律规范，要么修改原有的法律规范，皆在法律规范层面作出相应调整，为构建反洗钱合规体系奠定基础。

（一）韩国：加密货币纳入监管

韩国《特别金融法》修订案将加密货币交易纳入官方的金融监管范围，将加密货币定义为"虚拟资产"，将加密货币交易所定义为虚拟资产处理机构，推行加密货币交易所牌照制度。

（二）日本：规制交易平台义务

2016 年，日本修改《资金结算法》，开始对虚拟货币等法律进行监管规制。此次修法最大目的为"反洗钱"，监管的对象是虚拟货币交易机构。之后，日本金融厅向国会提交了《资金结算法》及其相关法律修正案，于 2017 年正式实施。此外，日本《犯罪收益转移防止法》第 2 条第 2 款中追加了虚拟货币交换业者，将虚拟货币交易平台列为《犯罪收益转移防止法》中的特定事业者，纳入现有的反洗钱规制体系，使其承担该法中规定由特定事业者承担的相应义务。

（三）欧盟

欧洲中央银行（ECB）与欧洲银行管理局（EBA）对欧盟境内的银行业实施双重监管，2018 年 6 月，欧盟发布了其第五项反洗钱指令（欧盟 2018/843），明确数字货币反洗钱的要求。该指令将第 47 条第一款修改为："成员国应确保虚拟货币和法定货币与托管钱包提供商之间的兑换服务提供商得到注册，货币兑换和支票兑现办事处，信托或公司服务提供商获得许可或注册，以及赌博提供者受到监管。"其中"托管钱包提供商"是指提供服务以代表其客户保护私人密钥，持有、存储和转移虚拟货币的实体。加密货币服务提供商是"有义务的实体"，需要由监管机构监督，并受到一系列反洗钱和反恐融资的责任，例如，需要对其业务进行风险评估，对每个客户进行尽职调查等。

（四）泰国：专门立法全流程监管

在泰国，《数字资产法》这一专门立法将数字资产分为加密货币与数字代币，对加密货币交易进行全流程监管。

（五）美国：扩大合规监管范围，形成监管合力

作为世界上最早出现洗钱活动的地区和洗钱犯罪的重灾区，美国自20世纪70年代就开始制定反洗钱法律。经过发展，美国形成了一系列严密的反洗钱法律，主要包括1970年的《银行保密法》、1986年的《洗钱控制法》和2001年的《爱国者法案》等，奠定了美国反洗钱立法的基础框架。

虚拟货币的反洗钱监管遵循美国整体的反洗钱监管法律框架。联邦层面，主要由FinCEN负责虚拟货币的反洗钱监管，联邦其他各监管机构在虚拟货币监管方面进行协作。州政府层面，部分州根据现有的《银行保密法》展开监管，部分州政府则出台了专门针对虚拟货币的监督法案。具体的监管方式包括将虚拟货币交易商纳入受监测范围、增加虚拟货币交易商的反洗钱监测义务，以及严格违反法规的后果。

2017年7月，美国统一州法全国委员会通过了《虚拟货币商业统一监管法》，反洗钱计划包括识别和评估其虚拟货币业务中涉及洗钱的重大风险，设计防范洗钱的程序，提交《银行保密法》《美国联邦法规》等法律规定的反洗钱报告等。美国联邦各监管机构已经开展了虚拟货币方面的协作。FBI与FinCEN等联邦机构也已联合成立了虚拟货币问题工作组，对虚拟货币进行监管。

美国的加密货币反洗钱规制体系，从监管路径上看，注重综合监管、功能性监管，将反洗钱纳入现有的法律体系；从监管内容上看，既有法规规则指令，又有软法性质的示范文本等；从监管机构看，联邦和州政府多部门共同监管，各州监管政策相互独立，呈多元化趋势。

五、我国现有相关法律规范及发展方向

我国采取全面禁止虚拟货币的严格监管态度，并对虚拟货币与区块链技术、私人货币与法定货币加以区分，在禁止虚拟货币同时鼓励区块链和法定数字货币发展。这一监管思路与

我国的内外部环境相契合。

  我国现有法律规范对加密货币和反洗钱犯罪进行了分散规定，尚未形成监管合力。人民银行等七部门于 2017 年 9 月即发布过《关于防范代币发行融资风险的公告》，提出任何组织和个人不得非法从事代币发行融资活动。中国互联网金融协会、中国银行业协会、中国支付清算协会于 2021 年 5 月发布联合公告，明确金融机构、支付机构等不得用虚拟货币为产品和服务定价、承保，或为客户提供虚拟货币登记、交易、清算、支付结算、兑换、存管、衍生金融交易、信托、投资标的等全部服务。2021 年 9 月，中国人民银行、中央网信办、最高人民法院、最高人民检察院等十部门发布《关于进一步防范和处置虚拟货币交易炒作风险的通知》，再次强调虚拟货币不应且不能作为货币在市场上流通使用，虚拟货币相关业务活动（包括境外虚拟货币交易所通过互联网向我国境内居民提供服务）属于非法金融活动，一律严格禁止。在反洗钱犯罪方面，我国主要依据《反洗钱法》，配合刑法上的洗钱罪构建对应的法律规制体系，但是并未针对加密货币进行专门规定。

第七章

HSE（安全、环境、健康）合规

> 通过本章的学习，学员应了解常见的环境保护和企业社会责任合规风险及其后果。需要重点掌握安全生产、环境保护相关合规要求和构建 HSE、社会责任、公司治理合规管理体系的基本原则方法，包括环境管理理论、责任管理理论、遵守或解释规则等。

理论综述

《新时代的中国绿色发展》白皮书指出：我国生态环境的质量持续稳定向好；经济发展的含金量和含绿量显著提升。我们要坚定不移走生态优先、节约集约、绿色低碳发展之路。企业作为法律明确的环境保护的主要责任主体，风险日益增大。环境法律法规变化快、内容繁杂，与全球环境保护的法律法规互动频繁。在此背景下，构建环保合规体系日益成为企业适应新时代高质量发展要求、防范和化解生态环保风险、保障企业健康可持续发展的迫切需求。

企业 HSE，是指企业在制度制定环节、经营决策环节、生产运营环节、市场退出环节等各项活动中，严格执行环境保护法律、法规、规章、规范性文件、政策、技术标准、行业自律规范、企业准则等规定，同时加强检查，及时发现和整改环保违规问题所开展的一系列的工作。对企业而言，环保合规不仅是规避企业风险的重要环节，也是企业向社会与监管机构做出的郑重承诺，环保合规逐渐成为企业社会责任一部分。企业环保合规的要点包括项目前合规管理、项目中合规管理和项目后合规管理。

当前实践中，企业 HSE 的披露标准和执行标准主要援引目前国际通用的 ESG 标准。披露标准包括 GRI 标准、SASB 标准、ISO26000 标准、TCFD 标准、CDP 标准等标准；ESG 的评价主要由第三方机构完成，其中主要的国际评价机构包括 KLD、MSCI、汤森路透、富时罗素、标普道琼斯等,国内评级机构包括商道融绿、社会价值投资联盟、嘉实基金、中央财经大学绿色金融国际研究院、中国证券投资基金业协会、润灵等。

案例一：B公司生产不合规导致墨西哥湾漏油污染案

一、案例情况介绍

B公司是世界最大私营石油和石油化工公司之一。其主要业务是油气勘探开发、炼油、天然气销售和发电、油品零售和运输，以及石油化工产品生产和销售，深水区石油开发经验不丰富。2010年4月，B公司位于墨西哥湾的"深水地平线"钻井平台发生爆炸并引发大火，漏油持续了近3个月，美国路易斯安那州超过160公里的海岸受到原油污染。[①]

美国墨西哥湾原油泄漏事件引起了国际社会的高度关注，时任美国总统奥巴马将此事件称为环保界的"911"事件。B公司将大部分责任推给了油井的所有者Y公司，以及负责油井加固的H公司。而对自己的责任，报告的总结只有简单一句：没有正确解读油井的安全测试结果，没能"防患于未然"。Y公司随即发表声明，指责B公司在油井的设计、施工过程中，作出一系列节省成本的决定，增大事故风险。2015年10月，美国联邦法院判决，认定B公司在墨西哥湾深水地平线钻井平台爆炸及原油泄漏事故中有"重大疏忽"，并最终处以208亿美元的罚款。2015年，B公司与美国濒临墨西哥湾的五个州达成187亿美元的和解协议，以有效终结该事故引发的多年索赔诉讼。

这是一起典型的安全生产合规管理失灵导致的严重事件。事件发生后，B公司一度被禁止从美国政府部门获得任何合同，直至该公司与美国国家环境保护局达成协议提高安全性、运营、道德和公司治理等方面的要求。为防止此类事故再次发生，该公司建立起了一套完整的合规管理体系，让高层的声音（tone from the top）和中层的声音（tone from the middle）都体现在具体的业务决策中，让相互冲突的目标在透明的环境中被放在桌面上讨论，从而使在业务过程中的合规得到重视。

二、安全生产的合规义务依据

国外很多国家并没有"安全生产"的概念，但是以围绕"职业安全""劳动保护"为主要核心价值建立了相关的法律法规体系。

美国联邦层面的涉及安全的法律规范主要分为三个层次：一是基本法，即1971年4月

---

① 参见B公司官网。

28 日生效的《职业安全与健康法》；二是美国职业安全与健康监察局（OSHA）制定的各项标准，主要分为一般类、建筑类、海事类和农业类；三是 OSHA 执法政策与项目管理的内部文件如相关指令和指南，类似于程序性管理规定。

英国职业安全健康法律体系共分为四个层级：第一层级是法律，主要以 1974 年《工作场所职业健康安全法》为核心，《矿山和采石场法》《核设施法》《石油法》《爆炸品法》等其他专门领域法律做补充；第二层级是法规，是在法律的指导下形成的，由国会授权 HSE 制定，具有强制力，如在《工作场所职业健康安全法》条款上制定的《工作场所安全与健康条例》；第三层级是由 HSE 制定经批准实施的准则、标准、规范，主要对如何执行法律，法规上给予合理指导；第四层级为 HSE 制定指南，主要为了帮助企业达到法规设定的目标，属于非法律规定，但应保证执行。

我国政府监管部门对企业安全生产的合规要求日趋严格，修订后的《安全生产法》于 2021 年 9 月 1 日正式实施，处罚力度堪称"史上最严"。《安全生产法》明确提出了"三个必须"，即：管行业必须管安全、管业务必须管安全、管生产经营必须管安全。《安全生产法》进一步压实了生产经营单位的安全生产主体责任：一是建立全员安全生产责任制；二是建立安全风险分级管控机制、重大事故隐患排查及报告制度。

隐患排查治理是《安全生产法》已经确立的重要制度，新修改又补充增加了重大事故隐患排查治理情况要及时向有关部门报告的规定，目的是使生产经营单位在监管部门和本单位职工的双重监督之下，确保隐患排查治理到位。从墨西哥湾石油泄漏事件可以看出，如果 B 公司在过往诸多的工程环节中能够认真地组织开展风险辨识评估并严格落实风险管控措施，应该是有机会防止风险演变为安全事故的。

《安全生产法》加大对违法行为的惩处力度。一是增加了按日计罚制度，生产经营单位违反本法规定，被责令改正且受到罚款处罚，拒不改正的，负有安全生产监督管理职责的部门可以自作出责令改正之日的次日起，按照原处罚数额按日连续处罚，进一步加大了安全生产违法成本。二是罚款的金额更高，发生特别重大事故，情节特别严重、影响特别恶劣的，应急管理部门可以按照罚款数额的 2 倍以上 5 倍以下，对负有责任的生产经营单位处以罚款，最高可至 1 亿元。三是惩戒力度更大，对第三方机构出具虚假报告等严重违法行为，一方面不仅处罚额度大幅增加，另一方面规定五年内不得从事相关工作，情节严重的，实行终身行业和职业禁入。

三、合规要点解读

安全生产和环境保护是企业应该遵守的法定责任，企业必须时刻高度重视并警惕安全和环保方面的潜在隐患，不断完善安全生产合规与环保合规管理体系，尽可能杜绝生产和运营过程中各个环节的危险因素，避免出现事故、导致难以承受的经济、环境甚至政治后果。针对B公司石油泄露事件，可以从安全生产合规、环保合规等领域加以认识。

（一）安全生产合规

墨西哥湾石油泄漏事件充分说明B公司的内部安全合规风险管控措施没有得到足够的重视，因而在关键时刻没能实施到位，正是由于相关人员和管理者思想上不重视，放松了警惕，因此不能及时发现隐患，也不能及时通报来防范风险，更不能容忍的是，竟然为了缩短工期视安全于不顾。

因此，需要特别重视和强调的是，在企业建立的安全生产合规管理体系中，安全生产合规风险管控措施是否能够切实执行是尤为重要的，主要包括两方面，一是企业保证日常安全经营避免发生生产安全事故而采取的管理措施；二是在突发安全生产合规风险事件后，特别是发生安生产安全事故后，企业为降低风险而采取的管理措施，主要是指建立完善的应急管理制度以避免风险的进一步扩大。

结合《安全生产法》，企业在实务中务必重视以下合规管理制度，明确列出详细的合规要求，并切实加强日常的监督工作，确保每一项制度真正地落地执行：（1）安全生产责任制度；（2）安全生产资金投入制度；（3）宣贯与培训制度；（4）安全生产检查与隐患排查治理制度；（5）设备设施安全管理制度；（6）生产安全事故应急管理制度；（7）生产安全事故报告制度；（8）生产安全事故应急救援制度。

（二）环保合规

石油化工产业的发展对环境造成的污染是巨大的，环境污染会导致生态系统失衡，甚至是不可逆的。这就更加要求石油化工企业应当进一步增强环保意识、重视节能减排与可持续发展、提高企业形象并实现长期投资效益，并对操作人员进行环保培训、宣传和考核、努力争取环保优惠政策和资金以实现化工生产与环保的平衡发展。企业环保合规需要在制度制定环节、经营决策环节、项目建设环节、生产运营环节、市场退出环节，严格执行环境保护法律法规，建立和完善企业生产规范和环保制度，加强检查，及时发现和整改环保违规问题所开展的一系列的工作。环保合规管理强调企业领导和管理层要带头合规开展经营活动，提升环保意识，以身作则履行环保合规管理职责。

企业环境合规管理的典型应用场景一般来说有以下几个方面：（1）环境污染防治方面，包括建设项目环境影响评价制度要求、"三同时"要求、排污许可证制度要求、突发环境事件应急制度要求、环境信息公开制度要求等；（2）节能减排方面；（3）清洁生产方面；（4）碳排放交易方面；（5）排污权交易方面；（6）水权交易方面。

依据《环境保护法》，企业环保违法行为的责任非常严厉，违法将会产生以下后果：设备扣押、按日计罚、停业关闭、行政拘留、侵权责任、连带责任及刑事责任。因此，企业环保合规管理的有效实施必须将以下具体工作内容落实到位：（1）实施环境合规目标责任制；（2）建立环境合规管理工作机制；（3）建立环境合规管理的技术监督与支持体系；（4）建立环境合规报告与合规考核评价制度等。

案例二：V公司汽车尾气门案

一、案例情况介绍

2014年5月，美国西弗吉利亚大学一所实验室发布了一项研究报告，称V公司生产的2.0L轻型柴油汽车的氮氧化物排放量明显高于法定排放标准。这一研究报告引起了美国环境保护局的注意，环保部门开始深入调查V公司的尾气排放问题。

2015年9月，美国环境保护局与加州空气资源委员会联合发布公告，称V公司旗下部分产品在美国的排放测试中利用软件控制的方法进行造假，其行为已经对公共健康构成威胁。V公司该行为明显违反了美国《清洁空气法》，同时还面临包括妨害司法公正的多项刑事指控。东窗事发后，V公司面临潮水般的调查和诉讼流程。2016年1月，美国联邦司法部环境和自然资源局的检察官代表美国环境保护局对V公司提起诉讼。起诉书称，V公司销售的近60万辆柴油动力汽车安装了非法的欺诈软件和设备。而V公司及其高管面临的刑事指控主要涉及单位犯罪和自然人犯罪。单位犯罪方面，检察官对V公司提起三项重罪指控，认为它涉嫌共谋罪（Conspiracy）、妨害司法公正罪（Obstruction of Justice）以及申报虚假陈述罪（Entry of Goods by False Statement）。

2016年6月，V公司与美国政府达成第一次和解。这次和解主要解决了涉及50万辆2.0L汽车的诉讼纠纷，争议涉及清洁空气法、健康法、公平竞争法和贸易法等多个领域，和解花费高达147亿美元。同时，V公司也将投入47亿美元用于治理这些问题汽车所造成的污染，并研发绿色汽车技术，这笔资金将采用信托形式管理和使用，V公司会将这笔资金投入一个专门的信托基金，由一个独立的受托人执行和管理。

2017年1月，V公司与美国环境保护署、关税和边境保护局等机构之间达成第三次和解，V公司同意支付14.5亿美元罚款。在这次和解中，美国政府要求V公司建立产品开发和产品合格检测分立制度、内部举报制度、年度环境管理制度、审计报告制度等相关防止欺诈、环境违法行为的制度。V 公司同意全面配合调查，并由独立的企业合规监督员对公司进行至少三年的监督，同时，负有责任的个人被判刑。

二、合规要点分析

在经历了该丑闻事件后，V 公司确立了企业风险管理、内部控制和合规管理体系遵从"三道防线"的原则。这"三道防线"中每道防线的责任落在特定的部门。每道防线有清晰的工作重点。

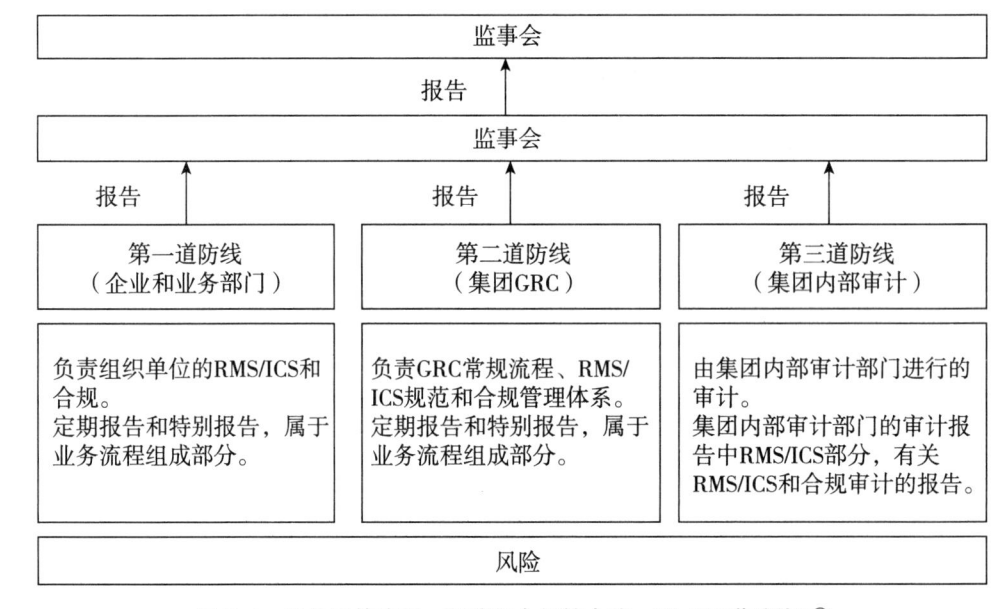

```
                          监事会
                           ↑
                          报告
                           ↑
                          监事会
         ↑                 ↑                 ↑
        报告               报告               报告
   ┌──────────┐      ┌──────────┐      ┌──────────┐
   │ 第一道防线 │      │ 第二道防线 │      │ 第三道防线 │
   │(企业和业务│      │ (集团GRC) │      │(集团内部审计)│
   │  部门)   │      │          │      │          │
   ├──────────┤      ├──────────┤      ├──────────┤
   │负责组织单 │      │负责GRC常规│      │由集团内部 │
   │位的RMS/ICS│      │流程、RMS/ │      │审计部门进行│
   │和合规。   │      │ICS规范和合│      │的审计。   │
   │定期报告和 │      │规管理体系。│      │集团内部审计│
   │特别报告， │      │定期报告和 │      │部门的审计报│
   │属于业务流 │      │特别报告， │      │告中RMS/ICS│
   │程组成部分。│      │属于业务流 │      │部分，有关 │
   │          │      │程组成部分。│      │RMS/ICS和合│
   │          │      │          │      │规审计的报告。│
   └──────────┘      └──────────┘      └──────────┘
                          风险
```

图 7-1　V 公司的治理、风险和合规综合法，即"三道防线"①

"第一道防线"关注 V 公司集团业务部门中的业务风险和应对措施。在这一层面上，业务部门和每个个体都对业务风险管理/内部控制（RMS/ICS）和合规业务行为负责。他们需要遵守相应的合规要求，定期或根据需求向相关管理人员提供报告。V 公司的风控与合规部门建立风控策略和工具，必要时提供帮助来支持各业务部门。

"第二道防线"通过治理、风险与合规（Government, Risk and Compliance, GRC）常规流程，由风控与合规部共同整合与推进风控与合规管理体系建设。GRC 常规流程利用 IT 系统记录集团相关的风险（包括合规风险），并评估风险管理体系/内控体系（RMS/ICS）的有效性。"第二道防线"负责制定标准、测试风险管理体系和内部控制体系的有效性。

---

① 参见 V 公司官网。

"第三道防线"是集团内部审计，着重于监测风险管理体系/内控体系（RMS/ICS）的组织和实施是否有效。

除了完善优化合规管理组织体系，V公司进一步加强了对第三方的诚信调查。V公司与第三方（业务伙伴）合作时合规风险包括：

1. （第三方）被列入制裁或禁运清单；
2. 贿赂和腐败，包括可能引起诉讼的中间商交易；
3. 违反竞争法和反托拉斯法的规定；
4. 有组织犯罪；
5. 违反反洗钱法规。

V公司在与新业务伙伴建立正式合作之前会对其展开诚信度调查，以确保与新业务伙伴建立正式合作之前知晓其任何相关风险。

如果诚信调查结果质疑业务伙伴的诚信，且该业务伙伴无法出具有效证据消除V公司对其诚信经营的疑虑，V公司则不与该企业建立新的业务关系，并终止任何现有的业务关系。

（一）适用性

V公司在与新业务伙伴建立正式合作之前会对其展开诚信度调查。若现有业务合作伙伴自身发生重大变化，且可能对V公司造成损害，V公司也会对其展开诚信度调查（例如，业务合作伙伴出售主要持股、变更法律结构、合并和业务出现大幅异常变化）。若有迹象表明现有的业务合作伙伴缺乏诚信，则应立即对其展开诚信调查。如果业务合作伙伴为公众服务商（如餐饮或公共交通运输服务）则不需要对其进行诚信调查。

（二）职责

业务部门负责遵守、记录诚信调查要求。包括采购部、销售与市场营销部、生产部以及根据V公司内部规则授权许可与第三方建立业务关系的任何其他业务部门。各业务部门应将对其业务合作伙伴的诚信调查纳入其现有的业务伙伴选择和委任流程中。V公司的诚信调查有三种基本手段：

1. 业务合作伙伴合规自我声明；
2. 合规引擎搜索；
3. 第三方背景调查。

在不影响诚信调查的最终目标的前提下，诚信调查手段及流程的形式和范围可根据各业务部门的相关风险要求和相关参数进行调整。V公司"公司治理、风险和合规部"在诚信调查手段设计和执行阶段都可以为业务部门提供帮助、支持。

（三）诚信调查手段

1. 合规自我声明

要求业务合作伙伴提交合规自我声明的目的是帮助V公司与其建立正式业务关系之前，对该业务合作伙伴有充分的了解。以风险为导向的自我声明的具体细节若要做出调整，应与V公司"公司治理、风险和合规部"共同商议。

2. 合规引擎搜索

合规引擎搜索是一个筛选性调查，由V公司集团总部税务和海关部负责。通过系统设置完成业务合作伙伴（企业、个人）与相关国际制裁、禁运名单的比对。

3. 第三方背景调查

第三方机构受V公司委托，通过访问公开资源获取针对某个企业的相关风险信息、企业政治忠诚度、诚信经营记录、企业当前和过往的法院诉讼和判决以及企业核心成员被处罚记录、犯罪记录等。

（四）流程

一般情况下，诚信调查从合规自我声明开始。相关业务部门应向所有业务合作伙伴提出这项要求，并进行报告、评估、记录。

在下列情况下，业务部门应向V公司"公司治理、风险和合规部"寻求帮助：

1. 若自我声明不完整或不明确；

2. 若市场或行业信息表明该业务合作伙伴可能存在合规风险；

3. 若与该业务合作伙伴互动时识别出了潜在合规风险。

若自我声明合理，且不涉及违规事实、没有负面信息，且合规引擎比对结果显示没有制裁、禁运名单匹配项，则可与该业务合作伙伴建立合作关系。否则，应报告V公司"公司治理、风险和合规部"，并要求展开第三方背景调查。如果调查结果质疑业务伙伴的诚信，V公司给业务合作伙伴对调查结果做出回应的机会（书面形式或会议）。若该业务伙伴出具有效证据消除V公司对其诚信经营的疑虑，则可建立业务关系。若该业务伙伴无法出具有效证据消除V公司对其诚信经营的疑虑，V公司则不与该企业建立新的业务关系，并终止任何现有的业务关系。

若诚信调查结果表明V公司员工为预期业务关系的受益者，出现利益冲突，且违反法律/

V 公司的相关规定，则应立即通知内部审计部门，以便采取必要的措施。相关业务部门应记录具体情况。

（五）特别程序

如果有特殊情况，业务部门需事先与 V 公司"公司治理、风险和合规部"协商。

案例三：Z 公司污染事件

一、案例情况介绍

Z 公司依靠低成本采矿技术迅速在行业内崛起，成为国内外知名的金铜矿开采企业。Z 公司采用的开采措施在经济上使成本骤降，让原本没有开采价值的矿石变废为宝，却伴随着大量含有剧毒氯化钠的废水和含重金属的污水的产生。而 Z 公司只关注经济效益却忽视了在环保方面的投入。2010 年 Z 公司某铜矿湿法厂污水池发生渗漏，对周边江河造成污染。

落后的生产工艺为污染事件埋下"祸根"。早在创业初期，Z 公司就将传统上只在北方干旱、平坦地区使用的黄金提炼工艺"堆浸法"引入多雨的当地山区，用氰化钠溶液喷淋破碎后的金矿石，再收集含金溶液提炼黄金。这一黄金提取工艺让原本没有太多开采价值的低品位矿具备了开采价值，但这一优势的创造却是以牺牲环境为代价的。

二、合规义务来源

我国 HSE 法律法规主要包括《宪法》、《刑法》、《环境保护法》及其他司法解释和地方性法规。

（一）《宪法》第 9 条、第 42 条

《宪法》第 9 条规定：矿藏、水流、森林、山岭、草原、荒地、滩涂等自然资源，都属于国家所有，即全民所有；由法律规定属于集体所有的森林和山岭、草原、荒地、滩涂除外。国家保障自然资源的合理利用，保护珍贵的动物和植物。禁止任何组织或者个人用任何手段侵占或者破坏自然资源。

《宪法》第 42 条规定：中华人民共和国公民有劳动的权利和义务。

国家通过各种途径，创造劳动就业条件，加强劳动保护，改善劳动条件，并在发展生产的基础上，提高劳动报酬和福利待遇。劳动是一切有劳动能力的公民的光荣职责。国有企业和城乡集体经济组织的劳动者都应当以国家主人翁的态度对待自己的劳动。国家提倡社会主义劳动竞赛，奖励劳动模范和先进工作者。国家提倡公民从事义务劳动。国家对就业前的公民进行必要的劳动就业训练。

（二）《刑法》

《刑法》对自然资源，工厂、矿山、林场、建筑相关企业，环境保护等问题的处罚方面作了更加详细的规定。Z公司污染事件涉及的主要为对生态环境的破坏，及对周围居民健康问题造成的隐患。

第134条规定：在生产、作业中违反有关安全管理的规定，因而发生重大伤亡事故或者造成其他严重后果的，处三年以下有期徒刑或者拘役；情节特别恶劣的，处三年以上七年以下有期徒刑。

强令他人违章冒险作业，或者明知存在重大事故隐患而不排除，仍冒险组织作业，因而发生重大伤亡事故或者造成其他严重后果的，处五年以下有期徒刑或者拘役；情节特别恶劣的，处五年以上有期徒刑。

第134之一规定：在生产、作业中违反有关安全管理的规定，有下列情形之一，具有发生重大伤亡事故或者其他严重后果的现实危险的，处一年以下有期徒刑、拘役或者管制：（一）关闭、破坏直接关系生产安全的监控、报警、防护、救生设备、设施，或者篡改、隐瞒、销毁其相关数据、信息的；（二）因存在重大事故隐患被依法责令停产停业、停止施工、停止使用有关设备、设施、场所或者立即采取排除危险的整改措施，而拒不执行的；（三）涉及安全生产的事项未经依法批准或者许可，擅自从事矿山开采、金属冶炼、建筑施工，以及危险物品生产、经营、储存等高度危险的生产作业活动的。

第135条规定：安全生产设施或者安全生产条件不符合国家规定，因而发生重大伤亡事故或者造成其他严重后果的，对直接负责的主管人员和其他直接责任人员，处三年以下有期徒刑或者拘役；情节特别恶劣的，处三年以上七年以下有期徒刑。

第137条规定：建设单位、设计单位、施工单位、工程监理单位违反国家规定，降低工程质量标准，造成重大安全事故的，对直接责任人员，处五年以下有期徒刑或者拘役，并处罚金；后果特别严重的，处五年以上十年以下有期徒刑，并处罚金。

第139条规定：违反消防管理法规，经消防监督机构通知采取改正措施而拒绝执行，造成严重后果的，对直接责任人员，处三年以下有期徒刑或者拘役；后果特别严重的，处三年以上七年以下有期徒刑。

第 338 条规定：违反国家规定，排放、倾倒或者处置有放射性的废物、含传染病病原体的废物、有毒物质或者其他有害物质，严重污染环境的，处三年以下有期徒刑或者拘役，并处或者单处罚金；情节严重的，处三年以上七年以下有期徒刑，并处罚金；有下列情形之一的，处七年以上有期徒刑，并处罚金：（一）在饮用水水源保护区、自然保护地核心保护区等依法确定的重点保护区域排放、倾倒、处置有放射性的废物、含传染病病原体的废物、有毒物质，情节特别严重的；（二）向国家确定的重要江河、湖泊水域排放、倾倒、处置有放射性的废物、含传染病病原体的废物、有毒物质，情节特别严重的；（三）致使大量永久基本农田基本功能丧失或者遭受永久性破坏的；（四）致使多人重伤、严重疾病，或者致人严重残疾、死亡的。有前款行为，同时构成其他犯罪的，依照处罚较重的规定定罪处罚。

第 342 条之一规定：违反自然保护地管理法规，在国家公园、国家级自然保护区进行开垦、开发活动或者修建建筑物，造成严重后果或者有其他恶劣情节的，处五年以下有期徒刑或者拘役，并处或者单处罚金。有前款行为，同时构成其他犯罪的，依照处罚较重的规定定罪处罚。

（三）其他法律与地方性法规

国内与 HSE 管理体系相关度最高的法律是《环境保护法》，旨在加强和改进环境保护工作，保护人民群众的健康和生存环境。《环境保护法》规定了对环境污染的预防和治理的基本原则和要求，并明确了各级政府和企事业单位的责任和义务。主要包括以下内容：

1. 基本原则和目标：《环境保护法》规定了环境保护的基本原则和目标，其中包括"预防为主、污染控制、资源合理利用、责任明确、公众参与"等五项基本原则。第 2 条规定：人民政府及其有关部门应当加强对环境保护工作的领导和组织，采取有效的措施，推进环境保护事业的发展，保障人民群众的健康和生存环境。

2. 污染物排放标准：《环境保护法》对各种污染物的排放标准进行了规定，要求企业和单位必须在污染物排放方面达到国家和地方的规定标准，并进行排放监测。第 11 条规定：国务院制定和公布生态环境质量标准，规定各种污染物的排放标准。

3. 环境影响评价：《环境保护法》规定了重大建设项目的环境影响评价制度，要求在建设项目前进行环境影响评价，以评估项目对环境造成的影响，并采取相应的控制和缓解措施。第 17 条规定：建设项目的环境影响评价，应当从项目选址、建设、运营和拆除等环节全面评价其可能对环境造成的影响。

4. 环境监测和信息公开：《环境保护法》规定了环境监测制度和信息公开制度，要求加强环境监测和信息公开，为公众提供环境信息和监督环境保护工作。第 36 条规定：环境监测机构应当按照国家有关规定,对污染物排放量、环境质量等进行监测,并向社会公布监测结果。

5. 环境管理和责任追究:《环境保护法》规定了环境管理制度和责任追究制度,要求各级政府和企事业单位加强环境管理,落实环保责任,对环境污染者进行处罚和赔偿等。第33条规定:任何单位和个人都有保护环境、预防和减少污染的义务,不得有污染环境的行为。

以四川省为例,《环境保护条例》《危险废物污染环境防治办法》《自然保护区管理条例》《〈中华人民共和国环境影响评价法〉实施办法》等地方性法规在 HSE 管理体系中参照执行。

三、合规要点分析

1. 企业内部控制弱化了合规目标

2008 年 6 月,财政部等五部委发布了《企业内部控制基本规范》,其中第 3 条指出了内部控制的目标。合规目标为企业长期战略的稳定实现了重要保障,然而 Z 公司恰恰忽视了合规目标对企业战略的保障作用,以致战略目标与合规目标相脱节,给企业的长期战略带来了巨大的不确定性,湿法炼铜这种价廉低成本技术为自己矿业带来了巨大的财富积累,使之在当年完成多次并购。但在合规目标的控制方面,尤其是安全环保方面未给予重视。

2. 风险评估不足,进一步放大了潜在风险

企业在保证战略目标得以实现的同时,必须兼顾对合规目标的控制,实施与之相对应的风险评估程序。企业应当根据自身经营活动特点识别出一切能够影响合规目标的重大风险因素,从而采取应对措施降低风险发生的可能。Z 公司轻视对合规目标的控制,且对自然环境风险因素识别不足,对潜在风险的评估不够客观,没有采取相应的风险降低、分担和规避策略——所在矿区常年多雨,地表潮湿松弛,而企业各堆浸厂、防洪池、污水池等底部均未进行硬化处理。尤其是 2010 年夏季持续强降雨,企业未进行任何防范措施,最终导致池底防渗膜承压不均,污水渗漏。

3. 控制措施失效,极大增加风险事故发生概率

内部控制以目标为中心,以风险为导向,以控制为手段。控制活动是结合风险应对策略而实施的政策和程序。Z 公司本应充分考虑所在矿区潮湿松弛的地表环境,完善环保安全方面是内部控制,进而降低事故发生的可能性,提高生产活动的抗风险能力。然而,Z 公司打通集渗观察井与排洪洞,试图采用此方法降低池底的压力逃避监控。另下游检测设备未起到跟踪监测作用,导致污水排入江中不能及时察觉,甚至与之相关的设备损失也未能得到及时处理。

4. 未能构建有效 HSE 管理体系，合规管理和落实企业社会责任难以真正实施

HSE 法规与合规要求是保障员工和环境安全的重要规定，是为保障员工健康、优化工作场所安全、保护环境而制定的。随着工业化的发展，危险性和环境污染对人们健康和生活产生了越来越大的影响。因此，各国纷纷制定了 HSE 法规与合规要求，旨在确保企业在开展生产活动时充分考虑到员工的健康与安全环境的保护。

HSE 管理体系是指实施健康、安全与环境管理的组织机构、职责、做法、程序、过程和资源等而构成的整体。它由许多要素构成，这些要素通过一先进、科学的运行模式有机地融合在一起，相互关联相互作用，形成一套结构化动态管理系统。从其功能上讲，它是一种事前进行风险分析，确定其自身活动可能发生的危害和后果，从而采取有效的防范手段及控制措施防止其发生，以便减少可能引起的人员伤害、财产损失和环境污染的有效管理模式。它突出强调了事前预防和持续改进，具有高度自我约束、自我完善、自我激励机制，因此是一种现代化的管理模式，是现代企业制度之一。

四、延伸阅读

环境管理理论是企业社会责任理论中的一个重要方面，它强调了企业在生产经营过程中应该关注环境保护和资源利用的可持续性。环境管理理论认为企业应该树立环境保护意识，意识到环境质量对企业及其利益相关者的重要性。企业应该通过降低污染物排放、节约资源和能源等方式来保护环境，并积极寻找环境友好型的生产方法。同时也有环境评估和监测、污染防控措施、资源利用和循环经济、环境法规遵守等相关概念。

环境管理理论强调企业应该采取环保措施和降低碳排放等方式来保护环境，强调了企业应该将环境保护和可持续发展纳入其经营决策和战略中，并做出相应的行动。

责任管理理论是企业社会责任理论的一个重要方面，认为企业应该承担社会责任，并监督和管理员工权益、消费者权益和环境保护等方面，强调企业在经营过程中应该承担起对利益相关者的责任，并积极参与社会事务和公共利益的维护。在环境保护和可持续发展方面要求企业应该关注环境保护，采取措施减少污染物排放、节约资源和能源，并推动可持续发展。企业应该遵守环境法规和标准，积极参与环境监管和合规行动，为环境保护贡献力量。

责任管理理论强调企业应该超越经济利益追求，关注社会和公共利益，承担起对利益相关者的责任。通过实践责任管理理论，企业可以树立良好的企业形象和声誉，增强与利益相关者的互信和合作，实现可持续的经营和社会发展。

案例四：B公司违规气体排放案

一、案例情况介绍

2022年4月，某市生态环境监管部门在核查中收到居民反映，某小区中充斥着刺鼻气味，怀疑是附近B公司生产中违规排污所致。B公司承认刺鼻气味来源于其当地工厂，但是不承认存在排放超标和污染。"五一"假期期间，居民称因工厂短暂休息，该小区里刺鼻的味道得到了轻微缓解。之后，随着工厂复工，刺鼻的味道再次出现。居民自购了检测设备，测量结果也证实了他们的担心。B公司发布声明称：网传"排放超标引起流鼻血"的情况，属于恶意捏造关联，B公司已报警并将追究相关人员的法律责任。针对居民反映B公司气体排放相关情况，当地政府成立调查组，组织政府职能部门、第三方检测机构以及相关专家，进驻B公司展开调查。最终，B公司部分产线停产进行整顿，其他产线正常运转。[①]

二、合规风险识别

B公司此次"刺鼻气味"事件并非事出偶然，早在数年前，当地生态环境局官网上公布的环保督察反馈问题整改情况显示，B公司因喷涂车间生产废气排放的污染物影响附近居民生活被作为重点被投诉企业，被纳入重点监管对象。按照每月1次的频率开展现场执法检查，并下达现场监察记录，同时不定期组织市环境监测站对该单位外排废水、废气开展执法监测。

二、合规风险识别

在市场经济环境中，企业的生产经营行为应该遵循合规义务，而一旦违反合规义务，便产生了合规风险。合规风险主要涉及事件发生的可能性以及不合规的后果，其中，不合规是指未履行合规义务或者违反组织合规义务。根据HSE合规义务的内容，可以将合规风险分成三大类：行为不合伦理道德规范要求的风险，可能包括但不限于商业贿赂风险、操纵市场价格风险、不道德欺诈风险、不廉洁腐败风险、舞弊风险、对产品不负责任风险、违背企业核心价值观风险、劳动者权益保护风险等；行为不合企业自选要求的风险，可能包括但不限于与相关方信息沟通风险、相关方要求识别响应风险、产品技术风险、产品质量风险、售后服务风险、产品功能持久性风险、产品节能风险、产品绿色风险、产品智能化风险、产品人性

---

① 参见B公司官网。

化设计风险产品技术专利风险、产品知识产权风险、商业秘密风险、资产保值增值风险等；行为不合国家法律法规社区规定要求的风险，包括但不限于违反商业法规风险、生产安全风险、职业健康安全风险、环境风险、社会责任风险、风俗信仰文化冲突风险、社区冲突风险、社会治安风险、政治风险等。

在B公司案例中，首先，工厂日常生产中产生的刺鼻气味可能违反产品绿色风险。在汽车生产制造过程中，涂装等环节经常会使用到大量的化学产品，产生大量污染物，如果处理不当，对周边大气和水体会带来影响。B公司在对外自愿选择的要求中，在三废管理方面，其建立ISO14001环境管理体系和相关环境管理制度，B公司的排放指标目前采用国内最严标准，该标准要求其每月在官网公布重点排污单位环境信息，按规定要求定期对排污口进行检测，要求所有排口均达标。此次B公司产生的"刺鼻气味"违反了其自选的ISO14001标准，同时也可能违反《环境保护法》《水污染防治法》《大气污染防治法》等国家法律法规以及地方政府公布的各项规定。

其次，根据国家汽车制造厂卫生防护距离标准，汽车厂与居住区位置，应考虑风向频率及地形等因素的影响，以尽量减少其对居住区大气环境的污染。该标准根据不同风速，规定工厂与居住区的距离从300米至500米不等，而B公司工厂距离有些小区甚至只有40—50米。根据B公司涂装项目环境影响报告，原环评批复要求，车间边界400米范围为防护距离，禁止新建居民区、学校等环境敏感建筑。B公司提交的环境影响报告指出，存在行为不合国家法律法规社区规定要求的合规风险，存在环保问题，挥发性有机物VOCS未采取处理措施，该项违反了《B公司安全环境事故事件调查及责任处理办法》（该《办法》要求对事故报告、事故调查、责任追究以及预防整改进行管理，而B公司在接到群众反馈后并无相关整改的行动）以及三废管理的标准（B公司各车间生产的废气种类主要有粉尘、酸雾和挥发性有机物，要求各工业园须建有废弃处理设施进行废弃处理达标后才可排放）。

三、合规要点分析

企业HSE违规会造成人身和环境损害，导致公司股价下跌并且声誉受损，并受到相关行政处罚，严重违规还可能涉及刑事责任。企业违反HSE规定导致环境污染，可能构成《刑法》第338条的污染环境罪，即违反国家规定，排放、倾倒或者处置有放射性的废物、含传染病病原体的废物、有毒物质或者其他有害物质，严重污染环境的，处三年以下有期徒刑或者拘役，并处或者单处罚金；情节严重的，处三年以上七年以下有期徒刑，并处罚金。在民事责任方面，可能构成《民法典》中环境污染侵权，即因污染环境、破坏生态造成他人损害的，侵权人应当承担侵权责任。违反国家规定造成生态环境损害，生态环境能够修复的，国家规定的机关或者法律规定的组织有权请求侵权人在合理期限内承担修复责任。侵权人在期限内未修复的,国家规定的机关或者法律规定的组织可以自行或者委托他人进行修复,所需费用由侵权人负担。B 公司排放的刺鼻气体,同时也可能违反了《环境保护法》第 42 条,排放污染物的企业事业单位和其他生产经营者,应当采取措施,防治在生产建设或者其他活动中产生的废气、废水、废渣、医疗废物、粉尘、恶臭气体、放射性物质以及噪声、振动、光辐射、电磁辐射等对环境的污染和危害。排放污染物的企业事业单位,应当建立环境保护责任制度,明确单位负责人和相关人员的责任。重点排污单位应当按照国家有关规定和监测规范安装使用监测设备,保证监测设备正常运行,保存原始监测记录。严禁通过暗管、渗井、渗坑、灌注或者篡改、伪造监测数据,或者不正常运行防治污染设施等逃避监管的方式违法排放污染物。

企业在制定发展战略时要把环境保护、维持社会经济的可持续发展作为企业的社会责任承担起来。从社会经济的可持续发展中求得企业自身的持续成长,通过实施环境保护的国际通行标准认证体系,实施绿色生产、绿色营销管理,向世界一流企业迈进奠定基础。同时,核心价值观是企业文化的核心和灵魂,要对全体员工进行培训,让环保意识深入每一位员工的内心,成为员工的核心价值观。在塑造企业文化的核心价值观时要使企业中的每一个员工充分认识到环境恶化的种种现象及其后果,人人树立对环境保护的责任感和使命感。

同时,企业要建立完善合规环保管理体系。在环保设施方面,应当按照国家或地方标准,配备符合标准的工业废料处理设备、设施,配备处理工业废气、废水、废渣、噪声等的设备设施,并按照规定使用上述设备设施,对其定期检查、维修、更新,保障其正常运行。在企业内部环保管理规范方面,应建立内部管理制度,对污染物的收集、利用、处置等事项之责任应明确主管人员和环保责任人,对于应防治的各类大气污染、水污染、固体废物、危险废物等制定相关制度。台账记录、管理,定期申报方面,应当对污染物治理设施运行、危险固废处置和转移联单、企业日常环保管理、环保应急预案等环保资料做好日常记录,生成相关台账手册并妥善保管,对需要进行排放申报的污染物及时申报。最后,在日常巡查、定期监测,按规定排放方面,对于汽车生产需排放、贮藏、处置的污染物,应定期监测其排污是否超标。对于污染防治设施及企业用于生产的其他设备,企业应定期检查是否正常运行,一旦发现周边环境存在被污染的可能,要尽早地处置,将隐患消除在萌芽状态。

四、延伸阅读

"遵守或解释"规则是对于 HSE、社会责任、公司治理合规信息披露中的一项常见规则。其杜绝了传统"命令-控制"监管模式下"一刀切"的规范方法,而是通过"市场制裁"的方式对企业社会行为进行约束,是一种介于强制性披露和半强制性披露的监管手段。除了我国香港地区在其第二版《ESG 指引》中引入了"遵守或解释"规则,将 ESG 关键事项的披露从完全的自愿性披露变更为半强制性披露,我国域内其他地区立法目前尚未引入"遵守或解释"规则,但域外立法对"遵守或解释"规则的理解和适用可成为我国未来 HSE、社会责任、公司治理合规信息披露的关注重点。域外立法中,欧盟各成员国结合欧盟 2006/46/EC 指令在企业社会责任领域还发展出以"遵守或解释"为原则的公司治理办法,并将其作为欧盟公司治理的核心要素之一。如西班牙证券市场委员会于 2014 年发布了《西班牙上市公司良好治理准则》。在准则制定过程中,专家 371 委员会指出,"应当区分强制部分和自愿部分,其中,强制部分由西班牙公司法规定,自愿部分应遵循'遵守或解释'原则"。该法允许企业自主决定是否执行治理准则推荐的行为,但如果其选择不执行,那么其应当作出解释,使利益相关者能够充分了解企业行为。瑞典公司治理委员会于 2016 年颁布的《瑞典公司治理准则》中也指出:"相较公司法和其他法律法规的最低标准,本规则以一种更为自主的方式界定了良好公司治理的标准。这一界定的关键是'遵守或解释'机制。这意味着企业不需要在任何时候都遵守本规则的任何条款,允许其根据自身的实际情况自主地选择替代路径。只要他们对其未遵守的行为进行公示,描述他们的替代路径,并解释他们如此做的原因。"英国金融报告委员会制定的《英国公司治理准则》更是将"遵守或解释"原则作为其首要原则,并着重强调:"'遵守或解释'原则是英国公司治理的奠基石。其从本准则确立之初就扮演着重要角色,也是本准则灵活性的基础。该原则被企业、股东广泛接受,也得到了国际社会的一致认可……该原则是本规则的核心内容,以何种路径对其进行适用应是董事会讨论的核心内容,因为这一问题与他们如何根据本规则进行经营行为休戚相关……"法国《新环保法》中同样认可了"遵守或解释"规则的应用。在欧盟成员国之外,韩国《公司治理最佳实践准则》第 2.3 条规定,"在年度报告中,公众企业应该解释其公司治理和本准则之间的区别、造成这种区别的原因以及未来转变的计划";在实施强制性企业社会责任的印度,"遵守或解释"规则也得到了立法的肯定。

第八章
反垄断合规

> 本章阐述了反垄断领域的专项合规。通过本章的学习，学员应了解常见的反垄断合规风险，及其相应的法律后果。需要重点掌握《反垄断法》的相关规定，包括反垄断的执法机关、反垄断分析方法中的形式分析法和效果分析法，以及集中典型的垄断行为，即横向垄断协议、纵向垄断协议、滥用市场支配地位、经营者集中的内涵、认定及判断方法。在此基础上，结合总则的内容，掌握反垄断合规措施，具体包括反垄断风险的识别，合规承诺、培训、咨询热线、举报热线、合规制度等反垄断合规预防措施，以及专项调查、常规调查等反垄断合规调查措施。

理论综述

市场经济体制下的市场竞争有着优化资源配置、促进技术发展、合理分配社会收入、提高消费者社会福利、推动经济民主、促进社会就业等积极功能，但实践表明，市场本身并不具备维护自由和公平竞争的机制。相反，处于竞争中的企业为了减少竞争压力和逃避风险，总想通过某种手段谋求垄断地位。在此背景下，各国和地区立法对垄断进行规制，这些法律被统称为反垄断法。反垄断法是市场经济国家调控经济的重要政策工具，制定并实施反垄断法是世界上大多数国家或者地区（以下简称司法辖区）保护市场公平竞争、维护市场竞争秩序的普遍做法。但不同司法辖区对反垄断法的表述有所不同，如在美国一般被称为反托拉斯法，在德国一般被称为反对限制竞争法或卡特尔法，在日本一般被称为禁止垄断法。

反垄断合规，是指经营者及其员工的经营管理行为符合《反垄断法》等法律、法规、规章及其他规范性文件（以下统称反垄断法相关规定）的要求。反垄断领域的主要合规风险包括因垄断行为引发的民事法律风险、因垄断行为引发的行政法律风险以及因垄断行为引发的刑事法律风险。

反垄断合规管理，是指以预防和降低反垄断合规风险为目的，以经营者及其员工经营管理行为为对象，开展包括制度制定、风险识别、风险应对、考核评价、合规培训等管理活动。就反垄断合规管理的总体要求而言，鼓励经营者自主进行合规管理设计，识别、分析与评价合规风险，不断创新合规管理的措施，不断提高管理水平，预防和降低违法行为风险，树立良好形象。鼓励经营者、行业协会建立健全合规审查机制，将合规审查作为规章制度制定、重大事项决策、重要合同签订、重大项目运营等经营管理行为的必经程序，及时对不合规的内容提出修改建议，未经合规审查不得实施。鼓励经营者建立专业化、高素质的合规管理队伍，根据业务规模、合规风险水平等因素配备合规管理人员，持续加强业务培训，提升队伍能力水平。重视合规培训，结合法治宣传教育，建立制度化、常态化培训机制，确保员工理解、遵循合规目标和要求。积极培育合规文化，通过制定发放合规手册、签订合规承诺书等方式，强化合规意识，树立依法合规、守法诚信的价值观，筑牢合规经营的思想基础。鼓励经营者的高级管理人员作出并履行明确、公开的反垄断合规承诺。鼓励其他员工作出并履行相应的反垄断合规承诺。经营者可以在相关管理制度中明确有关人员违反承诺的责任。

案例一：Q公司因垄断违规被处罚

一、案例情况介绍

自2005年起至2018年，Q公司因对过期的标准必要专利收取许可费，将标准必要专利和非标准必要搭售许可、排他性交易等滥用市场支配地位行为遭到各国执法机构的反垄断诉讼和调查。其中欧盟、中国和韩国执法机构分别对其罚款9.97亿欧元、60.88亿人民币和2.08亿美元，我国台湾地区执法机构也对其罚款234亿新台币（约合人民币51亿元）。

各国家和地区对Q公司的反垄断调查主要在于：

·2005年7月，美国BT公司对Q公司发起反垄断诉讼，最终达成和解，Q公司向BT赔付8.91亿美元。

·2007年1月，韩国对Q公司进行反垄断调查，2010年1月对Q公司处以2.08亿美元的罚款，后Q公司向首尔法院提起诉讼，首尔高等法院维持原判，2013年Q公司向韩国最高法院提起上诉，该案仍在审理中。

·2007年10月，欧盟委员会根据六家公司举报对Q公司进行了反垄断调查，最终以和解宣布停止调查。

·2010年，基于I公司的投诉，欧美启动对Q公司的反垄断调查，I公司投诉Q公司滥用市场地位，此调查依然处于调查阶段。

·2013年11月，中国国家发改委启动对Q公司的反垄断调查，最终，Q公司认罚60.88亿元。

·2014年8月，欧盟委员会开始对Q公司启动新一轮反垄断调查，并向相关手机厂商发出调查问卷。

·2014年8月，韩国公平交易委员会对Q公司启动新一轮反垄断调查，主要针对Q公司在专利许可活动中是否违反公平、合理、无歧视的原则，特别是拒绝向其他芯片厂商进行专利许可等问题。

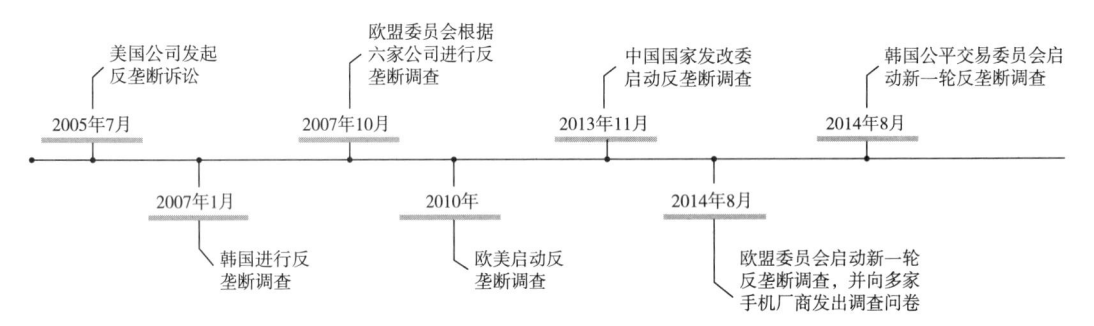

图8-1 Q公司面临的反垄断调查

表8-1 Q公司面临的主要诉讼

时间	主要诉讼案件及诉讼理由
2009年7月	日本公平贸易委员会（JFTC）指控Q公司滥用市场支配地位，滥用行为包括迫使日本公司签署交叉授权协议，要求Q公司取消免费交叉许可条款和不诉讼条款。
2015年2月	中国国家发展改革委发布对Q公司滥用市场支配地位实施排除、限制竞争的垄断行为做出《行政处罚决定书》，责令Q公司停止相关违法行为，并处以60.88亿元的罚款。
2017年1月	美国联邦贸易委员会（FTC）在加州北区法院对Q公司提起反垄断诉讼，指控其违反《谢尔曼法》第1条、第2条和《联邦贸易委员会法》第5(a)条。一审法院认定Q公司在全球CDMA芯片市场和高端LTE芯片市场具有垄断地位，并实施了违反FRAND原则、设定不合理高许可费率等反竞争行为，对其颁发了禁令。
2022年6月	美国四位普通消费者代表在美国加州联邦法院提交了针对Q公司的诉讼，指控主要集中在其违反美国加州反垄断法，即《卡特赖特法》和《加州不公平竞争法》。

二、合规义务来源

世界各国在对企业市场垄断地位的认定上会考虑企业规模、市场份额、技术难度等因素，以综合判断企业对市场的影响控制能力。我国对滥用市场支配地位的规定，主要来自《反垄断法》和国家市场监督管理总局颁布的《禁止滥用市场支配地位行为规定》，以及 2019 年 1 月 4 日改革后的国务院反垄断委员会发布的《关于知识产权领域的反垄断指南》。

（一）《反垄断法》

《反垄断法》第 23 条明确了在判定经营者市场支配地位时需要考虑的因素，包括：该经营者在相关市场的市场份额，以及相关市场的竞争状况；该经营者控制销售市场或者原材料采购市场的能力；该经营者的财力和技术条件；其他经营者对该经营者在交易上的依赖程度；其他经营者进入相关市场的难易程度；与认定该经营者市场支配地位有关的其他因素。

第 24 条规定了推定经营者具有市场支配地位的市场份额要求，其中第一款明确一个经营者在相关市场的市场份额达到二分之一时，可以推定经营者具有市场支配地位。

（二）《禁止滥用市场支配地位行为规定》

《禁止滥用市场支配地位行为规定》第 12 条同时细化了关于"市场支配地位"的规定：根据反垄断法第二十三条和本规定第七条至第十一条规定认定平台经济领域经营者具有市场支配地位，还可以考虑相关行业竞争特点、经营模式、交易金额、交易数量、用户数量、网络效应、锁定效应、技术特性、市场创新、控制流量的能力、掌握和处理相关数据的能力及经营者在关联市场的市场力量等因素。

（三）《关于知识产权领域的反垄断指南》

《关于知识产权领域的反垄断指南》是我国第一部专为规范知识产权反垄断指南类文件，是对《反垄断法》实施十多年以来行政执法实操经验和相关反垄断诉讼裁判要旨经验的总结，也横向借鉴参考了其他主要法域比较成功的实务经验。指南在体例结构上采取了以总则开篇和对可能排除、限制竞争的三类知识产权滥用基本形式以及其他情形的分述相结合模式。指南第 2 条列举了分析经营者是否滥用知识产权的四个基本原则。指南第 3 条提供了分析经营者是否滥用知识产权的"四步法"思路，具体为：第一步，分析经营者行为的特征和表现形式，并分析可能构成的对应垄断性行为；第二步，界定相关市场；第三步，分析经营者行为对市场竞争产生的排除、限制影响，但不再固守传统的以行为方式定性模式，而是采取更加灵活合理的经济分析法综合分析；第四步，分析经营者行为对创新和效率的积极影响。指南在第二章到第四章回应了联合研发、交叉许可、拒绝许可、搭售、差别待遇等常见的知识产权滥用问题的分析因素。

作为全球最大的移动芯片供应商，Q公司实现一年几百亿美元营收的关键是其成熟的专利布局和有偿专利授权收费的商业模式。截至2020年初，Q公司在全球范围内拥有14万件专利和专利申请，技术内容涉及蜂窝通信、处理与计算、软件和安全、射频和天线等多个领域，专利布局范围涵盖100多个国家和地区。

作为全球5G发展和无线技术创新的引领者，Q公司在无线基础科技的研发、标准制定和商用上精耕细作，积累了价值较高的标准必要专利和专利组合。专利组合是指单个企业或多个企业为了发挥单个专利不能或很难发挥的效应，而将相互联系又存在显著区别的多个专利进行有效组合而形成的一个专利集合体。

具体而言，标准必要专利（Standards Essential Patents，SEP）是指为实施技术标准（包括行业标准、国家标准和国际标准）而必须使用的专利。SEP的设立初衷是为了推动技术标准的广泛运用，减少适应成本，实现国内国外的互通。但同时，SEP一定程度上具有垄断性质，容易产生专利套牢/挟持（patent hold-up）。在一项专利成为技术标准后，领域内的生产者必须遵循该标准并获得专利权人的授权才能进行生产经营。这就意味着在"技术专利化、专利标准化、标准全球化"的趋势下，拥有标准必要专利就等于获得了巨大的市场份额，甚至拥有影响他国经济、技术乃至社会发展的影响力，企业极容易依附强大的市场份额和掌握的核心技术滥用经济权力，侵害社会公共利益。

为了克服SEP的上述弊端，现国际国内标准化组织在制定知识产权政策时通常会包含FRAND原则。该原则要求专利权人事先公开声明，即一旦某一技术标准要采用SEP专利权人的专利技术时，专利权人需要按照公平和不歧视原则许可标准使用者使用其技术。

综上所述，Q公司的财力和技术条件都达到了世界前列、难被替代的水平，手持标准必要专利又使得其他经营者对Q公司在交易上的依赖程度极高，Q公司在2022年蜂巢式基带晶片市场占有率高达60%，Q公司因其资源优势在相关市场内具有控制商品价格、交易条件的能力，以及阻碍、影响其他经营者进入相关市场的能力。

三、合规风险识别

从国家发改委对美国Q公司所作出的行政处罚来看，Q公司涉及的主要是滥用市场支配地位的垄断合规风险，面临的主要是反垄断行政手段介入带来的民事损失，不过多涉及刑事风险。Q公司在我国以其市场支配地位，滥用市场支配行为。主要表现在：

1. 收取不公平的高价专利许可费

作为行业"大哥大",Q公司不仅没有做好带头作用,反而蛮横滥用专利包。手机生产企业到Q公司购买"专利许可"时,Q公司从来不提供清单。由于一部手机需要购买多项专利,在与Q公司的交易中,购买商只知道付了多少高额费用,却永远不明白这些费用买了哪些专利,每项专利多少钱,因为Q公司把这些专利打成"包"来销售。

2. 搭售非必要专利收两次钱

Q公司在出售标准必要专利产品中,还搭售一些手机商可用不可用的非标准必要专利产品,收取整机的专利费用。Q公司承认它的专利没有覆盖整个手机,它的专利主要以基带芯片为主,而电池、摄像头、后壳这些并非它的专利。但是Q公司除了正常售卖基带芯片外,还收取整机5%的专利费,相当于买一块芯片收两次钱。

3. 逼生产商签协议不许投诉

由于Q公司具有市场支配地位,我国对基带芯片高度依赖。Q公司在销售时,附加了不合理的条件,购买Q公司芯片的手机生产商必须签订一个额外协议,协议大致内容是不得挑战、诉讼Q公司的一些商业模式,不能对所签订的合同有任何异议,如果违反,将会受到制裁。

依据《反垄断法》第47条、第49条的规定,国家发改委责令美国Q公司停止滥用市场支配地位的行为,并处2013年度在我国境内销售额761.02亿元8%的罚款,计60.88亿元。

整改内容主要包括:

1. 对在我国境内销售的手机,由整机售价收取专利费改成收取整机售价65%的专利许可费;

2. 将向购买美国Q公司专利产品的中国企业提供专利清单,不再对过期专利收取许可费;

3. 不再要求我国手机生产企业将专利进行免费反向许可;

4. 在专利许可时,不再搭售非无线通信标准必要专利;

5. 销售基带芯片时不再要求签订一切不合理的协议。

四、合规管理要点解读

反垄断合规对于企业经营管理十分重要,做好合规管理有助于企业避免高额罚款、节约企业应对反垄断调查的经济成本、保障良好商誉和持续发展。具体来讲,如下合规措施可供参照:

（一）合规管理制度与流程

第一，依据企业所在地和经营地的竞争法规定，分析和评估合规风险来源，了解后果的严重性，并参考包括垄断行为类型、涉及处罚、对合同效力的影响等因素对合规风险划分等级，定期展开评估，及时消除风险。

第二，依据自身规模、市场特点、反垄断法律法规相关规定及执法环境，厘清企业经营过程中的主要垄断风险，建立风险清单与义务清单，并在公司规章制度中加入反垄断合规风险相关制度条文，将反垄断合规上升到企业管理层面。

第三，参照反垄断监管法律法规、反垄断执法机构审查手续和企业自身管理模式，制定企业内部反垄断合规手册，并依据不同职位、工作内容的员工面临的不同合规风险，对不同风险级别的员工展开反垄断法律法规培训。

在出现反垄断调查预警时，立即停止相关业务行为并主动配合反垄断执法机构开展工作，必要时提交所留存的合规努力显性化证明材料，积极利用承诺制度和宽大制度等反垄断机制争取减轻或免除处罚。

（二）业务管控合规审查

在定价策略上：在制定产品价格时，要确保价格公正、合理，不得对不同的客户或地区实行不合理的差别定价，并避免与其他竞争者进行价格串通或操纵市场价格。定期对定价策略进行审查，确保其与市场状况和企业成本结构相符，且不违反反垄断法规。

在销售渠道管理上：不得滥用市场支配地位，限制或排除其他竞争者的销售渠道。应确保销售渠道的开放性和公平性。为分销商和客户建立投诉机制，以便及时发现并纠正任何违规行为。

在合作伙伴选择上：在选择合作伙伴时，应遵循公平、公正的原则，不得因合作伙伴与竞争对手有业务往来而对其进行歧视或排斥。与合作伙伴签订协议前，应进行反垄断法规审查，确保协议内容不违反相关规定。

在信息披露与沟通上：企业应定期向公众和监管机构披露与反垄断相关的信息，如市场份额、定价策略等。同时，应积极与监管机构沟通，及时解释和说明企业的市场行为。

（三）违规管理与问责

在收到反垄断处罚决定后，针对处罚决定中提及的垄断行为，制定详细的整改方案，并尽快落地执行。同时，以案件基本事实为基础，组织合规会议对处罚原因和整改情况进行学习分析，深入排查企业经营过程中尚未发现的其他反垄断法律风险。

五、延伸阅读

尽管全球反垄断监管态势正处于一个不断变化的时期，但是依然可以从实践中观察发展趋势。

近年来，欧美主要国家反垄断目标变化较大。以美国为例，其早期的反垄断法律制度包含多元价值，在20世纪70年代后着重强调维护经济效率和消费者福利，但在经济日益集中化、贫富差距拉大等因素的推动下，以新布兰代斯学派为代表的新思潮兴起，对反垄断法进行反思，重新强调反垄断法在确保社会公平、维系经济民主方面的作用，美国众议院2020年发布的《数字市场竞争状况调查报告》即是该思潮的重要体现。报告强调，当少数科技巨头具有显著市场力量后，会产生限制创新、侵害隐私、破坏言论自由和干预政治等效应，应采取结构性分拆、设立非歧视规则等救济措施。

欧盟竞争法也经历了从多元目标到消费者福利标准，再回归多重目标的历程。伴随数字市场的发展，欧盟提出"数字欧洲"和"绿色新政"的核心目标。欧盟委员会于2020年12月15日公布了《数字市场法》（DMA），并在2022年通过《数字市场法》，该法案通过认定"守门人"（gatekeeper）为大型互联网公司设定额外的义务和更为严格的责任以防止其滥用市场权力，包括避免数据合并、禁止使用非公开数据、非歧视性排名等，这意味着大型互联网公司在提供平台服务过程中将面临比小型企业更多的义务，其在数据合并、数据使用、允许企业用户选择其他第三方平台等方面需要更加谨慎。

除此之外，日本于2019年颁布《关于数字平台经营者在与提供个人信息的消费者的交易中滥用相对优势地位的指南》，防止数字平台经营者滥用优势地位，不公平地向用户收集个人信息；俄罗斯于2020年对《联邦反垄断法》进行修订，将反垄断法的监管范围扩大到"数字平台"；德国于2021年对《反对限制竞争法》进行修订，创设性提出"具有显著跨市场竞争影响的企业"，并确立了不得从事自我优待等行为。而我国在反垄断立法领域，除了2022年新修订的《反垄断法》，还有同样是在近几年颁布的一系列和反垄断相关的法规和指南，包括《2021年国务院反垄断委员会关于平台经济领域的反垄断指南》《2020年经营者反垄断合规指南》《2019年国务院反垄断委员会横向垄断协议案件宽大制度适用指南》等。

在反垄断监管过程中，多个国家不断加大处罚金额，对数字科技等多个领域加强常态化监管执法。尤其是在疫情时期，长期困扰全球的贫富差距、低增长、债务等矛盾更加突出，为了解决这些问题，各国都通过税制改革缩小贫富差距，并启动针对大型企业的反垄断严格监管。据有关统计，2021年全球反垄断执法的罚款总额高达114亿美元，远超2020年的50

亿美元。2022年《中国反垄断执法年度报告》显示，2021年全年我国反垄断行政机构依法办结垄断案件187件，总罚款金额达到近8亿元。

此外，为了更好地应对数字经济带来的监管挑战，不少国家加快设置专门竞争执法机构。英国竞争与市场管理局（CMA）于2019年提出设立新的"数字市场部"，专门负责大型数字科技企业的监督管理，有权开具罚单以组织相关不公平交易。日本于2019年9月在内阁下设立"数字市场竞争本部"，以有效评估数字市场竞争动态和制定有关竞争政策。

不仅如此，部分国家反垄断部门积极利用科技赋能执法，探索新技术强化反垄断监管能力。比如，俄罗斯反垄断局开发了可以用于跟踪市场算法合谋的专门系统，巴西竞争执法部门开发Cerebro筛选系统，通过应用数据挖掘工具集成大型公共采购数据库，识别和衡量公共竞标中卡特尔的发生。

2020年9月，《经营者反垄断合规指南》（以下简称《指南》）印发实施，这也是全国范围内实施的反垄断领域首部合规指南。2023年，国家市场监督管理总局对该指南进行了修订，并形成《征求意见稿》，拟从提示经营者反垄断合规风险、指导经营者建立健全反垄断合规管理组织体系、加强合规管理运行和保障等多个层面进行更细化的指引，并引入了参考案例说明。《征求意见稿》相较于2020年发布的《指南》有了全面的升级，更具有可操作性。此外，新增合规激励内容，对企业切实、有效地进行反垄断合规建设有很大的推动力。

《征求意见稿》指出，鼓励经营者根据市场竞争状况、所处行业特点和自身风险要点，有针对性地开展反垄断合规管理。经营者可以从自身经营范围、治理结构、业务规模等情况出发，制定适宜的反垄断合规管理制度。大型经营者通常需要建立较为完备的合规管理制度，中型、小型经营者可以结合自身实际，建立与自身发展阶段和能力相适应的合规管理制度。

在"合规管理组织"方面，鼓励经营者建立由反垄断合规管理机构、业务及职能部门等共同组成的反垄断合规管理组织体系。其中，反垄断合规管理机构负责统筹、组织和推进反垄断合规管理工作；业务部门负责本部门日常反垄断合规管理工作；审计、法律、内控、风控、监察等职能部门在职权范围内履行反垄断合规管理职责。"企业合规之困，很多时候在于内部各部门的协同失调。合规部门尽管制定并传达了明确的合规要求，但业务部门往往以业绩受损、进程受阻等为由推诿配合，致使合规工作陷入停滞，或不得不依赖高层强制干预。"《征求意见稿》通过精确划分各部门的权责范围，为企业构建了一个高效的协作框架，将公司上下各个部门紧密联结，共同推进合规工作的深入。

在本次修订中，引入参考案例说明也是亮点之一。例如，《征求意见稿》举例道，"企业甲是大型企业，虽然设立了法务部，但未开展合规管理工作。由于同业经营者遭受反垄断调查和处罚，企业甲认识到反垄断合规的重要性，因此制定了反垄断合规管理制度，成立了反垄断合规委员会，开展了反垄断合规风险识别和评估，并建立了合规培训、内部举报、合规追责等机制。同时，企业甲成立反垄断合规专班，明确各业务部门主要负责人为各项业务领域的反垄断合规第一负责人，并由法务部作为合规管理牵头部门，指导和监督企业反垄断合规管理制度的落实。"

现行的《指南》提到，"经营者可以根据不同职位、级别和工作范围的员工面临的不同合规风险，对员工开展风险测评和风险提醒工作，提高风险防控的针对性和有效性，降低员工的违法风险"。《征求意见稿》对相关内容进行了进一步细化：经营者可以根据不同职位、级别岗位的合规风险差异，定期开展风险测评，对高、中、低风险人员分别进行风险提醒，提高风险防控的针对性和有效性。具体而言，高风险人员，主要包括高级管理人员、业务部门管理人员、销售部门人员、知晓竞争性敏感信息人员等可能与具有竞争关系的经营者接触的人员，采购部门人员、商务部门人员、市场营销部门人员等可能与上下游经营者接触的人员，以及承担定价决策、对外投资决策和负责具体实施的人员。中风险人员，主要包括生产部门人员、研发部门人员等与其他经营者接触较少的人员。低风险人员，主要包括后勤部门人员等一般不与其他经营者接触的人员。

此外，《征求意见稿》对经营者在反垄断合规管理中涉及的重点风险进行了阐释，包括垄断协议行为、滥用市场支配地位行为、经营者集中行为等方面的合规风险识别。在合规管理运行和保障方面，鼓励经营者建立反垄断合规审查机制，将合规审查作为经营者与竞争对手签订合作协议、制定销售政策、促销计划和价格政策、参加行业协会活动、开展投资并购、制定采购或销售合同模板等重大事项的必经程序，由业务及职能部门履行反垄断合规初审职责，反垄断合规管理牵头部门进行复审，及时对不合规的内容进行处置，防范反垄断合规风险。

大型企业是反垄断立法的规制对象，但并非规制目标，各国反垄断立法反对的主要是企业利用垄断地位破坏市场公平竞争的行为。在国内外反垄断立法和执法上新一轮完善升级的背景下，反垄断合规必将成为企业合规建设的重点领域和企业可持续发展的必要措施，企业可以发展，但不必"垄断"。

案例二：C平台"二选一"反垄断合规

一、案例情况介绍

2018年以来，C平台利用在中国境内网络餐饮外卖平台服务市场的支配地位，以实施差别费率、拖延商家上线等方式，促使平台内商家与其签订独家合作协议，并通过收取独家合作保证金和数据、算法等技术手段，采取多种惩罚性措施，保障"二选一"行为实施，排除、限制了相关市场竞争，妨碍了市场资源要素自由流动，削弱平台创新动力和发展活力，损害平台内商家和消费者的合法权益。

2021年4月，市场监督管理总局接到举报，依据《反垄断法》对C平台在中国境内网络餐饮外卖平台服务市场滥用市场支配地位行为立案调查。最终认定C平台构成《反垄断法》（已被修改）第17条第1款第4项禁止"没有正当理由，限定交易相对人只能与其进行交易或者只能与其指定的经营者进行交易"的滥用市场支配地位行为。根据《反垄断法》第47条、第49条规定，综合考虑C平台违法行为的性质、程度和持续时间等因素，国家市场监督管理总局依法责令C平台停止违法行为，全额退还独家合作保证金12.89亿元，并处以其2020年中国境内销售额1147.48亿元3%的罚款，计34.42亿元。

二、合规风险识别

平台经济中"二选一"行为涉及的法律法规主要包含《反垄断法》（2022年修正）、《国务院反垄断委员会关于平台经济领域的反垄断指南》（国反垄发〔2021〕1号，以下简称《平台指南》）、《反不正当竞争法》（2019年修正）。

（一）"二选一"行为具有违反《反垄断法》（2022年修正）的风险

1.《反垄断法》第17条中规定了禁止垄断协议

根据《反垄断法》第17条的规定，禁止具有竞争关系的经营者达成多种垄断协议，包括固定或变更商品价格、限制生产或销售数量、分割销售市场或原材料采购市场、限制购买新技术或开发新技术、联合抵制交易等行为。

在这些垄断协议中，特别是第6项中提到的其他垄断协议，即使经营者并不具有较高的市场份额，也有可能对市场竞争产生不良影响。例如，一些经营者可能实施竞争对手的"二选一"行为，即强制其他经营者必须与其进行独家合作，或者选择一个合作伙伴，从而限制其他竞争对手的进入或发展机会。

在本案中，C平台利用多种方法促使平台内商家与其签订独家合作协议，并通过收取独家合作保证金和数据、算法等技术手段，采取多种惩罚性措施，保障"二选一"行为实施。属于典型的强制交易行为。C平台的行为排除、限制了相关市场竞争，妨碍了市场资源要素自由流动，削弱平台创新动力和发展活力，损害平台内商家和消费者的合法权益。

2.《反垄断法》关于"市场支配地位"的认定

《反垄断法》第22条第4项规定，禁止具有市场支配地位的经营者，"没有正当理由，限定交易相对人只能与其进行交易或者只能与其指定的经营者进行交易"。其中，该法所称市场支配地位，是指经营者在相关市场内具有能够控制商品价格、数量或者其他交易条件，或者能够阻碍、影响其他经营者进入相关市场能力的市场地位。

此外，该法第 23 条规定，对于认定经营者具有市场支配地位，应当依据以下因素：（一）该经营者在相关市场的市场份额，以及相关市场的竞争状况；（二）该经营者控制销售市场或者原材料采购市场的能力；（三）该经营者的财力和技术条件；（四）其他经营者对该经营者在交易上的依赖程度；（五）其他经营者进入相关市场的难易程度；（六）与认定该经营者市场支配地位有关的其他因素。

2020 年 10 月，国家市场监督管理总局依据《反垄断法》（2007 年）第 18 条、第 19 条的规定，综合实际事实分析 C 平台具有市场支配地位、其相关市场高度集中、具有较强的市场控制能力、具有较强的财力和先进的技术条件、其他经营者在交易上高度依赖当事人、相关市场进入难度大、关联市场布局巩固和增强了市场力量，据此，综合认定当事人在中国境内网络餐饮外卖平台服务市场具有支配地位，依法作出处罚。

3. 《反垄断法》第 20 条规定了豁免情形

根据《反垄断法》第 20 条的规定，经营者能够证明其所达成的协议符合以下情形之一时，不适用《反垄断法》第 17 条、第 18 条第 1 款和第 19 条的规定：

（一）为改进技术、研究开发新产品的；

（二）为提高产品质量、降低成本、增进效率，统一产品规格、标准或者实行专业化分工的；

（三）为提高中小经营者经营效率，增强中小经营者竞争力的；

（四）为实现节约能源、保护环境、救灾救助等社会公共利益的；

（五）因经济不景气，为缓解销售量严重下降或者生产明显过剩的；

（六）为保障对外贸易和对外经济合作中的正当利益的；

（七）法律和国务院规定的其他情形。

经营者可以依法举证证明存在《反垄断法》第 20 条规定的情形以获得豁免，但对于第一项至第五项情形，还应当证明所达成的协议"不会严重限制相关市场的竞争，并且能够使消费者分享由此产生的利益"。

本案中，C 平台放弃陈述、申辩和要求举行听证的权利，故关于本案的豁免情形，本节暂不予以讨论。

（二）《平台指南》对《反垄断法》作进一步规范认定

为了预防和制止平台经济领域垄断行为，保护市场公平竞争，促进平台经济规范有序创新健康发展，维护消费者利益和社会公共利益，根据《反垄断法》等法律规定，国务院反垄断委员会于 2021 年 2 月 7 日印发了《平台指南》。

1. 关于"市场支配地位"

"二选一"行为构成限定交易的必要前提是实施者具有市场支配地位。《平台指南》第三章针对"滥用市场支配地位"中涉及市场支配地位、不公平价格行为、低于成本销售、拒绝交易、限定交易、搭售或者附加不合理交易条件及差别待遇作了进一步的规范认定。其中，认定或者推定经营者具有市场支配地位，可以具体考虑以下因素：

（1）经营者的市场份额以及相关市场竞争状况。确定平台经济领域经营者市场份额，可以考虑交易金额、交易数量、销售额、活跃用户数、点击量、使用时长或者其他指标在相关市场所占比重，同时考虑该市场份额持续的时间。分析相关市场竞争状况，可以考虑相关平台市场的发展状况、现有竞争者数量和市场份额、平台竞争特点、平台差异程度、规模经济、潜在竞争者情况、创新和技术变化等。

（2）经营者控制市场的能力。可以考虑该经营者控制上下游市场或者其他关联市场的能力，阻碍、影响其他经营者进入相关市场的能力，相关平台经营模式、网络效应，以及影响或者决定价格、流量或者其他交易条件的能力等。

（3）经营者的财力和技术条件。可以考虑该经营者的投资者情况、资产规模、资本来源、盈利能力、融资能力、技术创新和应用能力、拥有的知识产权、掌握和处理相关数据的能力，以及该财力和技术条件能够以何种程度促进该经营者业务扩张或者巩固、维持市场地位等。

（4）其他经营者对该经营者在交易上的依赖程度。可以考虑其他经营者与该经营者的交易关系、交易量、交易持续时间，锁定效应、用户黏性，以及其他经营者转向其他平台的可能性及转换成本等。

（5）其他经营者进入相关市场的难易程度。可以考虑市场准入、平台规模效应、资金投入规模、技术壁垒、用户多栖性、用户转换成本、数据获取的难易程度、用户习惯等。

（6）其他因素。可以考虑基于平台经济特点认定经营者具有市场支配地位的其他因素。

除此之外，《平台指南》第 7 条规定，平台经营者要求平台内经营者在商品价格、数量等方面向其提供等于或者优于其他竞争性平台的交易条件的行为可能构成垄断协议，也可能构成滥用市场支配地位行为。

根据国家市场监督管理总局的认定，C 平台系统全面实施了"二选一"行为，并采取了多种手段来促使平台内经营者签订独家合作协议。除此之外，C 平台还通过多种方式系统地推进"二选一"的实施，并采用多种措施有效地保障了"二选一"的执行。这些措施既包括激励性的手段，又包括惩罚性的手段。无论是在协议订立阶段还是在实施阶段，这些措施都具有明显的强制性，有效地锁定了网络餐饮外卖平台服务市场中商家的供给侧。

2. 关于豁免情形

根据《平台指南》第 15 条规定，经营者可通过其所实施的"二选一"限定交易行为具有"正当理由"，主张豁免，平台经济领域经营者限定交易可能具有以下正当理由：（一）为保护交易相对人和消费者利益所必须；（二）为保护知识产权、商业机密或者数据安全所必须；（三）为保护针对交易进行的特定资源投入所必须；（四）为维护合理的经营模式所必须；（五）能够证明行为具有正当性的其他理由。

需要注意的是，正当理由中强调了"必须"的概念。因此，重点考察的是以下几个方面：首先，"二选一"行为的实施是否具有必要性和紧迫性；其次，如果不实施"二选一"行为，是否会侵害其他合法权益；最后，是否存在其他可以替代"二选一"行为的合理措施。只有在这些方面满足的情况下，才能主张正当理由的接受。

三、合规管理要点分析

（一）关于地域市场认定的提示

对于具有较强区域性特点的平台类企业，需要特别谨慎地分析其在全国或某个区域内是否具有市场支配地位。尽管本案中相关地域市场被界定为全国，并不意味着其他平台服务类市场的地域市场都会被认定为全国市场。因此，建议平台企业进行谨慎和全面的评估，特别是对于仅在部分城市运营而不覆盖全国范围的平台，可能很难被认定为全国市场。

对于那些具有较强区域性特点，但市场参与者通常在全国范围内广泛布局的企业（例如，线下的酒店、超市、电影院、诊所，以及线上的各类网络零售服务或 O2O 平台等），在论证相关地域市场是否为全国市场时，可以参考执法机关在本案中的分析思路。

（二）数据在认定互联网企业市场支配地位中的作用

虽然数据本身不构成垄断，但是平台企业仍需重点关注其是否在数据、流量、算法、平台规则等方面具有优势，并利用该等优势从事滥用市场支配地位的行为，有与数据相关的限制竞争的行为。

（三）仅通过激励措施（而非处罚措施）来实施滥用行为不是合理的抗辩理由

在涉及"二选一"案件中，平台企业采用激励性方式而非惩罚性方式实施的限制可能难以被执法机关接受为合理的抗辩理由。然而，《平台指南》中对通过激励性方式实施的限制所带来的促进竞争的效果给予了一定肯定。因此，平台企业在进行抗辩时，可以考虑采用法律分析和经济学分析相结合的方法，详细论证和量化平台所采取的激励性方式对经营者、消费者利益和社会整体福利产生的积极效果。

(四) 反垄断合规业务举措

为确保企业在整个层面上有效管理反垄断合规事务，需要通过适当的机制调动内外部资源，共同实现合规管理目标。结合监管部门出台的反垄断合规指南/指引以及 C 平台"二选一"反垄断案的相关经验，企业可以采取以下措施以推动反垄断合规管理的实施：

1. 审核汇报机制：建立审核机制，从反垄断合规角度进行内部审核，并设立畅通的沟通渠道，确保管理层及时了解反垄断合规情况。企业可以结合内部管理制度来设置反垄断合规汇报线和汇报机制。

2. 合规咨询机制：充分利用内外部资源准确评估反垄断合规风险并获取有效的合规建议。包括员工向内部反垄断合规部门咨询、向外部反垄断律师寻求专业建议，以及向监管部门咨询复杂或专业性强的问题。

3. 监督检查机制：针对"二选一"等高风险反垄断事项，灵活运用定期检查、不定期检查、专项检查等形式进行监督。检查启动的动因包括法规变化、风险监测和举报。

4. 教育培训机制：确保管理层和员工具备基本的反垄断风险和合规要求的理解。个性化培训应贴合企业的实际情况，针对高风险岗位人员进行详细、深入的专门培训，并将参加反垄断合规培训作为重点合规岗位人员上岗、考核的条件之一。

5. 风险应对与处置机制：建立应对反垄断合规事件的机制，包括立即停止违法行为、积极配合调查和采取有益措施以减少损失等。

反垄断合规作为企业中重要的专项合规领域，其严重的违法后果已引起企业越来越多的关注。一个有效的反垄断合规管理体系应根据本企业的反垄断风险识别与评估结果建立，而非简单地面面俱到。该管理体系应与企业的业务特点和所面临的反垄断风险相匹配，并随着实际执行情况和内外部环境的变化进行持续监督和改进。总之，建立企业反垄断合规管理体系是一项综合性的工程，需要充分利用内外部资源。

四、延伸阅读：三家原料药经销企业滥用市场支配地位案

2019 年 5 月，市场监督管理总局依据《反垄断法》对三家葡萄糖酸钙原料药经销企业涉嫌实施垄断行为展开调查。经查，2015 年 8 月至 2017 年 12 月，上述三家企业滥用在中国注射用葡萄糖酸钙原料药销售市场上的支配地位，实施以不公平的高价销售商品、没有正当理由附加不合理交易条件的行为，排除、限制了市场竞争，损害了消费者利益，违反了《反垄断法》第 17 条第 1 款第 1 项、第 5 项的规定，构成滥用市场支配地位行为。最终，反垄断执法部门于 2020 年 4 月对三家企业作出罚没 3.255 亿元的行政处罚决定。此外，在调查期间，有两家企业拒绝向执法机关提供有关材料、信息，隐匿、销毁、转移证据，阻碍调查工作开展，执法机关也已依法对其作出行政处罚。

具体而言，首先，执法机关通过需求替代和供给替代分析认为，由于产品特性、用途、生产质量标准、生产技术等因素，本案相关商品市场为注射用葡萄糖酸钙原料药销售市场。而由于本案垄断行为实施期间，中国原料药市场存在严格的管制措施，在中国生产注射用葡萄糖酸钙原料药必须获得原料药批文、GMP 证书等资质，需满足注册检验、专家评审、临床测试、定期检查等监管要求，申请获得相关资质并满足监管要求需要较长的时间。国外生产的原料药在中国市场上销售需获得进口批文，我国没有颁发过葡萄糖酸钙原料药进口批文。中国葡萄糖酸钙注射液生产企业采购注射用葡萄糖酸钙原料药的实际地域范围为中国。因此本案相关地域市场为中国。

其次，基于三家企业占有较高的市场份额，市场竞争不充分；三家企业具有控制销售市场的能力；下游制剂生产企业对三家企业依赖程度较高；其他经营者进入相关市场的难度较大等理由，执法机关认为此三家企业在本案相关市场具有市场支配地位。

再次，三家企业在具有市场支配地位的情况下，实施了滥用市场支配地位的行为，包括：（1）控制中国注射用葡萄糖酸钙原料药销售市场后，以不公平的高价对外销售注射用葡萄糖酸钙原料药，获得了高额垄断利润；（2）控制中国注射用葡萄糖酸钙原料药销售市场后，附加不合理条件，强制要求制剂生产企业将生产出的葡萄糖酸钙注射液回购三企业，或者作为其代工厂，按其指令销售葡萄糖酸钙注射液，否则不供应注射用葡萄糖酸钙原料药。

最后，执法机关认为三家企业的行为排除、限制了市场的竞争，不仅损害了葡萄糖酸钙注射液生产企业的利益，而且推高了葡萄糖酸钙注射液的市场价格，增加了国家医保支出，损害了患者的利益，应受《反垄断法》规制。

随着我国医药行业的发展，以及《关于原料药领域的反垄断指南》等文件的发布，我国医药领域反垄断执法力度不断加大。在这样的背景下，医药行业，尤其是原料药领域经营者应加快反垄断合规体系的建设，警惕在生产销售等经营活动中触碰反垄断红线。此外，从本案可以看出，企业如果阻碍执法机关的调查等执法过程，将可能面临行政处罚等，因此企业如果出现竞争合规风险，应尽早与企业合规师等沟通，商量应对措施；如果企业遭到执法机关的调查，应当积极配合，以免承担其他法律责任。

案例三：Y公司维持转售价格案[①]

一、案例情况介绍

2019年11月起，根据举报信息，国家市场监督管理总局依据《反垄断法》对Y公司涉嫌与交易相对人达成并实施固定转售价格、限定最低转售价格的垄断行为开展了调查。其间，国家市场监督管理总局进行了现场检查、询问调查，委托27个省级市场监管部门对当事人垄断协议实施情况进行调查，提取了相关证据材料，委托经济学专家对本案排除、限制竞争效果进行分析，并对本案涉及的主要问题召开专家会进行了研究论证，多次与Y公司沟通、听取陈述意见。

调查结果显示，自2015年至2019年Y公司与交易相对人通过签署合作协议、下发调价函、口头通知等方式达成固定转售价格的垄断协议，具体包括：与一级经销商、二级经销商签订包含固定和限定价格相关内容的协议，与连锁药店及其他零售药店签订包含固定和限定价格相关内容的战略服务协议，发放调价函或者调价通知要求交易相对人调整药品价格，与其达成事实上的固定和限定价格"协议"。达成垄断协议后，Y公司还通过制定规则、强化考核监督、惩罚乱价经销商、委托中介机构维价等措施强化固定和限定价格协议的实施，约92%的被调查对象承认协议存在并予以执行。

根据调查结果，国家市场监督管理总局认定Y公司的行为违反了《反垄断法》（2007年）第14条"禁止经营者与交易相对人达成下列垄断协议：（一）固定向第三人转售商品的价格；（二）限定向第三人转售商品的最低价格"的规定。国家市场监督管理总局决定对Y公司作出如下处理：（一）责令当事人停止违法行为。当事人应立即全面修订经销协议，废除固定和限定价格条款，加强企业内控合规管理，不得干涉下游企业自主定价权。（二）对当事人处以2018年度销售额3%罚款。

二、合规风险识别

（一）"维持转售价格行为"具有违反《反垄断法》的风险

1. 《反垄断法》关于禁止垄断协议的规定

国家市场监督管理总局于2021年4月15日依据原《反垄断法》（2007年）对药业集团

[①] 参见Y集团官网。

作出行政处罚决定书，2022年8月1日起新《反垄断法》正式施行。

原《反垄断法》（2007年）第14条规定如下：

禁止经营者与交易相对人达成下列垄断协议：

（一）固定向第三人转售商品的价格；

（二）限定向第三人转售商品的最低价格；

（三）国务院反垄断执法机构认定的其他垄断协议。

《反垄断法》（2022年修订）将其变更为：

禁止经营者与交易相对人达成下列垄断协议：

（一）固定向第三人转售商品的价格；

（二）限定向第三人转售商品的最低价格；

（三）国务院反垄断执法机构认定的其他垄断协议。

对前款第一项和第二项规定的协议，经营者能够证明其不具有排除、限制竞争效果的，不予禁止。

经营者能够证明其在相关市场的市场份额低于国务院反垄断执法机构规定的标准，并符合国务院反垄断执法机构规定的其他条件的，不予禁止。

在本案中，Y公司与交易相对人达成了固定和限定价格的垄断协议。经查，2015年至2019年，Y公司与一级经销商签订年度《购销协议》；与二级经销商及其对应的一级经销商共同签订年度《二级分销商三方协议》；与连锁药店及其他零售药店签订《连锁战略服务协议》《网络销售约定书》《商业深度分销协议》；上述协议均为Y公司格式合同，其中包含了固定和限定价格相关内容。此外，Y公司通过发放调价函或者调价通知要求交易相对人调整药品价格，达成事实上的固定和限定价格"协议"；还通过其销售人员，采用电话告知、微信告知等方式，要求交易相对人按照其价格政策调整药品销售价格。同时，Y公司固定和限定价格垄断协议在零售渠道各环节均得到有效实施，Y公司通过制定规则、强化考核监督、惩罚乱价经销商、委托中介机构维价等措施强化固定和限定价格协议的实施。

Y公司上述行为排除、限制了竞争，损害了消费者利益和社会公共利益。一是Y公司具有强烈的固定和限定价格目的。经济分析表明Y公司通过锁定零售渠道（价格敏感度高的市场）价格，有保持甚至提高医院渠道售价的目的。二是固定和限定价格行为严重排除、限制了竞争。Y公司是国内医药生产龙头企业，在国内医药界占有举足轻重的地位，通过限制销售区域、严禁不同销售区域窜货、违约惩罚等措施进一步加强了其协议条款的强制性和惩罚性，使得经销商只能遵守其产品价格要求，严重排除、限制了竞争。三是固定和限定价格行为显著提高了产品价格，严重损害了消费者合法权益和社会公共利益。

2.《反垄断法》关于申请豁免的规定

《反垄断法》（2022年修订）第20条规定如下：

经营者能够证明所达成的协议属于下列情形之一的，不适用本法第十七条、第十八条第一款、第十九条的规定：

（一）为改进技术、研究开发新产品的；

（二）为提高产品质量、降低成本、增进效率，统一产品规格、标准或者实行专业化分工的；

（三）为提高中小经营者经营效率，增强中小经营者竞争力的；

（四）为实现节约能源、保护环境、救灾救助等社会公共利益的；

（五）因经济不景气，为缓解销售量严重下降或者生产明显过剩的；

（六）为保障对外贸易和对外经济合作中的正当利益的；

（七）法律和国务院规定的其他情形。

属于前款第一项至第五项情形，不适用本法第十七条、第十八条第一款、第十九条规定的，经营者还应当证明所达成的协议不会严重限制相关市场的竞争，并且能够使消费者分享由此产生的利益。

Y公司于2020年9月提出豁免申请，认为其行为符合《反垄断法》（2007年）第15条第1款第1项和第4项规定情形，申请予以豁免。主要有两个方面的理由：一是短期的转售价格限制符合《反垄断法》第15条第1款第1项"为改进技术、研究开发新产品的"情形。如Y公司某产品于2019年××月××日获批上市，因此，Y公司行为是为了促进新药品成功上市并给予消费者更多选择。二是Y公司认为固定和限定价格行为是为了防止经销商和药店低价竞争，从而鼓励经销商和零售药店加强经销环节的投入，保证药品产品质量，从而实现维护社会公共利益的目的。因此Y公司行为符合《反垄断法》第15条第1款第4项"为实现节约能源、保护环境、救灾救助等社会公共利益的"情形。

国家市场监督管理总局依据《禁止垄断协议暂行规定》第27条规定，对Y公司的豁免申请进行了认真研究，认定当事人豁免申请理由不能成立，对当事人豁免申请依法不予接受。一是当事人固定和限定价格行为长期持续，与新产品无关。二是保证药品产品质量是药品生产企业及经销商基本行为要求，不应以限定产品价格为前提。三是当事人未能证明相应行为不会严重限制相关市场的竞争并且能够使消费者分享由此产生的利益。

3.《禁止垄断协议暂行规定》关于中止调查的规定

《禁止垄断协议暂行规定》是为了预防和制止垄断协议，根据《反垄断法》制定，由国家市场监督管理总局于2019年6月26日发布，共三十六条，自2019年9月1日起施行。

《禁止垄断协议暂行规定》第 21 条规定：

涉嫌垄断协议的经营者在被调查期间，可以提出中止调查申请，承诺在反垄断执法机构认可的期限内采取具体措施消除行为影响。

中止调查申请应当以书面形式提出，并由经营者负责人签字并盖章。申请书应当载明下列事项：

（一）涉嫌垄断协议的事实；

（二）承诺采取消除行为后果的具体措施；

（三）履行承诺的时限；

（四）需要承诺的其他内容。

反垄断执法机构对涉嫌垄断协议调查核实后，认为构成垄断协议的，应当依法作出处理决定，不再接受经营者提出的中止调查申请。

《禁止垄断协议暂行规定》第 22 条规定：

反垄断执法机构根据被调查经营者的中止调查申请，在考虑行为的性质、持续时间、后果、社会影响、经营者承诺的措施及其预期效果等具体情况后，决定是否中止调查。

对于符合本规定第七条至第九条规定的涉嫌垄断协议，反垄断执法机构不得接受中止调查申请。

当事人先后向国家市场监督管理总局提交《中止调查申请书》。但根据《禁止垄断协议暂行规定》第 21 条第 3 款规定，国家市场监督管理总局认为当事人相关行为构成垄断协议，依法不再接受其中止调查申请。

三、企业合规的管理启示

医药行业直接关系人民群众的生命健康和切身利益。反垄断执法机构持续紧盯医药行业典型垄断问题，依法查处涉及药品和医疗器械的垄断协议行为，推动降低产品价格，有效减轻人民群众就医成本和生活负担。对于目前医药行业尚处反垄断执法监管重点领域的态势下，企业应对相关交易安排、商业协议是否构成纵向价格垄断协议保持审慎态度，对相关交易进行内部合规排查，防范风险。

（一）完善企业合规管理体系的搭建

医药企业可参考《经营者反垄断合规指南》，结合公司现有体系设置合规管理部门，并结合其市场地位、竞争状况和业务场景等制定相应的合规指引，明确纵向价格垄断协议的合规风险、合规要求以及合规措施，将其内嵌于医药行业的整个业务流程。

同时，应加强对重点领域、重点人员的培训工作。医药行业中，尤其要加强对销售人员的管理，通过培训等方式增强销售团队的合规意识，避免销售人员由于缺乏合规意识，在与下游经销商及终端零售商的沟通中实施违规行为，如通过口头、微信或邮件等方式提出销售价格的限制要求，在执法过程中以上均是确定的实施违法行为的证据，如果确实存在销售定价方面的市场问题，销售人员应当注意通过合理的方式与经销商或零售商进行协商，以确保经销商的自由议价权。

此外，反垄断合规需要企业从上到下的配合，企业合规人员应当积极主动地与企业管理层进行沟通交流，并寻求其工作的支持，以强化员工对企业合规建设的重视。

另外需要注意的是，对于集团公司，企业应当赋予下属企业相当的独立意志及决策权，避免集团母公司被认定为垄断行为当事人。如果发现下属子公司存在垄断行为应当及时制止，以降低集团公司被认定为垄断行为当事人的风险，避免将整个集团的营业额作为罚款基数而承担高额罚款的经济风险。

上述有关纵向价格垄断协议的合规指引、审查流程等需要结合外部法律法规的变化情况持续检查更新，也需要定期检查合规审查和风险管控落地情况，以确保合规体系的有效运行。

（二）价格协议的监管与控制

针对可能涉及纵向价格垄断协议的交易安排尤其需要谨慎对待，给予下游经销商合理的自由议价权。除了对外签订的协议中不应当存在相应控价条款，也不应当在公司内部制度中对经销商价格予以限制。首先，对经销商的动态管理制度中不得将"稳定销售价格"等作为考核指标；其次，应避免将取消返利、减少折扣、拒绝供货或解除协议等惩罚手段的实施与销售价格予以挂钩，也不应当对稳定销售价格的经销商设置升级加分、返利、优先供货等奖励措施。同时，建议生产厂商可以保留经销合同的单方解除权，如果发现确实存在恶意扰乱市场的经销商，可以确保公司经销商管理的主动权。

此外，虽然企业对转售价格设置最高价、建议价及指导价的反垄断风险较低，但如果由于供应商的压力或激励，建议价、指导价或最高价被多数或全部经销商所执行，在实质效果上等同于固定转售价或最低转售价时，根据个案具体情形，该等行为也有可能被认定为固定转售价或限定最低转售价。此外，如上所述，反垄断执法机构对"转售"可能作较为宽泛的解释，建议采取特许经营模式的企业对自身定价体系予以反垄断合规排查。

（三）反垄断执法调查应对

陷入涉案风险的企业若被行政执法机关进行调查或被诉至法院，应充分利用自身的抗辩权,提高应诉主动性,一方面,可举证证明案涉协议不具有反竞争效果,可从相关市场竞争是否充分、企业市场地位是否强大、企业实施纵向价格垄断协议的动机及竞争效果等方面进行展开。另一方面,可引用《反垄断法》第20条规定,证明案涉协议属于豁免情形。此外,应积极运用"安全港"制度进行抗辩。《反垄断法》第18条第3款新增"安全港"制度,规定经营者能够证明其在相关市场的份额低于国务院反垄断执法机构规定的标准,并符合国务院反垄断执法机构规定的其他条件的,可以豁免。

此外,企业应积极配合调查,准确判断自身行为的性质,如确实存在涉嫌纵向垄断协议的违法行为,应积极利用承诺制度,制订可供实施的补救措施和维护市场公平竞争的方案,以此降低违法成本。

四、延伸阅读:某集团纵向垄断协议案

某省市场监管局根据群众举报和国家市场监督管理总局交办,对某集团涉嫌与交易相对人达成并实施垄断协议行为立案调查。经查,2014年至2020年,某集团制定含有固定产品转售价格、限定最低转售价格内容的《市场运营规范》《经销商管理规则》《线上市场管理规范》《承诺书》等文件,并通过发布价格政策,与经销商签订经销合同、承诺书等方式,实现对产品价格的管控。某集团固定和限定价格的行为在线上和线下经销商均得到了实际执行,其还通过强化考核监督、委托中介机构维价、惩罚经销商等措施,进一步强化固定和限定价格协议的实施。

经查,2019年、2020年,某集团的A产品、B产品在某平台市场线上销售排名均为第一,A产品某平台市场占有率分别为65.27%和62.4%,B产品某平台市场占有率分别为28.06%和30.7%。鉴于某集团产品的市场优势地位,经销商对其重点产品具有一定依赖性,某集团固定和限定价格的行为,排除、限制了相关产品在经销商之间的竞争和在零售终端的竞争,损害了消费者合法权益和社会公共利益。某省市场监管局认为,某集团的上述行为违反了《反垄断法》第14条的规定,构成与交易相对人达成并实施垄断协议的行为。根据《反垄断法》第46条第1款的规定,浙江省市场监管局责令某集团停止违法行为,并对某集团处2020年度中国境内销售额98.27亿元3%的罚款,计2.9481亿元。[①]

实践中,采用经销模式的企业应避免固定经销商转售商品的价格或者限定其转售商品最低价格。具体来说,应避免固定经销商向第三人转售商品的价格水平、价格变动幅度、利润水平或者折扣、手续费等其他费用;避免限定经销商向第三人转售商品的最低价格,或者通过限定价格变动幅度、利润水平或者折扣、手续费等其他费用限定向第三人转售商品的最低

---

① 参见国家市场监督管理总局官网,https://www.samr.gov.cn/index.html。

价格。不具有强制性的"建议零售价"尚属合规，但不能变相要求经销商必须遵守。此外，单纯的价格监测本身虽不构成垄断行为，但若与针对经销商的价格管控政策相结合，则可能被执法机关视为实施纵向垄断协议的手段。

案例四：Z公司滥用市场支配地位案

一、案例情况介绍

Z公司滥用市场支配地位案，始于国家市场监督管理总局对Z公司涉嫌实施垄断行为的调查。经过深入调查，国家市场监督管理总局发现Z公司在中国境内中文学术文献网络数据库服务市场具有支配地位，并且自2014年以来滥用该地位，实施了一系列垄断行为。

具体来说，Z公司被指控通过连续大幅提高服务价格和拆分数据库变相涨价等方式，以不公平的高价销售其数据库服务。同时，Z公司还被指控通过签订独家合作协议等方式，限定学术期刊出版单位、高校等不得向任何第三方授权使用相关学术文献数据，此被视为排他性行为，限制了市场竞争。

2022年12月，在历经7个月的调查后，国家市场监督管理总局依据《反垄断法》的相关规定，认定Z公司的行为构成了滥用市场支配地位的垄断行为，对Z公司涉嫌实施滥用市场支配地位行为作出处罚决定。《处罚决定书》认定Z公司在中国境内中文学术文献网络数据库服务市场具有支配地位，自2014年起的8年时间内，实施了"不公平高价"和"拒绝交易"两种滥用行为。

处罚决定责令Z公司停止独家合作行为，并处以其2021年度中国境内销售额17.52亿元5%的罚款，共计8760万元。在处罚决定下发当日，Z公司在其官网公布了"Z公司整改方案"，其中包含五个方面共15项整改措施。[①]

二、合规义务来源

（一）《反垄断法》

第22条第1款第1项、第4项规定：禁止具有市场支配地位的经营者以不公平的高价销售商品或者以不公平的低价购买商品。

---

① 参见国家市场监督管理总局官网，https://www.samr.gov.cn/index.html。

……

禁止具有市场支配地位的经营者没有正当理由，限定交易相对人只能与其进行交易。

(二)《禁止滥用市场支配地位行为暂行规定》

1. 市场支配地位的界定

该暂行规定第5条规定：市场支配地位是指经营者在相关市场内具有能够控制商品或者服务（以下统称商品）价格、数量或者其他交易条件，或者能够阻碍、影响其他经营者进入相关市场能力的市场地位。本条所称其他交易条件是指除商品价格、数量之外能够对市场交易产生实质影响的其他因素，包括商品品种、商品品质、付款条件、交付方式、售后服务、交易选择、技术约束等。本条所称能够阻碍、影响其他经营者进入相关市场，包括排除其他经营者进入相关市场，或者延缓其他经营者在合理时间内进入相关市场，或者导致其他经营者虽能够进入该相关市场但进入成本大幅提高，无法与现有经营者开展有效竞争等情形。

第6-12条则是对《反垄断法》第18条"关于市场支配地位的认定"条款的具体阐释。依照本条之规定，市场支配地位从定义上而言，主要考察是否能够控制商品或服务的交易条件、是否能够影响和阻碍其他经营者进入市场两方面的内容。从合规义务来源角度来看，本条是针对"滥用市场支配地位"的事前阶段，即界定反垄断规制的适用对象要满足"具有市场支配地位"。

2. Z公司滥用市场支配地位的界定因素之一："不公平的高价"

该暂行规定第14条规定：禁止具有市场支配地位的经营者以不公平的高价销售商品或者以不公平的低价购买商品。

认定"不公平的高价"或者"不公平的低价"，可以考虑下列因素：

（一）销售价格或者购买价格是否明显高于或者明显低于其他经营者在相同或者相似市场条件下销售或者购买同种商品或者可比较商品的价格；

（二）销售价格或者购买价格是否明显高于或者明显低于同一经营者在其他相同或者相似市场条件区域销售或者购买商品的价格；

（三）在成本基本稳定的情况下，是否超过正常幅度提高销售价格或者降低购买价格；

（四）销售商品的提价幅度是否明显高于成本增长幅度，或者购买商品的降价幅度是否明显高于交易相对人成本降低幅度；

（五）需要考虑的其他相关因素。

认定市场条件相同或者相似，应当考虑销售渠道、销售模式、供求状况、监管环境、交易环节、成本结构、交易情况等因素。

3.Z公司滥用市场支配地位的界定因素之二："限定交易行为"

该暂行规定第17条第1款规定：禁止具有市场支配地位的经营者没有正当理由，从事下列限定交易行为：

（一）限定交易相对人只能与其进行交易；

（二）限定交易相对人只能与其指定的经营者进行交易；

（三）限定交易相对人不得与特定经营者进行交易。

从事上述限定交易行为可以是直接限定，也可以是以设定交易条件等方式变相限定。

三、合规风险识别

（一）不公平的高价

国家市场监督管理总局于2019年颁布并实施的《禁止滥用市场支配地位行为暂行规定》第14条就如何认定不公平高价行为提供了一般性的分析框架。

表8-2　认定不公平高价行为的方法①

认定方法	《禁止滥用市场支配地位行为暂行规定》
竞争者之间价格比较法	销售价格或者购买价格是否明显高于其他经营者在相同或者相似市场条件下销售或者购买同种商品或者可比较商品的价格
区域价格比较法	销售价格或者购买价格是否明显高于同一经营者在其他相同或者相似市场条件区域销售或者购买商品的价格
历史价格成本比较法	在成本基本稳定的情况下，是否超过正常幅度提高销售价格 销售商品的提价幅度是否明显高于成本增长幅度

国家市场监督管理总局认定Z公司实施了不公平高价的滥用行为，采取了历史价格成本比较法和竞争者之间价格比较法，并认定Z公司通过不公平手段持续推高数据库服务价格。

表8-3　Z公司实施不公平高价的分析方法与理由②

认定方法	理　　由
历史价格成本比较法	数据库服务成本长期基本稳定：学术文献采购成本和数据加工成本的变化将主要影响数据库服务成本。经审查，（1）学术文献采购成本长期稳定，Z公司学术文献版权成本年均仅增长1.50%；（2）数据加工成本长期稳定，Z公司通过优化使得数据加工效率不断提高，同时，Z公司每年数据加工量保持基本稳定。

---

① 参见国家市场监督管理总局官网，https://www.samr.gov.cn/index.html。

② 同上。

	超过正常增长幅度提高销售价格：2014年以来，Z公司在数据库服务价格较高的情况下，仍连续多年以较大幅度提高数据库服务价格，年均涨幅达10.06%。2014年以来，用户采购Z公司数据库服务年均价格涨幅超过30%的有66家，10%—30%的达622家。部分用户2021年数据库采购价格达到2014年的数倍，其中，高于4倍的有91家，高于3倍的有157家。
竞争者之间价格比较法	Z公司数据库服务价格涨幅显著高于同行业竞争者。同行业竞争者数据库服务价格平均涨幅均不超过4%。2014年以来，Z公司数据库服务毛利率远高于行业平均水平。
不公平手段持续推高数据库服务价格	将学术价值较高的期刊拆分进行单独销售，变相提高整体销售价格：证据显示，2017年Z公司期刊总库服务平均售价为30.82万元，2021年"期刊库+个刊库"服务平均总售价上涨至54.23万元，相较2017年涨幅达76%。部分用户采购成本上升3倍以上。
	实施不合理的定价机制推高数据库价格：Z公司采取高定价、高折扣空间的价格策略，价格折扣无明确标准且不公开透明。此外，Z公司将数据库服务价格与并发数（同时在线使用数据库服务的用户数量）关联，并设置较低的并发数，导致频繁出现数据库无法登录、无法下载、下载掉线等问题。高校、科研院所等用户为满足数据库基本需求，不得不增加并发数，接受Z公司涨价要求，向Z公司支付更高的数据库服务价格。
	实施以不合理涨价为目标的销售激励措施：Z公司要求用户每年续订数据库服务的价格涨幅在10%以上。为确保实现涨价目标，Z公司采取严格的内部管理和奖罚措施。

(二) 独家安排

独家安排是反垄断执法近年来关注的重点问题。独家安排本身并非必然损害市场竞争的行为，然而如果独家合作没有正当理由，导致排除、限制竞争的效果，则会被认定违反《反垄断法》。

1. 独家安排的表现形式

本案中，国家市场监督管理总局认定Z公司通过独家合作限定学术期刊出版单位、高校只能向其提供学术文献数据的行为构成了《反垄断法》所可能禁止的限定交易行为，具体而言：

（1）当事人通过独家合作限定学术期刊出版单位、高校只能向其提供学术文献数据：Z公司分别要求学术期刊出版单位和高校不得向其他竞争性平台授权使用相关文献数据以及不得向其他竞争性平台提供博硕士学位论文数据。

（2）Z公司采取多种奖惩措施保障独家合作协议实施，包括：

①根据是否独家合作，支付差别性的版权使用费：签订非独家合作协议的版权方，仅能

按销售额的11%左右获取版权使用费;签订独家合作协议的版权方,则能获得数倍以上版权使用费。

②通过免费提供学术不端检测等服务,要求学术期刊出版单位、高校执行独家合作协议。

③通过多种方式,要求学术期刊出版单位停止与其他竞争性平台合作:Z公司通过检索,监测独家合作协议的执行情况,如发现学术期刊出版单位在其他竞争性平台发布相关学术文献,则要求其停止与其他竞争性平台合作,同时向相关竞争性平台发函,要求删除相关数据。

2. Z公司所实施的独家安排不具有正当理由

《国务院反垄断委员会关于平台经济领域的反垄断指南》第15条规定了造成垄断的独家交易的合法化情形,为独家安排的实施者提供了可能的抗辩基础,其中包括:

(1) 为保护交易相对人和消费者利益所必须;

(2) 为保护知识产权、商业机密或者数据安全所必须;

(3) 为保护针对交易进行的特定资源投入所必须;

(4) 为维护合理的经营模式所必须;

(5) 能够证明行为具有正当性的其他理由。

本案中,Z公司提出了如下抗辩理由,但是国家市场监督管理总局没有支持其主张,仍然认定Z公司的行为不具有正当性。

表8-4 "Z公司的抗辩理由"与"处罚决定的反驳意见"[①]

Z公司提出的抗辩理由	处罚决定的反驳意见
未强迫合作对象签署独家合作协议	Z公司凭借市场支配地位,主动签订格式化独家合作协议,要求学术期刊出版单位、高校授权Z公司独家使用期刊、博硕士学位论文数据,并以多种手段保障独家合作协议实施。
独家合作行为并非出于滥用市场支配地位的主观目的	排除、限制竞争的主观意图明显,破坏了公平竞争的市场秩序。
结合相关市场情况和行业情况看,独家合作形式具有一定程度的合理性	从行业合作模式看,除Z公司与学术期刊出版单位、高校签订大量独家合作协议外,境内同行业竞争者较少与学术期刊出版单位、高校签订独家合作协议。调查表明,Z公司独家合作行为不利于行业规范健康发展,不具有合理性。

---

① 参见国家市场监督管理总局官网,https://www.samr.gov.cn/index.html。

续表

Z公司提出的抗辩理由	处罚决定的反驳意见
独家合作未对学术发展产生重大负面影响，近年来Z公司独家合作学术期刊的被引用量和下载量均稳步提升，且学术期刊出版单位可以在其自有网站上发布，并未影响期刊论文的有效传播和交流使用	学术资源具有多栖性，学术期刊出版单位在自有网站上的发布只是众多传播渠道之一，独家合作限制了学术资源的传播渠道，影响了学术期刊获得更多市场机会。独家合作行为影响了学术交流及传播，期刊论文被引用量和下载量在Z公司的提升，并不能说明独家合作行为未产生不利影响，如果不存在独家合作行为，更有利于相关学术期刊广泛传播。
保护知识产权的效果	调查证据和大量诉讼表明，独家合作未产生Z公司所声称的保护知识产权的效果，独家合作与保护知识产权并没有必然联系。

四、合规要点解读

（一）谨慎对待"独家安排"

即使是对于具有市场支配地位的企业，独家安排也并非当然违法，需要评估行为是否具有排除、限制市场竞争的效果。锁定效应通常是涉及平台市场的案件中对相关行为是否排除、限制竞争的重要考量因素之一。因此，对于具有支配地位或市场主导地位的企业来说，在实行独家安排（特别是与关键或大量的客户/供应商签订该等安排）之前应当进行更加谨慎和全面的反垄断合规评估。本案中，国家市场监督管理总局对于锁定效应进行了定量的分析：

2014年以来，Z公司每年达成独家合作协议的期刊数量为920种至1525种不等。其中，独家合作的北京大学中文核心期刊数量为575种至993种不等，占Z公司独家合作期刊总量的比例一直保持在62%以上。2014年以来，Z公司独家合作的高校数量和占比逐年增长，2022年5月达490家，占与Z公司合作高校总数的63.1%。

对于平台类企业的"二选一"或独家安排，从目前执法趋势来看，执法机关仍趋向于采取更为严格的审查态度。具有较强市场力量的（特别是具有平台经济特征的）企业要求交易相对人独家合作需要特别关注反垄断合规的问题。

执法机关对独家安排采取较为严格的态度，执法机关会具体分析当事人提出的合理理由是否足以抵消独家安排所带来的排除、限制竞争的效果。具有市场支配地位的企业，在判断独家安排是否具有合理理由时，不能只流于表面的分析，而应当基于行业情况，分析合理理由是否足以抵消独家安排所带来的锁定效应对于竞争的损害。

（二）注意评估"不公平的高价"

"不公平的高价"并没有统一量化标准，反垄断执法机构不会推行一个各行业通行的"最高利润率"，而是会根据具体行业的实际竞争状况，找到有可比性的对比目标，例如，历史上价格与成本的变动情况、可比的竞争对手的价格或成本、国家的指导价格等，通过对比的方式，个案判断具有市场支配地位的企业是否不公平地制定了过高的垄断价格。其他司法辖区的执法机关也在部分认定不公平高价的处罚先例中将"利润率/回报率"作为定价是否过高的考量因素，例如，意大利竞争管理局在其2016年处罚的阿斯彭滥用市场支配地位过高定价案中，采取了竞争者之间价格比较法，通过考虑了两家最大的药企在2013年至2014年的平均回报水平，认定了合理的销售回报率；英国竞争与市场管理局在2016年处罚的辉瑞与弗林抗癫痫药垄断高价案中，采取了历史价格成本比较法，通过计算辉瑞与弗林的相关成本，并在参考了英国药品价格监管计划后，认定了合理的销售回报率。

不公平高价的执法案例较多集中于具有公益性的行业（如原料药行业、公共事业、市政工程行业等），本案中，Z公司最初也是在国家大力支持下发起的"知识基础设施工程"。对于具有公益性的企业，在大幅提升产品价格时，应当特别关注是否存在"过高定价"的风险，通过历史价格成本比较法和竞争者之间价格比较法，针对产品的定价和销售价格进行充分的检视，以避免因"价格过高"产生滥用市场支配地位的合规风险。

五、延伸阅读

根据对我国反垄断执法机关公告案件的整理，截至2022年12月，包括本案，反垄断执法机关共计查处了10起涉及不公平高价的案件，其所采用的认定不公平高价的方法和相关事实总结如下。从过往案例中可以看出，历史价格成本比较法是最常使用的分析方法。

表 8-5[①]

案件	认定不公平高价的方法	相关事实
H公司垄断高价案（2013年）	历史价格成本比较法	当事人连年推高砂价，河砂价格提价幅度高达54.5%，明显超过正常的成本上涨幅度20%以上。

---

① 来源：https://mp.weixin.qq.com/s?__biz=MzA5MDQxNDcyMg==&mid=2648972765&idx=2&sn=3aff0a19850405163b4c89bfa49715ae&chksm=881cb630bf6b3f26bca9ebbb2b566e90446f344e24085662725911c96f30af23a3ba57937dc1&scene=27，2023年12月1日访问。

续表

案件	认定不公平高价的方法	相关事实
G公司滥用市场支配地位案（2015年）	许可费是否与专利价值相当	截至2014年1月1日，在当事人持有的无线标准必要专利中，有部分相关专利已经过期，且包含一定数量的重要无线标准必要专利。尽管当事人不断有新的专利加入专利组合中，但当事人未能提供证据证明新增专利价值与过期无线标准必要专利价值相当。同时，当事人不向被许可人提供专利清单，且与被许可人签订的长期甚至无固定期限的许可协议中约定了一直不变的专利许可费标准。 此外，当事人对外许可的专利组合中包含了具有核心价值的无线标准必要专利和对被许可人价值并不确定的非无线标准必要专利。对于被迫接受当事人"一揽子"专利许可的被许可人，当事人在坚持较高许可费率的同时，以超出当事人持有的无线标准必要专利覆盖范围的整机批发净售价作为计费基础，显失公平，导致专利许可费过高。
湖北5家天然气公司滥用市场支配地位案（2016年）	历史价格成本比较法	当事人收取的安装费用明显大幅度高于实际发生的经营成本。当事人在非安装中使用建设安装材料（含配套设备）的计费价格，大幅高于实际采购价格。
	竞争者之间价格比较法	当事人收取的安装费用和利润，明显大幅高于其他相同经营者。
异烟肼原料药（2017年）	历史价格成本比较法	2017年以来，当事人销售的平均价格为2016年平均价格的3.52倍，销售价格大幅上涨。在成本和下游制剂企业需求量基本稳定的情况下，上述销售价格上涨明显超过正常幅度。
扑尔敏原料药垄断案（2018年）	历史价格成本比较法	2018年7月，当事人以2940元/公斤的价格销售扑尔敏原料药，该销售价格为当事人采购扑尔敏原料药平均成本的3—4倍。上述销售行为实施期间，扑尔敏原料药生产和采购成本并没有发生重大变化，出厂价格和进口价格基本稳定。
注射用葡萄糖酸钙原料药垄断案（2020年）	历史价格成本比较法	当事人购买注射用葡萄糖酸钙原料药后，以超过成本价数倍的价格对外销售。2014年注射用葡萄糖酸钙原料药的市场价格为40元/公斤左右。当事人控制销售市场后，以明显不公平的高价向制剂生产企业销售。与2014年相比，2017年注射用葡萄糖酸钙原料药销售价格上涨达19—54.6倍。
氯解磷定原料药垄断（2021年）	历史价格成本比较法	当事人的销售价格是采购原料药进价的5—10倍。当事人获得市场支配地位后以明显不公平的高价销售原料药，2018年至2019年该原料药销售价格是2014年12月的26.09—52.17倍。

除上述反垄断执法案件外，在近期的司法案例中，法院认定不公平高价除了采取历史价格成本比较法之外，也采取了竞争者之间价格比较法，具体总结如下：

表 8-6①

案件	认定不公平高价的方法	相关事实
王某与北京某房地产经纪有限公司滥用市场支配地位纠纷案（2020年）	竞争者之间价格比较法为主，同时考虑历史价格成本比较法	在房产经纪服务市场内，市场规模偏大的多家服务提供者服务模式比较近似，服务市场费率均维持在2.2%上下。 市场上的主要服务提供者都投入了相对较高的成本，因此该类服务者服务费率定价保持在一个相近的水平，具有一定的合理性。
Y药业集团广州某药业有限公司、Y药业集团有限公司与合肥某医药股份有限公司、合肥某药业有限公司、南京某药业股份有限公司垄断纠纷案（2020年）	历史价格成本比较法	从涉案原料药的历史记录看，销售单价15600元/kg，一年之后，医工公司的销售单价涨至19900元/kg，该价格维持长达五年时间。因此，基于成本分析，从涉案原料药历史纵向销售价格进行比较，19900元/kg销售单价应当是比较公平、合理的价格。没有正当理由，超出此价格销售就意味着缺乏正当、合理性。现两被告将涉案原料药的售价提升到48000元/kg，被告恩某特公司的生产成本却并未改变，上涨原料药价格使得其在涉案原料药制剂市场获得了额外的竞争优势。
某技术有限公司与某数字技术公司、某数字通信有限公司、某数字公司滥用市场支配地位纠纷上诉案（2013年）	竞争者之间价格比较法和历史价格成本比较法	从某数字对某公司就涉案必要专利许可费问题前后次报价来看，均明显高于某数字对其他公司的专利许可费……而且，即使就同样方式授权许可的专利使用费用来看，某数字拟对某公司一次性收取的固定专利许可使用费，亦均明显不合理地高于其授权给美国某公司的一次性专利许可使用费用。 本案所涉商品是某数字在3G无线通信领域的相关必要专利，作为一种已被专利所固定下来的技术，当其成为必要专利后，其成本已经基本稳定。而且，某数字在2009年至2011年所收取的专利使用费逐年下降。在此情况下，某数字仍对全球手机销售量排名、综合实力远远不及美国某公司、韩国某公司等的某公司提出收取过高许可费，显然缺乏合理性和正当性。

---

① 来源：https://mp.weixin.qq.com/s?__biz=MzA5MDQxNDcyMg==&mid=2648972765&idx=2&sn=3aff0a19850405163b4c89bfa49715ae&chksm=881cb630bf6b3f26bca9ebbb2b566e90446f344e24085662725911c96f30af23a3ba57937dc1&scene=27，2023年12月1日访问。

案例五：T公司收购Y集团股权违法实施经营者集中案

一、案例情况介绍

2016年7月，T公司以业务（主要是××音乐业务）投入Y集团，获得Y集团61.64%股权，取得对Y集团的单独控制权。2016年12月，整合后的Y集团更名为T集团。2017年12月，交易完成股权变更登记手续。该项收购、合并未及时向反垄断执法机构申报。

2016年7月集中发生时，T公司和Y集团的月活跃用户数，市场份额分别为33.96%、49.07%；市场份额分别为45.77%、39.65%，集中双方均列市场前两位，合计市场份额超过80%。2016年集中双方在相关市场的销售金额约占相关市场总收入的70%。以音乐版权核心资源占有率计算，曲库和独家资源的市场占有率均超过80%。

2021年7月，国家市场监督管理总局针对T公司控股有限公司于2016年7月收购中国音某集团股权涉嫌违法实施经营者集中，公布了行政处罚决定书。国家市场监督管理总局对T公司处以50万元顶格罚款并责令T公司及其关联公司于30日内解除独家版权、停止高额预付金等版权费用支付方式等，恢复市场竞争状态。国家市场监督管理总局深入调查了本次交易中违法实施经营者集中的事实，并对参与集中的经营者在相关市场的份额、控制力、集中度以及对市场进入和消费者影响等因素做出详尽的分析。不仅如此，国家市场监督管理总局还广泛征求有关政府部门、行业协会、专家学者、同业竞争者意见，最终作出了本次处罚决定。[①]

在分析交易的竞争影响时，国家市场监督管理总局认定本案相关市场为中国境内网络音乐播放平台市场。同时，在分析并购双方的市场地位时，除了收入规模外，国家市场监督管理总局也参考了月活跃用户数，同时也将用户月使用时长纳入考量标准。通过这些标准，国家市场监督管理总局认定双方在2016年时均列市场前两位，合计市场份额超过80%。此外，国家市场监督管理总局认为交易减少相关市场主要竞争对手，会进一步提高相关市场进入壁垒，削弱市场竞争。

二、合规义务来源

在我国，规制经营者集中行为的主要法律及政策性文件包括《反垄断法》、《国务院关于经营者集中申报标准的规定》、《经营者集中审查规定》以及《经营者集中反垄断合规指引》等。

---

① 参见国家市场监督管理总局官网，https://www.samr.gov.cn/index.html。

(一)《反垄断法》

对经营者集中进行审查的中心环节就是申报和审查。在申报制度下,监管机构一般不事先介入审查,而是由被监管者主动向监管机构申报,监管机构再对其申报事项进行审查并作出决定;只有当被监管者不履行申报义务,监管机构才会主动启动审查和制裁程序。从一些国家的立法及司法实践来看,大多数国家都采用申报制度,我国反垄断法也实行经营者集中事先申报制度。

《反垄断法》第20条规定,经营者集中是指下列情形:(一)经营者合并;(二)经营者通过取得股权或者资产的方式取得对其他经营者的控制权;(三)经营者通过合同等方式取得对其他经营者的控制权或者能够对其他经营者施加决定性影响。第21条规定,经营者集中达到国务院规定的申报标准的,经营者应当事先向国务院反垄断执法机构申报,未申报的不得实施集中。第48条规定,经营者违反本法规定实施集中的,由国务院反垄断执法机构责令停止实施集中、限期处分股份或者资产、限期转让营业以及采取其他必要措施恢复到集中前的状态,可以处五十万元以下的罚款。

(二)《国务院关于经营者集中申报标准的规定》

根据《国务院关于经营者集中申报标准的规定》第3条的规定,经营者集中达到下列标准之一的,经营者应当事先向国务院反垄断执法机构申报,未申报的不得实施集中:

1. 参与集中的所有经营者上一会计年度在全球范围内的营业额合计超过120亿元人民币,并且其中至少两个经营者上一会计年度在中国境内的营业额均超过8亿元人民币;

2. 参与集中的所有经营者上一会计年度在中国境内的营业额合计超过40亿元人民币,并且其中至少两个经营者上一会计年度在中国境内的营业额均超过8亿元人民币。

营业额的计算,应当考虑银行、保险、证券、期货等特殊行业、领域的实际情况,具体办法由国务院反垄断执法机构会同国务院有关部门制定。

(三)《经营者集中审查规定》

根据《经营者集中审查规定》第30条,在审查过程中,国家市场监督管理总局根据审查工作需要,可以通过书面征求、座谈会、论证会、问卷调查、委托咨询、实地调研等方式听取有关政府部门、行业协会、经营者、消费者、专家学者等单位或者个人的意见。

根据《经营者集中审查规定》第31条,审查经营者集中,应当考虑下列因素:(一)参与集中的经营者在相关市场的市场份额及其对市场的控制力;(二)相关市场的市场集中度;

（三）经营者集中对市场进入、技术进步的影响；（四）经营者集中对消费者和其他有关经营者的影响；（五）经营者集中对国民经济发展的影响；（六）应当考虑的影响市场竞争的其他因素。

（四）《经营者集中反垄断合规指引》

根据《经营者集中反垄断合规指引》第5条，经营者集中达到申报标准的，经营者应当事先向国家市场监督管理总局申报，未申报或者申报后获得批准前不得实施集中。未达到申报标准，但有证据证明该经营者集中具有或者可能具有排除、限制竞争效果的，国家市场监督管理总局可以要求经营者申报并书面通知经营者，经营者应当依法申报。

经营者集中有下列情形之一的，可以不向国家市场监督管理总局申报：（1）参与集中的一个经营者拥有其他每个经营者50%以上有表决权的股份或者资产的；（2）参与集中的每个经营者50%以上有表决权的股份或者资产被同一个未参与集中的经营者拥有的。

三、合规风险识别

本案意义重大。首先，这是中国的反垄断执法机关自2008年《反垄断法》实施以来第一次对于未依法申报交易不仅处以罚款，而且附加了限制性条件。其次，更重要的是T公司所承诺采取的一些合规措施似乎不仅限于本次交易本身，而且对于其未来在网络音乐播放平台市场上的商业模式以及从事并购交易均有较深远的影响。以下是针对此案的合规风险分析：

（一）违反《反垄断法》的法律风险和责任

经营者违反反垄断法有关经营者集中规定，可能面临以下法律风险或者承担以下法律责任：（1）违法实施集中，且具有或者可能具有排除、限制竞争效果的，由国家市场监督管理总局依法责令停止实施集中、限期处分股份或者资产、限期转让营业以及采取其他必要措施恢复到集中前的状态，处上一年度销售额10%以下的罚款；不具有排除、限制竞争效果的，处500万元以下的罚款。（2）对国家市场监督管理总局依法实施的审查和调查，经营者拒绝提供有关材料、信息，或者提供虚假材料、信息，或者隐匿、销毁、转移证据，或者有其他拒绝、阻碍调查行为的，由国家市场监督管理总局依法责令改正，对单位处上一年度销售额1%以下的罚款，上一年度没有销售额或者销售额难以计算的，处500万元以下的罚款；对个人处50万元以下的罚款。（3）违法行为情节特别严重、影响特别恶劣、造成特别严重后果的，国家市场监督管理总局可以在第（1）（2）项规定罚款数额的二倍以上五倍以下确定具体罚款数额。（4）因违法行为受到行政处罚的，按照国家有关规定记入信用记录，并向社会公示。(5)实施垄断行为,给他人造成损失的,依法承担民事责任,损害社会公共利益的,可能面临民事公益诉讼。(6)违法行为构成犯罪的,依法追究刑事责任。

通过收购,T公司显著提升了在音乐市场的支配地位,其与中国音某集团的合并导致市场份额和控制的音乐版权数量远超其他竞争对手。这种市场份额的合并,特别是在市场占有率和独家版权控制方面超过80%,构成了对市场竞争的限制,违反了《反垄断法》中禁止滥用市场支配地位的规定。根据《反垄断法》,涉及达到一定规模的经营者集中(合并或收购)必须事先向反垄断执法机构申报并获得批准。T公司在收购中国音某集团股权的过程中未进行事先申报,直接违反了这一法律要求。该案件为企业未来在并购交易中的经营者集中申报的合规义务敲响警钟,值得企业予以高度关注。

(二)行政监管与处罚

国家市场监督管理总局要求T公司终止音乐独家版权。中国监管机关此前密切关注T公司与上游版权方之间的独家协议,不排除国家市场监督管理总局借此次的未依法申报处罚决定,同时规范遭诟病已久的网络音乐独家版权问题。国家市场监督管理总局在处罚决定中,责令T公司采取措施恢复相关市场竞争状态,具体措施包括:

1. 要求T公司采取行动并于三十日内解除独家音乐版权;

2. 无正当理由不得要求上游版权方授予T公司优于竞争对手的条件;

3. 停止通过高额预付金等版权费用支付方式以变相提高竞争对手成本。

T公司对于其未来的并购交易在经营者集中申报方面做出了以下的承诺:

1. 在未来交易时,如果交易达到国务院规定的申报标准的,应当事先向国家市场监督管理总局申报;

2. 如果交易未达到申报标准,但是交易可能产生具有排除、限制竞争效果的,需要事先申报;

3. 如果相关交易未构成需要进行申报的经营者集中,不得参与相关企业除法律规定的保护小股东权益相关事项的经营决策。

从这些承诺来看,第一条的申报要求适用于所有企业,即在其交易满足申报标准时需要依法进行申报;但是从第二条开始T公司似乎承诺了高于一般经营者集中申报义务的要求,对于某些交易,即使交易方的营业额未达到申报标准,只要是"可能会产生具有排除、限制竞争效果的交易"也需要事先申报。目前对于未达到申报标准的交易,如果交易可能会带来竞争问题,虽然反垄断执法机关有权主动或者根据举报进行调查,但相关企业一般无义务主动事先进行申报。由于《反垄断法》并未明文解释何谓"可能会产生具有排除、限制竞争效果的交易"，而且反垄断执法机构有较大的自由裁量权，这也就意味着，如果未来有企业面临类似处罚，在判断未达到申报标准的交易是否进行经营者集中申报时，需要逐案分析交易可能带来的竞争影响，并且在没有把握的情况下，可能需要事先进行申报。第三条则更加具体地限定了 T 公司在其交易未构成经营者集中交易下，其所能获得的权利仅限定于法定的小股东权益。

（三）未来商业模式影响

虽然本案的处罚决定是限于一个未申报的交易，但是该处罚决定却会对 T 公司未来从事少数股权交易投资所能拥有的公司治理方面的权利产生较大影响。

首先，类似的处罚决定将会对违法公司未来的商业模式产生巨大影响。以本次 T 公司的处罚决定为例，此次处罚对 T 公司的业务模式带来重大影响，会很大程度上改变未来 T 公司在与其他音乐授权人签署版权授权协议时的策略。未来国家市场监督管理总局在其他未依法申报交易的处罚中附加相关条件时，也有可能以相关限制性条件作为重要的手段整治各个行业中存在或潜在的垄断问题。其次，类似的处罚决定会直接影响公司未来的并购交易。如前所述，国家市场监督管理总局对 T 公司处罚决定还会影响其日后的并购交易。不仅是 T 公司，任何企业在受到此类处罚决定后都可能影响到其未来评估一项交易是否需要进行经营者集中申报。

根据《反垄断法》的规定，公司在判断交易是否触发反垄断申报时，仅需要考虑交易是否构成经营者集中（考虑因素是收购方是否取得目标的控制权）、交易是否达到经营者集中申报门槛。但如若面对上述的处罚结果，企业则需要在收购并购之前：

1. 考虑其在少数股权收购交易中是否会取得除法律规定的小股东权益以外的权利，继而会使得该少数股权收购交易被视为经营者集中、在营业额达到门槛的前提下需要申报；或者考虑选择放弃法定的小股东权益以外的权利；及

2. 就构成经营者集中但未达到营业额申报标准的交易，分析该交易是否具有排除、限制市场竞争的作用，继而判断是否需要事先进行申报。

（四）违约责任风险

本次处罚决定要求 T 公司及其关联公司对已经与上游版权方达成的独家协议在处罚决定发布之日起 30 日内进行解约。因此，对于需要在限期内解约的那些独家版权协议，T 公司可能需要向协议对方承担相关违约及/或侵权责任。企业对此类因监管行为引起的由企业自身承担的违约/侵权风险应有所认识，并及时进行风险管理。

（五）后续诉讼风险

若 T 公司解约处理不当，则被解约方可能就 T 公司的解约行为发起民事诉讼或仲裁要求其承担违约及/或侵权责任。另外，受到损害的 T 公司的竞争者及相关消费者也可提起违约及/或侵权诉讼。企业应提高对于行政调查或处罚可能引起后续诉讼风险的认识，及时进行风险管理。

综上所述，T 公司收购中国音某集团股权的案例揭示了战略扩展中可能忽视的合规风险，尤其是在反垄断法遵从、市场公平竞争及伦理实践方面。各行各业的企业要提高警惕，避免"未依法申报"行为对企业的经营和未来从事并购交易的能力带来不利影响。

四、企业合规管理启示

（一）相关市场竞争状态的恢复

根据国家市场监督总局相关资料，2014 年至 2021 年反垄断执法共公布 110 起未依法申报的案例，其中涉及互联网领域的未依法申报案例共四批 44 件。[①] 上述案件国家市场监督总局经审查后认为其均不具有排除、限制市场竞争的效果，仅对相关经营者处以 50 万元罚款。而本案除顶格罚款 50 万元外，系《反垄断法》实施以来首次针对违法实施经营者集中责令采取必要措施恢复市场竞争状态。

在中国网络音乐播放平台市场竞争中，T 公司长期以高额预付版权金、资本控制版权方等多种方式抢占独家版权，导致其他平台逐渐缺失头部版权，可能导致版权方、消费者在 T 公司下的网络音乐平台与竞争平台之间作出"二选一"的选择。在版权交易中，T 公司通常也会要求版权方给予其优于其他竞争平台的条件，如独家首发、艺人直播等，并利用自身宣发、流量等资源实施牵制，要求版权方不得向其他平台提供同等或更优的合作条件，以此实现最优条件交易效果。此外，T 公司还不断利用自身影响力向版权方、竞争平台施压，逼迫其他平台在商务模式上与其趋于一致，挤占其他平台的生存空间。上述行为，已经成为影响相关市场公平竞争的重要痛点。

处罚措施直指恢复中国网络音乐播放平台市场竞争秩序，是处罚决定书中的核心内容，对市场中其他竞争者释放重大利好，对我国网络音乐产业持续健康发展必将产生深远影响。本次有利于我国网络音乐平台与国际接轨，逐步实现"按实际使用情况结算版权费用"，缓解当前计费模式不合理、预付金过高等问题。而对于独立音乐人、新歌首发等小

---

① 参见国家市场监督管理总局官网，https://www.samr.gov.cn/index.html。

范围合作保留一定程度的豁免，也意味其他市场竞争者仍应建立主动竞争意识，积极参与市场竞争。

（二）投资行为的规制与行业生态调整

通过投资并购构建完整的内容产业链和生态系统，实现资源和流量内循环变现，是 T 公司运用资本力量的整体逻辑。近年来，通过投资并购获取资源、抢占市场、构建生态已经成为包括 T 公司在内的互联网企业的重要发展手段。

国家市场监督总局对 T 公司投资行为的全面监管，展现出在法治框架内的主动监管、长效监管的姿态，对资本无序扩张实施规制和引导。

（三）反垄断长效机制的建立

国家市场监督总局从规范竞争、落实平台主体责任和完善反垄断合规制度等方面责令 T 公司建立长效机制，致力于解决 T 公司当前在经营行为中的合法合规、平台主体责任、消费者权益保护等问题。企业可以根据业务规模、业务涉及的主要司法辖区、所处行业特性及市场状况、业务经营面临的法律风险等制定反垄断合规风险管理体系及管理制度，或者将反垄断合规管理要求嵌入现有整体合规制度中。企业建立并实施良好的合规管理制度不仅有利于更好地防范和规避竞争法律风险，也可以在部分司法辖区作为减轻处罚责任的依据。

具体而言，经营者应根据反垄断法相关规定、司法执法等实务动态以及自身业务状况、规模大小、行业特性等，建立相适应的反垄断合规管理体系，并贯穿决策、执行、监督全过程，包括但不限于开展以下工作：建立覆盖经营者各业务领域、部门、分支机构的反垄断合规管理制度、行为规范以及重点领域专项反垄断合规管理制度；建立反垄断合规风险识别机制和审核机制，全面系统梳理经营管理活动中存在的合规风险，规章制度制定、重大事项决策、重要合同签订、重大项目运营等经营管理行为必须通过反垄断合规审核，及时防范典型性、普遍性和可能产生较严重后果的风险；建立反垄断合规的职责分工和违规问责制度，明确部门、人员责任范围以及责任承担标准；开展反垄断合规管理体系评估，定期对反垄断合规管理体系的有效性进行分析，对重大或反复出现的合规风险和违规问题，深入查找根源，完善相关制度，堵塞管理漏洞，强化过程管控，持续改进提升；推动合规管理与法律风险防范、监察、审计、内控、风险管理等工作相统筹、相衔接，确保合规管理体系有效运行。

平台经济因其独特的跨界竞争、动态竞争、"赢者通吃"、高度聚集化等特点，更容易产生垄断、间接侵权等问题。处罚措施为 T 公司的内部治理规则完善提供了价值导向，以监管的方式为外部竞争者与 T 公司公平竞争、平等合作扫除障碍。在建立行之有效的内部反垄断合规制度的同时，做到制度的有效执行，重视合规意识培养，从驱动内在合规入手，强调维护公平竞争的自觉性，这对于相关市场其他竞争主体也具备一定的示范意义。

相对于其他企业，平台企业更容易采取掠夺性定价、搭售、价格歧视等手段损害消费者权益。责令T公司保护消费者权利、隐私并合理定价，也将进一步强化T公司的消费者权益保护意识。同时，落实平台主体责任，要更加积极、主动维护公平竞争，推动行业创新发展。

五、延伸阅读：因垄断行为引发的行政法律风险

在行政执法模式的反垄断法中，反垄断行政执法机关是执行反垄断法的主要机构。在这种情况下，违反反垄断法的法律责任主要为行政责任。这些行政责任主要包括被处以禁止令、没收违法所得、罚款、拆分企业等。多数司法辖区对垄断行为规定大额罚款，有的司法辖区规定最高可以对企业处以集团上一年度全球总营业额10%的罚款。

（一）禁止令

禁止令通常禁止继续实施垄断行为，也包括要求采取整改措施、定期报告、建立和实施有效的合规制度等。《反垄断法》第46条至第48条都规定，在经营者违反法律规定的情况下，反垄断执法机关应责令停止违法行为。同时，为了督促违法者尽快履行其义务，执法机关还可能对拒不执行或者拖延执行其规定或禁令的违法者处以延迟罚金。

（二）没收违法所得

没收违法所得是行政处罚中的重要规定，理由是不能让不法分子不当获利。例如，《反垄断法》第46条和第47条规定了反垄断执法机构可按法律规定没收违法所得。但应注意，世界上很多反垄断法并没有没收违法所得的规定。其理由：一是执法机关一般难以计算出违法者的违法所得；二是因为各国反垄断法一般对违法者都有行政罚款，而行政罚款的金额往往远超违法者的违法所得，具有足够大的威慑力，因此无须再规定没收违法所得。据此，企业应根据不同国家反垄断法的规定进行判断。

（三）罚款

反垄断行政执法机关对违法者处行政罚款是反垄断法为预防和制止违法行为所采取的最重要的法律手段，也是最常用的法律手段。

第九章

反不正当竞争合规

> 常见的不正当竞争行为包括混淆行为、商业贿赂行为、虚假宣传行为、侵犯商业秘密行为、不正当有奖销售行为、商业诋毁行为、网络领域的不正当竞争行为等。通过本章的学习，学员应明确不正当竞争领域违规可能导致的法律制裁、行政处罚和声誉损失等后果；了解合规管理要素在反不正当竞争合规领域的应用；准确识别企业内外部竞争合规风险；掌握反不正当竞争合规管理的相关规范与管制措施；学习反不正当竞争合规管理制度的建立与执行。

理论综述

反不正当竞争合规作为调整企业竞争行为的规范，其历史由来可追溯至19世纪末、20世纪初的西欧资本主义国家。随着工业革命的推进和市场经济的快速发展，不正当竞争行为逐渐凸显，对市场的公平竞争秩序造成了严重冲击。为了维护市场秩序和保护公平竞争，各国开始寻求法律手段进行规范。最早使用不正当竞争概念的是1883年的《保护工业产权巴黎公约》。该公约第10条明确规定："在工业或商业中任何违反诚实习惯的竞争行为都是不正当的竞争行为。"随后，德国于1896年制定了世界上第一部专门的《反不正当竞争法》，该法明确界定了不正当竞争行为的范围，并规定了相应的法律责任。此后，欧洲各国纷纷效仿，建立起自己的反不正当竞争法律制度。

我国反不正当竞争合规的发展历史起步较晚，但发展迅速。1993年，我国制定了《中华人民共和国反不正当竞争法》，这是我国第一部专门规范不正当竞争行为的法律。该法明确了不正当竞争的定义、类型以及相应的法律责任，为打击不正当竞争行为提供了法律依据。随着市场经济的深入发展和经济全球化的推进，我国反不正当竞争合规工作面临着新的挑战和机遇。为了适应新的形势和要求，我国不断对反不正当竞争法进行修订和完善，加强对不正当竞争行为的打击力度。

当前，反不正当竞争合规面临着诸多挑战和重点问题。首先，随着科技的快速发展，不正当竞争行为呈现技术性、隐蔽性的趋势，给监管和执法带来了新的难题。其次，新兴产业和商业模式的不断涌现，使得传统的不正当竞争行为认定标准面临挑战，需要不断完善和创新。此外，全球化背景下跨国公司的反不正当竞争合规问题也日益突出，需要加强国际合作与协调。

案例一：Y电商平台封号事件

一、案例情况介绍

Y电商平台是美国一家网络电子商务公司，是网络上最早开始经营电子商务的公司之一。

2021年5月，Y电商平台针对中国商家采取了"封号"措施，封号事件涉及约1000家企业，5万多个账号，预估损失超过千亿元，其中电商账户被冻结金额从数千万美元至数亿美元不等。其中有约600个中国品牌的销售权限被关闭，涉及这些品牌的约3000个卖家账号，包括消费电子、日用、家居和运动品类商品。深圳一家电商企业近340个站点被封、1.3亿元资金被冻结，成为目前已知Y电商平台对国内卖家采取措施最为严厉的案例。①

据Y电商平台方面表示，封号的原因绝大多数是被平台审查出"不当使用评论功能""向消费者索取虚假评论""通过礼品卡操纵评论"等违规行为。

二、合规义务识别

（一）我国反不正当竞争法对不正当竞争的定义

《反不正当竞争法》第2条第2款对不正当竞争作了界定："本法所称的不正当竞争行为，是指经营者在生产经营活动中，违反本法规定，扰乱市场竞争秩序，损害其他经营者或者消费者的合法权益的行为。"从上述规定来看，我国反不正当竞争法对不正当竞争的界定包含了以下构成要件：

1. 不正当竞争的主体是经营者。所谓经营者，按照《反不正当竞争法》第2条第3款的

---

① 参见Y电商平台官网。

规定，"是指从事商品生产、经营或者提供服务（以下所称商品包括服务）的自然人、法人和非法人组织"。从该项规定来看，从事不正当竞争经营者的范围，既包括依法登记成立并具有法人资格的企、事业单位、社会团体，也包括依法登记成立不具有法人资格的私营合伙企业、私营独资企业、合伙型联营企业等经济组织。作为经营者的个人，一般是指个人合伙、个体工商户和农村承包经营户等。我国反不正当竞争法规定，上述主体必须从事商品经营或营利，不从事商品经营或营利的法人、其他经济组织和个人即使实施了不正当竞争行为，也不构成不正当竞争。

2. 不正当竞争的违法性。不正当竞争行为必须是违反我国反不正当竞争法规定的行为，这是分析判断具体市场交易行为属正当竞争还是不正当竞争的根本标准。按照《反不正当竞争法》第2条第2款的规定，所谓违反本法规定，应当理解为是指违反《反不正当竞争法》第2章第5—15条的规定，即只有违反该章第5—15条规定的行为才构成不正当竞争。

3. 不正当竞争的侵权性。按照我国反不正当竞争法的规定，不正当竞争是侵犯其他经营者合法权益的行为，反映了民事侵权性质。任何一种通过不正当手段以获取竞争优势的不正当竞争行为都会损害市场经济中诚实经营者的合法权益，其合法权益包括其他经营者的知识产权、财产权、名誉权、经营权等合法权益。必须指出的是，不正当竞争行为不仅损害其他经营者合法权益，而且直接或间接损害了包括消费者在内的他人权益，例如，虚假广告、假冒、仿冒行为等，直接损害了消费者的利益。目前，我国反不正当竞争法仅将保护消费者合法权益作为该法第1条规定中的立法目的，而没有将之作为不正当竞争的损害对象来加以保护，消费者无法提起反不正当竞争之诉。

4. 不正当竞争是扰乱社会经济秩序的行为。竞争是市场经济的灵魂，通过竞争，可以优胜劣汰，充分调动经营者的生产经营积极性和创造性，优化资源配置，降低经营成本，促进市场经济的健康发展。而不正当竞争则是通过不正当的手段，助长恶劣的经营作风，妨碍正常的交易秩序，毒化社会风气，影响对外贸易。因此，不正当竞争行为会破坏健康的市场机制的形成。我国及世界各国之所以对不正当竞争行为进行规制是出于对市场秩序维护的目的。

（二）Y电商平台对商家封号的依据和原因解析

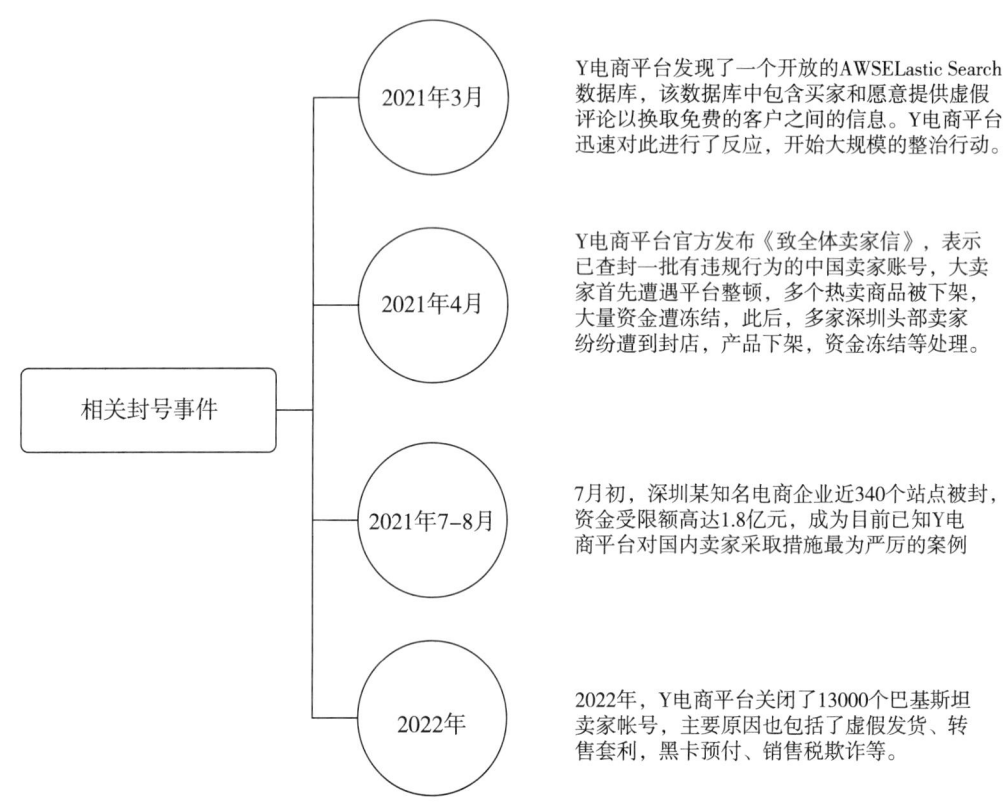

```
                    ┌─ 2021年3月    Y电商平台发现了一个开放的AWSELastic Search
                    │               数据库，该数据库中包含买家和愿意提供虚假
                    │               评论以换取免费的客户之间的信息。Y电商平台
                    │               迅速对此进行了反应，开始大规模的整治行动。
                    │
                    ├─ 2021年4月    Y电商平台官方发布《致全体卖家信》，表示
                    │               已查封一批有违规行为的中国卖家账号，大卖
                    │               家首先遭遇平台整顿，多个热卖商品被下架，
                    │               大量资金遭冻结，此后，多家深圳头部卖家
                    │               纷纷遭到封店，产品下架，资金冻结等处理。
  相关封号事件 ─────┤
                    ├─ 2021年7-8月  7月初，深圳某知名电商企业近340个站点被封，
                    │               资金受限额高达1.8亿元，成为目前已知Y电
                    │               商平台对国内卖家采取措施最为严厉的案例
                    │
                    └─ 2022年       2022年，Y电商平台关闭了13000个巴基斯坦
                                    卖家帐号，主要原因也包括了虚假发货、转
                                    售套利，黑卡预付、销售税欺诈等。
```

图 9-1　Y 电商平台相关封号事件

Y电商平台封号行为轰轰烈烈，波及了大批商家，在 5 个月的时间里，Y 电商平台关闭了约 600 个卖家品牌销售权限，涉及品牌数约 3000 个，包括一些大卖家。被关闭的卖家都有多次、反复、严重滥用评论行为，以及许多其他违规行为。Y 电商平台对这些卖家进行过多次警告，他们也有多次申诉机会，甚至恢复了一些停用过的账号。但是这些卖家持续违规，所以在 Y 电商平台多次提醒仍屡教不改之后，Y 电商平台选择采取封号措施。大规模的封号行为也给卖家一个重要警示：Y 电商平台对于违规操作的打击是严厉的，且对于跨境电商来说，合规是长期发展的关键，卖家应当在封号事件后考虑自身合规的重要性，以降低风险。从 Y 电商平台透露的信息来看，卖家在此次封号潮中涉及以下几种违规行为。

1. 知识产权侵权行为，如外观、商标、专利等侵权问题。Y 电商平台对知识产权的保护非常重视，如果商家侵犯了他人的知识产权，就可能面临封号的风险。Y 电商平台卖家拥有四种类型的知识产权：版权、商标权、发明专利权和设计专利权。被封号的卖家正是因为存在非法制造、剽窃、销售仿冒和假冒产品等违反 Y 电商平台知识产权规则的行为，账号最后

被封。

2. 产品质量问题。在此次被封号的商家中，有部分是因为销售的产品存在质量问题，如与描述不符、存在安全隐患等。商品质量问题会导致消费者投诉和退货率上升，进而引发Y电商平台的封号处罚。

3. 商家因操纵销售排名、提供误导性信息、人为增加网络流量等违规行为而遭到封号。这些行为违反了Y电商平台的公平竞争原则，损害了其他卖家的利益，因此Y电商平台会采取相应的措施进行处罚。

4. 商家如果关联多个账号或滥用评论等行为，也可能触发Y电商平台的封号机制。Y电商平台规定同一个身份在同一个站点不允许拥有多个账号，以避免不公平竞争。而滥用评论则会干扰买家的购物决策，破坏市场的公平竞争环境。

Y电商平台的封号政策是根据其平台规则和卖家行为准则制定的，目的是维护市场的公平竞争和买家的权益。在此次封号潮中，卖家操纵评论，通过购买评论、提供折扣或者赠品换取好评的行为，是典型的不正当竞争行为，不仅违反了我国《反不正当竞争法》，构成了不正当竞争行为，而且也违反了Y电商平台关于确保评论的真实性，严禁卖家操纵评论的规定，应当成为接下来卖家规范自身行为，达到企业合规的重点方向之一。

三、合规要点解读及建议

Y电商平台封号事件反映的是卖家绕不开的症结，即合规问题。跨境电商合规问题主要包括平台规则、知识产权、税务和政策法规风险等。Y电商平台等第三方跨境电商平台规则随时都在变更，而且不同的平台，规则不尽相同，需要卖家仔细留意并及时调整销售和营销策略。跨境电商出口产品在研发设计阶段、出口阶段和出现纠纷阶段都存在知识产权风险。在研发阶段，部分跨境电商品牌意识和知识产权观念落后，研发创新和精益制造不足，对国内外知识产权制度了解不够。出口阶段的知识产权风险主要来自出口目标国家对于第一层次知识产权的认定、授权、许诺、保护情况。在出现纠纷阶段，出口国的法律差异性和客户易收集证据等因素可能导致跨境电商卖家面临侵权风险而无法反驳。不同国家的政策、法规不同，甚至美国不同州，法律法规也不一样。《中国海关杂志》指出，在经营形式、仓库面积、是否可以开展分析、重新包装、贴标、税务处理、知识产权保护等方面，进口目标国海关可能会有不同的法规规定和监管要求。随着全球跨境电商的蓬勃发展，跨境电商征税议题成为全球关注热点，越来越多的国家或地区加强跨境电商税收监管，并探索和实践跨境电商征税模式和路径。例如，英国法律明确规定，所有在线销售商品均须缴纳增值税，一般标准税率达17.5%，优惠税率5%。自2021年1月1日起，欧盟执行针对跨境电商商品贸易的增值税

(Value Added Tax，VAT）规范化新法案。俄罗斯、日本、泰国、土耳其等国家也都相继出台相关的税收政策。随着监管趋严，欲开辟跨境电商市场的企业税务合规的重要性愈发凸显。

跨境电商野蛮生长的时代已经过去，因此，卖家要增强知识产权意识，尊重出口目的国的法律法规，认真学习平台规则，合规化运营。跨境电商企业应该打造特色品牌，做好定期侵权排查，杜绝侵权行为。在出口环节，只要源头不合规，那么后续的环节也无法合规开展。所以，卖家应该从产品设计入手，在设计产品之前，先了解目的国关于该产品的知识产权概况，如是否有已申请专利、商标或著作权的相关产品，在设计时如何避免侵权，以及如何对自己的产品进行知识产权保护等。对于所入驻的平台，要清楚了解平台规则，避免出现因为违反平台规则导致产品下架或者账户冻结等情况。比如，Y电商平台平台就禁止卖家将流量带离平台的各种行为。另外，卖家也应认真学习目的国的政策法规，遵守目的国的法律，避免出售违禁品。出口产品涉及清关环节，卖家也应提前了解目的国的清关政策，保证产品快速清关，给消费者带来良好的购物体验。

除了侵犯知识产权的行为，中国卖家还存在以购买评论，提供折扣或者赠品来换取好评的行为。购买好评，或以一定利益换取卖家删除差评，改成好评的行为是中国卖家常见的虚假评论行为，也称为诱导评论，其行为符合不正当竞争行为的特点，是不正当竞争行为的常见表现形式之一。由于电商平台的不断发展，在线评论在网络外部性作用下，评论内容逐渐透明化和公开化。平台商家为获利更大化改变传统营销模式，通过虚假评论、虚假宣传等方式获取竞争优势。而采取诱导评论既能使顾客从中受益，又能使商家从中获利。这也是目前商家用来提高商品声誉的主要方法。但是这样的行为会对消费者、商家自身以及平台都造成一定的负面影响，包括：

1. 诱导评论行为对消费者的影响

商品评论是消费者获得产品信息的重要来源。口碑对消费者购买行为影响至关重要。消费者倾向于在网上购物前搜索评论，以了解与购买相关的风险。

首先，当消费者对产品质量认知不确定时，产品的在线评论和销售信息会共同影响消费者的购买决策和公司的定价策略。在网上购物过程中，卖家和消费者之间存在信息不对称，买家在网上交易中获得的信息较少，其主要依靠网站上的产品描述、其他买家的评论以及与卖家的在线交流获得信息。

其次，线上市场从某种角度上看是无摩擦市场，消费者无法准确识别商家产品质量，而拥有更多信息的商家利用信息不对称诱导消费者，使消费者做出错误决策，并将错误信息传递给潜在消费群体，在违反诚信原则的同时使他人承担相应风险，这是对全社会信用体系建设的一种挑衅。

最后,通过诱导消费者给出好评,影响在线评论的真实性和公正性。商家好评多是消费者出于利益驱动,使产品真实评论信息被扰乱,在线评论失去应有的可信度。

2. 诱导评论行为对商家的影响

商家诱导消费者给予好评可以使其在短期内获得较高的收益,但长此以往,这种不正当竞争行为会影响电商平台商家信誉,客观上造成信用评级制度的失真,扭曲评价机制,降低其可信度,造成"劣币驱逐良币"。

首先,不正当竞争成为一种潜规则,扰乱市场公平竞争的经济秩序,导致成本提高,由此产生高昂成本加到商品价格中,并将成本风险转嫁给消费者,提高了市场准入成本和市场诚信成本。

其次,商家诱导消费者评论会不断降低消费者黏性,短期内消费者受好评返现影响,以好评数量提高商家信誉,但产品真实质量使得消费者降低对评论的信任度。

最后,由于消费者反馈信息失真,商家很难准确了解市场现状和消费者购买偏好,不利于商家根据消费者反馈提升产品和服务质量。若商家长期脱离市场真实情况,将导致产品质量下降,进而形成恶性循环。

3. 诱导评论行为对电商平台的影响

首先,诱导消费者好评对平台企业初期发展起积极作用,吸引大量消费者进入平台,但随着平台企业的诚信度不断下降,消费者无法准确识别产品真实信息,最终导致消费者对平台信任度下降,进而退出该平台。

其次,虚假评论泛滥会导致部分诚信商家被淘汰。在市场竞争下,不诚信商家通过诱导评论行为使得自身好评率增加,进而销量增加,从而可能导致诚信商家销量降低,以至于使诚信商家面临被市场淘汰的风险。评价体系的健康是电商生存的根本,商家诱导消费者好评的行为本质上属于虚假宣传,是透支商业信誉的做法。从长期来看,这将导致卖方之间的不公平竞争,损害了其他经营者对公平竞争和正常网上购物环境的权利,也不利于网络经济的持续繁荣。

加强合规管理是指跨境电商企业在经营过程中,积极遵守各国家的法律法规和监管要求,确保企业的操作与行为符合相关标准。跨境电商企业需要了解、遵守目标市场的产品质量标准和认证要求。

首先,企业合规应当将产品供应环节作为起点,选择有良好声誉的供应商,并建立质量管理制度,确保产品质量符合标准。在企业经营过程中,确保各项行为合规是贯穿其中的一条主线,对外业务的起点就是产品供应,因此企业从选择供应商开始就要确保自身行为合规。企业要对外开展业务,产品质量是打开市场的第一步,企业开展对外货物和服务贸易,应确保经营活动全流程、全方位合规,尤其应当注重自身产品质量,保障产品供应,提高产品质量标准。

其次,企业应重视知识产权保护,确保所销售的商品不侵犯他人的知识产权。为此,企业需要进行知识产权审查,确保产品和广告材料不存在侵权风险。同时,建议企业注册自身的商标、专利等知识产权,以保护自身的创新成果。为了防范和化解侵犯知识产权带来的合规风险,企业应当建立必要的制度和流程识别新的和变更的合规要求。企业可围绕创新或开发部门的关键岗位或者核心业务流程通过合规咨询、审核、考核和违规查处等内部途径识别合规风险,也可通过外部法律顾问咨询、持续跟踪监管机构有关信息、参加行业组织研讨等方式获悉外部监管要求的变化识别合规风险。通过分析违规或可能造成违规的原因、来源、发生的可能性、后果的严重性等进行合规风险评估。建立健全合规风险应对机制对识别评估的各类合规风险采取恰当的控制和处置措施。对于Y电商平台封号潮中众多因侵犯知识产权导致封号的商家来说,遵守Y电商平台关于知识产权的相关规定显得尤为重要。只有尊重知识产权,坚持独立创新,跨境电商才能得到良性发展,电商平台才有持续发展的空间。

最后,了解各方相关法律法规、政策规定,进行合同管理,并提供良好的售后服务是中国卖家促成海外交易的关键。跨境电商企业需要建立健全的合同管理体系,与供应商、物流公司、合作伙伴等签订明确的合同,并确保合同条款符合当地法律法规。在此过程中,企业应当全面掌握关于贸易管制、质量安全与技术标准、知识产权保护等方面的具体要求,关注业务所涉国家(地区)开展的贸易救济调查,包括反倾销、反补贴、保障措施调查等。只有全面了解目的国的相关法律法规,才能制定出合理的合同。合同管理涉及价格、质量、售后服务等方面的条款,有助于减少风险和纠纷。跨境电商企业还应建立健全的售后服务机制,包括退换货政策、维修保修等,确保消费者在购物过程中享受到可靠的售后支持。

确保企业合规是一项必须贯穿企业各项行为始终的工作任务,无论是进行对外交易,还是对内管理,合规都是其重要的组成部分。在确保企业合规的过程中,要持续不断地对员工进行合规培训,培训内容需随企业内外部环境变化进行动态调整,同时也要进行合规考核,考核应全面覆盖企业的各项管理工作。只有做好基本的合规工作,才能避免封号潮的再次发生。

四、延伸阅读

2021年5月初开始,大批中国卖家运营的品牌店铺被封停,涉及多个知名的头部跨境卖家。据悉,此次Y电商平台下重拳治理的不合规行为主要涉及虚假评论。即国内电商平台所谓"刷单炒信"。据Y电商平台称此次被封号的店铺大多数屡次作出违规行为且"明知故犯"的商家。那么所谓的刷单行为到底是什么性质呢？网络刷单行为，是指"网络商业平台的店家，为了形成本店或其商品的较好客户评价或其网络搜索排名等有利形象，而与人串通为其店铺或某个商品人为地增加销售量或好评数量的现象。"

通过总结各学者的观点，网络刷单行为至少具有三个方面的特征：

1. 主体复杂

网络刷单是指经营者为了吸引消费者的关注、提高自身"品牌价值"、恶意打击竞争对手或谋取平台福利而采取虚构交易获取评论和销量的"刷量"行为。概念上，刷单实施主体只有经营者和刷手，但现实中网络刷单主体不局限于此而是包含平台商家、刷单组织者、刷手，社交软件、快递服务点也能协助网络刷单，牟利其中。因此，主体复杂是网络刷单典型特征之一。

2. 行为隐蔽

网络刷单十分隐蔽，通常刷手和平台商家选择社交软件沟通，如此一来，电商平台无法判断交易的虚假性，而社交软件方因为个人隐私权的保护，不能阻止双方联络，也难以搜集证据，刷手和经营者可轻易避开市场监督管理部门的监管。因此，网络刷单通常表现为合法交易。根据中国互联网络信息中心第五十次《中国互联网络发展状况统计报告》显示，2022年上半年全国网上零售额6.3万亿元，这说明我国网购成交量巨大。电商平台的数据处理能力或许能对巨量的交易做形式审查，但难以做实质审查。一方面，刷手和经营者千方百计躲避监管，另一方面，监管方无法甄别混淆在正常交易中的刷单，刷单的行为隐蔽性可见一斑。

3. 低成本性

低成本性体现在两方面，一是违法成本低，二是行为成本低。违法成本低，指当前我国法律法规对网络刷单惩罚力度小，刷单获益远大于所受惩罚，处罚力度畸轻。根据《反不正当竞争法》第20条规定，一般情节的，处二十万元以上一百万元以下的罚款；情节严重的，处一百万元以上二百万元以下的罚款，可以吊销营业执照。由于处罚依据只判断直接获益，轻视间接利益，所以实际处罚力度小。比如，商家通过刷单获利20万元，其直接利益是20万元，间接利益是流量和日后流量的变现，后者获益远大于前者，却不是处罚依据。行政层面，刷单者所面临的实际违法成本低，主要是没收违法所得和罚金，少有吊销营业执照。以民事诉讼的方式打击刷单的效果更加有限。全国首例电商平台诉"刷手"案，反诉原告淘某网认为李某的多笔交易存在刷单行为，要求李某赔偿35万元，但考虑到李某难以承担该赔偿，最后变更诉讼请求为要求其赔偿1元。尽管法院认定李某行为构成虚假交易，属于违法行为，最终支持了淘某网索赔1元的主张，李某所受的处罚远小于获得的利益。刑事层面，现有案例表明我国一般仅追究刷单组织者的刑事责任，其他人员除非为组织刷单的共犯，否则不追究刑事责任。许多刷手正是因为网络刷单所受的惩罚力度低，才投入其中，所以较低的处罚力度无法阻止人们刷单。

案例二：K公司商业诋毁S公司案

一、案例情况介绍

S公司成立于1998年，在某年度中国轻工业五金行业十强企业榜中位列第一，其享有的"煮饭器和用于煮饭器的盖体组件"专利获得"中国专利金奖"。K公司成立于2012年。[①]

2019年，K公司通过官方媒体、广告宣传、新闻发布等多渠道公开指责S公司抄袭模仿K公司产品，并指责S公司在未获得K公司授权情况下盗用K公司专利技术生产相关商品。随后K公司以侵权为由将S公司告上法庭，并提出了高达百亿元的巨额索赔。彼时，微博上出现了一些关于支持K公司的热搜话题。S公司也立即向法院正式提起诉讼，指控K公司前述行为构成商业诋毁，索赔1500万元。

2019年10月	2019年11月	2020年12月	2021年6月
K公司在报纸上刊登整版广告，拉开与S公司商业诋毁大战序幕。此后，通过微博、微信公众号等各种方式，发布相关信息。	S公司向人民法院提起诉讼，指控K公司前述行为构成诋毁。	法院作出一审判决，认定K公司的行为构成对S公司的商业诋毁，判定K公司赔偿各项经济损失300万元。	二审法院作出终审判决，认定K公司商业诋毁成立，赔偿S公司各项经济损失300万元，并立即停止传播、编造虚假信息或误导性信息的行为。

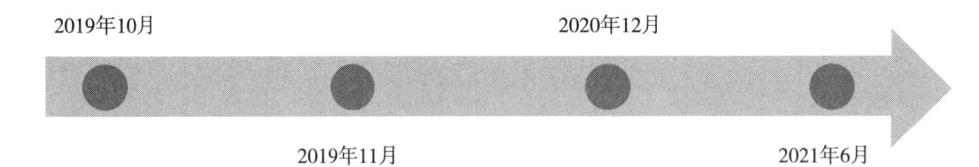

图9-2

2020年，法院一审判决，认定K公司的一系列行为构成了对S公司的商业诋毁，判定K公司向S公司赔偿各项经济损失计300万元。一审判决后，S公司、K公司均提出上诉。2021年，二审法院作出终审判决，认定K公司商业诋毁成立，判决其立即停止传播、编造虚

---

① 参见K公司官网。

假信息或误导性信息的行为，立即删除相关平台上的内容，并在媒体上刊登声明，为 S 公司消除影响，并赔偿 S 公司经济损失及为制止侵权行为所支付的合理开支共计 300 万元。

二、合规义务识别

《反不正当竞争法》第 11 条规定："经营者不得编造、传播虚假信息或者误导性信息，损害竞争对手的商业信誉、商品声誉。"商业诋毁行为又称商业诽谤，是指从事生产经营活动的市场主体为了占领市场，故意捏造和散布不实言论或恶意信息，损害他人商誉、侵犯他人商誉权的行为。

良性的市场竞争中，经营者应当通过提高商品质量、提升服务水平来增强自己的商业信誉、商品信誉，以获得交易对手和消费者的信任，赢得交易机会和竞争优势。但有的经营者会通过诋毁竞争对手的形象，损害竞争对手的商业信誉和商品声誉，从而破坏竞争对手的交易机会和降低其竞争优势。商业诋毁行为损害了竞争对手商业声誉的同时，还向市场释放了不实信息，干扰了消费者的政策交易选择，扰乱了市场竞争秩序。

构成本条所称商业诋毁需要具备如下要件：

1. 主体要件：通常认为，诋毁行为的主体应当是有竞争关系存在的经营者。但在自媒体发达的当下，自媒体贬损性商业评论也可能构成商业诋毁。例如，知名自媒体使用贬损性、侮辱性词语评价食品、餐饮的，具有一定的煽动性和影响力，会对相关消费者形成一定的误导，降低被评价主体的声誉，该类不正当地贬损经营主体积累的商业信誉和商品声誉的行为，已经超出了正当商业评价的范畴，构成商业诋毁行为。而商业诋毁的对象是竞争对手，而这里的竞争对手则应取广义理解，即（1）生产、销售相同或相似产品或服务的经营者为竞争对手；（2）经营者生产、销售的产品或服务虽然不相同、不相似，但具备相似功能、可以互相替代的，也构成竞争对手；（3）经营者之间存在争夺消费者注意力、购买力等商业利益冲突的，也可能成为竞争对手。

2. 行为要件：根据世界知识产权组织《关于反不正当竞争保护的示范规定》所作的概括，侵犯商誉权的行为分为两种：一是采取虚假说法的行为，即捏造或散布有关他人商誉的、与其商业信誉、商品声誉真实情况不相符的事情，包括无中生有的编造和对真实情况的恶意歪曲。二是采取不正当说法的行为，包括不公正、不准确、不全面地陈述客观事实，意在贬低、诋毁竞争对手的商誉。例如，对竞争对手进行缺乏事实依据的公开指责，情节严重造成竞争对手商誉受损的，有可能构成商业诋毁。

3. 客体要件：所编造、传播的信息为虚假信息或误导性信息。

4. 结果要件：商业诋毁损害的是竞争对手的商业信誉、商品声誉。这里的损害，包括某一个经营者或某个商品的商业信誉和声誉,也包括损害某种类型、某个行业的商业信誉或某类别商品的声誉;既包括造成了实际损害,也包括造成损害的可能性。如利用专家不实研究和言论而诋毁某类食品具有不利健康的成分,从而造成该类食品及其相关食品的声誉受损。

根据前述商业诋毁的界定及相关侵害法人名誉权案件的对比,商业诋毁与侵犯他人名誉权的区分主要在以下两点:是否发生在参与市场竞争的经营者之间;是否直接侵害了商业信誉、商品声誉。名誉权与商业诋毁虽然被规定在不同法律中,但作为民事主体的各类企业主要是从事市场经营活动的,民法上的名誉权和因经营行为产生的商业信誉、商品声誉,存在千丝万缕的联系,实践当中如何认定,还需要结合具体案件事实,并根据当事人选择的救济路径予以个案判断。

在K公司商业诋毁S公司案中,K公司的行为违反了《反不正当竞争法》第11条规定,构成了对S公司的商业诋毁,具体分析如下:

1.K公司为与S公司具有同业竞争关系的经营者

S公司与K公司均为市场经营者,且均主要经营厨房用品。二者之间具有直接竞争关系。

S公司指控K公司构成商业诋毁的行为具体为:(1)在《某城晚报》刊登整版"感谢信";(2)在官网发布《声明》;(3)在"K公司"微信公众号转载《某城晚报》照片;(4)在"K公司官方微博"发布九宫格图片,包括8张海报及一张《某城晚报》照片;(5)通过"K公司官方微博"主持相关微博话题,雇佣微博大V和小号参与话题讨论、内容互动;(6)召开新闻发布会,并进行网易直播;(7)向媒体记者提供新闻报道素材。

K公司认可前述行为中公司网站、微信公众号与微博中发布的信息为自行实施,其他均由与其存在合同关系的第三方实施;但否认雇佣微博大V和小号参与话题讨论、内容互动等运营微博话题的行为,认为总阅读量系微博用户自发性地蹭热度所致。

然而,根据在案证据显示,该34个微博博主集中在一个时间段内直接发布内容基本相同的微博,其中包含的话题和九宫格图片的排列顺序与K公司"K公司官方微博"发布的微博内容完全相同,但该34个微博博主发布的图片均无"K公司官方微博"的水印,且个别微博的发布时间早于K公司"K公司官方微博"的发布时间。若如K公司所述,上述行为系因相关微博用户关注K公司和S公司的纠纷而自行转发,那么不可能出现提早发布的情形,且根据新浪微博发布他人微博内容的设置,一般情况下都会带有原微博博主的水印。K公司将此解释为其公司内部工作人员不慎流出了相关图片,显然与常理不符,反而印证了上述34个微博用户用于发布微博的图片来源于K公司。根据已查明的事实,微博博主直发行为通常为有偿行为,上述微博博主均有直发报价,价格在几千元到数十万元不等,且上述微博博主发布涉案信息的行为有助于扩大K公司发起的话题和相关微博内容的影响范围。故根据高度盖然性规则，在案证据能够相互印证，可以认定K公司实施了推动微博用户和营销号参与话题讨论的炒作行为，应承担相应法律后果。

3. 前述信息构成虚假信息或误导性信息

K公司所发布一系列信息的核心含义为S公司侵害其专利权。具体而言，前述被诉行为所传递的信息中，《某城晚报》广告称为"模仿"；K公司网站上称S公司"盗用""仿造、销售侵权产品""生产、销售了一系列的侵权产品"；微博中所发布的海报图片中，分别载明"模仿即山寨""再惟妙惟肖也只是模仿"等。

K公司并无证据表明上述信息发布时，已有司法裁判或行政决定认定S公司构成对K公司专利权的侵害；在案事实表明，K公司系在上述信息发布后方对法院提起针对S公司等被告的起诉，指控构成对其专利权的侵害。K公司在发布前述信息时，并不能确定S公司产品的具体制造方法，更不用说确定该方法侵害其专利权；同时，K公司知晓S公司并未自行实施相应制造方法，而是相应制造商在实施相应被控侵权方法，至于S公司与各制造商之间的关系如何——属提供技术方案型委托加工，抑或S公司仅为销售以专利方法直接获得的产品的销售者不明。在此前提下，K公司即发布上述信息，缺乏事实依据，易对相关公众形成误导，使人误认为S公司侵害K公司专利权已属既定事实。K公司所发布上述信息属于反不正当竞争法所规制的虚假、误导性信息。

K公司辩称其相应行为为正常维权行为。对此法院认为，K公司若欲维权，应采取向人民法院起诉或向专利行政管理部门投诉等法定正当方式，而不是在起诉或投诉之前即通过各种渠道公开宣称S公司侵害其专利权。且即使通过法定渠道维权，在维权过程中亦应注意自身行为，避免"维权"过度造成竞争对手合法利益损失。维权不能成为侵权的借口。K公司此项主张法院不予采信。

此外，二审法院认为，判定某一行为是否构成商业诋毁，其判定标准是该行为是否属于捏造、散布虚伪事实，对竞争对手的商业信誉或商品声誉造成了损害。而虚伪事实既包括无中生有的编造，对真实情况的恶意歪曲，也包括不公正、不正确、不全面地陈述客观事实的行为。特别重要的是，基于客观存在的事实可分为真实、虚假和未定论三种状态，如果经营者对于未定论的事实，没有客观公允地表述其"未定论"的状态，而是故意将未定论的状态作为已经定论的事实来进行宣传散布，误导公众产生误解，造成竞争对手商誉贬损，亦属于捏造、散布虚伪事实的行为。

4. K公司前述行为对S公司的商业信誉、商品声誉造成损害

首先，相关公众可以知晓K公司所发布信息针对的对象为S公司。K公司在《某城晚

报》上所发布"感谢信"对象指向 S 公司。考虑到 S 公司的知名度及双方均经营厨房用具的事实,相关公众看到此"感谢信"显然会知晓其所针对的对象为 S 公司。在扫描"感谢信"所附二维码后跳转的网页中,则更是直接指明 S 公司身份。在微博话题中,相关表述也指向 S 公司。

其次,K 公司在缺乏事实依据的前提下,通过线上线下、传统媒体与自媒体、自有平台与第三方平台相结合的形式,大面积对外公开传递 S 公司侵害其专利权的信息,甚至直接使用"虚伪""跳梁小丑""浑水摸鱼""恶劣地模仿"等贬义性词汇。此举易使相关公众产生 S 公司不尊重他人知识产权、凭借自身实力攫取他人智力成果,S 公司产品为侵害专利权产品的印象,进而使得相关公众对 S 公司的产品品质产生怀疑,显然对 S 公司的商业信誉和商品声誉造成了负面影响。

综上,K 公司的行为违反了《反不正当竞争法》第 11 条规定,构成了对 S 公司的商业诋毁。

三、违规后果

商业诋毁行为的直接损害对象为被侵权者的商业信誉和商品声誉,进而会间接地影响到消费者对其所提供商品或服务的选择,导致销量下降、利润降低等负面结果,而这种负面结果往往会持续一定时间。因此,关于商业诋毁的救济,应从商誉修复与损害赔偿两个角度进行。而关于商誉修复,既需责令加害方积极采取措施修复,也需考虑受害方主动采取措施进行修复时所支出或需要支出的成本;修复方式与范围应与造成的损害的方式与范围大致相当。关于损害赔偿,既需考虑已经造成的利益损失,也需考虑因商誉难以完全修复所可能造成的潜在利益损失。

《民法典》第 179 条第 1 款规定:"承担民事责任的方式主要有:(一)停止侵害……(八)赔偿损失……(十)消除影响、恢复名誉……"

(一)停止侵害

S 公司主张 K 公司在互联网平台上的诋毁内容目前仍然存在于互联网上,K 公司尚未停止商业诋毁行为。如前所述,K 公司的上述被诉侵权行为构成商业诋毁,理应承担停止侵权的民事责任。根据二审查明的事实,K 公司已经删除了上述部分微博博主的相关微博,对于 K 公司尚未删除的微博话题和微博内容,以及网易直播平台上的文字直播内容,K 公司仍应承担停止侵权的民事责任。

（二）赔偿损失

《反不正当竞争法》第17条第3款规定，因不正当竞争行为受到损害的经营者的赔偿数额，按照其因被侵权所受到的实际损失确定；实际损失难以计算的，按照侵权人因侵权所获得的利益确定。经营者恶意实施侵犯商业秘密行为，情节严重的，可以在按照上述方法确定数额的一倍以上五倍以下确定赔偿数额。赔偿数额还应当包括经营者为制止侵权行为所支付的合理开支。S公司二审主张应按照其因被侵权所受到的实际损失来确定赔偿数额，主要依据系其股价下跌的损失以及恢复商誉所需要的成本。对此，法院认为，股价涨跌会受诸多因素影响，与经营者的商誉是否受到诋毁不具有唯一因果关系，故S公司股价下跌的损失不能直接作为认定S公司经济损失具体数额的依据。但不可否认的是，经营者的负面信息会对其股价造成一定不利影响，可以作为确定赔偿数额的考量因素之一。

根据《最高人民法院关于审理不正当竞争民事案件应用法律若干问题的解释》第17条第1款的规定，确定商业诋毁的不正当竞争行为的损害赔偿额，可以参照确定侵犯注册商标专用权的损害赔偿额的方法进行。本案被诉行为发生于2019年修订的《商标法》施行之前，根据《商标法》（2013年修正）第63条第3款之规定，权利人因被侵权所受到的实际损失、侵权人因侵权所获得的利益、注册商标许可使用费难以确定的，由人民法院根据侵权行为的情节判决给予三百万元以下的赔偿。

（三）消除影响、恢复名誉

K公司进行商业诋毁的渠道包括纸媒、自媒体、新闻发布会等。结合S公司的诉讼请求，法院在K公司加害范围相当的范围内责令其采取商誉修复措施，以为S公司消除不良影响。即K公司须在《某城晚报》A3整版刊登声明，并将声明内容在其网站、微信公众号、微博账号中发布。

四、企业合规管理启示

企业在规避商业诋毁、促进合规方面可以从以下两个角度进行，第一是防范其他企业实施商业诋毁行为，以及商业诋毁的损害后果发生后对己方权益的维护；第二是企业自身要保证在进行广告宣传及信息传播时的合规，避免触及涉及商业诋毁风险要素的红线。[①]

[①] 来源：http://hegui.wushaobolawfirm.com/index.php?m=home&c=View&a=index&aid=300，2023年12月22日访问。

（一）树立良好的合规形象

企业应当把内部完善、有效的合规制度建设作为品牌宣传和营销的一个重点，将品牌形象营造为合规符号，并逐步强化这种合规印象的知名度和影响力。具体可以以企业内部的合规管理为依托，通过对产品的设计思路、研发流程、原料溯源、生产管理、销售政策等内容中不涉及商业秘密的部分进行定期的信息披露与公开来实现，强调全流程的合规性，通过各种渠道加强与市场的沟通与互动，树立企业合规形象。同时，对已经申请获批的知识产权等也可以及时进行公示，不断加强消费者对企业品牌背书的商业信誉和商品声誉的信任和忠诚度，使其不会轻易被其他经营者捏造或传播的虚假信息、误导性信息所影响。通过内部产业链管理的合规建设和信息披露与公示的合规建设，从整体上树立起企业应对商业诋毁风险的"第一道防线"。

（二）重视市场监测与维护

与直接损害后果相比，商业诋毁行为造成的潜在损害后果往往更难以修复，即不实信息或误导性信息会随着在信息市场中浸润时间的延长，特别是网络传播波及面广、信息留痕多，容易使公众产生集体记忆与刻板印象，使得损害后果造成的局面难以在短时间内得到扭转。所以，企业应当组织对市场进行实时监测、识别、评估的合规工作，以便能在第一时间发现并化解商业诋毁风险，负责该工作的人员可以是专职也可以是兼职，但应以可视化的形式对监测及维护结果进行呈现，保证以结果为导向，定期生成市场调研、媒体监测、消费者评价和公关应对预案等书面报告，从制度建设层面确保能够及时发现诋毁行为并迅速作出反应，应对、处理商业诋毁行为，澄清事实，维护企业声誉。同时，企业应与媒体和意见领袖建立良好关系，及时传递正面信息，防止不实负面信息的散播。

（三）法律维权的合规建设

当对方行为人的商业诋毁行为已经造成一定的损害后果，并且协商无果的情况下，就需要启动法律程序维护企业权益。一般来说，维权路径主要有两条，一是启动行政调查程序，二是启动民事诉讼程序，两种条路径并不冲突，可以同时推进，相互配合达到最优效果。从合规建设的角度来说，企业应当建立清晰的维权管理制度和程序，为实现这种最优效果保驾护航。

1. 维权角度的程序合规

在程序上，一般来说可以先取得行政监管部门的调查结果，再进行民事诉讼。原因在于行政调查在程序上,主要由行政机关主导证据的搜集和认定,相对个人搜集的方式来说更容易取得行为人的配合,也更容易获得证据,与民事诉讼程序中的原告自行举证相比,维权成本和难度都更低,并且行政调查过程中已经搜集到的证据和调查结果,均可以作为民事诉讼中的有效证据。这可以大幅度降低企业在证据搜集上不必要的时间、精力和资金等各种成本的支出,帮助企业优化维权成本,提高维权效率。

2. 进度管理和人员合规

在相关法律程序启动后,因为法律规定的各项调查或审理期限等较长,例如,民事诉讼案件一审从立案到审结一般情况下需要五到六个月,二审还需要两到三个月。所以,企业需要做好对行政调查及诉讼程序进展情况的实时跟进和合规管理工作,做好衔接和配合,同时,在合法合规的前提下,争取在最短的时间内走完法律程序,以尽早结束虚假信息或误导性信息在市场中的发酵,消除不利舆论对企业的负面影响,这要求企业负责该项工作的人员有良好的法律素养,熟练掌握行政调查程序及民事诉讼程序的关键节点,具备相关经验。

3. 赔偿依据的管理合规

如前文所述,在民事诉讼中,损害赔偿的认定较为严格,法院一般仅支持具有明确法律上因果关系的直接损失及维权费用。所以,相关企业需要做好账务往来管理、交易流水管理、发票管理、营业情况记录与管理、销售情况记录与管理、市场对诋毁信息的调研与分析、应诉及维权合理支出的证明资料的合规管理等工作,在证据资料上,尽可能形成在销量、资金、诋毁行为、调研报告上的完整证据链闭环,可以通过明晰流程和操作规范,各岗位职责,完善审计制度和信息系统等方式实现上述证据链的合规管理,以最大程度上证明对方行为人的商业诋毁行为对己方的正常经营所造成的损害,以期获得法院支持。

(四)确立合规的经营理念

企业在防范自身触及商业诋毁"红线"的合规建设方面,首先要树立商业竞争的合规意识,以明确的方式将合规纳入企业的基本政策和经营理念,明确禁止商业诋毁行为,从政策的高度确立其地位,并在规章或员工合规手册中明确商业诋毁行为具体涵盖的范围,然后通过内外部培训、宣传等方式,使董监高及普通员工充分认识到商业诋毁行为的危害性,所要承担的责任,同时进一步明确在决策过程中各层级员工应遵循的合规原则和规则,向员工详细普及什么样的行为容易被认定为商业诋毁、如何避免商业诋毁、发现商业诋毁后的补救措施等内容,为董监高和员工开展工作提供明确指导。

(五)企业宣传策略的合规

企业在进行产品及服务宣传时,要审慎进行对比宣传,在决策过程中,企业应对涉及的其他经营者进行充分的尽职调查，要了解对方产品的全貌，在开展对比宣传前，应当注意审核对比宣传的表达内容与表达方式，避免出现违规情形。具体可以从以下途径确保合规，其一，对于比较的对象，不应指名道姓；其二，保证比较过程、对比实验过程、内容及结果的真实性、客观性，并保留相关的书面证据力求宣传对比的准确、全面；其三，避免使用侮辱性语言和否定性评价。涉及直播的，企业应当就直播方式、文案内容等提前审核，还可以对直播中出现的高频口误等突发情形，建立应急方案，降低法律风险。

（六）应急处置建设的合规

企业应当建立有合规风险紧急应对机制，充分融合风险监测、评估、内控、应对、自查等合规风险防控功能。一旦发现自身可能存在商业诋毁风险或对其他经营者已经造成了商业诋毁的损害，企业应当迅速采取合规应对措施，及时对不当行为进行评估和纠正，并根据市场的反馈，决定下一步的行动，必要时可通过与对方经营者进行沟通协商，以停止侵害行为、道歉、赔偿等方式，积极解决问题，减轻负面影响，避免引起不必要的纠纷。同时，单个突发事件的完结，并不意味着其合规意义仅止步于此，为了找出产生合规风险的根源，更好地为以后的合规经营工作提供指导，应当建立以案促改制度，自查或者委托第三方审查企业内部合规状况，进行持续监测和评估，发现问题和漏洞及时进行改进。也可以通过外部评价和咨询合作的方式，不断优化企业内部合规管理体系，提高商业竞争方面的合规能力。

案例三：M 企业广告合规良好实践案例

一、案例情况介绍

在数字化时代，互联网广告平台相比于传统广告媒介，用户量巨大，广告内容通常为海量级别且鱼龙混杂，国家对于互联网平台的管理越来越重视，对其存在的违法违规现象的打击力度也越来越大。广告服务是互联网企业的主要业务之一，要确保其互联网平台发布的广告合法合规，必须依靠完善的平台治理体系才能保障广告平台的合规工作有效开展。良好的平台治理体系不仅有利于保障广告受众的合法权益，也能支持平台自身的广告业务得到良性发展。

某知名公司于 2000 年创立，是提供 AI 芯片、软件架构和应用程序等全栈 AI 技术的公司之一，旗下拥有多元化的业务，涵盖了搜索引擎、在线广告、人工智能等多个领域。[①] 在线

---

① 参见 M 企业官网。

广告是该企业的主要业务之一，在广告合规实践方面，该企业具有相当成熟的经验。例如，该企业安全中心通过人工智能技术加人工检查的全方面手段，发现并防止侵权、色情、赌博等相关有害信息发布。在网络推广方面，该企业下线不合规广告，拒绝医疗变体词。此外，其网民权益保障计划全面升级，在其移动端（包括其 App 及其他手机浏览器）搜索结果中的广告内容新增"保"字标识。用户在登录该企业账号后，点击广告如遭遇虚假、欺诈等情况，造成实际损失的，可向该企业提供相关证据，申请权益保障。

本案例主要选取该互联网企业旗下的三个不同领域的广告投放平台的合规实践——A 平台针对搜索广告领域、B 平台针对新兴直播广告领域、C 平台针对短视频广告领域，为大家介绍如何建立完善的平台治理体系。

二、合规义务识别

我国法律对广告进行规制的具体条款主要集中于《广告法》，除此之外，还有一些零散的广告类法条分布于多个法律、行政法规与部门规章中，如《反不正当竞争法》《电子商务法》等。

（一）广告投放要符合《广告法》

1. 法律依据

《广告法》对广告的要求有以下几方面。《广告法》对广告的真实性要求。《广告法》第 3 条规定："广告应当真实、合法，以健康的表现形式表达广告内容，符合社会主义精神文明建设和弘扬中华民族优秀传统文化的要求。"第 4 条第 1 款规定："广告不得含有虚假或者引人误解的内容，不得欺骗、误导消费者。"《广告法》对广告内容的管理主要是通过制定禁止性条款来引导，禁止性条款可分为绝对禁止条款（任何广告都不能出现条款规定的禁止性内容）和相对禁止条款（仅限于特殊行业广告中出现或者禁止出现的内容），典型的绝对禁止条款主要包括《广告法》第 9 条、第 10 条、第 15 条等，比如《广告法》第 9 条规定："广告不得有下列情形：（一）使用或者变相使用中华人民共和国的国旗、国歌、国徽，军旗、军歌、军徽；（二）使用或者变相使用国家机关、国家机关工作人员的名义或者形象；（三）使用'国家级'、'最高级'、'最佳'等用语；（四）损害国家的尊严或者利益，泄露国家秘密；（五）妨碍社会安定，损害社会公共利益；（六）危害人身、财产安全，泄露个人隐私；（七）妨碍社会公共秩序或者违背社会良好风尚；（八）含有淫秽、色情、赌博、迷信、恐怖、暴力的内容；（九）含有民族、种族、宗教、性别歧视的内容；（十）妨碍环境、自然资源或者文化遗产保护；（十一）法律、行政法规规定禁止的其他情形。"相对禁止条款则主要来源于《广告法》第16-27条的规定，比如，《广告法》第17条针对医疗产品广告作出的规定："除医疗、药品、医疗器械广告外，禁止其他任何广告涉及疾病治疗功能，并不得使用医疗用语或者易使推销的商品与药品、医疗器械相混淆的用语。"第18条规定："保健食品广告不得含有下列内容：（一）表示功效、安全性的断言或者保证；（二）涉及疾病预防、治疗功能；（三）声称或者暗示广告商品为保障健康所必需；（四）与药品、其他保健食品进行比较；（五）利用广告代言人作推荐、证明；（六）法律、行政法规规定禁止的其他内容。保健食品广告应当显著标明'本品不能代替药物'。"《广告法》第三章第46-56条则对广告投放行为进行了规制，比如，《广告法》第34条规定："广告经营者、广告发布者应当按照国家有关规定，建立、健全广告业务的承接登记、审核、档案管理制度。广告经营者、广告发布者依据法律、行政法规查验有关证明文件，核对广告内容。对内容不符或者证明文件不全的广告，广告经营者不得提供设计、制作、代理服务，广告发布者不得发布。"第37条规定："法律、行政法规规定禁止生产、销售的产品或者提供的服务，以及禁止发布广告的商品或者服务，任何单位或者个人不得设计、制作、代理、发布广告。"

2. 法律责任

《广告法》第五章第55-73条对违法广告规定了一系列的惩罚措施。比如，《广告法》第55条规定："违反本法规定，发布虚假广告的，由市场监督管理部门责令停止发布广告，责令广告主在相应范围内消除影响，处广告费用三倍以上五倍以下的罚款，广告费用无法计算或者明显偏低的，处二十万元以上一百万元以下的罚款；两年内有三次以上违法行为或者有其他严重情节的，处广告费用五倍以上十倍以下的罚款，广告费用无法计算或者明显偏低的，处一百万元以上二百万元以下的罚款，可以吊销营业执照，并由广告审查机关撤销广告审查批准文件、一年内不受理其广告审查申请。医疗机构有前款规定违法行为，情节严重的，除由市场监督管理部门依照本法处罚外，卫生行政部门可以吊销诊疗科目或者吊销医疗机构执业许可证。广告经营者、广告发布者明知或者应知广告虚假仍设计、制作、代理、发布的，由市场监督管理部门没收广告费用，并处广告费用三倍以上五倍以下的罚款，广告费用无法计算或者明显偏低的，处二十万元以上一百万元以下的罚款；两年内有三次以上违法行为或者有其他严重情节的，处广告费用五倍以上十倍以下的罚款，广告费用无法计算或者明显偏低的，处一百万元以上二百万元以下的罚款，并可以由有关部门暂停广告发布业务、吊销营业执照、吊销广告发布登记证件。广告主、广告经营者、广告发布者有本条第一款、第三款规定行为，构成犯罪的，依法追究刑事责任。"第56条规定："违反本法规定，发布虚假广告，欺骗、误导消费者，使购买商品或者接受服务的消费者的合法权益受到损害的，由广告主依法承担民事责任。广告经营者、广告发布者不能提供广告主的真实名称、地址和有效联系方式的，消费者可以要求广告经营者、广告发布者先行赔偿。关系消费者生命健康的商品或者服务的虚假广告，造成消费者损害的，其广告经营者、广告发布者、广告代言人应当与广告主承担连带责任。前款规定以外的商品或者服务的虚假广告，造成消费者损害的，其广告经营者、广告发布者、广告代言人，明知或者应知广告虚假仍设计、制作、代理、发布或者作推荐、证明的，应当与广告主承担连带责任。"

（二）广告投放要符合《反不正当竞争法》

1. 法律依据

《反不正当竞争法》对利用虚假广告或宣传进行商业竞争的行为进行了规制，将其定性为反不正当竞争行为。根据《反不正当竞争法》第2条第2款、第3款规定："本法所称的不正当竞争行为，是指经营者在生产经营活动中，违反本法规定，扰乱市场竞争秩序，损害其他经营者或者消费者的合法权益的行为。本法所称的经营者，是指从事商品生产、经营或者提供服务（以下所称商品包括服务）的自然人、法人和非法人组织。"第8条规定："经营者不得对其商品的性能、功能、质量、销售状况、用户评价、曾获荣誉等作虚假或者引人误解的商业宣传，欺骗、误导消费者。经营者不得通过组织虚假交易等方式，帮助其他经营者进行虚假或者引人误解的商业宣传。"第11条规定："经营者不得编造、传播虚假信息或者误导性信息，损害竞争对手的商业信誉、商品声誉"。第12条规定："经营者利用网络从事生产经营活动，应当遵守本法的各项规定。经营者不得利用技术手段，通过影响用户选择或者其他方式，实施下列妨碍、破坏其他经营者合法提供的网络产品或者服务正常运行的行为：（一）未经其他经营者同意，在其合法提供的网络产品或者服务中，插入链接、强制进行目标跳转；（二）误导、欺骗、强迫用户修改、关闭、卸载其他经营者合法提供的网络产品或者服务；（三）恶意对其他经营者合法提供的网络产品或者服务实施不兼容；（四）其他妨碍、破坏其他经营者合法提供的网络产品或者服务正常运行的行为。"

2. 法律责任

《反不正当竞争法》第20条规定："经营者违反本法第八条规定对其商品作虚假或者引人误解的商业宣传，或者通过组织虚假交易等方式帮助其他经营者进行虚假或者引人误解的商业宣传的，由监督检查部门责令停止违法行为，处二十万元以上一百万元以下的罚款；情节严重的，处一百万元以上二百万元以下的罚款，可以吊销营业执照。经营者违反本法第八条规定，属于发布虚假广告的，依照《中华人民共和国广告法》的规定处罚。"

(三) 广告投放要符合《电子商务法》

1. 法律依据

《电子商务法》第2条规定:"中华人民共和国境内的电子商务活动,适用本法。本法所称电子商务,是指通过互联网等信息网络销售商品或者提供服务的经营活动。法律、行政法规对销售商品或者提供服务有规定的,适用其规定。金融类产品和服务,利用信息网络提供新闻信息、音视频节目、出版以及文化产品等内容方面的服务,不适用本法。"第9条规定:"本法所称电子商务经营者,是指通过互联网等信息网络从事销售商品或者提供服务的经营活动的自然人、法人和非法人组织,包括电子商务平台经营者、平台内经营者以及通过自建网站、其他网络服务销售商品或者提供服务的电子商务经营者。本法所称电子商务平台经营者,是指在电子商务中为交易双方或者多方提供网络经营场所、交易撮合、信息发布等服务,供交易双方或者多方独立开展交易活动的法人或者非法人组织。本法所称平台内经营者,是指通过电子商务平台销售商品或者提供服务的电子商务经营者。"第31条规定:"电子商务平台经营者应当记录、保存平台上发布的商品和服务信息、交易信息,并确保信息的完整性、保密性、可用性。商品和服务信息、交易信息保存时间自交易完成之日起不少于三年;法律、行政法规另有规定的,依照其规定。"第38条规定:"电子商务平台经营者知道或者应当知道平台内经营者销售的商品或者提供的服务不符合保障人身、财产安全的要求,或者有其他侵害消费者合法权益行为,未采取必要措施的,依法与该平台内经营者承担连带责任。对关系消费者生命健康的商品或者服务,电子商务平台经营者对平台内经营者的资质资格未尽到审核义务,或者对消费者未尽到安全保障义务,造成消费者损害的,依法承担相应的责任。"第40条规定:"电子商务平台经营者应当根据商品或者服务的价格、销量、信用等以多种方式向消费者显示商品或者服务的搜索结果;对于竞价排名的商品或者服务,应当显著标明'广告'。"

2. 法律责任

《电子商务法》第38条规定:"电子商务平台经营者知道或者应当知道平台内经营者销售的商品或者提供的服务不符合保障人身、财产安全的要求,或者有其他侵害消费者合法权益行为,未采取必要措施的,依法与该平台内经营者承担连带责任。对关系消费者生命健康的商品或者服务,电子商务平台经营者对平台内经营者的资质资格未尽到审核义务,或者对消费者未尽到安全保障义务,造成消费者损害的,依法承担相应的责任。"第81条第2款规定:"电子商务平台经营者违反本法第四十条规定,对竞价排名的商品或者服务未显著标明'广告'的,依照《中华人民共和国广告法》的规定处罚。"

三、互联网平台企业的广告合规管理建议

(一) 完善平台广告规章制度

互联网广告合规应制定规范的合规文件、政策、指引,以便引领企业的合规工作。

1. A平台针对广告合规工作制定了如下内部规章:

(1) 广告提交指引文件。包括:①广告准入标准,写明不同行业应具备法律要求的资质、条件,如普通化妆品生产厂家应具备化妆品生产许可证等。②禁入标准,写明不允许广告推广的行业和事项,如枪支弹药、毒品、烟草等。③物料标准,写明广告物料不得使用或不得出现的内容,以及针对不同行业的禁止性内容,如证券投资类的广告不得在物料中出现收益、效果等保证性承诺。此外,根据合规难度以及监管要求,可以针对部分行业制定单独的合规文件,指引公司的审查人员,如房地产广告审查指南、金融类广告审查指南等。

(2) 广告审查人员培训制度文件。A平台专门针对审查人员的合规培训制订文件,规定审查部门必须定期接受法务部门、外部专家的合规培训。合规培训实行学分制和能力评级制,审查人员取得一定的培训学分方可上岗,并根据学习情况被授予初、中、高级认证资格。

(3) 广告违规处罚政策。A平台针对发布的违法违规互联网广告,建立规范的惩戒机制。一方面,针对广告主,对发布违法违规广告的广告主采取降低信用分值、拒绝广告发布等措施,其中低信用分值会导致其广告的展现受到限制;另一方面,公司内部的广告营销部门或员工对违法违规广告的发布具有过错的,将在绩效和业绩上给予相应的处罚。

(4) 广告合作商违规处罚政策。互联网企业的广告业务可能来源于自营,也可能来源于广告代理合作伙伴(广告合作商)。鉴于此,A平台制定专门的合作商违规处罚政策,对合作商审核不严或有意放任而导致产生违规广告的,将采取扣除利润返点、收取违约金、拒绝合作等措施,引导合作伙伴引入合法合规的广告主及广告内容。

2. 网络直播营销广告宣传管理方面。为维护B平台小店的正常运营秩序,保障B平台小店用户的合法权益,B平台制定《小店规则总则》《店铺命名规则》《带货达人宣传规范》。上述规定主要针对B平台小店带货达人进行网络直播营销广告宣传的行为,适用于B平台小店的带货达人在通过B平台以直播、短视频、图文等方式对商品/服务进行营销过程中的相关行为管理。

(1) 网络直播账号宣传规范:①主播设置账号的昵称、头像、简介、背景图片、直播间标题、封面、直播间布景、道具、商品展示、在直播间的着装和行为举止、语言表达等信息

时应遵守国家法律法规和相关发布要求，不得包含涉嫌侵犯他人权利、有违公序良俗或干扰平台运营秩序等相关信息。②旗舰店需是自有品牌或由商标权利人提供独占授权的品牌入驻开设店铺。③专卖店需持有非自有品牌授权文件（非独占）开设店铺。④专营店需在同一经营大类下入驻经营两个及两个以上品牌开设店铺。

（2）网络直播商品宣传规范：①主播对商品或服务的描述，应确保与商品信息要素（包括且不限于标题、图片、属性、详情页描述、品类、材质、工艺等）相一致。宣传内容须真实、专业、准确、清晰、完整，杜绝凭空捏造和虚构夸大，禁止一切形式的虚假宣传行为。②推广的商品须在宣传内容中真实出现，且与实际商品一致。③不得以拍A发B等形式进行推广，或为违规商户提供便利条件。④宣传商品涉及专利、特许经营、进口商品及其他特定的需要资质证明的信息时，在商品详情页中须有相关证照信息予以证明，包括专利号、专利种类、注册备案、授权认证、报关单、入境检验检疫证明等。同时须确保以上证照信息真实性并在直播间/短视频中清晰展示，包括引用的数据、统计资料、调查结果等，应当准确、客观、出处明晰。⑤不得利用虚假的或者使人误解的标价形式或价格手段，欺骗、诱导用户下单。⑥不得虚构原价、划线价和折扣。⑦不得夸大商品价格或价值，需清晰说明价格附加条件或计算口径，明确商品数量、规格等信息，且以不扰乱市场价格进行定价，避免误导用户。⑧涉及和第三方平台或线下卖场比较商品价格的，需清晰展示、说明交易票据等证明信息。⑨应如实说明赠送的商品价值（价格），不得以赠品实际价值远高于所售商品本身价值的形式售卖商品。⑩应主动披露商品瑕疵，完整展示商品/服务的体验与观感。不得利用打光、拍摄角度、滤镜、部分遮盖等手段干扰用户判断。

（3）网络直播主播宣传规范：①不得通过虚假承诺福利、虚假抽奖、虚假赠品等方式吸引人气、吸引用户关注但不予兑现。如宣传"全场一分钱"，但实际活动仅面向新用户。②发起抽奖或赠品活动的，应当对奖品或赠品的品种、规格、数量、服务项目、中奖概率等要素进行清晰、如实的描述，不得出现误导用户的信息。如奖品或赠品为临近保质期的商品，需明确展示或说明奖品或赠品的到期日期。③开展有奖销售等抽奖活动时，单场直播向同一个用户发放奖品价值（含使用权）不得超过5万元。奖品含使用权的，须清晰说明可允许的使用时长及特定时限内的市场价值。④应按照与合作商户的约定，对商品或服务进行推广，包括商品信息、价格、活动、售后服务、发货、库存等。不得作出与合作商户相悖的承诺导致商户无法履约。⑤禁止推广可能损害用户经济利益的投资理财类商品/服务，包括但不限于推荐个股、基金、彩票、博彩以及其他非法或存在风险、争议的内容。⑥禁止不满十六周岁的未成年人推广商品、参与营销，或存在不满十周岁的未成年人构成广告代言人的情形。⑦禁止以垃圾或低质内容进行推广，包括但不限于直播回放直播历史和循环音视频、直播黑屏、长时间无真人出镜或缺乏有效互动（如睡觉）、站内外多开账号直播、或重复发布相似音视频、多账号配合发布重复/相似视频等情形。⑧不得组织水军刷单、刷榜或以榜一、评论等形式从事违规行为，包括但不限于：诱导用户私下交易、虚假宣传、违规导流等。⑨不得发布涉及募捐、疑似传销（如发展下线）等具有较高欺诈风险的营销信息。⑩禁止以任何形式诱导、胁迫用户好评（如好评返现等），不得虚构交易或编造用户评价等可能引人误导的方式来欺骗用户。

3. C 平台针对广告合规工作制定了如下内部规章：

在短视频营销推广的管理规制方面，C 平台采取内容和广告的双层管控机制，即内容管控为基石，当广告主以短视频方式发布广告的，则升级适用广告管控机制。在短视频内容方面，C 平台鼓励积极、健康、符合社会主义核心价值观的原创内容，限制违法违规营销内容，并通过 App "创作者服务中心"、《社区自律公约》、《服务协议》等规制条款约束内容创作者的非法及不当营销行为。如果广告主以短视频方式发布广告，C 平台将在事前审查、事中巡查、事后复查的广告行为全链路上均配备风控团队及审核规则。

从 C 平台公示的短视频广告业务规制体系来看，广告审核是其核心。C 平台的广告审核包含三个版块，分别为通用规则、行业规则以及要点解读。具体而言，C 平台广告审核的通用规则分为三方面：法律法规要求、平台要求，以及用户体验相关要求。广告法律法规体系已于前文介绍，此处不再赘述。

（二）健全合规组织机构

广告合规应当建立专门的组织机构，建议可通过分级分类，协同推进广告合规。以 A 平台为例，A 平台建立了三级合规组织：第一级为广告运营部门，负责对广告运营人员做好合规要点的培训，制定便于操作的合规指引手册，方便其把控明显的违规内容。第二级为专门的风控审核部门，负责专业把控、审核广告资质、广告物料，负责制定合规政策及相关规章制度，以及应对用户投诉、舆情、危机事件等。第三级为业务监察部门和法律部门，业务监察部门负责独立监督企业的风控政策、风控程序等机制，评估风控机制的有效性，并提出建议。法律部门主要作为风控审核、业务监察部门的咨询部门，负责提供法律合规意见。

（三）合规风险管理

互联网企业面临海量广告信息，同时也拥有较强的技术能力。互联网企业应当将广告风险识别融入到产品研发及 IT 系统的搭建中，确保及时发现海量广告信息中的风险内容并采取相应措施。

风险识别方面，A平台首先建立了机器过滤系统，增强机器对赌博、色情、反动等内容的识别能力，可高效过滤前述明显不良信息，使广告用户无法提交明显违规的内容。其次，建立机器巡查系统，对已经上线的广告内容进行巡查，避免漏网之鱼或防止合规广告内容被擅自变更为不良广告内容。另外，公司风控部门也开发了专门的风控管理系统，可对不良广告内容及时进行下线或替换，同时可以便捷地接受并评估来自外部第三方、内部员工以及机器推送的投诉、风险内容。不仅如此，公司的AI机器自动化审核系统还可每日审核广告信息约70亿条，过滤违禁词157万条次，日均驳回或下线处理广告133万条，推送人工审核日均139万条。最后，公司在广告产品研发、产品功能设计等环节，引入风控部门和法律部门的评估，避免广告产品及其功能发生违规现象，例如，提前做好广告算法合规，防止向未成年人推送不适宜的广告内容等。

（四）建立合规培训制度

互联网企业应建立规范的广告合规培训制度，提升整体合规人员的能力水平。A平台、B平台、C平台都已建立了比较完善的员工培训制度，其培训特点主要体现在如下方面：

1. 培训人员宽覆盖。包括广告业务运营人员、风控审核团队、法律团队、合作伙伴风控团队。

2. 培训方式分级化、场景多元化。对业务运营人员的培训可侧重常见的合规风险内容，对风控审核、业务监察及法律团队应做全面合规培训。场景可采取线下加线上结合的方式。

3. 培训时间周期化。可以按季度制定培训计划，培训人员每一年度至少应接受一次培训。

4. 设定考核指标。可设置考核标准、方式以及合规能力专业等级认证，将考核结果、认证等级与员工的绩效和所能胜任的职位相挂钩。

（五）合规审查制度

互联网企业应对制定的有关广告的准入政策、审核政策、销售政策、违规处罚政策、广告合同、用户协议等文件定期进行审查及更新，避免因未能适应新的监管、合规要求而引发风险。

以A平台为例，A平台根据前述文件的使用频次和重要程度按照季度或年度进行审查和更新，并根据最新的法律法规和监管要求对相关文件进行全面审查，对不符合规定和监管要求的内容予以及时修订。相关文件的审查均应至少经过广告业务运营部门、风控部门和法律部门的评估，对于涉及用户利益的公开文件，还应征求用户意见并吸收进合规文件。对于重要广告制度文件，或者基于重大监管执法事件需要调整广告制度文件的，引入外部专家进行评估审查。比如，A平台针对广告客户准入、广告主资质、广告物料审核设置并公布审核标准，包括《信息准入通用标准》、广告主资质审核标准等。

（六）合规文化

合规文化能够反映出企业合规意识、合规水平。规范的培训制度、定期发布合规报告、自觉接受第三方监督等均为良好合规文化的体现。

A平台将合规文化作为企业文化建设的重要内容，定期向管理层及业务部门进行广告合规培训，重点强调红线意识、底线意识，确保广告业务不出现重大风险问题。要求广告业务部门开展广告活动、开发设计广告产品前必须经过风控及法律部门的评估，以做好事前防控工作。同时，风控审核、业务监察和法律部门具备独立的风险控制职能，不受业务侧影响，做好事中和事后的控制工作。为更有效地治理违规广告信息，公司发起成立"全民参与、全民监督"的监督自律委员会，通过引入外部社会力量共同治理的形式，对网民举报的不良广告信息进行高优处置，并针对发现的严重问题进行专项治理。公司还会定期发布安全治理月/年报，向社会公开合规工作及成果，提升公司及全体员工的合规意识及合规自觉性。

（七）合理运用激励及惩戒手段

激励及惩戒是引导、规范广告合规的重要手段和措施。A平台的激励惩戒措施分为外部措施和内部措施两部分。

外部措施即指A平台对合规优质的广告主给予优先展示广告的待遇，对于违规的广告主降低其广告展现机会，对于严重违规的广告主采取拒绝发布其广告的措施。同时，公司严格按照广告合作商的违规处罚政策，要求广告合作商做好合规工作，对于违规行为次数、程度较多、较重的或整体合规工作较差的合作商，直接降低其合作待遇。此外，对于合规工作优秀的广告合作商，公司给予其额外的优惠激励。

内部措施即指公司对内部的员工、部门的广告合规工作进行考评并采取奖惩措施。对于合规工作优秀的个人和部门，公司将给予个人或部门的负责人相应的奖金奖励，且合规工作将被纳入个人或负责人晋升考核项目。对于广告违规有过错的个人和部门，公司根据情况降低其绩效和晋升评分。

通过内、外两方面的奖惩措施，A平台有效引导了广告参与各方的合规积极性。

（八）第三方合规管理

与第三方合作是互联网平台在提供广告服务中有效避免风险的举措，互联网平台要积极完善与第三方合作的组织制度,如何选择合适第三方和明晰与第三方的权利义务是关键。

A平台就第三方准入标准和合作社内容等进行了明确的规定:

1. 第三方合作准入标准:包括①具有独立法人资格,可提供有效期内的营业执照,目前为开业或存续状态,经营范围需包含与本次合作相关的服务内容(例如:包括但不限于广告发布、广告代理等与合作内容相关的范围)。②如第三方的决策层、股东、重大利益相关方或者最终受益人是M公司前员工或现任员工或有其他利益,应当提前进行书面报备。③如第三方在之前对外合作中出现过重大违规行为或重大法律纠纷或监管处罚,应当提前进行书面报备。④第三方不得以他人名义申请合作,不得伪造、变造企业证件等虚假材料,不得以其他方式弄虚作假。⑤第三方应当具备良好的资金状况、公司具有一定规模(包括员工不少于特定数量等),配有专门的风控部门或法务部门。⑥第三方应保证具有平台服务能力、技术稳定性,具备为最终客户提供A平台服务/产的能力。

2. 第三方责任和义务:①为最终客户提供与合作有关的详细介绍以及相关培训服务,并根据最终客户需求为其提供合理的产品/服务购买方案。比如,若合作涉及为最终客户开具平台所需的账号用户名和密码的,第三方需向客户提供该账号用户名及密码,并予以保密。又如,若受最终客户委托为其运营账号,应当保障运营过程中所有操作合法合规;合作终止后归还最终客户账号密码并进行合作费用清算。②必须与最终客户单独签署相关书面合作合同、收取纸质资质并妥善保管至少3年以上,如因司法/监管部门等需要,第三方应当及时提供相应材料。第三方应当在与最终客户签署的书面合作合同中明确A平台的合作要求、规则等。③向A平台提供最终客户接受产品/服务所需的资质、合作资料等,把控资质及资料的合法合规性,避免其违反法律法规及相关规则。如前述资质/资料发生变更,第三方应立即告知A平台并向A平台提供变更后的有效资质及资料。④第三方须保证向A平台支付的所有款项来源合法。⑤第三方如发展下一级合作伙伴,应当提前获得A平台书面确认,并按照A平台要求及相关政策严格规范其自有员工及下一级合作伙伴。⑤第三方应当对履行本次合作中接触到的商业秘密、技术信息将严守秘密,非经A平台同意和履行之需不得向外泄漏。⑥第三方应当在A平台授权范围内使用A平台商标、logo标识等,未经A平台事先书面同意,不得以任何形式使用或授权他人使用A平台商标、logo,但为表明第三方的合作身份而对相关商标进行描述性、非突出使用、非作为商标使用的情形除外。第三方对外宣传及合作范围不应超过与A平台协议中约定的合作范围,不得进行超授权服务,包括给最终客户服务过程中,就A平台原本提供的产品功能及范围进行擅自承诺、虚假夸大。

3. A平台的反制事由。为了维护市场公平竞争、诚信经营,如第三方出现下述行为,A平台会及时进行限制:①违反国家相关法律法规的经营行为,包括但不限于:无相关经营资质提供特殊行业服务/产品；提供法律法规禁止的服务/产品等。②提交虚假信息或订单，包括但不限于：以虚假的最终客户信息签订订单或教唆最终客户提供虚假信息；在已知最终客户提供虚假信息的情况下未明确制止；参与、唆使、隐瞒最终客户提交造假信息，以达到通过资质审核或牟取个人利益的目的。（虚假内容包括但不限于：包括地址、电话、联系人、网站、邮箱、收款金额、身份证、营业执照、企业资质或证明等。）③通过行贿/受贿不正当手段进行交易，包括但不限于：以任何理由向合作方/客户的工作人员或亲属索要、接受或赠送礼金、有价证券、贵重物品和回扣、好处费、感谢费；以任何理由为合作方/客户员工或亲属报销应由其个人支付的费用；接受或暗示为合作方/客户员工或亲属的公司或个人装修住房、婚丧嫁娶、配偶子女的工作安排以及出国（境）、旅游等提供方便等。④欺诈/侵吞财产等不正当利益交换，包括但不限于：欺诈或骗取客户钱财或礼品，私自兑换领取客户积分礼品或私吞客户礼品等，私自接收客户/合作方财物，主动向合作方/客户索取财物。⑤盗用或泄露最终客户信息/资质，包括但不限于：盗用最终客户信息/资质，私自在与本次合作业务无关的其他用途使用；擅自将最终客户的个人身份证或资质证明借给他人进行网站备案或开户。窃取、买卖用户信息，包括但不限于：通过窃取或者其他方法非法获取用户个人信息或者买卖用户个人信息等。⑥破坏健康平台或行业公平竞争秩序，包括但不限于：恶意诋毁、恶意低价虚假投标、违反诚实守信的商业道德，通过短缺数量、以假充真、以次充好等欺诈手段变相提高价格等。⑦进行低价倾销等不正当竞争或垄断，包括但不限于：通过直接降价、提前给予折扣/后续给予返现等形式低于市场成本价进行销售等。⑧用欺诈、诱骗等方法与最终客户签署协议，包括但不限于：以伪造或编造的虚假授权作担保的；没有实际履行能力，以先履行小额合同或者部分履行合同的方法，诱骗对方当事人继续签订和履行合同的；提供虚假报价或折扣的等。⑨出现重大投诉/举报/监管处罚等，包括但不限于：发布违法广告、买卖账户、无正当理由拒不退款等。⑩未经允许进入最终客户的平台账号或篡改最终客户合作资料、内容等。

（九）广告投诉处理机制

A平台为广告用户搭建了多渠道的投诉通道。客服接到投诉后，先是对投诉进行分类，再是按照不同类型投诉所对应的方案进行处理，最后将处理结果反馈于企业内部与外部，形成有效闭环。

1. 投诉通道。A平台广告投诉通道包括网上投诉、电话投诉、信函投诉和现场投诉。网上投诉不仅设立统一的投诉处理入口和平台，还在每个广告下端设立关闭、投诉按钮。针对老年人、未成年人等特殊人群，A平台为其开设独立渠道，以实现一键接入、预约服务等便捷操作。当用户投诉外溢于公司下属服务团队的其他渠道，如市场监管部门、消费者权益保护组织等，公司将积极与相关部门建立绿色通道，快速接收和处理问题。

2. 受理与投诉分类。A平台建立了合理高效的广告投诉处理流程。接到投诉后，先对投诉进行风险定级，不同级别的投诉事项设定不同的响应时间。按照严重程度分类，包括一般类型投诉和高危类型投诉：一般类型投诉是指用户就某一产品或服务问题向企业反映，用户投诉处置人可以按照内部正常的处理流程进行处理，并在规定的时限内回复和处理的投诉；高危类型投诉是指对可能严重危害到企业利益、群众生命财产安全，或可能产生重大社会影响的投诉。例如，中央级媒体曝光事件、政府等有关部门关注的特殊事件、两个以上省份集中突发的批量投诉等。投诉处置人遇到高危类型投诉后，第一时间将信息上报，制订预处理方案及紧急应答口径，制订投诉处理方案，通过有效方式防止事态进一步扩大。

3. 投诉处置。A平台为广告投诉处理设立严格时限：收到平台网络投诉与电子邮件投诉的，首次应答时间应在24小时内；收到纸质信函投诉的，应在15个工作日内回复用户。对投诉处置人的接诉要求包含以下内容：应耐心处理用户问题，安抚用户情绪，使用户感受到被认可，并使其能够获取帮助；应详细与用户沟通，仔细了解用户需求，细心搜集线索；应及时向用户反馈问题解决情况，在可明确反馈时间的情况下，及时告知用户反馈时间，不可明确反馈时间的情况下，应及时向用户反馈进展或告知进度查询方式及投诉处置人联系方式，便于用户快速联系到投诉处置人。A平台赋予一线投诉处置人较大的信息查询权限。投诉处置人可查询的信息包括但不限于：用户/商户基本信息、交互信息、过往投诉历史以及企业产品与政策等信息，以确保投诉处置人在与用户沟通过程中，能迅速掌握一手信息，以便快速判断、决策问题。对于平台难以直接处理的疑难纠纷，借助社会力量来解决。比如，A平台已成立A平台调解委员会，并邀请行业协会、消费者权益保护组织、公益基金会等专业人士担任调解员。在医疗广告保障方面，A平台与中华医疗纠纷人民调解委员会展开合作，以中华医疗纠纷人民调解委员会为核心建立专家团队。用户在登录A平台账号后，点击医疗广告，如遭遇医疗纠纷、受到损害，可向A平台提供相关证据，申请保障，A平台和中华医疗纠纷人民调解委员会将通过线上线下联合的方式帮助用户维权。

4. 结果应用与改进创新。A平台将广告投诉处理情况运用于企业内部以下事项：通过用户投诉来收集、整理、分析广告产品中存在的问题，并将其应用于产品的升级迭代与服务的改进提升；基于用户投诉处理情况优化广告风控策略，并可根据平台与代理商/经销商、广告主的合同条款等相关规定，对责任方做出约束，从而提升合作伙伴质量。此外，A平台在企业外部开展了以下应用：将构成刑事案件的投诉线索报送执法机关，并协助执法机关打击不良广告主；定期与同类企业交流经验，形成行业联盟，共同管理和保障用户权益，促进互联网行业生态建设。

四、延伸阅读

上海市金山区人民法院审理的一起个人信息保护纠纷案中，某高校法学院大学生状告某知名社交平台，诉请其排除在关闭期后对原告自动恢复个性化广告推荐，并赔偿相关经济损失。作为某知名社交平台的资深用户，当事人对于平台不定期推送的个性化广告推荐深感困扰。为了避免被个性化广告推荐误导，出于保护个人信息安全的目的，当事人希望能彻底关闭该平台个性化广告推荐。该案当事人由于对平台个性化广告推荐深感困扰，遂想关闭该设置。然而，在进入该平台个性化广告推荐关闭设置时，发现却只能选择为期六个月的关闭时间，期满后将自动恢复个性化广告推荐。当事人认为，平台在未经本人同意的情况下处理个人信息，违反了个人信息处理所应遵循的"合法、正当、必要"原则，损害了个人信息权益，遂将该平台开发运营方诉至法院，要求彻底关闭该平台个性化广告推荐，并赔偿为维护自身合法权益而造成的损失1万元。涉案证据截图《个人信息保护法》第24条第2款明确规定了用户对自动化决策的拒绝权，即"通过自动化决策方式向个人进行信息推送、商业营销，应当同时提供不针对其个人特征的选项，或者向个人提供便捷的拒绝方式"。本案争议焦点在于：平台的行为是否侵犯了当事人的个人信息权益？法院经审理后认为，平台通过提供广告服务并以此获取收益系合法经营行为，但商业活动中收集和分析用户数据必须得到用户明示同意，不得以默示同意替代明示同意，不得在用户拒绝后设置期限自行恢复。经过法院调解，当事人和社交平台开发运营方达成庭外和解协议，平台采取技术手段取消个性化广告推荐的自动恢复，并赔偿当事人为维护自身合法权益而造成的合理损失，当事人则向法院申请撤诉。为保障个人信息安全，维护公民在网络空间的合法权益，法院向该社交平台开发运营方发出司法建议，建议企业加强《民法典》和《个人信息保护法》等法律法规的学习，增强企业对个人信息依法保护的意识，告知其处理个人信息应当遵循"合法、正当、必要"原则，同时要求其采取必要措施确保收集存储的个人信息安全。平台开发运营方收到司法建议后高度重视，复函表示已认识到该行为的违法性，并已采取相关措施积极整改，目前已对平台中涉嫌侵犯个人信息的设置进行了修改并取消个性化广告的自动恢复。

第十章

财 务 合 规

> 财务合规，是指企业的一切经济活动需符合国家法律、法规、方针政策及内部控制制度等要求。本章以企业财务合规领域的典型案例作为研究对象，详细分析企业财务合规工作的现状和重点，并提出相关措施。通过本章的学习，学员应当对熟悉企业在财务工作中的不合规行为所导致的一系列后果；掌握合规管理要素在财务合规领域的应用；重点掌握企业财务合规工作的基本流程。

理论综述

财务合规管理是当下企业治理的先行者，是企业发展的必修课，是增强企业抗风险能力的基本要求。企业的业务发展是企业做大做强的重要性因素，而财务合规则是企业能否健康发展决定性因素。

财税合规分为业务不合规和财务不合规两部分内容，是以合规团队对企业已经发生和经办的财务业务的合规性进行全面审查的机制，专门针对企业财务不合规的行为提出意见或管理建议，解决未发现或没有意识到的那些财务税收问题。财务合规的目标是要在预算管理、运营资金管理、成本费用核算、税务管理、财务报告等财务工作中，帮助企业严格遵守法律法规、规章制度、行业标准和规范，保障企业资金安全，合规使用每一分钱。

财务合规的基本步骤包括：1. 确定适用法律法规和准则。首先，企业需要确定适用于其财务活动的法律法规和相关准则，包括国家、地区和行业的财务法规、会计原则、报告要求等。涵盖税务、金融、证券交易、会计法和劳动法等方面。2. 制定财务政策和流程。基于适用法律法规和准则，企业需要制定适当的财务政策和流程，以规范财务活动的执行和操作。包括会计准则选择、报告要求、内部控制制度、审计程序等。3. 实施内部控制。财务合规需要建立和实施有效的内部控制制度，以确保财务活动的合规性和准确性。包括分离职责、授权审批程序、风险评估、监控机制等，以及确保财务报告的准确性和内部审计的实施。4. 进行合规审查与培训。企业应定期进行内部合规审查，以确保财务活动符合法规要求。同时，提供合规培训给相关人员，确保他们了解和遵守财务合规的要求，并能够正确执行相关流程和政策。5. 报告和披露。按照适用的报告要求和时间表，企业需要准确、及时地报告财务信息，并向相关的外部利益相关者进行披露。包括财务报表、年度报告、税务申报等。

案例一：A能源公司和A会计事务所违规

一、案例情况介绍[①]

A能源公司曾是美国一家大型能源公司，是世界上最大的电力、天然气和电讯公司之一。2001年10月，A能源公司发表2001年第二季度财报，宣布公司亏损6.18亿美元，同时透露因经营不当，公司股东资产缩水12亿美元。美国证交会要求公司提交交易细节，并对A能源公司及其关联公司展开正式调查。A能源公司抵押了公司部分资产，获得两家机构的10亿美元额度担保，但某林和标普公司再次调低了对A能源公司的评级。随后，A能源公司被迫承认做了假账，1997年以来共虚报盈利6亿美元。标准普尔将A能源公司债务评级调低至"垃圾证券"级。A能源公司股价跌至0.20美元，市值从高峰时的800亿美元跌至2亿美元。同日，A能源公司欧洲分公司申请破产，两日后，美国A能源公司也提出破产保护申请。12月，A能源公司正式向破产法院申请破产保护，破产清单中所列资产高达498亿美元，成为美国历史上最大的破产企业。A能源公司破产后，其多位原公司高管相继受到刑事调查和起诉，涉嫌犯有内部交易犯罪。2005年12月至2006年1月期间，法院对多名A能源公司前高管作出包括骗取贷款、财务造假、证券欺诈等的有罪判决。美国国会为纠正2001年A能源公司事件后爆发的连串上市公司会计丑闻，恢复投资者对股票市场的信心，于2002年7月迅速通过了《萨班斯-奥克斯利法案》（Sarbanes-Oxley Act），以督促上市公司"遵守证券法律以提高公司揭露的准确性和可靠性，从而保护投资者及其他目的"。

[①] 参见陈瑞华：《A能源公司和A会计事务所事件》，载《中国律师》2020年4月，第87-89页。

```
案件始末
├── 因公司经营不善，美国证交会对及其关联公司展开正式调查
├── 2001年10月22日
├── 公司承认做了假账
├── 2001年11月8日
├── 2001年11月28日
├── 标准普尔将债务评级调低至"垃圾证券"级
├── 2001年12月2日
├── 公司正式向破产法院申请破产保护
├── 2002年7月
├── 美国国会通过《萨班斯-奥克斯利法案》（Sarbanes-Oxley Act）
├── 2005年12月至2006年5月
└── 法院对多名前高管作出有罪判决
```

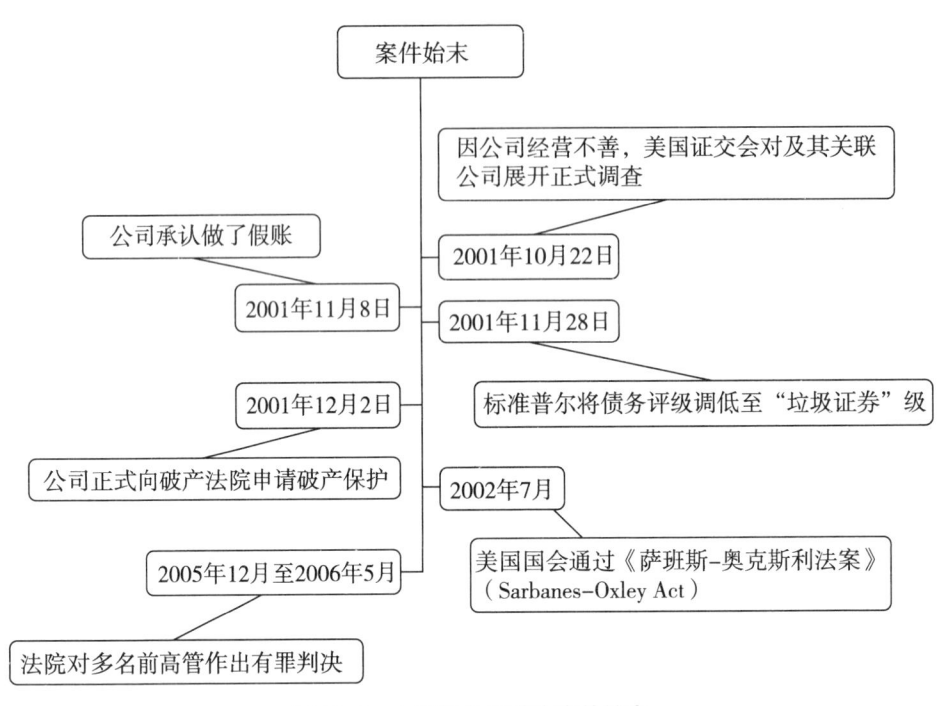

图 10-1　A 能源公司破产案件始末

A 能源公司破产案件也波及到了其他公司。A 会计事务所曾是全球知名会计师事务所，A 能源公司成立之初，A 会计事务所即为其提供内部审计和咨询服务。2001 年 10 月，A 能源公司财务丑闻爆发，美国证交会对其启动监管调查程序。获此消息后，A 会计事务所开始销毁有关 A 能源公司的大量会计账册，收到证交会的传票之日方才停止销毁行为。2002 年 3 月，美国联邦地区检察官经初步调查，认定 A 会计事务所涉嫌妨碍司法罪，并经大陪审团批准，起草了对 A 会计事务所的起诉书。美国联邦地区法院经开庭审理后，判决 A 会计事务所妨碍司法罪名成立，判处罚金 50 万美元，责令五年内不得从事会计业务。A 会计事务所提出上诉。2004 年 6 月，上诉法院裁定维持有罪判决。对此裁定，A 会计事务所继续向美国联邦最高法院提出上诉。2005 年，美国联邦最高法院认为初审法院对陪审团的指示存在程序错误，裁定推翻原判，发回重新审判。但是，美国联邦最高法院的裁定并没有改变 A 会计事务所的命运。早在美国联邦检察官对其提出起诉后，美国证交会就要求 A 会计事务所自 2002 年 8 月 31 日起，停止为上市公司提供审计业务的资格。这导致 A 会计事务所业务大量流失，客户中断业务联系，员工纷纷另寻出路，仅在美国就有 28000 人失业。A 会计事务所事件发生后，在美国当时面临经济危机的背景下，美国联邦司法部受到多方面的指责，美国联邦检察官动辄对企业提起刑事诉讼的做法，也受到较大的争议。自此以后，美国联邦检察官对于涉案经济犯罪的企业，只要达不成辩诉交易的，大都通过与

其达成暂缓起诉协议（DPA）或者不起诉协议（NPA）的方式，避免了对该企业进行起诉和定罪的结局。

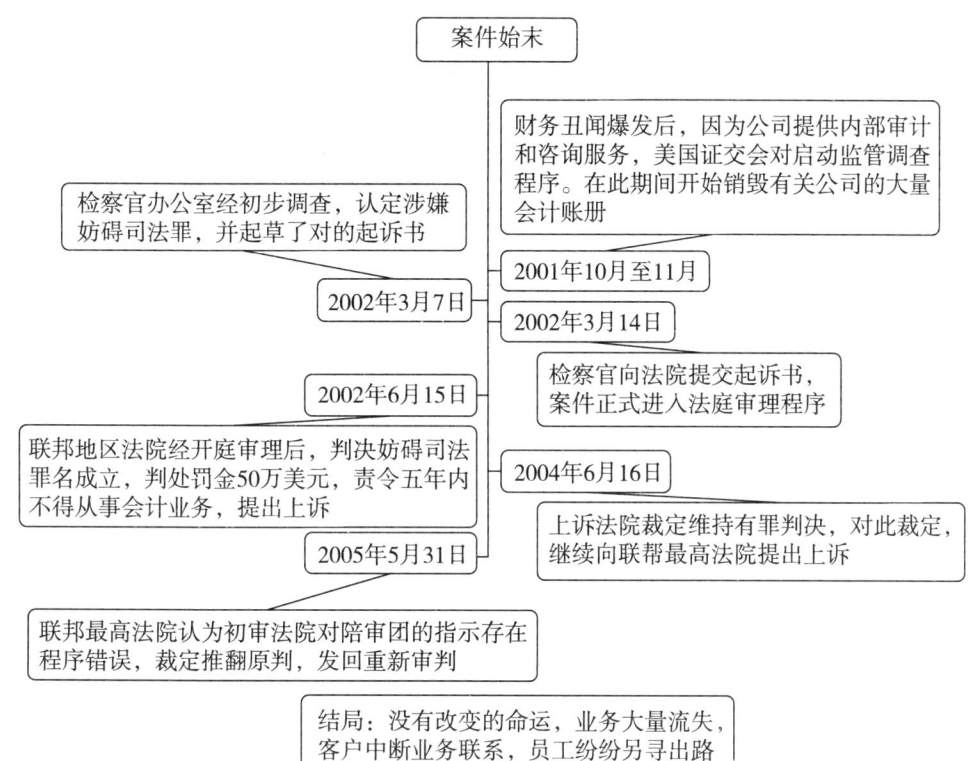

```
案件始末
├─ 2001年10月至11月：财务丑闻爆发后，因为公司提供内部审计和咨询服务，美国证交会对启动监管调查程序。在此期间开始销毁有关公司的大量会计账册
├─ 2002年3月7日：检察官办公室经初步调查，认定涉嫌妨碍司法罪，并起草了对的起诉书
├─ 2002年3月14日：检察官向法院提交起诉书，案件正式进入法庭审理程序
├─ 2002年6月15日：联邦地区法院经开庭审理后，判决妨碍司法罪名成立，判处罚金50万美元，责令五年内不得从事会计业务，提出上诉
├─ 2004年6月16日：上诉法院裁定维持有罪判决，对此裁定，继续向联邦最高法院提出上诉
├─ 2005年5月31日：联邦最高法院认为初审法院对陪审团的指示存在程序错误，裁定推翻原判，发回重新审判
└─ 结局：没有改变的命运，业务大量流失，客户中断业务联系，员工纷纷另寻出路
```

图 10-2　A 会计事务所案件始末

在美国企业合规制度的发展史上，这两个企业的破产事件具有里程碑的意义。其中，A 能源公司的破产事件导致美国行政监管机构开始建立实质性的企业监管机制，加强了对企业的内控机制和合规管理体系。而 A 会计事务所的破产事件，则导致美国联邦司法部对企业刑事起诉政策的重大调整，使得检察机关大规模使用暂缓起诉协议和不起诉协议。行政机关则大规模使用行政和解协议，以取代过去长期实行的"严刑峻罚"政策。其最终结果是企业在建立有效合规计划方面具有强大的激励机制，企业以自我监管、自我报告、自我披露和全力配合的方式，换取宽大的行政处理和刑事处罚。企业合规机制逐渐成为美国执法机关普遍使用的激励和惩戒机制。

二、合规义务来源

A 能源公司虽然外壳是一家天然气公司，但为了攫取更大的利润，利用一系列欺诈手段，虚增了其收入和利润，欺骗了投资者和监管机构，通过设立特别目的实体（SPV）和联营企业，将大量的债务和亏损转移到了这些实体和企业中，从而使得 A 能源公司的财务报表看起来更加健康，由于受利益驱使，不惜采用做假账方式隐瞒事实、填补亏空，最终敲响了破产的丧钟。而 A 会计事务所公司作为一家全球知名的会计师事务所，明知 A 能源公司的财务数据存在问题，但同样为了利益选择沉默，在 A 能源公司爆雷后甚至私自销毁大量有关 A 能源公司的会计账册，后被诉讼对其发展造成毁灭性打击，两个案件归根到底都是由于企业财务造假行为所诱发的一系列连锁反应。在我国，防范企业财务造假行为的主要法律文件包括《刑法》、《公司法》（2018 年修正）、《会计法》（2017 年修正）等。

（一）《刑法》

广义上讲，只要未按照"会计准则"做账，都可被归类为财务造假。《刑法》虽囊括了大量的金融类犯罪，但针对企业财务造假行为，主要集中在"妨害对公司、企业的管理秩序罪""破坏金融管理秩序罪""金融诈骗罪""危害税收征管罪"等大类中。具体而言，在"妨害对公司、企业的管理秩序罪"类别，主要包括虚报注册资本罪（《刑法》第 158 条）、虚假出资、抽逃出资罪（《刑法》第 159 条）、欺诈发行证券罪（《刑法》第 160 条）、违规披露、不披露重要信息罪（《刑法》第 161 条）、妨害清算罪（《刑法》第 162 条）、隐匿、故意销毁会计凭证、会计账簿、财务会计报告罪（《刑法》第 162 条之一）、虚假破产罪（《刑法》第 162 条之二）。在"破坏金融管理秩序罪"类别，主要包括伪造、变造、转让金融机构经营许可证、批准文件罪（《刑法》第 174 条第 2 款）、伪造、变造金融票证罪（《刑法》第 177 条）、伪造、变造国家有价证券罪（《刑法》第 178 条第 1 款）、伪造、变造股票、公司、企业债券罪（《刑法》第 178 条第 2 款）、内幕交易、泄露内幕信息罪（《刑法》第 180 条第 1 款）、利用未公开信息交易罪（《刑法》第 180 条第 2 款）、编造并传播证券、期货交易虚假信息罪（《刑法》第 181 条）、操纵证券、期货市场罪（《刑法》第 182 条）、违规出具金融票证罪（《刑法》第 188 条）、逃汇罪（《刑法》第 190 条）、洗钱罪（《刑法》第 191 条）。在"金融诈骗罪"类别，主要包括票据诈骗罪（《刑法》第 194 条第 1 款）、金融凭证诈骗罪（《刑法》第 194 条第 2 款）、信用证诈骗罪（《刑法》第 195 条）、有价证券诈骗罪（《刑法》第 197 条）。在"危害税收征管罪"类别，主要包括逃税罪（《刑法》第 201 条）、虚开增值税专用发票、用于骗取出口退税、抵扣税款发票罪（《刑法》第 205 条）、虚开发票罪（《刑法》第 205 条之一）、伪造、出售伪造的增值税专用发票罪（《刑法》第 206 条）。

（二）《公司法》（2023 年修订）第十四章"法律责任"

《公司法》（2023 年修订）在第十四章"法律责任"部分对于企业财务造假行为进行了

系统的规定，主要的法律条款包括：

第 250 条规定：违反本法规定，虚报注册资本、提交虚假材料或者采取其他欺诈手段隐瞒重要事实取得公司登记的，由公司登记机关责令改正，对虚报注册资本的公司，处以虚报注册资本金额百分之五以上百分之十五以下的罚款；对提交虚假材料或者采取其他欺诈手段隐瞒重要事实的公司，处以五万元以上二百万元以下的罚款；情节严重的，吊销营业执照；对直接负责的主管人员和其他直接责任人员处以三万元以上三十万元以下的罚款。

第 252 条规定：公司的发起人、股东虚假出资，未交付或者未按期交付作为出资的货币或者非货币财产的，由公司登记机关责令改正，可以处以五万元以上二十万元以下的罚款；情节严重的，处以虚假出资或者未出资金额百分之五以上百分之十五以下的罚款；对直接负责的主管人员和其他直接责任人员处以一万元以上十万元以下的罚款。

第 253 条规定：公司的发起人、股东在公司成立后，抽逃其出资的，由公司登记机关责令改正，处以所抽逃出资金额百分之五以上百分之十五以下的罚款；对直接负责的主管人员和其他直接责任人员处以三万元以上三十万元以下的罚款。

第 254 条规定：有下列行为之一的，由县级以上人民政府财政部门依照《中华人民共和国会计法》等法律、行政法规的规定处罚：

（一）在法定的会计账簿以外另立会计账簿；

（二）提供存在虚假记载或者隐瞒重要事实的财务会计报告。

第 255 条规定：公司在合并、分立、减少注册资本或者进行清算时，不依照本法规定通知或者公告债权人的，由公司登记机关责令改正，对公司处以一万元以上十万元以下的罚款。

第 256 条规定：公司在进行清算时，隐匿财产，对资产负债表或者财产清单作虚假记载，或者在未清偿债务前分配公司财产的，由公司登记机关责令改正，对公司处以隐匿财产或者未清偿债务前分配公司财产金额百分之五以上百分之十以下的罚款；对直接负责的主管人员和其他直接责任人员处以一万元以上十万元以下的罚款。

第 257 条规定：承担资产评估、验资或者验证的机构提供虚假材料或者提供有重大遗漏的报告的，由有关部门依照《中华人民共和国资产评估法》、《中华人民共和国注册会计师法》等法律、行政法规的规定处罚。

承担资产评估、验资或者验证的机构因其出具的评估结果、验资或者验证证明不实，给公司债权人造成损失的，除能够证明自己没有过错的外，在其评估或者证明不实的金额范围内承担赔偿责任。

（三）《会计法》（2017年修正）第42条至第45条

《会计法》（2017年修正）系为了规范企业财务会计报告，保证财务会计报告的真实性、完整性而设立的法律文件，全篇对于规范企业财务相关行为作出了系统的规定，尤其在第六章"法律责任"部分（第42-45条），针对企业财务造假人员和行为明确了具体的法律后果，形成了一定的威慑力，具体法条内容如下：

第42条规定：违反本法规定，有下列行为之一的，由县级以上人民政府财政部门责令限期改正，可以对单位并处三千元以上五万元以下的罚款；对其直接负责的主管人员和其他直接责任人员，可以处二千元以上二万元以下的罚款；属于国家工作人员的，还应当由其所在单位或者有关单位依法给予行政处分：

（一）不依法设置会计帐簿的；

（二）私设会计帐簿的；

（三）未按照规定填制、取得原始凭证或者填制、取得的原始凭证不符合规定的；

（四）以未经审核的会计凭证为依据登记会计帐簿或者登记会计账簿不符合规定的；

（五）随意变更会计处理方法的；

（六）向不同的会计资料使用者提供的财务会计报告编制依据不一致的；

（七）未按照规定使用会计记录文字或者记帐本位币的；

（八）未按照规定保管会计资料，致使会计资料毁损、灭失的；

（九）未按照规定建立并实施单位内部会计监督制度或者拒绝依法实施的监督或者不如实提供有关会计资料及有关情况的；

（十）任用会计人员不符合本法规定的。

有前款所列行为之一，构成犯罪的，依法追究刑事责任。

会计人员有第一款所列行为之一，情节严重的，五年内不得从事会计工作。

有关法律对第一款所列行为的处罚另有规定的，依照有关法律的规定办理。

第43条规定：伪造、变造会计凭证、会计帐簿，编制虚假财务会计报告，构成犯罪的，依法追究刑事责任。

有前款行为，尚不构成犯罪的，由县级以上人民政府财政部门予以通报，可以对单位并处五千元以上十万元以下的罚款；对其直接负责的主管人员和其他直接责任人员，可以处三千元以上五万元以下的罚款；属于国家工作人员的，还应当由其所在单位或者有关单位依法给予撤职直至开除的行政处分；其中的会计人员，五年内不得从事会计工作。

第44条规定：隐匿或者故意销毁依法应当保存的会计凭证、会计帐簿、财务会计报告，构成犯罪的，依法追究刑事责任。

有前款行为，尚不构成犯罪的，由县级以上人民政府财政部门予以通报，可以对单位并处五千元以上十万元以下的罚款；对其直接负责的主管人员和其他直接责任人员，可以处三千元以上五万元以下的罚款；属于国家工作人员的，还应当由其所在单位或者有关单位依法给予撤职直至开除的行政处分；其中的会计人员，五年内不得从事会计工作。

第45条规定：授意、指使、强令会计机构、会计人员及其他人员伪造、变造会计凭证、会计帐簿，编制虚假财务会计报告或者隐匿、故意销毁依法应当保存的会计凭证、会计帐簿、财务会计报告，构成犯罪的，依法追究刑事责任；尚不构成犯罪的，可以处五千元以上五万元以下的罚款；属于国家工作人员的，还应当由其所在单位或者有关单位依法给予降级、撤职、开除的行政处分。

三、合规风险识别

（一）刑事风险

如前所述，两家公司均因为财务造假行为对于相关负责人以及公司进行了定罪量刑，在我国，企业财务造假行为所涉及到的刑事犯罪主要包括"妨害对公司、企业的管理秩序罪""破坏金融管理秩序罪""金融诈骗罪""危害税收征管罪"等犯罪类别，集中于《刑法》第三章"破坏社会主义市场经济秩序罪"这一大类中，结合我国相关法律规定，本案中A能源公司虽涉及大量的犯罪事实，但针对于财务造假最主要的行为系向股东和社会公众提供虚假的或者隐瞒重要事实的财务会计报告，按照《刑法》定罪标准涉及到的罪名为"违规披露、不披露重要信息罪"，而A会计事务所则是故意销毁与A能源公司有关的会计账册，按照《刑法》第162条之一的规定，情节严重的以"隐匿、故意销毁会计凭证、会计账簿、财务会计报告罪"定罪。上述两罪的犯罪行为是企业财务造假最为常见的手段，以下结合《刑法》相关法律规定，分析两个典型罪名所包含的犯罪构成要件。

1. 犯罪主体

对于违规披露、不披露重要信息罪，《刑法》第161条规定：违规披露、不披露重要信息罪，指依法负有信息披露义务的公司和企业，向股东和社会公众提供虚假的或者隐瞒重要事实的财务会计报告，或者对依法应当披露的其他重要信息不按照规定披露，严重损害股东或者其他人利益的行为。故该罪的犯罪主体为特殊主体，即依法负有信息披露义务的公司、企业。需注意的是，"依法负有信息披露义务的公司、企业"，是指依据公司法、证券法、银行业监督管理法、证券投资基金法等法律法规的规定，负有信息披露义务的公司、企业，包括证券发行人、上市公司、公司债券上市交易的公司以及银行、基金管理人、基金托管人和其他信息披露义务人等，在追诉责任主体层面，刑法上的单位犯罪处罚，以双罚制为原则、以单罚制为例外。检例第66号将直接责任人员列为追诉对象。直接负责的主管人员，是指在实施的犯罪中起决定、批准、授意、纵容、指挥等作用的人员，一般是依法负有信息披露义务的公司、企业的主管负责人，包括法定代表人。其他直接责任人员，是指在犯罪中具体实施犯罪并起较大作用的人员，既可以是依法负有信息披露义务的公司、企业的经营管理人员，也可以是依法负有信息披露义务的公司、企业的职工，包括聘任、雇用的人员。且根据中国证监会《上市公司重大资产重组管理办法》《上市公司信息披露管理办法》等相关规定，《刑法》第161条规定的"依法负有信息披露义务的公司、企业"，除上市公司外还包括进行收购、重大资产重组、再融资、重大交易的有关各方以及破产管理人等。

隐匿或者故意销毁依法应当保存的会计凭证、会计账簿、财务会计报告，情节严重的，处五年以下有期徒刑或者拘役，并处或者单处二万元以上二十万元以下罚金。单位犯前款罪的，对单位判处罚金，并对其直接负责的主管人员和其他直接责任人员，依照前款的规定处罚。依据《刑法》第162条之一规定：隐匿、故意销毁会计凭证、会计账簿、财务会计报告罪是指故意隐匿、故意销毁有法定保存义务的会计凭证和账簿、财务报告，情节严重的行为。该罪的犯罪主体是一般主体，即所有依《会计法》的规定办理会计事务的国家机关、社会团体、公司、企业、事业单位等组织和个人，都可以成为该罪的主体。

2. 主观目的

违规披露、不披露重要信息罪的主观层面必须为故意，如果是主观上不明知，则无法构成本罪，即行为人明知向股东和社会公众提供了虚假的、或是隐瞒重要事实的财务会计报告，或者明知依法应当披露其他重要信息而不按照规定披露的，最主要的目的是吸引投资间接获取利益。

而隐匿、故意销毁会计凭证、会计账簿、财务会计报告罪在主观层面必须是故意实施，过失不构成本罪，大部分是为了逃避公权力机关监督、查处。此外，并不是一旦实施了上述行为就一定构成犯罪，还要有造成实质的危害结果，根据最高人民检察院、公安部《关于公安机关管辖的刑事案件立案追诉标准的规定》七、隐匿、销毁会计资料案（刑法第一百六十二条之一）隐匿或者故意销毁依法应当保存的会计凭证、会计帐簿、财务会计报告，涉嫌下列情形之一的，应予追诉：1、隐匿、销毁的会计资料涉及金额在五十万元以上的；2、为逃避依法查处而隐匿、销毁或者拒不交出会计资料的。故构成本罪在主观目的以及涉案金额上是需要符合一定条件的。

3. 犯罪客体

违规披露、不披露重要信息罪侵犯的客体是复杂客体，既侵犯了国家对公司、企业的信息公开披露制度，又侵犯了股东、社会公众和其他利害关系人的合法权益。公司提供虚假财会报告的犯罪行为损害了国家对公司的财务会计管理制度，扰乱了正常的财会活动秩序，由此导致的社会公众对经济市场赖以维系的运作机制的信赖基础缺失，从而危及整个经济市场的结构安全和秩序稳定，其最终侵犯的仍然是国家对公司、企业的信息披露制度，也是本罪犯罪行为的最大社会危害性所在。而且在本罪的犯罪对象中除了公司、企业的财务会计报告，还包括依法应当向股东和社会公众披露的公司、企业的其他重大信息。因此本罪侵犯的客体不应仅仅是国家对公司和企业的财务会计管理制度。

而隐匿、故意销毁会计凭证、会计账簿、财务会计报告罪侵犯的客体是国家会计管理秩序和有关国家机关的正常管理活动。会计资料是一个单位经济活动的重要记录，对于有效实施国家经济管理活动或者对于查证有关违法犯罪活动具有重要作用。《会计法》明确规定，因有提供虚假财务会计报告，做假账，隐匿或者故意销毁会计凭证、会计账簿、财务会计报告，贪污，挪用公款，职务侵占等与会计职务有关的违法行为被依法追究刑事责任的人员，不得取得或者重新取得会计从业资格证书。除前述规定的人员外，因违法违纪行为被吊销会计从业资格证书的人员，自被吊销会计从业资格证书之日起5年内，不得重新取得会计资格证书。隐匿或者故意销毁依法应当保存的会计凭证、会计账簿、财务会计报告，构成犯罪的，应当依法追究刑事责任。

4. 客观方面

违规披露、不披露重要信息罪在客观方面，表现为向股东和社会公众提供虚假的或者隐瞒重要事实的财务会计报告，或者对依法应当披露的其他重要信息不按照规定披露，严重损害股东或者其他人利益的行为。其中，"虚假的或者隐瞒重要事实的财务会计报告"，是指在财务会计报告中伪造、虚构并不存在的事实，如捏造某笔大宗交易或者隐匿、瞒报应该如实反映的重要事实，又如，隐瞒公司亏损状况，以此欺骗股东或者社会公众的行为。"依法应当披露的其他重要信息"，是指在依法发行股票、公司、企业债券以及发售基金份额时依法应当公告的招股说明书、债券募集办法、财务会计报告以及基金招募说明书、基金合同、基金托管协议等；在证券、基金份额上市交易前依法应当披露公司的上市公告书及有关信息，如公司的实际控制人、基金资产净值、基金份额净值等；以及证券、基金份额上市交易后依法应当持续披露的年度报告、中期报告、临时报告以及其他依法应当披露的重要信息。

隐匿、故意销毁会计凭证、会计账簿、财务会计报告罪在客观方面，表现为隐匿或者故意销毁依法应当保存的会计凭证、会计账簿、财务会计报告,情节严重的行为。"隐匿",是指个人或者单位在有关机关监督检查其会计工作,调查了解有关犯罪证据,要求其提供会计凭证、会计账簿、财务会计报告时,有意转移、隐藏依法应当保存的会计凭证、会计账簿、财务会计报告的行为。"销毁",是指将依法应当保存的会计凭证、会计账簿、财务会计报告予以毁灭、损毁的行为。"会计凭证",是指记录经济业务发生和完成情况,明确经济责任,作为记账依据的书面证明,包括原始凭证和记账凭证。"会计账簿",是指由一定格式、相互联系的账页组成,以会计凭证为依据,全面地记录、反映和监督一个单位经济活动情况的簿籍,包括总账、明细账、日记账和其他辅助性账簿。"财务会计报告",是指根据会计账簿记录和有关会计核算资料编制的、反映单位财务状况和经营成果的报告文书。

5. 财务造假所导致的刑事风险

按照《刑法》相关法律规定,财务造假行为构成犯罪的,根据犯罪情节的轻重,一般会通过判处罚金、拘役或者有期徒刑等单处或并处的形式进行处罚。如《刑法》第161条规定:依法负有信息披露义务的公司、企业向股东和社会公众提供虚假的或者隐瞒重要事实的财务会计报告,或者对依法应当披露的其他重要信息不按照规定披露,严重损害股东或者其他人利益,或者有其他严重情节的,对其直接负责的主管人员和其他直接责任人员,处五年以下有期徒刑或者拘役,并处或者单处罚金;情节特别严重的,处五年以上十年以下有期徒刑,并处罚金。前款规定的公司、企业的控股股东、实际控制人实施或者组织、指使实施前款行为的,或者隐瞒相关事项导致前款规定的情形发生的,依照前款的规定处罚。犯前款罪的控股股东、实际控制人是单位的,对单位判处罚金,并对其直接负责的主管人员和其他直接责任人员,依照第一款的规定处罚。又如,第162条之一规定:隐匿或者故意销毁依法应当保存的会计凭证、会计账簿、财务会计报告,情节严重的,处五年以下有期徒刑或者拘役,并处或者单处二万元以上二十万元以下罚金。单位犯前款罪的,对单位判处罚金,并对其直接负责的主管人员和其他直接责任人员,依照前款的规定处罚。

此外,财务造假行为也能够作为其他罪名的犯罪情节与手段,例如,纳税人采取隐匿、擅自销毁账簿、记账凭证的手段,不缴或者少缴应纳税款,行为人为贪污、挪用公款、侵占企业财产及其他非法目的,实施隐匿、故意销毁依法应当保存的会计凭证、会计账簿、财务会计报告的行为,构成犯罪的,都可以按照刑法的有关规定,分别定罪、处罚。

(二) 其他合规风险

1. 行政责任

根据《会计法》相关法律规定,对于伪造、变造会计凭证、会计账簿,编制虚假财务会计报告等财务造假行为，尚不构成犯罪的，应当承担相应的行政责任：

（1）通报。由县级以上人民政府财政部门采取通报方式对违法行为人予以批评、公告。

（2）罚款。县级以上人民政府财政部门可以视情节轻重，在予以通报的同时，对单位并处五千元以上十万元以下的罚款，对其直接负责的主管人员和其他直接责任人员，处三千元以上五万元以下的罚款。

（3）行政处分。对其中的国家工作人员，应当由其所在单位或者其上级单位或者行政监察部门给予撤职、留用察看或者开除的行政处分。

（4）吊销会计从业资格证书。会计人员有上述行为的，并由县级以上人民政府财政部门吊销其会计从业资格证书。

此外，针对企业的财务造假行为，相关政府部门有权进行调查和处理，如发现企业存在财务造假行为，将可能面临罚款、警告、撤销营业执照等行政处罚，企业的法定代表人、负责人和相关责任人员也可能受到行政处罚。

2. 民事责任

如果财务造假行为导致了投资者或债权人的经济损失，实施财务造假的会计人员或企事业单位也需承担相应的民事责任，如受害主体要求其承担相应的经济损失、赔偿责任等。

四、合规要点解读

（一）建立企业合规管理体系，健全各项财务管理制度

企业在从事生产经营的活动过程中，要严格遵守国家的各项法律法规，在此基础上制定自己的企业标准和规章制度。企业的每一个员工和企业管理者都应该树立起法律意识，规范自己的一言一行，使得自己的行为完全处于合理范围之内。在财务管理方面，财务管理制度的建设是特别重要的，财务部门的工作涉及企业经营的方方面面，关系着企业的经济命脉，国家关于企业财务活动也有着一系列的法律和规章制度。这些规定都是为了规范企业的财务活动。只有合理合规的财务管理才能够帮助企业获得长远的发展，使企业的经营活动得到法律的保护。

（二）企业财务合规管理制度不光要建立，更要落实

首先，需强化企业财务管理，进行专项治理。企业在建立起合法合规的财务管理制度之后，要严格执行这些规章制度，强化企业财务管理制度的落实，使得企业所有人员特别是财务人员能够严格执行这些规章制度，所有企业应该展开落实财务管理的专项行动，使得所有制度都能落到实处。并且要对企业经营过程中存在的各种不合规财务管理行为展开专项治

理，给予及时的解决处理，避免继续发生。

其次，应加强员工素质，避免违规财务活动出现。企业要加强员工素质培养，特别是要培养员工遵守法律法规和企业各项管理制度的意识。一定要避免员工为了业务发展而故意违背财务管理制度的现象，这种情况一旦发生一定要进行严肃处理。很多企业为了业务发展急功近利，只要员工能够促进企业业务发展，并不会追究员工究竟采用了什么方式，手段是否符合各项规定。有一些企业甚至为了业务发展暗中鼓励员工采用一些违规手段。这是一种非常错误的观念，企业想要获得长远的发展一定要改变企业管理者和员工的观念，加强员工素质建设，在合法合规的手段下获得的业务发展才是切实可靠的发展。

最后，需建立良好的企业文化，为企业发展打下坚实基础。很多企业都在市场经济的浪潮中获得了快速发展，但是由于发展速度过快，很多企业并没有建立起良好的企业文化。甚至有一些企业形成了非常不正确的企业文化，在这种企业中甚至会号召员工发扬"野兽"的特性，不惜一切代价，不惜采取一切手段来获得业绩，促进企业业务发展。这种企业在短时间内也能够获得一些发展，但是经过长时间的发展后极有可能会带来很多恶劣的后果，最终走向消亡。为了避免这种情况出现，企业一定要建立良好的企业文化，鼓励所有员工采用正确的方式方法为企业发展做出自己的贡献，严格遵守企业的各项财务规定，共同为企业业务发展打下坚实基础。

案例二：Z公司内部控制案

一、案例情况介绍

Z公司成立于1993年，是一家总部和注册地均位于新加坡的国有控股公司。在经历初期四年的亏损后，1997年进行各种业务创新，终于渐露生机。Z公司随后成功在新上市。[①]

拥有了资金实力后，Z公司决定实施第二次战略转型，进入石油期货市场，开展石油衍生品交易等。然而受伊拉克危机、俄罗斯尤科斯震荡、阿拉伯恐怖袭击等国际事件的影响，加以国际对冲基金也利用每个事件的放大效应哄抬油价。2004年一季度Z公司开始显现亏损。至2004年底，Z公司的实际亏损已经达到3.81亿美元，与1.45亿美元的净资产相比，Z公司已经达到技术性破产。随后，Z公司向法院申请债务重组，于2005年完成重组。

Z公司在高风险的石油衍生品期权交易中蒙受高达5.5亿美元的巨额亏损，Z公司5名高管在新加坡遭遇"内幕交易"指控。

---

① 参见Z公司官网。

二、Z公司内部控制案合规要点

（一）内部控制的必要性

"内部控制"是一个舶来词。20世纪初美国就有了内部控制的雏形——内部牵制（1912年的蒙哥马利《审计学》），1949年美国注册会计师协会（AICPA）用内部控制取代内部牵制，并首次给出了内部控制的定义。美国采用的是特殊的公司治理模式——单一制。公司除股东大会外，仅有董事会作为必设的治理机构，治理层没有单独的监督机构。在美国公司的治理结构中，董事会是权力中心，除公司章程限制外，公司所有权力应当由董事会或在其许可下行使。董事会和其授权的经理层控制，也就是所谓的"内部人控制"，是美国公司治理的一个显著特征。这个特征的形成是基于两个依据：一是事实依据。美国上市公司的股权分散，没有一个股东能以控股股东或大股东的身份对公司进行有效的控制，结果导致"管理人资本主义"。二是法律依据。美国公司法在界定股东与董事的关系及责任时有两个极其重要的基础，即所有权与控制权分开和管理控制公司内部事务的人是董事。依照法律规定，董事会拥有控制公司的权力，公司的事务应该由董事来管理，或是依照董事的指令来管理。股东作为公司的所有者，不再直接参与公司管理。美国公司法虽然规定公司应当召开年度股东大会例会，但股东大会并非公司权力机关，股东大会例会可处理哪些事项也无法律规定，惯例上包括宣告派发股息、审议账目和财务报表、审议董事会工作报告、选举董事、确定审计师并确定其报酬等，基本上不涉及公司事务，并且股东大会主要是"为其账面和报告以及一般事项提供质询董事的机会"（［英］丹尼斯·吉南，2005）。对股东来说，"内部人控制"未必是件好事，故推出独立董事制度，以期通过对董事会这一内部权力机构的适当外部化，引入外部的独立董事对内部人形成一定的监督制约力量。[①]

"内部控制"与"内部人控制"是两个内涵不同但相关联的概念。"内部人控制"意味着"内部人"掌握公司的实际控制权，可以实质上掌控公司的人财物等资源及业务、财务和管理等活动，有责任和义务防控由这些资源和活动产生的风险。这就是说，在"内部人控制"的公司里，公司风险的防控主要依赖内部人主导建立的"内部控制"体系，外部控制即使存在也只是作为补充，这就是美国公司关注"内部控制"、确立"内部控制"概念、构建"内部控制"概念和理论框架而不把外部控制纳入理论框架的重要背景。在理论上，"内部人控制"是"内部控制"的逻辑前提。如果内部人不能控制公司，"内部控制"对公司风险防控的作用有限，则单一的"内部控制"概念和理论就难以成立。

---

① 参见李心合：《超越内控：从内部控制到全面控制》，载《财务与会计》2023年4月，第4-10页。

20世纪90年代，我国从美国引进内部控制。但我国的国有资产管理机构作为国有资本出资人代表直接监管企业。根据相关法律，对于国家出资的企业，中央政府（国务院）和地方人民政府分别代表国家履行出资人职责，享受出资人权益。出于解决改革开放前存在的"政企不分"问题，也考虑科学行使国家所有权或国有出资人权利，国务院和地方人民政府分别特设机构国资委，并授权国资委集中履行出资人职责。国资委代表政府专职履行国有出资人职责，也是"政企分离、政资分离"的有效实现形式。国资委以出资人身份采用制度约束、重大事项审批备案、委派董事和监事、领导班子考核限薪、财务审计、主要负责人经济责任审计（目前由国家审计机关实施）等形式，对国有企业实施监管。

（二）Z公司巨额亏损的背后是内部控制存在的问题

1. 未能有效落实风险管理制度。Z公司曾聘请国际知名会计师事务所为其编制《风险管理手册》，设有专门的七人风险管理委员会及软件监控系统。制度规定，每名交易员损失20万美元时要向风险控制委员会报告和征求意见；当损失达到35万美元时要向总裁报告和征求意见；任何导致损失50万美元以上的交易将自动平仓。Z公司总共有10位交易员，损失的最大限额应是500万美元，但在2004年一季度出现580万美元账面亏损后，没有按照风险控制程序进行斩仓止损，而是继续孤注一掷，继续扩大仓位，风控制度形同虚设，最终损失惨重。

2. 未能有效执行内控监督机制。Z公司拥有一个由部门领导、风险管理委员会和内部审计部组成的三层"内部控制监督结构"。但在整个事件中，交易员没有遵守风险管理手册规定的交易限额；风险控制员没有准确汇报公司期权仓位情况和敞口风险；财务部对于公司不断追加的保证金没有进行交易资金结算审核，财务报表中亦未报告亏损；风险管理委员会没有对公司开展期权交易进行必要的分析评估，未能监督挪盘等交易过程；向审计委员会提供的衍生品交易报告中，隐瞒了公司在期权交易中面临的各种问题；未向董事会报告公司的期权交易和损失情况。而集团公司亦未对子公司进行有效监管，一年后才知悉Z公司的违规活动。公司的内控监督机制处于失控状态。

3. 对金融衍生品风险认识不足，公司内部缺少风险管理文化。Z公司参与的是"一对一"的私下场外交易，与场内交易标准合约、有结算机构监管不同，场外交易杠杆效应高、风险更大。而在交易模式上，选择了风险最大的卖出看涨期权，其风险和损失可以无限大。Z公司对金融衍生品交易的风险理解不够深刻，通过展期和无限放大寸头来掩盖当期账面亏损，且没有采取其他的套期保值措施，最终达到无法控制的地步。同时，Z公司缺少风险管理文化，相关负责人对公司经营起决定性作用，其"赌徒"心态影响公司形成极端的风险偏好和畸形的风险文化。而集团公司过于看重个别人员过去的贡献，即使知道亏损严重，不仅没有采取止损措施，反而通过出售股权融资再次投机，整个集团风险意识不强。

4. 法律法规不健全，外部监管不力。《国有企业境外期货套期保值业务管理办法》及管理制度指导意见规定："获得境外期货业务许可证的企业在境外期货市场只能从事套期保值交易，不得进行投机交易""本办法适用于在中华人民共和国境内注册的国有企业"。因Z公司注册地在新加坡，便形成了公司业务范畴里的灰色地带，即作为国有企业不得进入、但作为境外公司却可以进入期权投机业务领域。此外，Z公司作为上市公司，从事的巨额赔本交易从未公开向投资者披露，连续数月进行的投机业务没有得到任何监管和警示，也暴露出当时国内外金融衍生工具交易监管的空白。

5. 国际财团"围猎"，核心机密暴露。Z公司的交易对手掌握全球贸易情报网络，能轻易判断石油价格走势。向Z公司放债的银行由竞争对手控制，而向Z公司提供财务管理和期货交易咨询，以及前两次挪盘的主要对手也与竞争对手存在关联关系。Z公司的商业机密完全暴露在国际资本的眼皮底下，遭到国际财团"围猎"。

三、合规风险识别

2006年，新加坡初级法庭对Z公司原总裁作出一审判决，涉及的6项指控被处以33.5万新元的罚款，4年3个月监禁；6项指控分别为制作虚假的2004年度年中财务报表、违背公司法规定的董事职责、在2004年第三季度的财务报表中故意隐瞒巨额亏损、不向新交所汇报公司实际亏损、欺骗德意志银行和诱使集团公司出售股票。由于Z公司未能及时披露有关信息，导致投资者购买原本并不值那么多钱的公司股票；操纵市场、虚假交易以及虚假披露扭曲了市场；内幕交易不仅仅破坏了市场的完整性，同时也是一种欺骗。法庭最终对其实施了严厉的处罚。

作为新加坡上市的中国企业，在期货投机交易中，Z公司其实面对两套规则，一是新加坡本地法律，一是国内有关规章制度。Z公司从事的石油期权投机是我国政府明令禁止的。国务院1998年8月发布的《国务院关于进一步整顿和规范期货市场的通知》中明确规定："取得境外期货业务许可证的企业，在境外期货市场只允许进行套期保值，不得进行投机交易。"1999年6月，以国务院令发布的《期货交易管理暂行条例》（已失效）第4条规定："期货交易必须在期货交易所内进行。禁止不通过期货交易所的场外期货交易。"第48条规定，国有企业从事期货交易，限于从事套期保值业务，期货交易总量应当与其同期现货交易总量相适应。2001年10月，证监会发布的《国有企业境外期货套期保值业务管理制度指导意见》第2条规定："获得境外期货业务许可证的企业在境外期货市场只能从事套期保值交易，不得进行投机交易。"Z公司海外上市和从事期货交易的资格并未经过正规的申报和审批。2002年证监会在调查某国际造假案时，才发现在新加坡市场有一个名噪一时的中国上市公司Z公司（新加坡），进而发现其招股说明书中指明公司很重要的一项业务是期货交易。为避免境外投资者诉讼，证监会才为其补报手续以获得相关资格。Z公司从事期权交易历时一年多，一直未向其集团公司报告，集团公司也没有发现。直到保证金支付问题难以解决、经营难以为继时，Z公司才向集团公司紧急报告，但仍没有说明实情。由此，我国海外上市企业内部和外部监管的失效可见一斑。Z公司对于新加坡证券监管毫不重视，隐瞒亏损，发布虚假盈利信息。如果Z企业加强内部合规管理，有关监管部门对企业制度执行情况加强外部监管，Z公司也不会如此迅速陷落。

四、Z公司内部控制案合规启示

2005年3月，新加坡某知名会计师事务所提交了第一期调查报告，认为Z公司的巨额亏损由诸多因素造成。主要包括：2003年第四季度对未来油价走势的错误判断；公司未能根据行业标准评估期权组合价值；缺乏推行基本的对期权投机的风险管理措施；对期权交易的风险管理规则和控制，管理层也没有做好执行的准备等。但归根到底，Z公司问题的根源是其合规与内部控制缺陷。

（一）控制环境

Z公司聘请国际某知名会计师事务所制定了国际相关行业公司通行的风险管理制度，建立了股东会、董事会、管理层、风险管理委员会、内部审计委员会等制衡制度和风险防范制度，还受到新加坡证监会的严格监管。但在"强人治理"的文化氛围中，内控制度的威力荡然无存，这是Z公司事件发生的根本原因。

1. 内部人控制

在Z公司的股权结构中，集团公司一股独大，股东会中没有对集团公司决策有约束力的大股东，众多分散的小股东只是为了获取投资收益，对重大决策基本没有话语权。董事会组成中，绝大多数董事是Z公司和集团公司的高管，而独立董事被边缘化，不能构成重大决策的制约因素。这样，股东会、董事会和管理层三者合一，决策和执行合一，最终发展成由经营者一人独裁统治，市场规则和内部制度失效，决策与运作过程神秘化、保密化，独断专行决策的流程化和日常化。Z公司原总裁在公司管理上也是独断专行，其从新加坡雇了当地人担任财务经理，只听他一个人的，国内委派的财务人员、其他管理人员也被架空，且一直不知道Z公司从事场外期货投机交易。

2. 法治观念

2004年10月10日，Z公司向集团公司报告期货交易将会产生重大损失，Z公司、集团公司和董事会没有向独立董事、外部审计师、新加坡证券交易所和社会机构投资者及小股东披露这一重大信息，反而在11月12日公布的第三季度财务报告中仍然谎称盈利。集团公司在10月20日将持有的Z公司75%股份中的15%向50多个机构投资者配售，将所获得的1.07亿美元资金以资助收购为名，挪用作为Z公司的期货保证金。对投资者不真实披露信息、隐瞒真相、涉嫌欺诈，这些行为严重违反了新加坡公司法和有关上市公司的法律规定。

3. 管理者素质

管理者素质不仅仅是指知识与技能，还包括操守、道德观、价值观、世界观等各方面，直接影响到企业的行为，进而影响到企业内部控制的效率和效果。Z公司原总裁有很多弱点，最明显的就是赌性重，花了太多的时间和精力在投机交易的博弈上，把现货交易看得淡如水，而这正是期货市场上最忌讳的。其次是盲目自大，作为一个将净资产从21.9万美元迅速扩张到过亿美元的企业总裁，确有过人之处，但是盲目自大却导致了盲动，不尊重市场规律，不肯承认并纠正错误。

4. 另类企业文化

Z公司暴露出企业外部监管不力、内部治理结构不健全，尤其是以董事会虚置、管理人过分集权为特征的组织控制不足等严重问题。这使得现代企业得以存续的国际公认与公用的游戏规则流于形式，即使形式上建立了法人治理结构，实质上仍由不受制约的意志决策运作大事，由"一把手"说了算。Z公司视公司治理结构为摆设的另类企业文化，为试图通过境外上市方式改善企业治理结构的改良设想提供了一个反面案例。

(二) 风险评估

风险评估在于分析和确认内部控制目标实现过程中"不利的不确定因素"，帮助企业确定何处存在风险，怎样进行风险管理，以及需要采取何种措施。Z公司从事的场外衍生品交易，具有高杠杆效应、风险大、复杂性强等特点，但由于内部没有合理定价衍生产品，大大低估了所面临的风险，再加上Z公司选择的是一对一的私下场外交易，整个交易过程密不透风，因此Z公司承担的风险要比场内交易大得多。

管理人员应能适当地设立目标，使选择的目标能支持、连接企业的使命，并与其风险偏好相一致。从1997年起，Z公司先后进行了两次战略转型，最终定位为以实业投资、国际贸易和进口采购为一体的工贸结合型的实体企业。从2001年上市伊始就开始涉足期货。在取得初步成功之后，Z公司管理层在没有向董事会报告并取得批准的情况下，无视国家法律法规的禁止，擅自将企业战略目标移位于投机性期货交易。这种目标设立的随意性，以及对目标风险的藐视，最终使企业被惊涛骇浪所淹没。

一个企业必须识别影响其目标实现的内、外部事项，区分表示风险的事项和表示机遇的事项，引导管理层的战略或者目标始终不被偏离。在Z公司事件中，如果公司的管理层能及时认清形势，在赚取巨额利润时，清醒地意识到可能产生的风险，或许就不会遭到如此惨痛的打击。

（三）风险管理

Z公司进行石油衍生产品投机交易酿成大祸，直接成因并不复杂：Z公司认定国际轻质原油价格每桶被高估约10美元，在石油期货市场大量持有做空合约。在国际石油期货价格大幅攀升的情况下，被迫不断追加保证金，直至包括信贷融资在内的现金流彻底枯竭为止。由于国际石油期货交易以5%的保证金放大20倍持有合约，Z公司5.5亿美元巨亏意味着其"豪赌"了约110亿美元合约，而且在交易过程中充当"死空头"，没有"空翻多"进行"对冲"。在油价不断攀升导致潜亏额疯长的情况下，Z公司的管理层连续几次选择延期交割合同，期望油价回跌，交易量也随之增加。一次次"挪盘"把到期日一次次往后推，这样导致的结果便是使风险和矛盾滚雪球似的加倍扩大，最终达到无法控制的地步。一般看涨期权的卖方基本上都会做一笔反向交易，以对冲风险、减小损失的可能性，虽然Z公司内部有一个专业的风险控制队伍，但并没有做反向对冲交易。

（四）控制活动

在风险控制机制中，Z公司原总裁实际上处于中枢地位，对风险的控制和传导起着决定性的作用。Z公司原总裁在获悉2004年第一季度出现账面亏损后，决定不按照内部风险控制的规则进行斩仓止损，也不对市场做任何信息的披露，而是继续扩大仓位，孤注一掷，赌油价回落。直到2004年10月，亏损累计达到18000万美元，流动资产耗尽，才向集团公司汇报亏损并请求救助。集团公司竟没有阻止其违规行为，也不对风险进行评估，相反选择以私募方式卖出部分股份来"挽救"Z公司。在越权从事石油金融衍生产品投机过程中，Z公司原总裁作为一个管理人员，竟然同时具有授权、执行、检查与监督功能，没有遇到任何阻拦与障碍，事后还能一手遮天，隐瞒真实信息，足见Z公司在职能分工方面存在严重问题。

（五）信息与沟通

Z公司成立了风险委员会，制定了风险管理手册，明确规定损失超过500万美元必须报告董事会。但 Z 公司原总裁从来不报，集团公司也没有制衡的办法，Z 公司的信息披露严重违反了诚实、信用原则。Z 公司从 2003 年下半年起在海外市场进行石油衍生品的交易，并且交易总量大大超过现货交易总量，明显违背了国家的规定，而母公司知悉以上违规活动是在一年以后。可见，Z 公司和集团公司之间的信息沟通不顺畅，会计信息失真。

（六）监控

Z 公司拥有一个由部门领导、风险管理委员会和内部审计部组成的三层"内部控制监督结构"。但其交易员没有遵守风险管理手册规定的交易限额，没有向公司其他人员提醒各种挪盘活动的后果和多种可能性，挪盘未经董事会批准或者向董事会汇报，财务报表中亦未报告亏损；风险控制员没有正确计算公司期权交易的收益，没有准确汇报公司的期权仓位情况和敞口风险；财务部门的首要职责是对交易进行结算，而在 2004 年 5 月到 11 月长达 7 个月的时间内，Z 公司共支付了近 3.81 亿美元由不断新增的损失引发的保证金，甚至动用了董事会和审计委员会明确规定有其他用途的贷款。风险管理委员会在所有重大问题上未履行其职责。在公司开始期权这项新产品交易时，风险管理委员会没有进行任何必要的分析和评估工作；交易开始后，未能对期权交易设置准确的限额，也未能准确报告期权交易；在期权交易挪盘时，未能监督执行相关的交易限额，未能控制公司的超额交易，未指出挪盘增加了公司的风险，也未建议斩仓止损；向审计委员会提供的衍生品交易报告中，实际隐瞒了公司在期权交易中面临的各种问题；未向董事会报告公司的期权交易和损失情况。内部审计部没有定期向审计委员会报告，即使报告也是内容重复，敷衍了事，还造成公司内部控制运行良好的假象。Z 公司事件的核心问题并不在于市场云谲波诡，而是 Z 公司原总裁为何能够如此胆大妄为地违规操作。Z 公司原总裁能够将越权投机进行到底，除了他编造虚假信息隐瞒真相之外，集团公司的失察、失控也难辞其咎。从披露的事实来看，控股股东没有对境外上市子公司行为进行实质性控制，既没有督促 Z 公司建立富有实际效力的治理结构，也没有做好日常的内部监管。

案例三：K 公司财务造假案

一、案例情况介绍

K 公司成立于 1997 年，是集药品研发、生产及药品、医疗器械营销于一体的大型医药上市公司、国家重点高新技术企业。K 公司曾是医药股龙头，但好景不长。2018 年底证监会日常监管发现，K 公司财务报告真实性存疑，涉嫌虚假陈述等违法违规。

2019年，K公司虚增资产、利润、营业收入规模总和达数百亿元，爆出高达300亿元的现金不翼而飞的惊天大雷。2020年，中国证监会依法对K公司违法违规案作出行政处罚及市场禁入决定。对K公司给予警告并处以60万元罚款，对主要责任人罚款并市场禁入。其后公司积极展开自救。2021年，通过破产重整，变更实际控制人，优化企业战略，完善内部管理，K公司重获新生。

K公司财务造假案，是我国迄今最为严重的财务造假案之一。K公司财务造假涉案不但对我国上市公司的信息披露制度、政府监管与追责体系的强化、完善，具有深远的影响，也为会计师事务所的职业道德和行为规范敲响了警钟。

二、合规风险识别

（一）财务报告造假

1. 虚增财务报告中营业收入、利息收入、营业利润

中国证监会通过核查营业收入明细账、各类业务收入汇总表、录入发票明细、《应收账款余额明细表》《关于经营业务收入的情况说明》、相关银行账户资金流水、记账凭证及原始凭证等证据资料，确认K公司《2016年年度报告》《2017年年度报告》《2018年半年度报告》《2018年年度报告》中存在虚假记载，虚增营业收入、利息收入及营业利润具体金额如下：

表10-1

（单位：元）

项目	虚增营业收入	虚增利息收入	虚增营业利润	虚增占比
2016年报	89.99亿	1.51亿	6.56亿	16.44%
2017年报	100.32亿	2.28亿	12.51亿	25.91%
2018半年报	84.84亿	1.31亿	20.29亿	65.52%
2018年报	16.13亿	——	1.65亿	12.11%
合计金额	291.28亿	5.1亿	41.01亿	——

2. 财务报告中虚增货币资金

中国证监会经核查账银差异余额确认表、银行流水、银行对账单、银行存款日记账、余额差异调节表、资金划转明细等证据资料，查实K公司在2016年1月1日至2018年6月30日，通过财务不记账、虚假记账，伪造、变造大额定期存单或银行对账单，配合营业收入造假伪造销售回款等方式，虚增货币资金。具体如下：

表 10-2

项目	虚增货币资金总额	占总资产比例	占净资产比例
2016 年报	22,548,513,485.42 元	41.13%	76.74%
2017 年报	29,944,309,821.45 元	43.57%	93.18%
2018 半年报	36,188,038,359.50 元	45.96%	108.24%
合计	88,680,861,666.37 元	—	—

3. 财务报告中虚增固定资产、在建工程、投资性房地产

在《2018 年年度报告》中，K 公司将前期未纳入报表的 6 个工程项目纳入表内，分别虚增固定资产 11.89 亿元，虚增在建工程 4.01 亿元，虚增投资性房地产 20.15 亿元，合计虚增资产总额 36.05 亿元。

经查设计图纸、合规性证明、《竣工验收监理评估报告》《工程质量竣工验收监督记录表》、《国有建设用地使用权出让合同》、施工总承包工程合同、装修工程合同、工程结算报告等资料，K 公司《2018 年年度报告》调整纳入表内的 6 个工程项目不满足会计确认和计量条件。

4. 年度报告存在重大遗漏

为了便于控股股东及其关联方购买股票、偿还融资本息、垫付解质押款或支付收购溢价款等用途，2016 年至 2018 年三年中，K 公司在未经过决策审批或授权程序的情况下，累计向控股股东及其关联方提供非经营性资金 116.19 亿元，公司未按规定披露控股股东及其关联方非经营性占用资金的关联交易情况，导致《2016 年年度报告》《2017 年年度报告》《2018 年年度报告》中存在重大遗漏。

（二）其他违规行为

1. 使用虚假银行单据增加存款

K 公司使用虚假的银行单据增加货币资金共计 299.44 亿元。但事后公司把这一情况称为财务失误，只是把部分存货、在建工程以及应收账款记录到了货币资金中。公司也通过延时入账的财务舞弊手法来造假。使未来才能到账的收入提前入账，而现在发生的费用在未来计算，直接地增加了收入减少了费用，从而增大了利润，也增加了货币资金。

2. 伪造收入的业务凭证

K 公司曾通过伪造的业务凭证来增加收入。由 K 公司的自我审核中发现，公司在 2017 年营业收入 175.79 亿元（真实账面价值）虚增到 264.77 亿元（账面显示）。K 公司还通过减少运营成本来增加自己的收入，在 2017 年企业的管理费用和销售费用分别减少了 2.28 亿

元和 4.97 亿元。

3. 关联方买卖本公司股票

经中国证监会调查，K 公司曾在 2016 年、2017 年和 2018 年这三年转移部分资金给予其关联方用于购买本公司的股票，涉嫌金额为 116.19 亿元，光是 2019 年 K 公司就与关联公司有 88.79 亿元的资金往来，并且坏账准备为 0，持股比例都为 1.87%，公司利用这种关联方买卖本公司股票的手段，随意抬高自己股价，严重影响了股票市场秩序。

(三) 报表基础分析

1. 不合理之存贷双高

公司资产负债表显示，公司账面一直保有大量货币资金，主要货币资金为银行存款。公司留有大量的资金不使用意味着对资金的利用率不高，但 K 公司与此同时却一直通过债务筹资，获取大量短期和长期的债务。若货币资金充足，公司理论上不会在拥有大量银行存款同时进行频繁的债务行为，除非是银行存款的存款利率高于债务的贷款利率以赚取收益，而实际情况是，公司举债的利息率约为 3-4%，而其在账上的货币资金利润率仅为 0.7% 左右，这显然是说不通的。而且公司为了融资，甚至开始质押股票。出现这种情况，那只有两种可能，一是这公司财务人员愿意直接把钱白白地给别人，二是公司实际并没有这么多现金，账面实际货币资金数目造假。

2. 不合理之存货暴增

同时，公司存货占比明显过高。K 公司在 2016 年以前的存货占比保持在 20% 左右，但 2018 年的年报显示，公司 2018 年的存货高达 342 亿元，占比高达 46%。K 公司的存货周转天数也出现异常，2016 年以前 K 公司的存货周转天数与行业水平几乎相同，而在 2017 年和 2018 年，存货周转天数却高达行业水平的三倍，存货的暴增也让人怀疑如此大量的存货是否真实，报表是否有所虚构。

表 10-3　2015-2018 年资产负债表

(单位：元)

	2015 年	2016 年	2017 年	2018 年
流动资产				
货币资金	15,818,341,613.15	27,325,140,365.21	34,151,434,208.68	1,839,201,190.32
应收账款	2,550,400,592.90	3,095,183,749.302	4,351,011,323.40	6,318,314,328.75
存货	9,794,699,683.977	12,619,374,963.24	15,700,188,439.341	34,209,621,065.03

续表

	2015 年	2016 年	2017 年	2018 年
……				
……				
资产合计	38,105,229,314.85	54,823,896,576.813	68,722,020,630.61	74,627,937,566.57
负债合计	19,266,789,251.49	25,440,769,542.67	36,587,046,570.56	46,327,912,277.87
所有者权益合计	18,838,440,063.36	29,383,127,034.141	32,134,974,060.05	28,300,025,288.70

3. 不合理之现金流状况与收入利润的高度不匹配

现金流是企业的命脉，最能反映企业本质，虽然 K 公司年 2015 年至 2017 年的营业收入和净利润一直处于稳定增长的情况，在 K 公司的现金流量表中显示，K 公司在 2015 年的经营活动产生的现金流量净额都维持在十多亿元的情况下，2015 年的经营活动产生的现金流量净额却暴跌至 5.09 亿元，而在 2016 年和 2017 年又恢复到 16.03 亿元和 18.42 亿元。

表 10-4　2015-2018 年利润表

（单位：元）

	2015 年	2016 年	2017 年	2018 年
营业收入	18,066,827,952,301	18,740,225,524.03	26,476,970,977.57	13,192,157,355.33
净利润	2,756,456,305.57	3,289,239,081.61	4,094,646,237.18	908,042,850.55

表 10-5　2015-2018 年利润表

（单位:元）

	2015 年	2016 年	2017 年	2018 年
经营活动产生的现金流量净额	508,863,225.38	1,603,189,351.32	1,842,794,237.84	-3,191,529,576.31
投资活动产生的现金流量净额	-1,440,513,871.09	-1,986,307,946.81	-1,529,941,512.51	-4,646,612,170.80

（四）杜邦分析及净资产收益率（ROE）

1. 盈利能力分析

K 公司在报表中体现的销售毛利润高于同行业平均水平，但是公司的净资产收益率逐年降低，至 2018 年已经远低于行业平均水平，销售净利率也陡然下降。也即表明，公司虽然在卖高价商品，但却没有合理转化为公司净利润，营业收入真实性令人存疑。2018 年报表中，对比业内另一龙头企业，在销售毛利率相近的情况下，K 公司在销售净利率和净资产收益率仅仅达到该企业的三分之一，也十分不合理。

表 10-6　K 公司盈利能力指标（2016 年—2018 年）

指标名称	2016 年	2017 年	2018 年
销售净利率	15.42%	15.46%	5.80%
销售毛率利	29.90%	30.46%	30.04%
净资产收益率	14.88%	7.20%	3.44%

表 10-7　2018 年企业盈利能力指标对比表

指标名称	K 公司	TRT	YNBY
销售净利率	5.80%	12.83%	14.07%
销售毛利率	30.04%	46.75%	28.56%
净资产收益率	3.44%	12.83%	10.31%

2. 运营能力分析

K 公司自 2016 至 2018 年在存货方面有较大变动，2016 年存货周转天数已经到达 265.92 天，2018 年甚至高达 663.35 天，虽然不同行业存货周转天数会有所不同，医药产业并不算周转很快的产业，但单就医药产业自身来看，对比其他同业上市公司，K 公司各项指标的周转天数也已经过高。

表 10-8　K 公司营运能力指标（2016 年—2018 年）

指标名称	2016 年	2017 年	2018 年
营业周期(天)	312.87	326.91	762.57
存货周转天数(天)	265.92%	276.29	663.35

表 10-9　企业运营能力对比表（2018 年）

企业	K 公司	TRT	YNBY
营业周期(天)	762.57	123.46	208.28
存货周期天数(天)	663.35	51.08	184.67

在巨额存货项下，最值得注意的是库存商品。K 公司在 2015 年库存商品仅仅 35 亿元，到 2016 年也只是有 48 亿元，属于正常增长，但到了 2017 年的时候达到 253 亿元，已出现了百亿元的增长，数据真实可能性几乎为零。

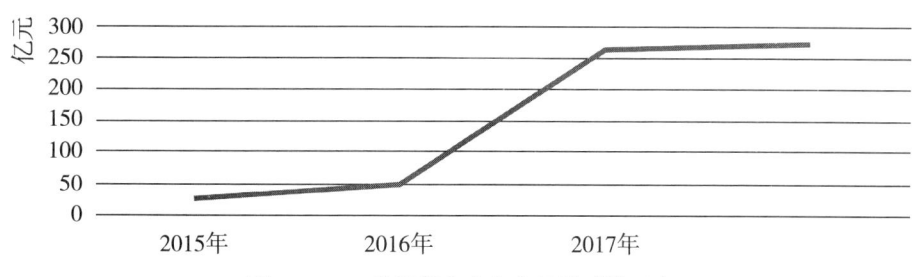

图 10-3 K 公司药业库存商品增减情况表

对比增长过快的存货，K 公司在固定资产折旧方面增长就没有那么快了。增加的 200 亿元存货，基本上没有计提折旧。且 K 公司出售的药物主要是名贵药材，这些药材不易储存，也应计提大量资产减值准备，可是 K 公司也未大量计提，由此存货的真假也是未知。如果 K 公司真的有这些存货，K 公司还要考虑两方面：一是存货值不值。K 公司在过去确实有过存过三七药材，等这种药材大涨的时候再高价出售，获得了一定的利润。但是这次大量存货的增加要比上次高出很多，而且近几年中药价格平稳。在面对如此多的存货时，K 公司还要面对大量的管理开支。二是能不能管理好。K 公司的存货周转天数已经接近两年，而普通的医药企业周转天数只是一百多天。K 公司中药材也大都是名贵中药材，K 公司也没有如此大的厂房，在这两年内无法保证这些中药材的保质期。以上看来，存货虚实不定。

3. 偿债能力分析

2016 年至 2018 年，K 公司连年营业收入大增，库存现金有上百亿元的同时，资产负债率也在连年增长，流动比率和速动比率连年下降。速动资产因为去除了存货，其他流动资产等，更能直观地看出来企业的偿债能力，公司速动比率从 2017 年的 1.52 到 2018 年的 0.67，远低于其他同行业数据，企业的偿债能力值得注意。

与其他公司对比，K 公司的经营现金流虽然并不低，但是经营现金流占净利润比远低于同行业其他企业。这一现象不符合 K 公司当时的"白马"身份，在公司营业收入持续增长的情况下，公司的经营活动现金流占净利润比并没有增长，说明企业收入并没有有效体现现金流变化，两者未能挂钩。

三、K 公司财务造假案动因分析

一是动因压力。K 公司财务造假的压力来自维持股价或融资的需求，维持股价是其财务造假最直接的利益驱使，通过买卖自家股票获利，粉饰财报，维持一个比较满意的股价水平，从而使 K 公司持股的高管、员工减持获取不错的收益。还可以维持 K 公司较大的融资需求，包括股权融资、债权融资，或者股票质押融资。2019 年 5 月 29 日，在 K 公司回复上交所问询函的公告当中披露：截至 2018 年底，公司与关联方 PNKD 药业有限公司、普宁市 KC

药业有限公司应收往来款余额为89亿元，资金用于买卖K公司股票。从中国证监会的调查结果来看，2016年1月1日至2018年12月31日，K公司在未经过决策审批或授权程序的情况下，累计向控股股东及其关联方提供非经营性资金11619130802.74元用于购买股票、替控股股东及其关联方偿还融资本息、垫付解质押款或支付收购溢价款等用途。根据法院审理查明：2015年至2018年期间，K公司负责人伙同他人，违规筹集大量资金，利用实际控制的股票交易账户自买自卖、连续交易，操纵K公司股票价格和交易量，致使共计20次连续10个交易日累计成交量达到同期该证券总成交量30%以上，共计7次连续10个交易日累计成交量达到同期该证券总成交量50%以上。因此K公司负责人一直在市场上坐庄炒作自己公司的股票，通过虚构业绩，使得股票价格不断上涨，才能从中获利。根据K公司公告，截至2017年8月10日，控股股东KM实业已经将其持有的K公司股份总数的83.73%质押。后来，K公司发行可交换公司债券，控股股东KM实业又将其持有的部分股份质押给债券受托管理人，用于为债券交换标的股票或本息偿付提供补充质押担保。这样，截至2018年11月29日，KM实业已经将其持有的K公司股份总数的99.53%质押。而另一关联人员早就将持有的95296700股中的94714800股进行了质押，质押比例高达99.39%。大股东如此高的质押比例，其很可能是为了套现，把风险转嫁出去，也可能与炒作自家股票的资金有关。无论哪种目的，为了能够获得更多的资金，以及避免质押爆仓，大股东都有意愿粉饰业绩，从而带动股价上涨或者维持高位。

二是动因机会。K公司董事长、总经理、实际控制人与副董事长、常务副总经理为夫妻关系，K公司的其他大股东也有其家族成员，董事与管理层职务兼容使得董事会的职能丧失，无法对管理层进行制约，K公司内控制度无法得到有效的监管，这无疑为财务造假提供了巨大便利，降低了掩饰舞弊行为的难度。

三是动因借口。K公司早期的财务情况已经屡遭质疑，但没有确凿的证据，直至2019年4月29日晚间，在披露2018年度报告之时，K公司更正了前期出现的会计差错，称2018年之前，营业收入、营业成本、费用及款项收付方面存在账实不符的情况。以"核算账户资金时存在错误"为由，K公司的299亿元现金蒸发消失，引发市场哗然。K公司为掩饰自己的舞弊行为，企图同这种漏洞百出的借口蒙混过关，自欺欺人。K公司财务造假根源不仅仅是假账，也不全是高层腐败，而在于急功近利的公司文化，和缺失的制度和外部约束。

四、企业合规管理启示

(一) 企业合规文化打造与合规意识提升

合规管理是全员参与的系统性工程，所以企业要培育与企业战略及经营发展规划相符的合规文化，增强全体人员的合规意识。首先，要在企业上下推行"合规人人有责""合规创造价值"等合规理念，让员工理解合规管理的重大意义。其次，要让全体员工意识到合规管理是经营管理的一件大事，不是监管者要求合规，而是不合规经营企业无法生存发展。必须让合规的观念和意识渗透到全体员工的思想中，渗透到每个岗位、每个业务操作环节中，促使所有员工在开展经营管理工作时能够遵守法律、规则和标准。最后，要不断进行合规培训，让员工明晰需要遵守的法律、制度和程序。

缩限至财务合规角度，财务合规文化打造与意识提升也是需要面向企业全体员工的。例如，业务人员需要在业务合同签订时具备财务合规意识；行政人员需要在福利用品采购时具备财务合规意识；技术人员需要在软件采购时具备财务合规意识；销售人员需要在差旅费用支出时具备财务合规意识等。

（二）企业财务合规制度建设

财务合规制度建设应建立在公司决策和生产经营的各个环节基础之上，需要紧密联系实际，编制科学性、连贯性和高可读性的制度，使公司人员有章可循。因此在制度的编制过程中，一方面应做到贴合公司业务需要、不制约公司发展，另一方面也需要将合规目标始终贯彻其中。财务合规制度主要应该对以下事项进行约束：

其一，建立资金使用制度。包括资金预算管理和资金支出审批规则。资金预算管理过程中，需要对以往的业务活动进行详细的分析，制定合理的额度，避免实际业务活动所需要分配资金的必需性和重要程度相脱节，预算的可操作性减弱，预算执行过程中为了满足单位正常业务资金需求，出现不得不根据实际业务需要调节预算计划的现象。资金支出审批规则也需要与过往实际业务需求高度挂钩，如果将支出审批额度权限制定得太低，会加大审批环节的人力成本；但额度过高又容易造成资金浪费现象。总的来看，制定相关的规则除了防范资金支出财务风险，还能提高资金使用效率。

其二，建立融资规范制度和资金使用用途规范制度。一方面要对融资的资金来源进行明确的制度规定，包括如限制融资渠道、融资对象、融资产品类型、融资期限和融资成本；另一方面，需要对融资需求进行制度上的规范，明确何为合理需求。在资金使用用途规范上，需要在符合国家的产业和行业政策导向现有监管框架内，进一步结合企业实际情况进行缩限。

其三，建立信息公开机制，充分发挥监督效力，避免会计信息失真。需完善企业财务信息公开制度，明确当前在监管对于信息公开的原则、范围及程序的要求，体系设计应兼顾内部管理、外部监督、可操作性等多重需要，对财务信息公开完整性、准确性、及时性、可比性提出具体明确的质量标准和规范要求，严格限制公立医院信息公开的内容弹性，主动、自觉接受相关监督问责。

其四，建立内部举报机制。为保障内控管理有效运行，避免企业高层管理人员、业务人员或财务人员的腐败，防止流于形式，可以建立内部和外部的双重举报机。从内部来看，对企业内部员工建立举报人的奖励和保护制度；从外部来看，欢迎外部供应商和采购商对企业业务执行情况和经济行为中存在的问题进行举报。

（三）企业合规管理实施机制

财务合规管理过程中，可以通过事前控制、事中监督、事后审计三方位形成闭环贯彻落实上述制度。事前需要控制提升财务人员履职的独立性。财务部门是企业内部控制的核心部门，只有保证了财务人员履职不受外界干扰和影响，才能使其在合规管理中起到应有的作用。实操中，可以为财务人员建立可量化考核方式，将考核得分与薪酬制度、福利待遇进行挂钩，让财务人员的收入、待遇、晋升在实质上实现公平、公正、公开，决不能让财务人员屈于行政职务职级的压力，不敢发表个人对于新经济业务在业务合规方面的意见，甚至协助完成一些非法舞弊活动。

事中和事后需要发挥内部审计在内部风险管理中的作用。内部审计可以发挥以下三方面作用：一是通过内部测评工作，协助管理层构建合规风险管理体系和道德规范准则。内部审计程序可以通过客观独立的循序渐进式的测评，促进公司内部控制制度的健全，同时，也可以督促管理者和员工忠于职守、遵纪守法。二是内部审计协助管理层评价并实施针对合规管理的程序和控制措施。三是将合规管理融入内部审计程序。内部审计程序的设计应与财务合规管理的目标相协调。内部审计部门应协助管理层有效识别和衡量合规风险，在确定内部审计业务的工作重点并编制审计方案时，考虑财务合规的各项量化指标和非量化指标。内审部门应在内部审计报告中对合规风险管理状况进行评价，指出存在的财务报告或非财务报告的内部控制缺陷，提出整改建议。

（四）企业内部监督问责

企业内部监督问责作为合规管理的最后一道关卡，需要引起高度重视。其一，企业应定期举行合规管理自查和整改的专项行动，通过这种专项行动能够很好地及早发现和规避企业经营过程中存在的各种不合规管理行为。其二，针对这些问题进行专项治理，将隐患消除在外部检查之前，避免企业发生合规风险。其三，对于自查发现的问题，要及时进行整改和问责，将问责落实至部门、工作小组和个人。如果发现问题而没有问责，就会让员工认为违规成本低，降低财务人员在合规管理中的权威。

(五) 调整企业内部控制结构

首先，管理层和董事会的人员职能需要明确划分界定，避免一人身兼多职的情况，以确保监督作用。具体而言，总经理负责企业的日常运转事项，而董事长则对总经理的工作进行监督，这样既能确保公司运行效率，同时形成了管理层和董事会之间的制衡关系，减少财务造假事件的发生，同时也将损失控制在公司内部。其次，要关注股权分布的结构。一旦公司的全部股份完全集中于一人手中，则容易导致独裁局面，增加决策风险。通过优化股权结构，可以将单一领导权进行分散，甚至可以用股份激励方式，强化员工的荣誉感。

(六) 强化企业社会责任意识

对于企业发展而言，健康长久是题中应有之义，而良好的公众形象对此至关重要。企业踏踏实实地发展，才能长期平稳运行。如果企业摒弃基本经营道德以获得更多的利益，会形成连锁反应。比如，企业受到处罚、投资人破产、企业员工失业失去经济来源，这都会影响社会和谐稳定。企业的每一份子都要有强化企业社会责任意识，需要定期开展企业文化培训，增强员工凝聚力，调整不合理的管理结构，平衡好企业经济利益与社会责任意识之间的关系。

(七) 加快推进现代科技手段在财务领域的使用

以互联网技术为依托，利用大数据分析，云计算等手段，打破了审计部门和企业之间的数据上信息壁垒通过各类平台实现信息互通互享，在横向上甚至可以实现各类企业信息之间的对比。目前，我国资本市场中主要监管的对象就是上市公司，在信息可以共享并进行对比分析后，如果发现上市公司财务报告有可疑之处时，及时报告并展开调查，将能够有效降低上市公司财务造假的风险。

第十一章

数据安全合规

> 数据安全合规是企业合规的重要组成部分。近年来,随着数字经济的发展,数据合规与信息保护越来越受到监管部门的重视。通过本章的学习,学员应了解《数据安全法》、《个人信息保护法》以及相关监管规则的规定;掌握数据合规的概念、法律属性及功能;掌握网络产品、服务提供的合规要求,关键信息基础设施运行的合规要求,网络运营者用户信息处理的合规要求;重点掌握个人信息保护领域数据收集的合规要求、数据存储的合规要求、数据利用的合规要求;重点掌握跨境数据流动中数据出入境的合规要求。在此基础上,学习构建完善的数据合规管理体系,完善企业内部的数据合规风险识别与评估机制,建立数据合规监督机制,重点掌握数据分级分类保护机制的实施方法。

理论综述

大数据时代,数据已然成为重要的生产要素,蕴藏着巨大的价值,在企业生产经营活动中发挥着日益重要的作用。"在数据经济时代,数据是推动新一轮技术创新、制度创新和管理创新的关键生产要素,是资本、物质、技术、人员等其他生产要素高效组合的纽带与核心,数据的开放、流动和共享将颠覆传统工业时代的商业形态和产业边界,一个以数据资源的开放利用为核心动力的数据经济时代全面来临。"数据利用的背后潜藏着巨大风险,数据的不当处理将会对个人人格、财产权益、社会利益乃至国家安全产生威胁。从这个意义上,数据合规成为大数据时代企业合规工作的重中之重,推动企业开展数据合规建设具有现实的紧迫性与必要性。

近年来，我国立法机关和监管部门不断推出数据合规领域的立法与监管规则，包括《网络安全法》、《数据安全法》和《个人信息保护法》的出台。2022年12月19日，中共中央、国务院公布的《关于构建数据基础制度更好发挥数据要素作用的意见》出台以来，促进数据要素价值开发利用、推进数字经济发展，已经成为国家战略。2023年9月28日，国家网信办发布《规范和促进数据跨境流动规定（征求意见稿）》，提出了多个有利于规范和促进数据跨境流动的方案和机制。2023年，伴随着OpenAI的横空出世以及中国AIGC公司的迅速成长，国家网信办发布了《生成式人工智能服务管理暂行办法》，聚焦AIGC监管的法规文件，框定了AIGC领域的监管框架。与此同时，各行业的数据合规立法体系持续深化。电信/互联网、金融、汽车、医疗是目前数据立法最为活跃的四个行业。此外，地方监管规定也相继推出，例如，深圳市人民检察院、深圳互联网信息办公室等多部门于2023年9月11日发布了《深圳市企业数据合规指引》，对数据合规管理组织体系建设、制度体系建设，数据全生命周期合规和数据出境合规等几部分内容作出详尽指导。

从监管主体上看，国家数据局在2023年挂牌成立，意义深远。经过2017年到2023年这六年间的密集立法工作，网络安全和数据合规领域的主干性法律法规已经出台大半，主要监管框架基本搭建成形。未来，严守国家安全、促进数字经济发展，仍将是数据合规领域两条不变的主轴。

案例一：D公司网络数据安全审查案

一、案例情况介绍

D公司通过网约车、顺风车等业务，有效匹配和整合乘车者（需方）和司机（供方）资源，一定程度上解决了居民的出行难、出行贵、出行安全等需求，同时引导闲置的运营车辆资源投入出行市场，打破了传统出租车、黑车垄断本地市场情形，已成为我国公民出行的重要工具。同时D公司在网约车业务运营中可以掌握司机和乘客的各类个人信息（包括但不限于人脸识别信息、精准位置信息、身份证号等多类敏感个人信息），国家地理信息，国家重要军事设施、中央部委所在位置等涉密信息，而这些信息就是国家重点治理的"数据"，D公司本应严格依法依规规范数据收集、使用等数据处理活动，履行配合监管部门的明确要求，保护数据安全、维护国家安全。但在2021年，D公司选择赴境外上市，未有效履行网络安全、数据安全、个人信息保护义务，给国家网络安全、数据安全带来风险隐患，且在监管部门责令改正情况下，仍未进行全面深入整改。

2021年，网信办开启对D公司网络安全审查。随后，相关主管部门进驻D公司进行调查。根据网络安全审查结论及发现的问题和线索，网信办依法对D公司涉嫌违法行为进行立案调查。经查实，D公司违反《网络安全法》《数据安全法》《个人信息保护法》，予以处罚。

二、合规义务来源

我国规制网络数据安全的主要法律及司法解释包括《关于维护互联网安全的决定》《关于加强网络信息保护的决定》《民法典》《刑法》《网络安全法》《电子商务法》《个人信息保护法》《数据安全法》《行政处罚法》《最高人民法院、最高人民检察院关于办理非法利用信息网络、帮助信息网络犯罪活动等刑事案件适用法律若干问题的解释（法释〔2019〕15号）》。

在行政法规和部门规章层面。我国数据安全保护的规定主要有《网络信息内容生态治理规定》《关键信息基础设施安全保护条例》《网络安全审查办法》《互联网信息服务算法推荐管理规定》等，构成了不同行业、不同数据处理业务类型的数据安全监管体系和规则框架。

在国家和行业标准层面。我国数据安全保护的标准主要有GB/T22239-2019《信息安全技术网络安全等级保护基本要求》、GB/T22240-2020《信息安全技术网络安全等级保护定级指南》等"等保2.0"系列标准要求；GB/T35273-2020《信息安全技术个人信息安全规范》强化了数据安全治理的技术方案；GB/T35273-2020《信息安全技术政务信息共享数据安全技术要求》中，依据数据分类与分级原则及数据安全能力成熟度模型，提出了规范政务信息交换共享中的数据安全防护技术要求；GB/T37988-2019《信息安全技术数据安全能力成熟度模型》给出了组织数据安全能力的成熟度模型架构，规定了数据采集安全、数据传输安全、数据存储安全、数据处理安全、数据交换安全、数据销毁安全、通用安全的成熟度等级要求。

在地方性法规层面。我国地方数据安全保护的规定主要有《贵州省大数据发展应用促进条例》《深圳经济特区数据条例》《上海市数据条例》等。其中《贵州省大数据发展应用促进条例》是全国首部大数据地方性法规。

三、数据合规风险识别

2022年，国家互联网信息办公室公布对D公司依法作出网络安全审查相关行政处罚的决定。D公司主要违法违规事实包括：一是违法收集用户手机相册中的截图信息；二是过度收集用户剪切板信息、应用列表信息；三是过度收集乘客人脸识别信息、年龄段信息、职业信息、亲情关系信息和公民居住办公地址信息；四是过度收集乘客的精准位置（经纬度）信息；五是过度收集司机学历信息，以明文形式存储司机身份证号信息；六是在未明确告知乘客情况下分析乘客出行意图信息、常驻城市信息、异地商务/异地旅游信息；七是在乘客使用顺风车服务时频繁索取无关的"电话权限"；八是未准确、清晰说明用户设备信息等个人信息处理目的。综合考虑D公司违法行为的性质、持续时间、危害及情形，对D公司作出网络安全审查相关行政处罚的决定的主要依据是《网络安全法》《数据安全法》《个人信息保护法》《行政处罚法》等有关规定。

（一）D公司侵害个人信息及影响国家安全的违法行为具有持续性，职能部门对D公司持续违法行为在处罚时效内处罚。

《行政处罚法》第36条规定："违法行为在二年内未被发现的，不再给予行政处罚；涉及公民生命健康安全、金融安全且有危害后果的，上述期限延长至五年。法律另有规定的除外。前款规定的期限，从违法行为发生之日起计算；违法行为有连续或者继续状态的，从行为终了之日起计算。"前述规定了处罚时效问题，即一般违法行为在两年内予以行政处罚，涉及公民生命健康安全、金融安全且有危害后果的重大违法行为在五年内予以处罚，对于持续性的违法行为，从行为终了之日起计算。

D公司相关违法行为最早开始于2015年6月，并持续性地收集、存储未明确告知情况下分析、索取用户信息及敏感信息等，截止D公司被调查之日，其违法行为仍然在连续状态中，因此，职能部门对D公司处罚在行政处罚时效内。

（二）从前期相关主管部门联合进驻D公司开展网络安全审查，到对D公司出具处罚决定的职能部门为国家互联网信息办公室，本次处罚决定体现负责监督网络安全、数据安全、履行个人信息保护义务职能的部门为国家网信部门。

《网络安全法》第8条第1款规定："国家网信部门负责统筹协调网络安全工作和相关监督管理工作。国务院电信主管部门、公安部门和其他有关机关依照本法和有关法律、行政法规的规定，在各自职责范围内负责网络安全保护和监督管理工作。"

《数据安全法》第6条规定："各地区、各部门对本地区、本部门工作中收集和产生的数据及数据安全负责。工业、电信、交通、金融、自然资源、卫生健康、教育、科技等主管部门承担本行业、本领域数据安全监管职责。公安机关、国家安全机关等依照本法和有关法律、行政法规的规定，在各自职责范围内承担数据安全监管职责。国家网信部门依照本法和有关法律、行政法规的规定，负责统筹协调网络数据安全和相关监管工作。"《个人信息保护法》第66条规定："违反本法规定处理个人信息，或者处理个人信息未履行本法规定的个人信息保护义务的，由履行个人信息保护职责的部门责令改正，给予警告，没收违法所得，对违法处理个人信息的应用程序，责令暂停或者终止提供服务……"国家在网络安全、数据安全治理结构体系为中央统筹下的各地区各部门各司其职、多维度配合、全社会参与的治理结构体系，国家网信部门负责统筹协调网络数据安全和相关监管工作以及履行个人信息保护职责。

（三）《数据安全法》《个人信息保护法》分别于2021年9月及11月生效，均在网信办对D公司启动网络安全审查之后，由于D公司所涉违法行为具有持续性，因此，可以援引《网络安全法》《数据安全法》《个人信息保护法》对D公司进行处罚，并且对于同一违法行为违反多个法律规范应当予以罚款处罚的，按照罚款数额最高予以处罚。

《行政处罚法》第37条规定，实施行政处罚，适用违法行为发生时的法律、法规、规章的规定。在国家网信办对D公司启动网络安全审查之后，作出行政处罚之前，《数据安全法》《个人信息保护法》分别于2021年9月及11月生效，而《网络安全法》于2017年6月生效实施，系在国家网信办对D公司启动网络安全审查前生效。《网络安全法》《数据安全法》《个人信息保护法》属于在行政处罚前均可以适用违法行为时的法律法规。

根据《个人信息保护法》第66条、《网络安全法》第64条、《数据安全法》第45条以及依据"一事不再罚""同一违法行为违反多个法律规范应当予以罚款处罚、按照罚款数额高的规定处罚"的行政处罚原则，据此，D公司的行为同时违反多个法律法规应当被罚款处罚的，应在依据罚款数额最高的规定处罚。

根据《个人信息保护法》第66条规定："违反本法规定处理个人信息，或者处理个人信息未履行本法规定的个人信息保护义务的，由履行个人信息保护职责的部门责令改正，给予警告，没收违法所得，对违法处理个人信息的应用程序，责令暂停或者终止提供服务；拒不改正的，并处一百万元以下罚款；对直接负责的主管人员和其他直接责任人员处一万元以上十万元以下罚款。有前款规定的违法行为，情节严重的，由省级以上履行个人信息保护职责的部门责令改正，没收违法所得，并处五千万元以下或者上一年度营业额百分之五以下罚款，并可以责令暂停相关业务或者停业整顿、通报有关主管部门吊销相关业务许可或者吊销营业执照；对直接负责的主管人员和其他直接责任人员处十万元以上一百万元以下罚款，并可以决定禁止其在一定期限内担任相关企业的董事、监事、高级管理人员和个人信息保护负责人。"违法处理个人信息或者处理个人信息未履行法律规定的个人信息保护义务的，企业最高可被处以上一年度营业额百分之五以下罚款。

根据D公司于2022年4月发布的财报，D公司2021年总营收为1738.3亿元，其中来自中国区域营收为1605.2亿元。国家网信办对D公司作出的80.26亿元罚款，经计算，与1605.2亿元乘以5%的计算结果一致，因此，本次对D公司处罚适用了《个人信息保护法》规定下D公司2021中国区总营业额5%的顶格处罚。

案例二：G 公司位置数据案

一、案例情况介绍

2022 年 11 月，在经历长达四年的调查和谈判后，美国 40 州政府就 G 公司涉嫌违法处理用户地理位置数据一案达成超 3 亿美元的和解协议，成为美国互联网隐私保护领域历史上由司法部门牵头的案件中和解金数额最大的案件。调查主要指向 G 公司涉嫌的四类违法行为：一是关于位置历史数据处理情况的虚假陈述；二是关于网络和应用程序活动的虚假陈述；三是关于用户通过 G 公司账户控制个人隐私能力的虚假陈述；四是关于个性化广告设置的虚假陈述。

在和解协议中，G 公司就此后的行为作出了一般性的合规保证，承诺不会在位置历史和网络应用程序活动中就个人用户的位置信息向用户进行虚假陈述，并且采取以下措施合规使用用户的地理位置数据：一是保障用户知情权。G 公司必须在调用相关权限、用户创建账户等情况下向用户披露地理位置信息的使用情况，并告知用户如何进行关闭、删除等限制措施。除此之外，G 公司还应当设置单独的网页披露位置信息的处理情况。二是提高用户控制能力。G 公司必须为用户提供禁用有关位置信息功能的能力，以及便捷地删除位置信息的选项。三是限制位置信息的使用和留存。G 公司必须在取得用户明确的肯定性同意后才能将位置信息与第三方共享，并且在收集位置信息的 30 日内将其删除。四是影响评估。G 公司必须在实质性地改变位置信息处理方式之前进行内部的隐私保护影响评估并记录评估结果。五是进行合规报告。G 公司必须在和解协议生效后的约定期限内进行初次合规报告，并在接下来的四年内进行年度合规报告。六是支付和解金。G 公司必须在限期内向各州支付和解金。

二、合规风险识别

从 G 公司在和解协议中作出的合规承诺来看，该案中 G 公司的违规风险来自保障网络用户的知情权、提高用户的控制能力以及限制位置信息的使用和留存。

（一）保障网络用户的知情权

我国关于个人信息安全的立法坚持知情同意原则，这也成为了用户数据得以被保护的关键屏障和救济方法。2012 年颁布的《规范互联网信息服务市场秩序若干规定》第一次以立法的形式规定互联网信息服务提供者须经用户同意才能够收集、转让用户个人信息，《关于加强网络信息保护的决定》《信息安全技术公共及商用服务信息系统个人信息保护指南》《电信和互联网用户个人信息保护规定》《网络交易平台经营者履行社会责任指引》《网络安全法》中均有相关规定。然而由于网络服务中，网络平台提供的知情同意协议往往是平台起草发送的，用户为追求快捷便利也并不具备一定的契约意识，导致多数网络服务提供者将知情同意原则相关的隐私协议、服务条款设置得十分隐蔽，使得用户难以立即查看协议全部内容。此类设置虽然在形式上做到了取得用户同意，但并未真正保障用户的知情权。在网络数据安全管理日益严格的趋势下，如何在用户知情权和数据合规管理上找到平衡点是网络平台企业不得不更加重视的一个问题。

（二）提高用户的控制能力

《民法典》《个人信息保护法》等法律强化了用户对向网络平台提供信息，管理网络平台上的个人信息的控制能力。2023年2月6日施行的《工业和信息化部关于进一步提升移动互联网应用服务能力的通知》也明确，一是要规范安装卸载行为，确保知情同意安装，规范网页推荐下载行为，实现便捷卸载；二是要优化服务体验，窗口关闭用户可选，服务事项提前告知；三是加强个人信息保护，合理申请使用权限；四是响应用户诉求。

（三）限制位置信息的使用和留存

G公司案的和解协议载明，除非获得用户明确的肯定性同意（Express Affirmative Consent），G公司应当避免与第三方广告商共享用户的精确位置信息（Precise Location Information）。美国联邦、州或地区的法律、法规中另有规定的除外。G公司应当在从设备、网络和应用程序活动中的IP地址中收集位置信息的30日内将该等位置信息自动删除。G公司应当继续在以电子邮件通知非活跃用户的180日后自动删除其位置历史，除非用户采取措施保存其数据。网络平台未经用户同意，不得向他人非法提供用户个人信息，并且只能在正当、合理的范围内使用用户个人信息。任何超出限度的使用或是未经同意提供给第三方，都是严重的侵害用户信息、数据的行为。

三、合规要点解读

同数据合规的多重法律属性一样，基于不同的主体和立场，数据合规在功能定位方面，同样具有多重性。

首先，从企业的角度而言，最大限度地避免或者减少数据合规风险，是企业开展数据合规管理的基本目标。ISO37301：2021《合规管理体系要求及使用指南》在引言中便指出

"合规是组织可持续发展的基石,能为组织创造新的机遇",是实现"良好治理原则"的保障。从短期来看,数据合规管理体系的建立和完善需要企业大量的投入,可能导致企业利润和收益的下降。然而,从长远来看,一个合法合规经营的企业,可以成功地规避各种法律风险,避免因违法违规所带来的法律制裁和监管处罚,避免受到重大财产损失和声誉损失。

其次,从政府的角度而言,企业数据合规能够分担政府数据治理责任,缓解政府数据治理的压力,提高数据治理的效能。如前所述,数字经济发展的同时滋生了大量的数据滥用行为,数据安全风险也进一步加剧,政府承担的个人数据保护义务也随之增加。然而,政府在数据治理中的功能和作用空间却相对有限。数据合规"是监管主体与企业参与社会治理的新型互动方式,是符合社会治理需要的新型监管模式"。数据合规通过强调作为数据控制者和数据处理者的企业在数据治理中的责任,并通过行政和解、刑事和解等方式激励企业建立健全数据合规管理体系,充分调动企业开展数据合规活动的积极性,使其有动力参与到数据治理活动中来,为传统的、僵化的"命令—控制"式政府监管注入了协商对话的因子,使得数据治理更具柔性、灵活性和回应性,进而达到降低政府数据治理成本,缓解政府数据治理压力之目的。

最后,从个人角度而言,企业数据合规能够减少数据滥用行为,降低数据安全风险,保障个人合法权益,维护个人人格尊严。

为应对数据合规风险,企业可以采取以下三方面措施:

(一)建立科学合理的数据安全风险评估机制

数据合规管理是以有效防控数据合规风险为目的,以互联网企业为代表的数据密集型企业及其员工的数据活动为对象,开展包括数据合规制度制定、数据合规风险识别、数据合规审查、数据合规风险应对、责任追究、考核评价、合规培训等在内的有组织、有计划地管理活动。数据合规管理是数据密集型企业开展风险管理的一项重要内容,也是企业实施有效风险控制的一项基础性工作。数据合规管理旨在预防和减少数据合规风险,而要实现该目标,首先需要认识和评估风险。《数据安全法》《个人信息保护法》《个人信息安全规范》等均对企业数据风险评估作出了规定。数据合规发挥着责任切割的作用,企业建立了科学合理的数据安全风险评估机制,并按照要求开展数据安全风险评估采取相应措施后,即使是后期出现了相应法律风险,也可提供报告证明已采取规避风险的措施而达到减轻甚至免除企业法律责任。因此,企业应当建立健全面向数据处理活动的风险评估机制,明确开展数据风险评估的主体、评估对象、评估时机和评估方式等。

(二) 建立数据分类分级保护机制

因不同类型的数据开展数据处理活动，往往带来不同程度的风险和影响。目前，实践中对于分类分级的参考文件有《信息技术大数据数据分类指南》《信息安全技术大数据安全管理指南》《金融数据安全数据安全分级指南》《工业数据分级分类指南（试行）》《基础电信企业数据分类分级方法》《个人金融信息保护技术规范》等，实操性较强。因此，在制定企业数据合规策略时，首先要做的就是根据个人数据来源、方式、类型的不同对数据进行划分，并据此建立差异化的数据合规流程。以数据收集为例，我国《网络安全法》《个人信息保护法》《个人信息安全规范》和《App违法违规收集使用个人信息行为认定方法》等法律和规范性文件均规定企业采集个人数据必须事先履行告知义务，征得当事人同意，并且要求企业明确告知所收集的数据使用的具体方式、使用范围。据此，对于用户主动提供的数据，企业应当采取"明示同意授权"的方式进行数据采集，要主动明确告知收集数据的目的、范围及用途。同时应当恪守"必要性与目的性"原则，对与产品或服务无关的用户个人信息不进行采集。当重要事项发生变更时，应当重新获得个人同意，同时不得以个人不同意为由拒绝提供产品和服务。

对于采集的个人敏感信息，企业应及时对采集而来的个人敏感数据进行脱敏化或匿名化处理，以避免信息数据泄露。按照《个人信息安全规范》规定，企业还可以"采用假名、加密、哈希函数等技术手段替代对个人信息的标识"，以减少个人敏感信息泄露引发的风险。

(三) 建立健全企业内部数据合规制度

"徒法不足以自行"，根据元规制理论，企业数据合规体系的构建最终落地端赖于企业内部数据合规机制的建立。企业宜结合自身业务特征，依据《网络安全法》《数据安全法》《个人信息保护法》的规定，以及国家相关部委发布的政策建议及行业规范，循序渐进，有针对性地制定企业内部的数据合规制度。企业数据合规制度包括数据合规管理的一般性规定，即数据合规管理办法、数据合规实施细则等，还包括为推动数据合规运行的专项规定，如数据合规风险评估办法、数据合规审查办法等，以及落实数据合规管控的专项制度，如数据保护合规管理办法、网络安全合规管理办法等。数据合规管理体系的建立和完善，虽然从短期来看需要耗费企业的大量成本，但是从长远来看，却有助于企业防范和化解数据合规风险，减少或者避免遭受行政处罚乃至刑事追诉。一方面，一套科学合理的数据合规体系能够帮助企业及时有效地发现企业在数据采集、存储和利用中存在的合规风险点，进而降低数据滥用行为，防范数据安全风险，减少违法行为的发生。另一方面，只要企业建立起一套科学合理的数据合规体系并严格加以落实，即使企业经营过程中因个别员工的原因发生数据不当使用或数据安全泄露等违法行为，企业自身也可以因建立了数据合规而免于承担行政责任或刑事责任。换言之，企业建立科学有效的合规管理体系，能够发挥"隔离带"和"防火墙"的作用，成功地将企业责任与员工责任、客户责任、第三方商业伙伴的责任以及被并购企业的责任，加以切割和分离，成为企业免除行政责任和刑事责任的依据。

案例三：L公司违规收集个人信息案

一、案例情况介绍

2020年，工信部发布《关于侵害用户权益行为的App通报（2020年第五批）》。其中，L公司因假冒他人App违规收集个人信息上榜。

二、合规义务来源

在我国，对于未经用户同意，非法收集、使用用户的个人信息的行为，主要由下列法律规制：

（一）《刑法》

1. 侵犯公民个人信息罪。《刑法》第253条规定，违反国家有关规定，向他人出售或者提供公民个人信息，情节严重的，处三年以下有期徒刑或者拘役，并处或者单处罚金；情节特别严重的，处三年以上七年以下有期徒刑，并处罚金。违反国家有关规定，将在履行职责或者提供服务过程中获得的公民个人信息，出售或者提供给他人的，依照前款的规定从重处罚。窃取或者以其他方法非法获取公民个人信息的，依照第一款的规定处罚。单位犯前三款罪的，对单位判处罚金，并对其直接负责的主管人员和其他直接责任人员，依照各该款的规定处罚。

2. 假冒注册商标罪。假冒注册商标罪，是指违反国家商标管理法规，未经注册商标所有人许可，在同一种商品上使用与其注册商标相同的商标，情节严重的行为。《刑法》第213条规定，伪造、擅自制造他人注册商标标识或者销售伪造、擅自制造的注册商标标识，情节严重的，处三年以下有期徒刑，并处或者单处罚金；情节特别严重的，处三年以上十年以下有期徒刑，并处罚金。第220条规定，单位犯本节第二百一十三条至第二百一十九条之一规定之罪的，对单位判处罚金，并对其直接负责的主管人员和其他直接责任人员，依照本节各该条的规定处罚。

（二）《网络安全法》

《网络安全法》第44条规定，任何个人和组织不得窃取或者以其他非法方式获取个人信息，不得非法出售或者非法向他人提供个人信息。

（三）《反不正当竞争法》

《反不正当竞争法》第6条规定，经营者不得实施下列混淆行为，引人误认为是他人商品或者与他人存在特定联系：（一）擅自使用与他人有一定影响的商品名称、包装、装潢等相同或者近似的标识；（二）擅自使用他人有一定影响的企业名称（包括简称、字号等）、社会组织名称（包括简称等）、姓名（包括笔名、艺名、译名等）；（三）擅自使用他人有一定影响的域名主体部分、网站名称、网页等；（四）其他足以引人误认为是他人商品或者与他人存在特定联系的混淆行为。第17条规定，经营者违反本法规定，给他人造成损害的，应当依法承担民事责任。经营者的合法权益受到不正当竞争行为损害的，可以向人民法院提起诉讼。因不正当竞争行为受到损害的经营者的赔偿数额，按照其因被侵权所受到的实际损失确定；实际损失难以计算的，按照侵权人因侵权所获得的利益确定。经营者恶意实施侵犯商业秘密行为，情节严重的，可以在按照上述方法确定数额的一倍以上五倍以下确定赔偿数额。赔偿数额还应当包括经营者为制止侵权行为所支付的合理开支。经营者违反本法第六条、第九条规定，权利人因被侵权所受到的实际损失、侵权人因侵权所获得的利益难以确定的，由人民法院根据侵权行为的情节判决给予权利人五百万元以下的赔偿。第18条规定，经营者违反本法第六条规定实施混淆行为的，由监督检查部门责令停止违法行为，没收违法商品。违法经营额五万元以上的，可以并处违法经营额五倍以下的罚款；没有违法经营额或者违法经营额不足五万元的，可以并处二十五万元以下的罚款。情节严重的，吊销营业执照。经营者登记的企业名称违反本法第六条规定的，应当及时办理名称变更登记；名称变更前，由原企业登记机关以统一社会信用代码代替其名称。

（四）《个人信息保护法》

随着信息化社会的不断发展，个人信息保护成为了社会各界重点关注的问题。2018年9月，关于个人信息保护的法律正式被纳入全国人民代表大会的立法计划，历时近三年，2021年8月20日，十三届全国人大常委会第三十次会议表决通过了《个人信息保护法》，该法自

2021年11月1日起施行。

1. 个人信息及个人信息处理活动的定义

根据《个人信息保护法》第4条的规定，个人信息是以电子或者其他方式记录的与已识别或者可识别的自然人有关的各种信息，不包括匿名化处理后的信息；个人信息处理活动则包括个人信息的收集、存储、使用、加工、传输、提供、公开、删除等。

根据上述规定，个人信息需具有可识别性并需与特定自然人相联系，匿名化处理后的信息不属于个人信息范畴。与《民法典》的规定相比，在个人信息处理活动的类型上，该法新增了"删除"这一类型。

2. 个人信息处理的原则及规则

《个人信息保护法》第5-8条对个人信息处理进行了原则的规定，具体需遵循的原则包括合法、正当、必要和诚信原则、合法正当目的、对个人权益影响最小以及公开、透明、确保准确性原则。

对于个人信息处理的具体规则，《个人信息保护法》第二章进行了明确的规定，该等规定既明确了个人信息处理的合法性来源，也为个人信息处理者合规处理个人信息提供了清晰的指引。主要概括如下：

（1）个人信息处理的合法性来源

《个人信息保护法》第13条规定："符合下列情形之一的，个人信息处理者方可处理个人信息：

（一）取得个人的同意；

（二）为订立、履行个人作为一方当事人的合同所必需，或者按照依法制定的劳动规章制度和依法签订的集体合同实施人力资源管理所必需；

（三）为履行法定职责或者法定义务所必需；

（四）为应对突发公共卫生事件，或者紧急情况下为保护自然人的生命健康和财产安全所必需；

（五）为公共利益实施新闻报道、舆论监督等行为，在合理的范围内处理个人信息；

（六）依照本法规定在合理的范围内处理个人自行公开或者其他已经合法公开的个人信息；

（七）法律、行政法规规定的其他情形。

依照本法其他有关规定，处理个人信息应当取得个人同意，但是有前款第二项至第七项规定情形的，不需取得个人同意。"

上述规定明确，除非属于该法第十三条规定的（二）至（七）项情形外，个人信息处理者需取得个人的同意方可处理个人信息。

(2) 告知同意规则

《个人信息保护法》第14-18条对个人信息处理的告知同意规则进行了细化的规定，具体包括：明确了第13条第1款的"个人同意"应当是由个人在充分知情的前提下自愿、明确作出；同时，如果法律、行政法规规定处理个人信息应当取得个人单独同意或者书面同意的，从其规定；且如果个人信息的处理目的、处理方式和处理的个人信息种类、保存期限发生变更的，应当重新取得个人同意；个人有权撤回其同意。要求个人信息处理者在处理个人信息前，应当以显著方式、清晰易懂的语言真实、准确、完整地向个人告知该法所列举的各个事项；个人信息处理者应当提供便捷的撤回同意的方式，处理者不得以个人不同意为由拒绝提供产品或者服务。

(3) 个人信息的公开

《个人信息保护法》第25条规定，个人信息处理者不得公开其处理的个人信息，取得个人单独同意的除外。该条确定了个人信息以不公开为原则，取得个人的单独同意为例外。

(4) 与第三方共同处理或委托第三方处理个人信息

个人信息处理者与第三方共同处理个人信息的，根据《个人信息保护法》第20条的规定，个人信息处理者与第三方应当约定各自的权利和义务，且个人信息处理者与第三方需依法承担连带责任。

根据《个人信息保护法》第21条的规定，个人信息处理者委托第三方处理个人信息的，个人信息处理者除了需与受托方就委托处理的目的、期限、处理方式、个人信息的种类、保护措施以及双方的权利和义务等进行约定外，也要承担对受托人的监督义务。

(5) 特殊个人信息处理：人脸识别

《个人信息保护法》第26条规定，在公共场所安装图像采集、个人身份识别设备，应当为维护公共安全所必需，遵守国家有关规定，并设置显著的提示标识。所收集的个人图像、身份识别信息只能用于维护公共安全的目的，不得用于其他目的；取得个人单独同意的除外。

随着科学技术的发展，"人脸识别"的应用越来越广泛，上述规定对防止滥用人脸识别技术侵犯公民权益具有较大意义。根据上述规定，只有在用于维护公共安全、符合国家有关规定且设置了显著提示标识等三个条件的情形下，才可以在公共场所安装图像采集、个人身份识别设备，采集人脸信息、行踪轨迹信息等个人信息。

3. 违法进行个人信息处理活动的处罚

为了更好地保护个人信息、预防和惩罚违法处理个人信息的活动，《个人信息保护法》第七章对违法进行个人信息处理活动作出了较为严厉的处罚，该等处罚既包含对个人/单位/企业的罚款，也同时要求对直接负责的主管人员和其他直接责任人进行法律、从业禁止。构成犯罪的，还将被依法追究刑事责任。

（五）《数据安全法》

《数据安全法》于 2021 年 6 月 10 日通过，自 2021 年 9 月 1 日起施行。其是围绕网络、数据、信息安全主题的系列法律之一，确立了数据安全管理的大原则，以及国家党政机构的管理和处罚权限。

1. 数据安全管理

《数据安全法》第 27 条规定，开展数据处理活动应当：

依法建立健全流程数据安全管理制度，组织开展数据安全教育培训，采取相应的技术措施和其他必要措施，保障数据安全。

利用互联网等信息网络开展数据处理活动，应当在网络安全等级保护制度的基础上，履行数据安全保护义务。

此外，重要数据的处理者应当明确数据安全负责人和管理机构，落实数据安全保护责任。

关于网络数据处理所适用的网络安全等级保护，《数据安全法》该条规定与《网络安全法》第 21 条关于网络运营者应当按照网络安全等级保护制度的要求履行相关安全保护义务的规定相呼应。公安部曾发布《网络安全等级保护条例（征求意见稿）》公开征求意见，依据该条例，网络根据重要程度及一旦遭到侵害而造成的危害程度分为五个安全保护等级，高等级的网络应采取高等级的安全保护措施；且第二级以上的网络，还应当通过专家评审、行业主管部门核准，以及公安机关备案。

2. 数据安全风险及安全事件应对

《数据安全法》第 29 条规定开展数据处理活动应当：

加强风险监测，发现数据安全缺陷、漏洞等风险时，应当立即采取补救措施；发生数据安全事件时，应当立即采取处置措施，按照规定及时告知用户并向有关主管部门报告。

3. 风险评估

《数据安全法》第 30 条规定重要数据的处理者应当按照规定对其数据处理活动定期开展风险评估，并向有关主管部门报送风险评估报告。风险评估报告应当包括处理的重要数据的种类、数量，开展数据处理活动的情况，面临的数据安全风险及其应对措施等。

4. 法律责任

《数据安全法》第 45 条规定了开展数据处理活动的组织、个人不履行相关数据安全保护义务（《数据安全法》第 27 条、第 29 条、第 30 条规定的义务）所应承担的法律责任；该等法律责任，视违法行为情节和造成后果的严重程度而定，包括：

对企业责令改正、给予警告、处以罚款，以及责令暂停相关业务、停业整顿、吊销相关业务许可证或者吊销营业执照。

对企业直接负责的主管人员和其他直接责任人员处以罚款。

除上述处罚外，《数据安全法》也同时规定了行为构成犯罪，违反治安管理或给他人造成损害的应承担相应法律责任。但《数据安全法》本身并未详细规定刑事责任、治安管理处罚以及民事责任的具体适用情形，对此应依据《刑法》、《治安管理处罚法》和《民法典》等规定视个案具体情况进行判断。

三、合规风险识别

（一）刑事风险

从上述案例介绍情况可知，L科技公司主要涉及侵犯公民个人信息罪、假冒注册商标罪。

1. 侵犯公民个人信息罪

侵犯公民个人信息罪是指向他人出售或者提供公民个人信息，情节严重的行为，或者是将在履行职责或者提供服务过程中获得的公民个人信息，出售或者提供给他人的行为。以下结合L科技公司假冒他人App违规收集个人信息的行为来分析本罪的构成要件。

①犯罪主体要件

侵犯公民个人信息罪的犯罪主体为一般主体，单位可以构成本罪。《刑法》第253条第4款规定，单位犯前三款罪的，对单位判处罚金，并对其直接负责的主管人员和其他直接责任人员，依照各该款的规定处罚。

②犯罪主观要件

侵犯公民个人信息罪的主观要件为故意，过失不构成本罪。

③犯罪客观要件

侵犯公民个人信息罪的行为模式表现为行为人以窃取、收买等方法大肆收集公民个人信息，情节严重的行为。根据《最高人民法院、最高人民检察院关于办理侵犯公民个人信息刑事案件适用法律若干问题的解释》第4条规定，违反国家有关规定，通过购买、收受、交换等方式获取公民个人信息，或者在履行职责、提供服务过程中收集公民个人信息的，属于刑法第二百五十三条之一第三款规定的"以其他方法非法获取公民个人信息"。第5条规定，非法获取、出售或者提供公民个人信息，具有下列情形之一的，应当认定为刑法第二百五十三条之一规定的"情节严重"：（一）出售或者提供行踪轨迹信息，被他人用于犯罪的；（二）知道或者应当知道他人利用公民个人信息实施犯罪，向其出售或者提供的；（三）非法获取、出售或者提供行踪轨迹信息、通信内容、征信信息、财产信息五十条以上的；（四）非法获取、出售或者提供住宿信息、通信记录、健康生理信息、交易信息等其他可能影响人身、财产安全的公民个人信息五百条以上的；（五）非法获取、出售或者提供第三项、第四项规定以外的公民个人信息五千条以上的；（六）数量未达到第三项至第五项规定标准，但是按相应比例合计达到有关数量标准的；（七）违法所得五千元以上的；（八）将在履行职责或者提供服务过程中获得的公民个人信息出售或者提供给他人，数量或者数额达到第三项至第七项规定标准一半以上的；（九）曾因侵犯公民个人信息受过刑事处罚或者二年内受过行政处罚，又非法获取、出售或者提供公民个人信息的；（十）其他情节严重的情形。

④犯罪客体要件

侵犯公民个人信息罪侵犯的客体是公民身份管理秩序以及公民个人信息的安全。

2. 假冒注册商标罪

L公司假冒他人App的行为也构成假冒注册商标罪。假冒注册商标罪，是指违反国家商标管理法规，未经注册商标所有人许可，在同一种商品上使用与其注册商标相同的商标，情节严重的行为。

①犯罪主体要件

本罪的主体为一般主体，自然人和单位均能成为本罪主体。就自然人而言，只要行为人达到了法定刑事责任年龄，具有刑事责任能力，实施了假冒注册商标的行为，即可构成犯罪。就单位而言，单位实施了假冒他人注册商标的行为，构成犯罪的，实行双罚制，即对单位判处罚金，对直接负责的主管人员和其他直接责任人员依法追究刑事责任。

②犯罪主观要件

本罪在主观方面表现为故意，即行为人明知某一商标是他人的注册商标，未经注册商标所有人的许可，在同一种商品上使用与该注册商标相同的商标。一般情况下，假冒他人注册商标罪的行为人都具有获利的目的，但依刑法规定"以营利为目的"不是假冒注册商标罪的构成要件，有些假冒商标的行为也可能是为了损害他人注册商标的信誉等。不论是出于什么动机或目的，均不影响本罪的构成。如果是出于过失，即确实不知道自己所使用的商标是他人已注册的商标，则不构成本罪，可以按一般的商标侵权行为处理。

③犯罪客观要件

表现为未经注册商标所有人许可，在同一种商品上使用与其注册商标相同的商标，情节严重的行为。具体来讲，本罪的客观方面包括以下几点：一是未经注册商标所有人许可。根据商标法的规定，商标所有人可以允许他人在其商品上使用其注册商标。未经许可，不得在相同或相似的商品上使用与他人注册商标相同或类似的商标，这是注册商标专用权的内容之一。未经注册商标所有人许可包括以下具体情形：行为人从未获得过注册商标所有人使用其注册商标的许可，即商标所有权人未在任何时间以任何方式许可行为人使用其注册商标；行为人虽然曾经获得过注册商标所有人的使用许可，但在许可使用合同规定的使用期限届满后，仍然继续使用注册商标所有人的商标；行为人虽然曾经获得注册商标所有人的使用许可，但由于被许可人不能保证使用该商标的商品的质量等原因导致许可合同提前解除，行为人在合同解除后仍然继续使用该注册商标；行为人虽然获得了注册商标所有人的使用许可，但超越许可使用注册商标的商品范围使用；行为人虽然获得了注册商标所有人的使用许可，但超越许可使用注册商标的地域范围使用。二是在商业活动中使用。商标的使用还应包括用于广告宣传、展览以及其他商业活动。

④犯罪客体要件

本罪侵犯的客体是国家对商标的管理制度和他人的注册商标专用权。商标，是指自然人、法人或者其他组织对其生产、制造、加工、拣选或者经销的商品或者对其提供的服务项目上采用的，由文字、图形、字母、数字、声音、三维标志和颜色或者其组合构成的，能够将其商品或者提供的服务与他人的商品或者提供的服务区别开来的，具有显著特征的可视性标志。我国对商标专用权的取得采用注册原则，即按申请注册的先后来确定商标权的归属，即谁先申请商标注册，商标权就授予谁。由于采用注册原则，只有注册商标才受《商标法》保护，没有注册的商标不在保护之列。

即使L公司可能因为违法行为情节较轻，不适用刑事处罚，但是L公司侵犯公民隐私权、冒用他人商标的行为仍然要承担民事赔偿责任。

四、合规要点解读

在2021年之前，很多企业和个人对数据合规的概念非常模糊不清，只要不严重侵犯隐私、不贩卖个人信息就是合法合规的。但是自从2021年以来，国家相继出台了数据合规领域的"三驾马车"（即《网络安全法》《数据安全法》《个人信息保护法》），个人信息的保护已经从被动防御的隐私权时代进入了主动支配的个人信息权时代，数据已成为数字经济时代的基础性资源、国家的战略性资源，社会的重要生产力。

无论是准备上市的企业、外资企业、跨境企业、国有企业，还是投融资并购中企业，数据合规审查已经逐步成为必须审核的内容，企业在数据处理活动的全流程中都应当符合"数据三法"及《刑法》等相关法律法规的规定，一旦发现不合规的情况，除了面临巨额罚款，还可能涉嫌"出售、非法提供公民个人信息罪"及"非法获取公民个人信息罪"。如果不注重数据安全合规，企业将可能承担民事责任、行政责任，甚至刑事责任的问题，因此企业数据的合法合规迫在眉睫。

数据密集型企业在进行数据处理活动之时，将面临各种各样的合规问题。以下从数据全生命周期管理视角出发，重点分析数据收集、数据存储和数据利用等环节的数据合规要点。

（一）数据收集的合规要点

根据 GB/T35273-2020《信息安全技术个人信息安全规范》第 3.5 条，个人信息收集系指获得个人信息的控制权的行为，包括直接收集个人信息和间接收集个人信息两种方式，其中直接收集个人信息是指由个人信息主体主动提供、通过与个人信息主体交互或记录个人信息主体行为等自动采集行为，而间接收集个人信息是指通过共享、转让、搜集公开信息等间接获取个人信息等行为。个人数据收集是个人数据处理活动的基础，也是个人数据全生命周期保护的开端。个人数据采集合规是确保整个数据处理活动合法合规的基础性环节。在数据合规实践中，我国企业面临的首要合规风险便来自数据收集环节。

近年来，我国移动应用程序软件普及应用程度高，各种应用程序软件层出不穷，但软件质量却参差不齐。其中，存在的一个较为严重的合规问题即收集个人数据问题。具体而言，表现为：（1）未经同意擅自收集个人信息。如未经用户同意自动开启程序收集用户的地理位置信息等。（2）超范围过度收集用户数据信息。例如，不合理索取用户权限、要求读取手机通讯录、使用摄像头、启用录音等功能以及与应用程序提供服务无关的功能。（3）违规收集指纹、人脸等个人生物特征信息。根据《数据安全法》和《个人信息保护法》的规定，人脸、指纹等表征个人生物特征的信息属于个人敏感信息，在数据收集上适用更加严格的要求。然而，实践中，一些应用程序软件仍在违规收集人脸等个人敏感信息。根据 App 违法违规收集使用个人信息治理工作组 2020 年 11 月 13 日发布的《关于 35 款 App 存在个人信息收集使用问题的通告》，包括"鄂某办""市某云全国版"等多个 App 存在违规收集个人人脸特征信息的非法收集个人数据行为。针对实践中存在的移动应用软件违规收集个人信息乱象，2019 年 1 月，中央网信办、工业和信息化部、公安部、国家市场监督管理总局四部委联合开展 App 违法违规收集使用个人信息专项治理行动，这从侧面反映出我国企业违规收集个人数据问题的严重程度，企业在个人数据收集方面面临巨大的数据合规风险。

（二）数据存储的合规要点

第一，个人数据的泄露。其中，导致个人数据泄露的主要有以下几个原因：一是企业自身数据安全保护系统存在漏洞，企业关键信息基础设施容易被攻击、侵入、干扰和破坏，数据处于"暴露在阳光下"的风险当中；二是企业员工故意或过失泄露用户数据，或逐利，或泄愤，或报复，或竞争；三是外部力量或人员利用木马、病毒、爬虫等计算机网络技术措施对目标企业的数据系统发起攻击，窃取用户数据。近年来，国内外大规模数据泄露事件频繁，据安全情报提供商（RBS）的一份报告显示，2018年公开披露的超过6500起数据泄露事件中，有三分之二来自商业部门，有12起数据泄露事件涉及人数超过1亿或更多。[①] 与此同时，超过5000起数据泄露的根源来自内部安全漏洞，这一数据远远超过了黑客攻击，成为数据泄露的主要原因。用户数据泄露问题已经成为数据合规工作中的重点防控领域。

第二，未按照数据分类分级原则存储个人数据。个人数据分类分级是指依据数据的价值和安全风险，对数据进行分类，在此基础上，再根据数据的价值和安全风险进行分级，并基于不同程度的保护，对网络运营者提出不同的行为要求。数据分类分级原则是数据处理活动的一项重要原则，贯穿于数据处理活动全生命周期。在数据合规实践中，企业在数据存储过程中的一个较为突出的合规问题，就在于对收集来的个人数据并未按照数据的价值和安全风险程度进行分类分级。例如，一些企业将个人信息与个人敏感信息混合存储，未对个人敏感信息采取更为严格的存储方式，这势必会加剧个人敏感信息的泄露风险。

第三，超期限存储个人数据。大数据现在代表一种核心经济资产，它能够为企业带来显著竞争优势并驱动创新和增长。现实中，鉴于大数据蕴藏着巨大的经济价值，企业通常将数据视为企业的资产。受这一观念影响，企业更倾向于长时间存储数据，并希望个人数据储存期限越长越好，甚至希望永久保存个人数据。然而，这种做法与数据存储期限最小化的要求是相背离的。根据《个人信息安全规范》第6.1条规定，存储期限最小化要求包含两项具体要求：一是个人信息存储期限应为实现个人信息主体授权使用目的所必需的最短时间，法律法规另有规定或者个人信息主体另行授权同意的除外；二是超出个人信息的存储期限后，个人信息控制者应当对个人信息进行删除或匿名化处理。然而，实践中，一方面，企业超期存储数据的情形较为普遍；另一方面，企业对超期存储的数据并未按照规定进行匿名化处理。这就使得数据存储环节存在着较为严重的合规风险。

第四，数据存储方式不当。《个人信息安全规范》第4条明确个人信息安全基本原则，并要求数据处理者具备与面临的安全风险相匹配的安全能力，采取足够的管理措施和技术手段，保护个人信息的保密性、完整性和可用性。然而，实践中，一些企业在数据存储过程中，基于自身技术条件和节约成本等目的，对收集来的数据并未采取与其安全风险相匹配的安全措施，导致在储存过程中发生数据失真和数据泄露。

---

① 来源：《权威报告显示单次数据泄露事件平均损失392万美元 网络安全保险迎发展机遇期》，载《证券日报》2019年11月13日。

(三)数据利用的合规要点

数据收集、存储和传输都是为了数据的利用,由此可见,数据利用在整个数据处理活动中占据着重要地位。数据利用行为将对企业的利益产生直接而重大的影响。在数字经济中,大规模数据(所谓大数据)的价值日益提升,因为它们揭示的信息模式能够帮助企业理解用户行为和偏好,并相应改进(或定向)自己的产品和服务。这导致活跃在某些服务和软件产品领域的公司,例如定向在线广告,在线搜索、社交网络,将获取大数据作为一项重要的竞争优势。实践中,很多企业基于追求自身利益最大化之考量,往往会选择非法使用甚至滥用个人数据,进而严重侵害个人的合法权益。具体而言,数据利用环节的合规风险表现为:

第一,强制用户使用定向推送功能。一些企业开发的App在未履行告知义务,或未以显著方式标示,将收集到的用户搜索、浏览记录、使用习惯等个人信息,用于定向推送或精准营销,且未提供关闭该功能的选项。

第二,对消费者进行"大数据杀熟"。企业通过合作获取更多的个人信息,进而利用信息不对称的优势打造了营销活动中的优势。换言之,企业利用从个人那里获取的各种信息,转而借助算法模型来对个人的行为和偏好进行分析,并据此来收割消费者剩余。这是大数据时代一些企业正在使用的营销策略,但显然与企业所宣称的个性化服务相去甚远,更谈不上是一种促进消费者福祉的经营活动,相反,是一种典型的"剥削性"数据滥用行为。。在大数据时代,数据滥用行为弥散于企业经营活动的各个角落,甚至已经成为一种广泛存在的营销策略。在日益强化数据保护的今天,数据滥用行为已经成为一种典型的企业数据合规风险。

五、企业强化个人信息保护合规管理的措施

(一)建立健全的数据安全风险防范体系,制定个人信息内部管理制度和操作流程

首先,企业应根据自身行业类型、特点,业务运营状况,制定与自身相吻合的个人信息保护管理体系和合规管理目标,在此基础上建立健全内部管理制度和操作细则。对于个人信息保护管理制度,应在合规基础上具备全面性和可操作性。建议采用"全面推进、重点突出"原则,全面推进即制度应至少涵盖企业处理个人信息的操作规程(个人信息处理的全生命周期)、隐私政策规程、个人信息的分类管理制度、个人信息影响评估制度、个人信息安全培训制度、内部审查制度等,尤其注意应紧密结合企业的业务部门、运营部门、技术部门等管理职责,在公司内部开展有效的跨职能部门协作。重点突出及集中解决监管关注和法律

规定的高风险场景的合规问题，重点围绕在个人信息的收集、加工、提供等重点环节的合规风险，如完善隐私政策、与第三方合作协议、用户数据收集的合规、设置畅通的用户行使权利通道等。

（二）个人信息的分类管理

个人信息的分类管理旨在对个人信息分类的基础上，根据个人信息敏感程度、易受侵害性等因素进行分等级保护。企业应先根据自身行业类型区分是否属于特殊要求的行业数据分类规则，如电信行业、金融行业、医疗行业、教育行业等；不存在行业数据分类规则的，则可从公民个人维度去区分个人信息和非个人信息，制作个人信息种类清单。同时，将个人信息种类根据重要程度、类型、影响、受侵害后的危害程度等划分不同等级，分别对不同维度等级的个人信息采取相对应的保护策略，制定其合规制度。需要注意的是，数据的分类标准具有多维度，企业应在各种法规的基础上，结合自身管理开展数据分类工作。总体上，根据数据遭受破坏后造成的危害程度，将数据从高到低分成核心数据、重要数据、一般数据三个级别。

表 11-1　数据分类级别

核心数据	关系国家安全、国民经济命脉、重要民生、重大公共利益等数据
重要数据	通常指一旦遭到篡改、破坏、泄漏或非法获取、非法利用等，可能危害国家安全、经济运行、社会稳定、公共健康和安全等的数据
一般数据	指一旦遭到篡改、破坏、泄漏或非法获取、非法利用等，可能对个人和组织的合法权益造成危害，但不会危害国家安全和公共利益的数据

（三）开展个人信息保护影响评估

个人信息安全影响评估，是指针对个人信息处理活动，检验其合法合规程度，判断其对个人信息主体合法权益造成损害的各种风险，以及评估各项措施有效性的过程。评估责任可聘请外部独立第三方，也可由企业合规部牵头执行。

表 11-2　《个人信息保护法》和《信息安全技术个人信息安全规范》
对企业应当进行个人信息事前影响评估的情形和内容的规定

应当进行个人信息影响评估的情形	处理敏感个人信息
	利用个人信息进行自动化决策
	委托处理个人信息，向其他个人信息处理者提供个人信息、公开个人信息
	向境外提供个人信息
	产品或服务发布前，或业务功能、业务模式、信息系统等发生重大变化时
	法律法规有新要求，或发生重大个人信息安全事件时

续表

个人信息影响评估应当包含的内容	个人信息的处理目的、处理方式等是否合法、正当、必要,是否会危害人身和财产安全、损害个人名誉或身心健康等
	个人信息收集环节是否遵循目的明确,选择同意、最小必要等原则
	所采取的保护措施是否合法、有效并与风险程度相适应
	匿名化或去标识化处理后的数据集重新识别出个人信息主体或与其他数据集汇聚后重新识别出个人信息主体的风险
	共享、转让、公开披露个人信息对个人信息主体权益可能造成的不利影响
	发生安全事件时,对个人信息主体合法权益可能产生的不利影响

另外,除了用户数据信息外,内部员工的个人信息保护同样是实现企业数据合规治理中一个不可或缺的环节。企业同样应当在收集、使用、存储、委托处理和跨境传输等方面尽到合规义务,完善人力资源合规的内控体系建设和管理操作流程,切实保障员工的个人信息权益。

(四)负责人机制和培训制度

根据规定,满足下表所列条件之一的企业或组织,必须设立专职的个人信息保护负责人和个人信息保护工作机构,负责个人信息安全工作:

表 11-3 必须设立专职的个人信息保护负责人和个人信息保护工作机构的情形

专职个人信息保护负责人和机构	主要业务涉及个人信息处理,且从业人员规模大于200人
	处理超过100万人的个人信息,或预计在12个月内处理超过100万人的个人信息
	处理超过10万人的个人敏感信息

满足以上条件之一的企业,应设置专门的职能部门和负责人,全面统筹实施个人信息安全工作,对个人信息安全负直接责任。建议企业对该负责人设置较高级别的职级并直接向企业主要负责人汇报工作,以有效贯彻落实合规工作。若未达到标准的企业,可根据企业自身情况灵活处理,如由人力资源部门或法务合规部门负责个人信息保护工作。企业应与该岗位的所有员工签署《保密协议》,对关键岗位员工进行刑事和诚信背景调查;至少每半年一次定期对企业全体员工开展个人信息专业化培训和考核。

(五)数据与算法的合规义务

根据《互联网信息服务算法推荐管理规定》,企业应当落实算法安全主体责任,建立健全算法机制机理审核,科技伦理审查,用户注册审核、信息发布审核等;制定并公开算法推荐服务相关规则，配备与算法推荐服务规模相适应的专业人员和技术支撑，定期考核测评；在完善算法技术层面，通过语义分析、关键词分析等方法建立可被人工智能识别的正能量模型、社会负面模型以及反低俗模型数据库；禁止大数据杀熟，不得根据消费者偏好、交易习惯等在交易条件上实行不合理的差别待遇等。

（六）建立健全第三方安全审计机制

《个人信息保护法》要求企业定期进行个人信息保护合规审计。履行个人信息保护职责的部门只有通过合规审查，才能确认合规管理制度的执行情况，并对企业的个人信息保护合规计划作出针对性的整改措施。

表11-4 企业安全审计应遵循的要求

企业安全审计应遵循的要求	针对个人信息保护政策、相关规程和安全措施的有效性进行审计
	建立自动化审计系统，检测记录个人信息处理活动
	审计过程形成的记录应对安全事件的处置、应急响应和事后调查提供支撑
	防止非授权访问、篡改或删除审计记录
	及时处理审计过程中发现的个人信息违规使用等情形
	审计记录和留存时间应符合法律法规要求

个人信息合规工作中的审计工作是非常复杂的工作，系非强制外部审计的企业，可根据自身组织架构设置、经营各环节的合规管控现状等角度来选择内部审计或第三方独立审计。同时，企业也可将一年/半年一次的定期审计工作转化成为常态化、持续性的工作，以有效促进企业文化在个人信息保护方面的提升。

案例四：T公司数据合规管理实践

一、案例情况介绍

T公司是一家美国车企，组织架构相对于传统汽车公司来说更加灵活和创新，主要分为以下三个层级：顶层领导层、业务部门和生产部门。

顶层领导层：首席执行官对公司整体战略和运营负责，并直接管理公司的高管团队，包括首席财务官、首席运营官、首席技术官、首席人力资源官等。

业务部门：包括销售、研发、供应链、市场营销、客户服务等。各部门以创新和迅速反应为原则，协作完成公司的整体目标，相互的交流与合作紧密。

生产部门：公司生产部门包括制造、工程两部分。制造部门负责生产T公司的电动汽车和能源存储产品，管理生产线和生产进度。工程部门则负责产品的设计和研发，包括汽车的外观和内饰、电池技术和自动驾驶技术等。

2017年12月，我国工业和信息化部与国家标准化管理委员会联合发布了《国家车联网产业标准体系建设指南》，揭开了我国本土对于智能汽车领域数据合规的监管序幕。在智能汽车领域政策法规层面，《网络安全法》《数据安全法》《个人信息保护法》均对其数据安全和个人信息保护等方面提出合规要求；规章制度和行业标准方面也逐步出台了诸多具有深远影响的规定，如《汽车数据安全管理若干规定（试行）》等。

2021年，面对持有大量敏感个人信息的安全性质疑，T公司在中国建立数据中心，所有中国用户个人信息都安全储存在中国。除此之外，T公司的移动智能终端App《隐私政策》的内容，包括其如何处理数据，所处理数据的类别，处理数据的方式，安全性保障，及其具体的披露口径、逻辑和措辞，都成为了监管的关注重点。为应对国家对数据合规的要求与监管，T公司在隐私政策、功能设计等其他方面下功夫，为其他汽车App的数据安全保护提供了良好思路，也为汽车行业数据合规实践提供了参考。

二、T公司的数据合规管理体系

（一）数据采集环节

1. 隐私政策与说明

数据收集是数据全生命周期管理的起点。在该环节，企业应当结合自身商业模式和业务特征，依据数据领域的法律法规、技术标准和其他规范性文件的要求，遵循合法性、必要性，以隐私政策为抓手，切实做好用户数据采集工作，为数据采集以及后续的数据处理活动奠定合规基础。

由此可知，隐私政策作为贯彻落实告知同意原则的一个核心载体，是判断企业数据采集行为是否合法合规的重要指标，在企业数据合规中发挥桥梁与载体的重要功能。一方面，隐私政策能够向个人信息主体说明网络运营者收集处理个人信息的相关规则，保证个人信息主体知情权的有效实现，并形成对网络运营者自身行为的约束；另一方面，隐私政策是网络运营者获得个人信息主体授权的重要依据，个人信息主体同意后，隐私政策可以作为网络运营者配合监管的重要机制，并用以证明获得授权进而减轻或豁免责任的重要凭证。

为落实个人数据收集行为的合法性合规性要求，企业应当根据自身数据处理情况和现实需求，将企业运营的 App 的隐私政策的合规和依据《App 违法违规收集使用个人信息行为认定方法》《个人信息安全规范》等相关规定重新审查和评估企业现有的隐私政策和其他用户告知授权文本的合规性，并按照最新监管要求和执法监督案例对各产品业务线的隐私政策和其他用户告知授权文本进行有针对性的完善。

T公司的隐私政策与说明符合数据合规的相关规定，为之后的个人信息处理活动奠定了合法基础。一是 T 公司采用通用的隐私与法律文件，适用于其提供的包括网站、移动客户端、应用程序、微信公众平台、小程序等在内的各种形态的相关服务；T 公司 App 没有独立的隐私政策和使用条款说明。在初次打开 App 时，T 公司通过弹窗提供隐私政策说明与链接，只有用户点击同意才会继续接受提供服务。二是根据软件商店中的"App 隐私"信息显示，T 公司 App 在用户隐私数据方面使用方面非常克制，不仅不存在"用户追踪数据"（多用于分享给第三方广告商或数据代理商进行精准营销），也不存在"与用户关联数据"（与用户身份信息直接对应）。换句话说，用于实现 App 功能和诊断的数据皆在收集时做了脱敏处理而成为"未关联用户数据"，避免因收集处理个人信息而产生的合规要求。

2. 收集的数据类型

根据《个人信息安全规范》、《App 违法违规收集使用个人信息自评估指南（2020）》以及《App 违法违规收集使用个人信息行为认定方法》等相关与规定，企业在制定和设置个人信息保护政策时，应符合以下要求：（1）应符合独立性、易读性要求。（2）应清晰说明各项业务功能及所收集个人信息的类型。在说明各项业务功能时，要力求详尽，逐一列举，不能采取"例如""等"的概括列举方式表达。（3）应清晰说明个人信息处理规则及用户权益保障。（4）不应在个人信息保护政策中设置免责的不合理条款。

依据 T 公司通用的客户隐私说明，作为 T 公司产品的所有者或 App 服务的用户，T 公司可能会收集来自用户或有关用户的车辆信息或来自第三方的信息，其披露的内容囊括了《汽车采集数据处理安全指南》（2021 年 10 月 8 日发布）的数据类型分类，即将汽车采集数据分为车外数据、座舱数据、运行数据和位置轨迹数据等基本数据类别，并对其具体字段和合法处理理由进行了说明，符合《个人信息保护法》要求的对"个人信息的处理目的、处理方式，处理的个人信息种类、保存期限"进行告知的基本披露要求。

（1）来自用户或有关用户的信息

表 11-5

数据类别	说明	合法处理理由
账户信息	用户注册和使用账户相关基本资料	根据与用户签订的合同，履行向用户提供的产品和服务请求所必需

续表

数据类别	说明	合法处理理由
订单信息	订单状态（包括通讯方式和收货地址）、产品的质量保证和其他文件以及关于用户产品的一般信息（包括车辆识别号或其他产品序列号、服务计划信息、网络连接套件）、保险单、驾驶证、融资协议、付款方式、银行账号、信用卡详细信息等	根据与用户签订的合同、处理用户所购买产品或服务的付款事宜所必需
客户服务记录	互动记录、日期、解决方案、拖车服务、道路救援	根据与用户签订的合同，以及在维护客户满意度方面的合法利益，提供客户服务和技术支持
SIM卡实名认证	车辆识别码、个人注册：证件类型、证件号码、姓名、手机号码等；企业注册：营业执照号码、责任人姓名、证件号码、手机号码等	通过"联通智网实名登记"公众号进行认证，不经过App

（2）来自或关于用户车辆的信息

T公司App在客户隐私声明中，详尽地说明了汽车生成数据的收集与处理场景，及其对应数据类型和保护措施。T公司将车辆产生的数据分为四类，包括车辆数据、诊断数据、信息娱乐系统数据以及自动辅助驾驶数据（Auto Pilot）。具体而言：

①车辆数据

车辆数据指与车辆的使用、操作和状况有关的数据，T公司表示，一般情况下，车辆数据不与客户的账户或者车架号关联，或以T公司无法解密的加密格式存储，或处于不可访问状态。客户请求远程维修、碰撞等安全事故的情况例外。

②诊断数据

车端数据指车辆配置、固件、能量使用以及电子系统等状态的详细信息等。T公司表示，对于诊断数据的收集，将采取"最少必要"收集原则，目的是用户车辆安全可靠地行驶。

③信息娱乐系统数据

信息娱乐系统数据指有关信息娱乐系统使用情况分析数据，信息娱乐系统数据将存储在车辆本地，或者以匿名的方式分享给T公司，车载浏览器历史记录和登录凭据不和T公司分享。

④自动辅助驾驶数据

自动辅助驾驶数据是T公司在大部分安全事件和交通事故中所涉及关键数据。针对这些数据，T公司称，这些数据是使用摄像头提供自动辅助驾驶、智能召唤和自动泊车等高级功能所需的数据，摄像头功能在设计时就已经嵌入了隐私保护的功能，车辆不会捕捉连续的视频录像，也不具有实时取景功能。默认情况下，依赖于外部摄像头的相关功能，可以在不离开车的情况下直接处理数据。T公司认为用户必须查阅并遵守当地法律法规以及场所对使用摄像头的相关规定并独自承担全部责任。

3. 车外摄像头数据采集合规问题

车外摄像头主要涉及的数据类型为车外数据。根据《汽车采集数据的安全要求（征求意见稿）》的定义，"车外数据指通过摄像头、雷达等传感器从汽车外部环境采集的道路、建筑、地形、交通参与者（参与交通活动的人，包括机动车、非机动车、其他交通工具的驾驶员与乘员，以及其他参与交通活动相关的人员）等数据，以及对其进行加工后产生的数据"。车外数据涉及包括重要敏感区域地理信息、流量信息、人脸信息在内的大量敏感个人信息和重要数据，这些信息一旦被非法获取、利用会对个人隐私、社会生活甚至国家安全造成重大威胁。

2021年10月，《汽车数据安全管理若干规定（试行）》正式施行，其中倡导汽车数据处理者在开展汽车数据处理活动中应坚持车内处理、脱敏处理等原则。同时，该规定明确，包含人脸信息、车牌信息等的车外视频、图像数据属于重要数据。但因保证行车安全需要，该规定要求无法征得个人同意采集到车外个人信息且向车外提供的，应当进行匿名化处理，包括删除含有能够识别自然人的画面，或者对画面中的人脸信息等进行局部轮廓化处理等。如果不对"车端对数据中的人脸、车牌信息进行匿名化处理"，汽车厂商可能会构成在未经路人或其他车辆车主同意的情况下，收集、存储他人个人信息的法律风险，直接违反《民法典》《个人信息保护法》《汽车数据安全管理若干规定（试行）》等法律法规。

此外，车外数据还包括重要敏感区域的地理信息、人员流量、车辆流量等重要数据，因而需要满足严格的重要数据处理合规要求，并不得向境外提供。目前已有多家汽车厂商关停与车外摄像头有关的功能服务。相较于法律效力存疑的单方声明，T公司在实操中进一步防范了合规风险，其在中国区提供的哨兵功能中不会捕捉连续的视频录像，也不具有实时取景功能，用户无法访问车外摄像头拍摄的视频影像（为离线服务，数据仅存储在随车的U盘中，不支持手机远程和喊话。并且只有驻车锁车之后特定情况才会进行录像）。

（二）与第三方平台的合作与数据合规问题

1. T公司App涉及权限与第三方SDK/API清单

对于从事商业活动的企业而言，面向用户直接收集数据时，其对个人信息的采集与处理要以"授权同意"为核心。T公司App明确列出其涉及的移动终端权限，并赋予用户权利选择是否赋予相关权限。同时，在T公司与第三方进行合作时，明确列出第三方SDK/API清单，使用户了解其所属机构、收集个人信息目的、收集个人信息类型，并提供第三方个人信息保护相关政策链接以供查阅。

2. 第三方责任

T公司App声明其不负责任何第三方（包括运营T公司在该声明中可能链接到的任何网站或服务的任何第三方）的隐私、信息或其他做法。包含此类链连并不意味着T公司或T公司的关联方认可所链接的网站或服务，也不意味着与第三方存在隶属关系。此外，T公司不对其他组织机构的收集、使用或披露政策和做法（包括数据安全做法）负责。这些组织机构包括任何其他应用程序开发商、应用程序提供商、社交媒体平台提供商、操作系统提供商或无线服务提供商，包括用户直接或间接通过T公司的软件应用程序或社交媒体网页向其他组织机构披露的任何信息。另外，T公司的产品和服务不适用于十六周岁以下的人群，要求此类个体不要向公司提供任何信息。T公司对第三方责任的上述做法，很好地规避了第三方给公司带来的数据合规风险[①]。

（三）数据存储与数据本地化

《网络安全法》第37条针对关键信息基础设施有关个人信息和重要数据的境内存储和境外提供作出了规定。该条规定，"关键信息基础设施的运营者在中华人民共和国境内运营中收集和产生的个人信息和重要数据应当在境内存储。因业务需要，确需向境外提供的，应当按照国家网信部门会同国务院有关部门制定的办法进行安全评估；法律、行政法规另有规定的，依照其规定"。

对在境内收集和产生的个人信息和重要数据，关键信息基础设施运营者应当将其存储在境内，而不能随便向境外提供。随着经济全球化的不断深入，个人信息和数据的跨境流动规模也在不断扩大。关键信息基础设施涉及国计民生、公共利益和国家安全，因此对个人信息和涉及国家安全的重要数据应当加强保护。如果运营者将这些信息或数据泄露至境外，有可能对国家安全造成重大威胁。而且，对流向境外的信息、数据，国家公权力机关的控制能力也必然减弱，相关安全风险进一步增加。

对于确需向境外提供个人信息和重要数据的关键信息基础设施运营者，其应当按照国家网信部门会同国务院有关部门制定的办法进行安全评估。基于关键信息基础设施运营者的业务活动特点，为了满足关键信息基础设施运营的现实需要，在特定条件下，关键信息基础设施运营者也可以向境外提供相关个人信息和重要数据。但为了防止对国家安全造成危害，在向境外提供个人信息和重要数据之前，必须严格根据公权力部门制定的相关办法进行安全评估。

[①] 来源：https://www.secrss.com/articles/42179，2023年9月19日访问。

T 公司为了避免上述数据跨境传递的合规风险，依照法律法规的规定，将在境内运营过程中收集的用户的个人数据存储于中华人民共和国境内。目前，T 公司已经在中国建立了数据中心，并完成了数据中心相关审批备案要求。该数据中心用来存储中国用户的所有数据，包括生产、销售、服务、充电数据等，以及所有个人信息都安全储存在中国国内，不会转移到海外。只有在需要从海外订购备件等极为罕见的情况下，个人数据才会在获得相关批准后进行转移。

（四）信息主体权利保护问题

T 公司 App 赋予了信息主体诸多权利保护，主要体现在以下方面：

T 公司 App 给予用户控制权，其可以掌控自己向 T 公司分享的数据。在车辆的触摸屏上，通过"软件">"数据分享"启用或禁用某些车辆数据的收集，包括自动辅助驾驶分析和改进，以及路段数据分析。为保护用户的隐私，用户的个人数据或者完全不会被记录，或者受隐私保护技术的限制，或者在发送给 T 公司之前从其所在的报告中被删除。此外，用户可以通过禁用网络连接拒绝 T 公司从车辆收集车辆数据或任何其他数据。

T 公司赋予用户掌控 App 使用其个人数据方式的权利。T 公司在隐私声明中写道，用户可能有权知晓和决定如何处理用户的个人数据，请求查阅、复制、访问 T 公司处理的有关用户的个人数据，更正、补充该信息中的不准确之处，限制或删除该信息，拒绝对数据的某些使用或撤回用户的同意（停止收集用户的信息），用户对于提供给公司的数据可能还享有数据转移的权利，并且向用户当地的数据保护机构投诉。用户还可能有权不受自动化决策（包括画像）的影响。此外，公司也为用户提供多种方式，如公众号客服、电子邮件、邮件邮寄、账户设置和拨打用户权益事务官专线等，来行使对上述数据享有的权利。

值得注意的是，T 公司 App 的隐私保护，在用户接受车辆交付时即刻开启。一般情况下，T 公司不会将驾驶行为生成的车辆数据与用户的身份信息或账户相关联。因此，除用户本人外，他人无法得知用户的驾驶行为。用户在车厢内的其他活动也同样受到保护。T 公司所收集的信息娱乐数据（例如，语音命令、通过触摸屏浏览网页等）也不会与用户的身份信息或账户关联，充分保证用户的信息私密性和安全性。T 公司的目标是收集尽可能少量的个人数据，范围仅限应用程序正常使用、为用户提供服务、改进用户的能源产品所必要的信息。

三、合规管理的启示

汽车企业的数据合规管理，是根据汽车数据的分类分级，借助实施必要的技术和管理措施，对汽车数据从采集、传输、存储、使用、共享、销毁以及备份与恢复等活动进行管理；

同时还应保护用户的知情权和选择权,保护用户个人信息的机密性和完整性,确保用户个人信息访问控制安全,建立用户个人信息安全管理规范。具体来说,包括:

(一)数据采集

数据采集时,应根据具体应用场景下的数据价值和合规需求来判断数据的敏感度,并根据数据敏感度进行分级分类。对于敏感数据和重要数据,除满足一般数据安全保护要求之外,还应对数据源的真实性进行验证,并在确认真实数据源的基础上,对数据源进行身份验证。

采集个人信息时,应当通过用户手册、车载显示面板、语音、汽车使用相关应用程序等显著方式,告知用户处理个人信息的种类、处理各类个人信息的目的、用途、方式、个人信息保存地点、保存期限等法律、行政法规规定的应当告知的事项。采集个人敏感信息时,应当符合以下要求或者符合法律、行政法规和强制性国家标准等其他要求:1. 具有直接服务于个人的目的,包括增强行车安全、智能驾驶、导航等;2. 通过用户手册、车载显示面板、语音以及汽车使用相关应用程序等显著方式告知必要性以及对个人的影响;3. 应当取得个人单独同意,个人可以自主设定同意期限;4. 在保证行车安全的前提下,以适当方式提示收集状态,为个人终止收集提供便利;5. 个人要求删除的,汽车数据处理者应当在十个工作日内删除。汽车数据处理者具有增强行车安全的目的和充分的必要性,方可收集指纹、声纹、人脸、心律等生物识别特征信息。

同时,国家倡导汽车数据处理者在开展汽车数据处理活动中坚持默认不收集原则,除非驾驶人自主设定,每次驾驶时默认设定为不收集状态;坚持精度范围适用原则,根据所提供功能服务对数据精度的要求确定摄像头、雷达等的覆盖范围、分辨率。

(二)数据传输

汽车数据传输应能够检测到数据在传输过程中完整性受到破坏,除满足一般数据安全保护要求之外,汽车的重要数据传输还应符合:1. 采用技术措施保证数据传输的保密性,如鉴别信息、车内重要和敏感数据等;2. 应能够检测到数据在传输过程中完整性受到破坏,并能够采取必要的措施恢复或重新获取数据。

同时,未经个人信息主体单独同意,汽车不应通过网络向外传输包含其个人信息的车外数据,已进行匿名化处理的视频、图像数据除外。汽车不应通过网络向外传输座舱数据,具体指通过移动通信网络、无线局域网、充电桩接口等方式,向位于车外的设备、系统传输。满足以下条件的,可作为上述条款的例外情形:1. 为实现匿名化处理功能,需要通过远程信息服务平台实时执行匿名化处理操作的情形，但应确保原始数据传输到平台后不用于其他目的，并在匿名化处理后得到删除；2. 为实现语音识别等直接服务于驾驶人或乘员的功能，需要通过远程信息服务平台实时配合处理座舱数据的情形，但应征得驾驶人同意授权，且确保功能实现后即时删除原始数据及处理结果；3. 为实现用户远程监控车内外情况、使用云盘存储用户数据等直接服务于用户的功能，需要通过网络向用户终端设备传输数据或使用远程信息服务平台存储数据的情形，但应在传输以及存储时采取加密等措施，确保用户数据只能由用户终端设备访问，在其他设备以及远程信息服务平台上无法访问；4. 道路运输车辆、运营车辆依据相关行政管理要求向外传输座舱数据的情形；5. 道路交通事故发生后按执法部门要求向外传输数据的情形。

（三）数据存储

汽车数据存储应支持实现数据存储的保密性，并能够在数据存储过程中，检测完整性是否受到破坏并实现防止数据被篡改、删除和插入等操作。在数据完整性遭到破坏时，应提供授权用户可察觉的报警信息。对于汽车的重要数据，应支持采用密码技术支持的保密性保护机制对存储数据的保密性提供保护；针对敏感级数据，应支持密钥管理机制对敏感数据进行加密，防止数据被篡改、删除和插入等操作，在数据完整性遭到破坏时，应提供授权用户可察觉的报警信息并在监测到完整性错误时采取必要的恢复措施。

车外数据、位置轨迹数据在远程信息服务平台等车外位置中保存时间均不应超过 14 天。满足以下条件的数据，可作为上述条款的例外：1. 为优化行驶安全功能而存储的特定场景数据，但每车每天不应超过 3 个连续时间的数据片段，每个片段不应超过 2 分钟；2. 由采集训练数据的专用车辆或在特定区域行驶的专用测试车辆采集的数据，车辆外部应有"测试车辆"或"数据采集车辆"及所属单位的显著标识，且驾驶人员为具备授权的特定人员；3. 符合前述的第 3 点要求，用户传输到远程信息服务平台的数据；4. 新能源汽车、道路运输车辆、网络预约出租汽车依据相关行政管理要求进行存储的数据；5. 用于生产经营的汽车产生的，生产经营者可控的位置轨迹数据。

（四）数据使用

在汽车数据的使用中，应对该使用进行授权和验证，应确保数据使用的目的和范围符合网络安全法等国家法律法规的要求。应对敏感数据的使用进行审计，并形成审计日志，同时还应支持敏感数据使用过程中的动态脱敏。

（五）数据共享

汽车数据共享前应进行数据共享的网络安全能力评估，保证数据共享的安全实施，保证数据在不同数据设备之间共享不影响业务应用的连续性。数据共享应制定共享方案并进行共享方案的可行性评估与风险评估，制定数据共享风险控制措施。汽车数据的共享应做好数据备份及恢复相关工作。

（六）数据销毁

一般数据的销毁应建立数据销毁策略和管理制度，明确销毁对象和流程，并建立数据销毁审批机制，设置销毁相关监督角色，监督操作过程；能够提供手段协助消除数据因不同设备间共享、业务终止、自然灾害、合同终止等遗留的数据；对日志的留存期限应符合国家有关规定，并提供手段清除数据的所有副本。对于重要数据和敏感数据的销毁，除了满足一般数据的安全保护要求之外，数据销毁还应符合以下要求：一是应确保文件目录和数据库记录等资源所在的存储空间被释放或重新分配给其他用户前得到完全消除；二是应提供手段禁止被销毁数据的恢复。

（七）数据备份与恢复

汽车数据应提供本地数据备份与恢复功能，进行定期备份或提供多副本备份机制，备份数据应与原数据具有相同的访问控制权限和安全存储要求。除了满足一般数据的安全保护要求之外，对于重要数据和敏感数据的备份与恢复，还应提供身份认证等安全认证措施，确保仅在授权用户知情或控制下才能执行本地和远程备份和恢复数据的操作，备份数据应进行加密存储。

（八）数据出境要求

车外数据、座舱数据、位置轨迹数据不应出境；运行数据如需出境，应当通过国家网信部门组织开展的数据出境安全评估。汽车制造商应为主管监管部门开展数据出境情况的抽查工作提供技术手段，包括传输的数据格式、便于读取的数据展示方式等。

（九）其他要求

汽车制造商应对整车的数据安全负责，全面掌握其生产的整车所含各零部件采集、传输数据情况，对零部件供应商处理汽车采集数据的行为进行约束和监督，并将汽车采集数据向外传输的完整情况对用户披露。为执行相关行政管理要求采集的数据应仅用于行政管理要求明确规定的目的。

四、延伸阅读

企业数据可分为个人数据与非个人数据。个人数据是指具有可识别性的个人数据，如员工数据与客户（用户）数据。非个人数据是指与个人无关的数据，如企业经营记录、日常管理记录、财务会计记录。

基于不同的主体和立场，数据合规的法律属性具有多重性。

（一）作为公司治理方式的数据合规。企业合规体系是现代公司治理体系中的重要组成部分。根据公司治理理论，现代公司治理体系由业务管理、财务管理和合规管理三大部分组成，合规管理在整个公司治理体系中占据重要地位。在数字经济时代背景下，数据合规作为企业合规的重要组成部分，在现代公司治理实践中的重要性逐渐凸显，开展企业数据治理已然成为公司治理的重要方式和基本内容。企业对数据治理和数据合规工作的重视程度和成效业已成为判断整个公司治理绩效的一项重要指标。

（二）作为企业承担社会责任方式的数据合规。企业社会责任是企业合规的重要理论渊源之一。新的企业社会责任要求企业在追求利润实现发展的同时兼顾社会效益。现代企业之所以走向合规之路，正是其选择承担社会责任之目的使然，数据合规是数字时代企业承担企业社会责任的重要体现。在大数据时代背景下，数据成为除土地、劳动、资本、技术、知识、管理之外一项重要的生产要素，是经济社会转型发展的重要驱动力。与此同时，数据实现数据保护与数据安全需要企业的力量，企业在获取数据红利的同时应当将数据合规作为承担社会责任的重要内容，提升企业数据合规意识，切实将数据合规贯穿于企业相关业务活动的各个环节。

（三）作为政府监管方式创新的数据合规。从政府监管角度而言，企业合规作为区别于行政许可、行政处罚等传统监管方式的重要监管方式创新，旨在通过向企业提供合规激励，促使其加强企业内部合规管理，进而减少政府的监管压力和成本，体现了元规制理念。在大数据时代，数据治理成为国家治理的重要组成部分，数据合规则是政府开展数据监管治理实践的重要制度创新。从国家角度而言，数据合规为那些掌握着海量数据资源的企业主体施加了一种自我规制的义务和责任，减少了国家数据治理的成本。与此同时，为调动企业开展合规活动，健全企业合规管理体系，为其提供了开展数据合规活动的制度激励，具体包括行政和解、刑事和解等，使其加大对数据合规的投入，有效开展数据合规工作，最终实现公共利益和私人利益的协调。

案例五：A 公司算法合规良好实践案例

一、案例情况介绍

A 公司于 2004 年设立，经过近二十年的发展，已成为世界领先的互联网开放平台。

随着算法技术的加速演进和普及应用，算法合规逐渐成为各方普遍关注的重要议题。在算法监管日趋严格的当下，企业若未能妥善处理算法技术引发的安全风险，或将面临巨额罚款、应用下架、上市终结等不利后果。在外部监管与内在发展双重动力驱动下，A 公司主动强化算法合规管理，将提升算法合规管理能力作为企业创新发展的核心竞争力加以建设，并在持续探索与实践中，构建起独具特色、高效严密的算法合规管理体系。[①]

二、合规风险识别

随着机器学习算法技术的不断发展，越来越多的企业利用算法技术对个人数据进行挖掘分析，目前，算法自动化决策广泛应用于市场营销、金融信贷等诸多商业领域。《个人信息保护法》和《互联网信息服务算法推荐管理规定》对算法自动化决策的应用作出了规定。具体而言，包括：一是要求算法自动化决策开展个人信息保护影响评估；二是要求算法推荐服务提供者不得根据消费者的偏好、交易习惯等特征，利用算法在交易价格等交易条件上实施不合理的差别待遇等违法行为；三是要为个人提供救济途径；四是对具有舆论属性或者社会动员能力的算法推荐服务提供者科以备案义务。

《互联网信息服务算法推荐管理规定》第 6 条规定，算法推荐服务提供者不得利用算法推荐服务从事危害国家安全和社会公共利益、扰乱经济秩序和社会秩序、侵犯他人合法权益等法律、行政法规禁止的活动，不得利用算法推荐服务传播法律、行政法规禁止的信息，应当采取措施防范和抵制传播不良信息。A 公司在设计规章制度时将正当性作为一项基本原则，禁止公司员工利用算法或者算法服务实施法律、法规禁止的行为。具体包括：（1）侵害国家安全，包括危害国家安全，泄露国家秘密，颠覆国家政权，破坏国家统一的；损害国家荣誉和利益的；宣扬恐怖主义、极端主义或者煽动实施恐怖活动、极端主义活动的；煽动民族仇恨、民族歧视、破坏民族团结的；破坏国家宗教政策，宣扬邪教和封建迷信的；以及其他侵害国家安全的行为；（2）扰乱经济秩序、破坏经济稳定、损害社会公共利益的行为，如散布谣言，从事淫秽、色情、赌博、暴力、凶杀、恐怖或者教唆犯罪等行为；（3）侵害他人

[①] 参见 A 公司官网。

合法权益的行为；（4）其他法律禁止的行为。

《个人信息保护法》第 24 条规定，个人信息处理者利用个人信息进行自动化决策，应当保证决策的透明度和结果公平、公正，不得对个人在交易价格等交易条件上实行不合理的差别待遇。《个人信息保护法》确立了个人信息处理应遵循的原则，包括合法、正当、必要和诚信，对企业的数据处理行为和用户权益保障提供了明确的法律指引。A 公司企业在制定用户个人信息权益保障规范过程中，明确提出四项禁止事由：（1）不得违规收集个人信息。在算法研发、使用以及提供算法服务时，严格遵守《个人信息保护法》等相关法律法规规定，禁止违规收集、存储、使用、分析、加工、传输、对外提供个人信息，避免对个人信息主体合法权益造成不当损害。（2）不得实施算法歧视。算法开发工程师以及相关运维人员不得在算法研发、使用时，违规设置歧视性或偏见性用户标签，或在提供算法推荐服务过程中，对用户实施歧视。（3）不得不提供关闭个性化推荐的选项。在利用推荐算法向用户个性化推荐服务时，提供不针对其个人特征的选项，或者向用户提供便捷的关闭个性化推荐服务的选项。（4）不得从事其他侵犯用户权益的行为。

《关于加强互联网信息服务算法综合治理的指导意见》中提出，算法应导向正确、正能量充沛，算法应用应公平公正、公开透明，算法发展应安全可控、自主创新，有效防范算法滥用带来的风险隐患。为落实公平公正原则，A 公司设定了两方面的制度要求：一是坚持多元共治的公平公正理念，公平性是算法"向上向善"理念的重要体现，A 公司从社会、企业、用户多种维度，从起点公平、过程公平、结果公平全流程展开研究，坚持"公平公正、多元共治"的价值导向，在企业内部营造公平、公正、和谐的发展环境。

2022 年 3 月 1 日起开始正式实施的《互联网信息服务算法推荐管理规定》，要求算法推荐服务应遵循公开透明的原则，鼓励算法推荐服务提供者综合运用内容去重、打散干预等策略，并优化检索、排序、选择、推送、展示等规则的透明度和可解释性，避免对用户产生不良影响，预防和减少争议纠纷。其中第 16 条规定，算法推荐服务提供者应当以显著方式告知用户其提供算法推荐服务的情况，并以适当方式公示算法推荐服务的基本原理、目的意图和主要运行机制等。A 公司将透明度与可解释性要求写入算法合规制度文件之中，并嵌入算法全生命周期的各个环节：在算法开发与模型验证过程中，将透明度和可解释性纳入评价标准；在算法推荐服务上线后，按照法规要求，在规定期限内及时履行相关算法备案和公示义务；采用易于用户理解的方式，将算法备案及公示的内容向用户公开。

2022 年 3 月，中共中央办公厅、国务院办公厅印发《关于加强科技伦理治理的意见》，作为我国首个国家层面的科技伦理治理指导性文件，提升了社会各界对科技伦理治理重要性的认识。科技向上向善的概念要求企业的科技创新发展需建立在"与人为善"的基础上,充分尊重不同年龄层用网需求和用网习惯的差异。A公司在设计规章制度时坚持主流价值导向,积极引导科技向上向善,具体包括:A公司在政府的指导下,与行业自律组织、高等学校、科研机构等单位共同研讨,搭建多元、开放的科技伦理机制,促进算法应用向上向善;在互联网算法技术应用中,充分保障未成年人、老年人等特殊群体权益,结合企业产品的实际情况和未成年人、老年人的实际需求,开发符合未成年人、老年人身心健康的服务和产品;在互联网算法技术应用中,禁止企业员工利用服务协议、平台规则、数据算法、技术等手段,对平台内个体工商户进行不合理限制、附加不合理条件或者收取不合理费用。

依据《个人信息保护法》《互联网新闻信息服务新技术新应用安全评估管理规定》《互联网信息技术算法推荐管理规定》等法规要求,A公司结合算法开发具体流程,全面梳理自身算法合规义务及管理职责,在制度文件中提出安全评估的要求和技术手段的保障,针对境外安全、创新安全、算法安全等重点领域展开定期评估;并采取了相应的技术、系统保障手段,避免算法被第三方恶意利用,切实保障算法技术安全应用。

企业利用个人数据进行自动化决策时,应当做好以下合规风险审查工作:一是审查企业是否设立在事前对算法自动化决策开展个人信息保护影响评估,在评估方式上要定期与不定期评估、自我评估与第三方评估相结合,并对处理情况做好记录的评估方法;二是审查识别是否存在利用算法对消费者进行"大数据杀熟";三是审查识别企业是否为自动化决策提供救济途径;四是审查识别企业所运用的算法推荐服务如果"具有舆论属性或者社会动员能力",是否按照规定做好算法备案工作。

企业开展算法活动缺乏相应的合规风险识别机制,则无法从源头对风险施加控制。在算法合规风险识别方面,A公司针对算法使用过程中存在的主要风险项目,通过制定风险识别清单的方式,按照风险类别进行逐一排查。

表11-5　A公司风险识别清单

风险类型	具体内容
内容生态治理	是否有正能量内容扶持; 是否有防范和抵制不良信息; 是否就违法信息及时处置; 提供互联网新闻信息服务的,是否取得互联网新闻信息服务许可; 是否存在生成合成虚假新闻信息等行为。

	续表
数据信息风险	采集、使用数据是否"最小、必要化"原则； 采集数据的目的、方式是否合法、合规； 采集用户敏感信息是否获得用户授权； 其他数据管理相关要求。
流程机制风险	算法合规评估是否覆盖算法开发、测试、应用，风险监测、用户投诉处理等环节； 是否建立了定期审核、评估、验证算法模型是否有诱导用户沉迷、过度消费等违反法律或违背伦理道德的机制； 是否建立了应急保障制度； 是否建立了通过服务热线、网页入口等方式收集用户对于算法的反馈，持续优化算法服务。
信息留存风险	是否建立了算法类别管理及信息留存制度； 是否按照有关规定，留存了相关网络日志。
备案及公示风险	算法上线后，是否按照有关规定进行了备案； 算法发生变更或注销，是否按照有关规定就备案信息进行变更、注销； 算法备案后，是否在网站、应用程序等显著位置标明其备案编号并提供公示信息链接。

在明确公司算法活动存在的合规风险后，A公司通过定期开展算法合规风险巡检的方式，对风险管控措施落实情况进行动态跟踪，及时发现并排除相应问题和隐患，采取的主要措施包括：(1) 多维视角开展风险巡检，及时获取用户对产品的反馈及外部舆情信息，以及行业最新情况；(2) 打造风险巡检自动化工具；(3) 形成风险巡检、风险研判、风险治理的机制。

三、合规管理启示

(一) 构建与数据相关的平台规则、隐私政策和算法披露制度

互联网平台运营者要履行制定、披露、公开征求意见、评估、同意等与平台规则、政策、算法相关的制度。包含以下三点：

1. 制定：建立与数据相关的平台规则、隐私政策和算法披露制度；

2. 披露：及时披露制定程序、裁决程序，包括相关的平台规则、隐私政策和算法；

3. 公开征求意见：对用户有重大影响的修订，应当通过其官方网站、个人信息保护相关行业协会互联网平台面向社会公开征求意见，征求意见的时长不得少于三十个工作日，并公布意见采纳情况；经评估并获同意：日活超过一亿的大型互联网平台运营者制定或修订平台

规则、隐私政策，应当经国家网信部门认定的第三方机构评估，并报省级及以上网信部门和电信主管部门同意。

（二）打造专业化算法合规审查团队

组织保障是企业算法合规管理体系建设的重中之重，对于计划实施或优化算法合规管理的企业来说，在制定基础性的规章制度之后，接下来要做的便是打造专业的合规团队。A公司根据内部团队职能分工，将算法合规关键需求、关键控制节点与各团队职责进行匹配，发挥各方职能优势，推动企业算法合规管理工作稳步前进。

业务团队负责根据公司发展方向，结合产品实际和用户的需求，向算法技术团队提出相关算法的需求。算法技术团队负责根据业务团队的要求，利用数据、算法技术等提供算法应用，如个性化推送、检索过滤类、调度决策类、生成合成类等服务；定期或不定期开展算法的演练、评测，并对发现的漏洞、缺陷等风险进行及时修复；配合算法合规团队，持续完善算法风险评估及检测能力，确保算法备案、算法风险评估以及算法风险事件应急等机制的落地。算法合规团队负责算法合规的评估、处置、培训等；明确业务团队、算法技术团队、算法合规团队等部门的责任及配合机制；牵头搭建算法合规有效机制，保障算法及算法服务从研发到部署运维全周期风险可控。同时，法务、安全、财务、内控、客户服务等其他职能团队负责就业务及业务中应用的算法技术，从各自视角进行评估、审查。

（三）建立配套算法合规流程监管机制

算法合规的具体工作内容涉及多部门多岗位，在算法合规落地过程中，需要对具体合规义务进行拆分，通过建立完善的流程机制，将算法合规管理和企业日常工作进行有效衔接，促进算法合规应然与实然的有机统一。A公司围绕算法合规、信息安全以及用户权益保障目标建立了以下三项流程机制。

1. 算法合规评估机制

（1）评估算法技术及服务提供者在开发、测试、应用过程中是否合规，给予合规意见，包括是否符合主流价值导向，是否存在歧视、偏见等违反算法合规原则的事项；

（2）评估企业是否留存了算法相关信息；

（3）评估是否按照要求进行算法备案。

2. 算法安全审查机制

评估算法技术及服务提供者是否落实信息安全主体责任，包括在用户注册、算法机制机理审核、科技伦理审查、信息发布审核、数据安全、个人信息保护、反电信网络诈骗、应急处置等方面，是否具有安全可控的技术保障措施。

3. 用户权益保障机制

（1）评估算法技术及服务提供者是否有通过服务热线、网页入口等方式收集用户对于推荐算法服务的反馈，持续优化推荐算法服务；

（2）评估算法技术及服务提供者是否建立了相关信息披露渠道，并根据法律法规相关要求进行信息披露；

（3）评估算法技术及服务提供者是否充分保障了用户的知情权、选择权、决定权、申诉权等权益。

（四）算法合规报告与合规记录

1. 算法合规报告

合规报告是对企业算法合规情况的概述、总结，也是控制重大合规风险的手段。形式上，A公司建议通过年度合规报告、重大事项合规报告两种形式开展。

（1）算法合规年度报告。概述算法合规管理状况、规章制度的制修订、算法合规组织机构情况、算法主要合规风险及应对、重要业务算法合规审查情况、培训与奖惩、合规评估机制运行等。

（2）重大算法合规专项报告。当市场环境、政策法规更新、技术重大突破等外部环境发生变化，导致算法合规内涵和外延发生了重大变化时，主张专项报告。

2. 算法合规记录

加强合规记录，做好合规记录的保存、更新与维护，准确、系统记录企业合规运行轨迹，具体内容上包括培训、宣贯、审查等合规专项相关活动。

（五）合规管理有效性评估及持续性改进

A公司主要通过上级监督和外部第三方评估两种形式对算法合规管理工作的有效性进行评价并持续改进算法合规性管理。

1. 合规管理体系有效性评估

邀请上级主管部门、行业自律组织对企业的合规管理体系有效性进行评估，督促、指导企业制定完善的算法服务规范、依法提供算法服务并接受社会监督。评估内容包括对企业合规管理体系的设计、执行、效果，保障算法合规管理体系设计完整、实施有效、持续更新。

2. 合规性管理持续性改进

A公司持续改进合规管理体系的适配性、充分性和有效性。当违规情况发生时，审慎评估，采取适当措施，消除造成不合规的原因，以防止其再次或其他情况发生。与此同时，A公司坚持改进和完善相关制度、流程，强化合规管理工作，提升企业算法合规管理水平。

（六）推动合规培训及合规文化建设

A公司结合行业特点，倡议通过合规培训、合规测试、培育合规氛围等方式，提升全体员工的算法合规意识，具体包括：

1. 定期开展合规培训

（1）建立合规管理培训常态机制，将合规培训纳入企业员工培训计划。

（2）针对不同的培训对象，采用适合的培训方式、培训内容，定期开展合规培训。

（3）当企业所处内外部环境发生重大变化、同类型企业出现严重合规风险事件等情形，对企业员工进行相应合规培训。

2. 确定合规培训的内容与测试

（1）企业合规管理培训内容主要包括法律法规、政府监管政策、企业合规行为规范、合规典型案例、影响性合规事件等。

（2）通过培训测试与不定期测试等方式检验合规培训效果。

3. 加强合规意识

A公司树立诚信、创新、合作的核心价值观，提倡将合规文化作为企业文化建设的重要内容，培育良好的企业合规文化氛围，加快提升企业合规经营管理水平，保障企业科学、持续、健康发展。

四、延伸阅读

（一）AIGC时代的算法合规

算法是人工智能（AI）应用的一大核心与基础，因此对人工智能的监管离不开对于算法的规制。纵观全球，一些主要的法域早已纷纷开始加强这一领域的立法。例如，美国先后出台了《算法问责法案（草案）》（Algorithmic Accountability Act of 2022）、《过滤气泡透明度法案（草案）》（Filter Bubble Transparency Act）等；欧盟出台了《人工智能法案》（AI Act）等。我国采取算法专门立法，算法技术分类管理的方式进行规制。2021年，国家互联网信息办公室、工业和信息化部、公安部及国家市场监督管理总局联合发布《互联网信息服务算法推荐管理规定》，将算法推荐技术主要分为生成合成类、个性化推送类、排序精选类、检索过滤类、调度决策类等。其中生成合成类算法可以理解为利用以深度学习、虚拟现实为代表的生成合成类算法制作文本、图像、音频、视频、虚拟场景等信息的技术。在此基础上，2022年11月25日国家网信办联合各部门又进一步公布了《互联网信息服务深度合成管理规定》。其采取了角色划分的方式来明确产业链中相关企业的合规义务，即（1）深度合成服务技术支持者、（2）深度合成服务提供者和（3）深度合成服务使用者应遵守使用深度合成技术的一般性合规义务，也应遵循符合自身角色的特殊要求。

算法合规管理的义务贯穿算法开发、测试和使用的全生命周期。算法合规虽属于专项合规，但其与其他领域的专项合规具有较大的交叉。其内容主要包括：（1）数据合规：生成合成类算法的训练与应用不可避免需要使用到大量数据，因而需遵循《数据安全法》《个人信息保护法》等数据安全治理相关的法律法规。（2）内容治理：在应用生成合成类时，企业应注意落实《网络音视频信息服务管理规定》《网络信息内容生态治理规定》等法规中所明确的内容审查与管理义务。（3）反垄断合规：算法开发及应用时，还需注意避免涉及《反垄断法》《国务院反垄断委员会关于平台经济领域的反垄断指南》等中所明确禁止的歧视待遇、滥用市场支配地位等行为。

（二）算法的分类

《互联网信息服务算法推荐管理规定》中将推荐算法大致分为五类：（1）生成合成类，指可以自动生成内容、合成内容的算法。比如，平台使用自动生成的评论、诗歌、新闻、视频等内容，聊天机器人通过文字、语音与人互动。（2）个性化推送类，指在海量数据基础上，向用户提供个性化的信息服务和决策支持的算法。比如，今日某条、抖某等根据用户兴趣推送个性化内容的信息流服务。（3）排序精选类，指给用户作出的推荐或精选列表的算法。比如，搜索引擎结果排序，电商平台商品的推荐排序，手机应用商城App的推荐排序。（4）检索过滤类，包括检索算法、过滤算法。检索算法，指对大容量的非结构化数据的快速查找。如使用搜索引擎查找信息。过滤算法，指从可行的推荐标的物中将用户喜欢的标的物过滤出来，如电商平台关联推荐功能、搜索引擎搜索关键词联想功能等。（5）调度决策类，包括调度算法、决策算法。调度算法，指根据系统的资源分配策略所规定的资源分配算法。决策算法，一般指不确定条件下最优决策的算法。比如，网约车平台的司机调度、外卖送餐平台的订单分派等。

（三）数据合规官（DPO）

DPO一词，最早来源于《（欧洲）通用数据保护法规》（GDPR）中关于企业必须要设置数据安全责任人（也即DPO）的规定，在我国的个人信息保护法中也有类似的规定。企业必须雇佣一个数据合规官,需要有一个专业来负责个人信息保护相关的事宜的人,如果企业没有设立该岗位,会受到很重的惩罚,比如,在发生一些个人信息侵权时,查询公司没有该岗位人员,可能会加重处罚。

案例六:Z 公司数据合规良好实践案例

一、企业基本情况

Z 公司是一家中国通信设备公司,是全球领先的通信设备制造商之一。21 世纪初,Z 公司开始了其国际化的探索,将业务拓展到国外市场。其国际化策略主要集中在发展中市场,如非洲、亚洲和拉丁美洲。Z 公司通过提供性价比高的产品和定制化的解决方案,迅速获得了市场份额。

2018 年的 Z 公司合规案对公司造成了前所未有的挑战,但公司仍通过新技术推动通信行业的发展,并通过其全球网络服务数十亿用户。公司也在积极探索如人工智能、物联网、云计算等新兴技术领域,以实现在智能时代的业务转型和升级。公司致力于提高产品和服务的质量,强化全球合作伙伴关系,同时加大在关键技术领域的研发投入,以保持其在全球通信行业的竞争力。

二、Z 公司数据合规管理体系实践

(一) 数据合规的国际环境及法律规范

在全球化的商业环境中,数据已成为跨国公司运营的核心资产。随着数据流动性增加和数字化转型的加速,企业面临着越来越复杂的数据合规要求。数据合规不仅涉及个人隐私保护,还包括跨境数据传输、数据安全、知识产权保护等多个方面。因此,全面了解国际合规法律框架,并将其融入企业的数据管理体系,对于确保企业可持续发展至关重要。

在全球化经济中,企业的数据处理活动越来越频繁地跨越国界,这就要求企业不仅要遵守本国的法律法规,还要密切关注和适应其他国家和地区的法律要求。在法律规范方面,企业必须遵守的关键法律法规包括但不限于欧盟的通用数据保护条例(GDPR)、美国加州消费者隐私法案(CCPA)以及我国《数据安全法》。GDPR 作为一个里程碑式的数据保护法规,对个人数据的处理设定了高标准的要求,包括数据主体的同意、数据的最小化处理、数据传输的安全性等。美国虽然没有统一的联邦级数据保护法律,但 CCPA 和其他州法律如纽约

SHIELD法案提供了消费者隐私保护的框架。《数据安全法》则加强国家数据安全工作的统筹协调,确立了数据分类分级管理,数据安全审查,数据安全风险评估、监测预警和应急处置等基本制度。

为有效应对国际合规挑战,Z公司需建立全面的合规管理体系,包括但不限于合规策略的制定、合规组织结构的建立、合规风险评估与应对机制等。合规管理体系的建立应基于企业的实际业务需求和所面临的法律环境,通过制定明确的合规政策和程序,确保企业在全球范围内的业务活动符合各种法律法规的要求。企业需要将合规视为一项战略优先事项,以确保企业的长期发展和竞争力。在构建有效的合规管理体系时,企业应充分利用现有的技术工具和资源,如数据加密、匿名化技术以及数据访问控制等,以提高数据处理活动的安全性和合规性。

(二) 数据合规管理体系

在当今的数字化时代,数据合规管理已经成为企业必须面对的一大挑战。数据合规管理体系旨在规范企业经营中涉及的各类数据全生命周期的安全与合规,不局限于某一种特殊数据类型(如个人信息),也不局限于数据的状态(如静止态数据、传输态数据、使用态数据)。建设有效和完善的数据合规管理体系不仅是企业履行《数据安全法》等法律法规项下法定义务的必要之举,也是企业防范合规和安全风险、充分发挥数据资产价值、促进业务可持续发展的应有之义。数字经济下,数据类型多、数据规模大、更新迭代频率高、流动性强,数据处理模式的复杂程度和面临的安全风险更为突出,建设一套行之有效的数据合规管理体系就显得尤为重要。

有效的数据合规管理体系应包括以下几个关键组成部分:1. 合规策略的制定。企业需要根据自身的业务特点和面临的合规要求,制定全面的合规策略。这包括确定企业数据处理的基本原则、目标以及遵循的核心法律法规。Z公司在面对合规危机时,重新审视和加强了其合规策略,确保所有业务活动都符合相关国家的法律要求。2. 规章制度的建立。企业需要建立一套完善的规章制度,对数据的收集、存储、使用、传输和销毁等环节设定明确的管理规范和操作流程。3. 组织机构的设置。有效的数据合规管理体系还需要有专门的组织机构来负责其实施和监督。这包括设立合规管理委员会、指定数据保护官等,以确保合规策略和规章制度得到有效执行。Z公司在合规改革中强化了合规组织结构,通过设立更高层级的合规委员会和加强数据保护官的角色,提升了合规管理的效率和有效性。4. 合规风险评估与应对。企业应定期进行合规风险评估,识别并评估可能面临的合规风险,然后制定相应的风险应对措施。Z公司通过引入更加系统的合规风险评估程序,加强了对潜在合规风险的识别、监控和管理。5. 培训与文化建设。企业需要通过培训和文化建设,提高全体员工的合规意识和能力。Z公司实施了全员范围的合规培训计划，确保每位员工都了解合规的重要性以及相关的法律法规要求，从而在日常工作中能够自觉遵守合规规定。

随着全球数据保护法规的不断演进，Z公司数据合规官的角色变得尤为关键。Z公司通过将数据合规官直接置于高级管理层，而非传统的法律或安全部门，Z公司实际上重塑了数据合规官的角色，使之成为企业战略决策的核心。这种结构上的创新不仅提升了数据合规官的权威和独立性，也确保了合规视角能够贯穿企业的所有业务和运营决策。

（三）规章制度和组织机构

在构建一个有效的数据合规管理体系中，建立明确的规章制度和组织机构是基础且关键的步骤。这些措施不仅为企业提供了数据处理的明确指南，还确立了合规责任和执行机制。

1. 规章制度的建立

企业在建立数据合规体系相关规章制度时，需要兼顾规章制度的完备性、科学性和可操作性，在充分吸纳《数据安全法》等法律法规以及标准要求的基础上，充分考虑企业自身的需求和现状，避免规章制度流于表面，难以在企业合规建设中发挥应有的价值。规章制度构成了企业合规管理体系的核心，包括合规政策、操作手册、流程指南等。这些文档明确了企业在数据处理中应遵循的原则、标准和步骤，确保所有数据活动均符合法律法规和内部规定：（1）合规政策。合规政策是企业合规体系的基石，明确了企业对数据保护的总体承诺和目标。Z公司即重新审视并加强了其数据保护和隐私保护的合规政策，以回应合规危机并重建公众信任。（2）操作手册和流程指南。详细的操作手册和流程指南为员工提供了具体的数据处理指引，如何收集、存储、使用、传输和销毁数据。通过明确的步骤和规范，降低了违反合规要求的风险。（3）合规培训材料。培训材料是规章制度的延伸，确保所有员工都能理解和掌握必要的合规知识，强化合规意识。

Z公司建立了"政策、总册/规范、分册、合规管控全景"的规则体系，并持续推动规则体系的场景化、判例化，促进合规规则与具体业务的融合发展，业务单位围绕合规要求落实动作、执行措施，充分披露、持续消减、协同处置各类风险。其中，Z公司的规则体系包括：（1）政策。合规政策是根据Z公司整体经营政策所制定的政策性文件，明确了在经营活动中需要遵循的红线，表达了Z公司遵守其业务所在国家/地区适用的隐私保护法律法规，以及董事会、合规管理委员会对于隐私保护合规给予支持的决心，是Z公司开展合规工作的纲领性文件。（2）总册/规范。合规手册是基于对外部法律法规遵从的要求，结合合规政策确定的总体指导文件。（3）分册、合规管控全景。Z公司在总册的基础上，根据各业务领域结合自身业务特点编制的具体要求形成了分册。合规管控全景是Z公司按照业务架构进行排列,依托于数据化协作共享平台,方便员工查询使用,亦可根据需求更新变化,实现规则的透明、可视,保障规则的及时和可落地。

2. 组织机构的设置

有效的组织机构对于实施和监督合规策略至关重要。它涉及合规管理的各个层面,从最高决策层到日常操作层:(1) 合规管理委员会。作为企业合规体系的最高决策和监督机构,负责制定合规政策、审议合规计划和监督合规体系的实施情况。(2) 数据保护官:数据保护官负责监督企业的数据保护政策和实践,确保企业活动符合数据保护法律要求。Z 公司加强了数据保护官的职责,确保了数据处理活动的透明性和合规性。(3) 跨部门合规小组。由不同部门的代表组成,负责落实合规政策和手册中的具体措施,处理日常的合规事务。这种跨部门的合作模式有助于增强不同业务单位之间的合规协同。

Z 公司建立了隐私保护合规协同工作机制,在合规管理委员会下,设有数据保护官、数据保护合规专业部门、业务领域 BU 合规总监/经理/接口人的隐私保护团队,进行合规管理要求制定及推动落实,合规稽查部门负责审计和调查。[①]

Z 公司的另一个创新之处在于其对数据合规管理体系的全面重建。企业不仅在组织结构上进行了调整,更是从战略、政策和流程等多个层面全面强化了数据合规体系。Z 公司引入了"三道防线"模型,即业务单位、合规专业部门和合规稽查部的紧密配合,构建了一个全面、多维的合规管理体系。这一体系的创新之处在于其强调了跨部门协作和信息共享,使得合规管理更为灵活和有效。

(四) 合规风险管控

有效的合规风险识别机制是数据合规体系的基础和重要组成部分。企业只有在及时、准确识别合规风险的前提下,才能有效应对和处理潜在的合规风险,数据合规体系也才能发挥其应有的价值。实践中,企业一般需要结合风险评估流程、监测和预警等技术手段,以及内外部的举报、报告和舆情监控机制,来建立完善的风险识别机制。

Z 公司通过完善管理制度、强化教育培训、组织应急演练等确保数据处理活动符合法律法规,降低数据泄露事件发生概率。当发生切实、疑似或潜在数据泄露事件时,依托"数据泄露响应流程",实施包括上报、判断、分析、处置、修复、通知、复盘与改进等事件响应全流程并自动记录,满足事件多方协同处置、内部文件调阅、外部证据呈送等需求,使数据

[①] 合规管理委员会是负责合规管理体系运作与合规事项决策的最高指导机构,听取数据保护合规重大事项汇报并进行指导。数据保护合规部是进行隐私保护工作的专业部门,负责全球数据保护法律法规、政策标准研究与转化,隐私保护合规策略和合规规则的规划、制定、执行与监督,对具体业务流程的合规风险进行评估和审查。

泄露事件更加科学、妥善地处理。

Z公司从跨境前环节、跨境传输执行合规措施、跨境数据的后续使用等三个数据跨境全生命周期维度开展评估，基于风险评估整理问题清单，以"风险为导向"的合规策略，对问题从风险影响程度及风险发生可能性两个维度进行高、中、低等三个风险等级划分，并制定相应风险处置策略。Z公司密切关注并积极采用最佳、适用的数据保护技术措施，通过信息系统改造和专业工具嵌入，促进合规要求的落地履行。例如，数据采集阶段，一方面更新隐私政策、Cookie政策，并取得授权同意，另一方面结合风险等级对数据字段的采集必要性进行自评估，主动剔除了定位、联系人等一批非必要个人数据，从数据生命周期的源头管控好安全基线。数据销毁阶段，增加了用户账号和个人数据注销功能，并对业务系统中存量数据进行脱敏或匿名化，采购专业第三方工具确保达到欧盟数据销毁的严苛标准。此外，Z公司建立了以风险为导向的隐私保护合规管理体系，通过风险评估与持续改进，更好地适应不断变化的内外部环境。通过风险评估方法，针对合规管控点，通过自查、检查、审计、调查等不同方式验证和监督数据处理活动，确保合规治理要求及合规管控点的切实执行。通过动态的业务再评估和风险再发现，反哺和优化合规规则，调整和改善管控措施，提高整体隐私保护合规水平。

（五）第三方合规管理

在当代企业运营中，特别是在全球化背景下，企业不仅要管理自身的合规风险，还必须关注并管理其供应链和合作伙伴的合规风险。第三方合规管理成为了企业数据合规体系中一个不可或缺的组成部分：

1. 第三方合规风险的识别。企业首先需要对第三方合作中可能出现的合规风险进行识别和评估。这包括但不限于对方是否遵守数据保护法律、是否存在数据泄露的风险、以及是否有充分的数据安全保障措施等。Z公司案例中的重大合规挑战，就部分源于对第三方合规风险管理的忽视，因此，企业需要通过尽职调查和持续的风险评估，来确保第三方合作伙伴的合规性。

2. 第三方合规管理策略。基于对第三方合规风险的识别，企业需要制定相应的管理策略，包括：（1）尽职调查。在建立合作关系之前，进行全面的尽职调查，评估潜在合作伙伴的合规状况和数据保护能力。（2）合同条款。在合同中明确第三方的合规责任和义务，包括数据保护要求、违约责任以及定期审计的权利等。（3）持续监督和评估。合作过程中，定期对第三方的合规表现进行监督和评估，确保其持续遵守合约中的合规要求。

3. 第三方合规管理的实施。实施第三方合规管理时，企业可以采取以下措施：（1）建立专门的管理团队。设立专门的第三方合规管理团队，负责开展尽职调查、合同谈判和持续监督等任务。(2) 开展定期培训。为第三方合作伙伴提供合规培训，帮助他们理解和遵守相关的法律法规要求。(3) 利用技术手段。通过技术手段，如安全评估工具和合规监控系统，提高第三方合规管理的效率和效果。

Z公司的合规危机表明，忽视第三方合规风险可能导致重大的财务和声誉损失。事后，Z公司特别关注在供应商引入环节就嵌入数据保护合规要求，通过嵌入数据保护要求促进与供应商的合规共建，包括供应商协议签署、数据跨境转移审批等关键合规管控，对供应链上下游隐私保护合规生态建设发挥推力作用。此外，根据具体的合作业务场景，Z公司对合作伙伴数据保护合规能力进行评估，确保合作过程中进行的数据处理活动合法合规。Z公司与合作伙伴在数据处理协议中明确各自角色及其职责，各自在数据主体行权以及发生数据泄露时需履行的义务，在将数据共享、转移给合作伙伴的过程中，遵守数据保护合规要求以及协议中规定的义务。

(五) 合规培训与文化建设

在建立有效的数据合规管理体系中，合规培训与文化建设是不可忽视的关键环节。它们不仅增强员工的合规意识和能力，还能够在整个组织内营造一种重视数据保护和合规的文化氛围。Z公司建立了课程开发、培训实施、效果验证的一体化闭环机制，多维度促进员工合规意识和能力提升。课程开发端，通过全员课程、关键领域课程、基础宣贯、专题宣贯相搭配；培训实施端，采用通识+业务分层次培训模式，实现全域、全员覆盖；效果验证端，建立了以考促学机制，重要培训辅以考试评测，保证培训效果。

1. 合规培训的目的和方法

合规培训旨在确保所有员工，特别是那些直接处理数据的员工，充分理解公司的合规政策、操作手册以及相关法律法规的要求。此外，培训还应涵盖数据保护的最佳实践和在面临潜在合规风险时的应对策略。例如，企业可以将数据合规内容增加到员工入职培训中，并通过每半年或每一年组织一次常规数据合规培训，再辅之以专题培训来确保数据合规知识的宣贯到位。培训形式可采用线上和线下结合、内部培训和外部培训结合的方式，培训内容包括但不限于行业相关法律法规普及、信息安全知识、数据安全红线、用户隐私保护、信息安全技能、内部相关管理制度、内部相关流程、合规案例宣贯、数据安全事件复盘、真实案件演练等。此外，对企业各部门的管理人员、处理数据的一线人员更应强化相关法律法规的学习，加强其数据合规意识。为了提高员工的参与度和强化培训效果，企业还可以考虑将培训内容模块化，通过模拟场景和测试检验培训效果，并给完成培训和通过测试的员工颁发相关证书和徽章等。

2. 文化建设的重要性

合规文化的建设是确保合规管理体系有效运行的基石。一种积极的合规文化能够鼓励员工在日常工作中主动识别和报告合规风险，以及积极参与合规改进措施的实施：（1）领导层的示范作用。企业领导层应通过自己的行为向员工展示对合规的重视，如公开讨论合规问题、参与合规培训等。（2）奖励和激励机制。通过奖励那些展示出良好合规行为的员工或团队，激励全体员工积极参与合规文化的建设。（3）开放的沟通渠道。建立一个安全、无惧的沟通环境，鼓励员工报告潜在的合规问题，无论这些问题是内部的还是涉及第三方合作伙伴。

三、延伸阅读

在合规运行的前提下，充分利用数据跨境流动的国际规则，将极大降低企业的跨境运维成本。通过对全球50多个国家和地区的跨境规则进行研究，可以将全球数据跨境规则的主要逻辑结构区分如下：

1. 跨境模式：数据跨境模式通常分为不允许出境、满足条件出境、自由出境三类，其中"满足条件出境"为多数模式，也是监管应对的重点和前提。

2. 跨境核心要求：数据保护法令往往在跨境章节的首段列明数据跨境的核心要求，包括同意、同等/充分性保护和批准/评估。各法域的核心要求为其中的一项或者两项的组合。

3. 充分性保障措施：保障条件是针对同等保护作为核心条件的国家而言的，部分国家规定了具体的条件，如标准协议、集团内部规则等，部分国家未规定具体条件，企业可以采用最佳实践做法，以自证满足充分性保障要求。

4. 克减条件：在满足某些条件的情况下，可以不履行同等的保障条件，即对保障条件的克减。目前，我国未规定克减条件。

不同国家/地区的数据跨境合规管控强度不同，致使企业面临的执行难度、合规风险存在差异。部分国家，如埃及、俄罗斯，仅能传输到充分性认定的国家或需要监管机构的批准才能出境，又如赞比亚，必须就其标准协议获取监管机构注册，即必须通过监管机构参与才能达成合规条件，合规难度较高；另外一部分国家规定了多样化的出境合规保障条件，其中包括了不需要监管机构参与、企业可以自由裁量选用的方式，合规难度相对较低。企业需要立足自身管理实践，制定重点国家/地区的数据跨境合规策略。企业可根据国别数据跨境风险矩阵，基于自身业务场景、风险偏好等，对不同风险等级的国家/地区制定数据跨境合规管控策略和控制点，包括风险等级、跨境传输路径指引、相关示例/工具、相关责任方和审核方等，并结合各国家/地区的执法力度最终确定数据跨境合规管控策略和控制点，为全球跨境传输提供路径指引。

第十二章

出口管制合规

> 出口管制合规包括对货物、技术、软件和服务的出口、再出口以及某些境内转让采取禁止或限制措施。其具有以物项的敏感性为核心，考虑目的地、最终用户、最终用途等多维度因素进行管控的特征。通过本章的学习，学员应明确出口管制合规可能涉及的风险和后果，包括法律制裁、国际制裁、重大财务损失和声誉损失等；掌握制定和实施出口管制合规体系的关键要素，包括合规程序、内部审查和培训；了解出口管制与经济制裁之间的紧密联系，以及如何统筹考虑出口管制和经济制裁合规，建立一体化的管理体系。

理论综述

出口管制合规领域的发展受到外部环境的变化和内部经营状况的影响。外部环境的变化包括监管政策、法律法规的变化、国际关系的调整以及技术升级。内部经营状况的影响主要体现在管理层的承诺，这是构建出口管制合规体系的基础。管理层的承诺不仅是展示企业管理层的合规态度，更是建立企业合规意识的重要方式。

《出口管制法》的施行为出口管制工作提供了更加有力的法治保障，该法明确规定国家出口管制管理部门引导出口经营者建立健全内部合规制度。同时，政府采取了政策引导、企业主体责任和多方联动的原则，夯实了法律基础，完善了政策框架，开展了宣传培训，推动了出口管制合规建设。

同时，随着全球环境的不断变化，引发了对自由贸易和贸易保护的新一轮讨论和思考。这种环境下，我国企业、机构和个人在寻求动态平衡，对出口管制合规的要求更加迫切。通过持续优化合规法规和政策，提高企业的合规意识和能力，可以更有效地应对未来可能出现的各种挑战和变化。

案例一：X 公司出口管制案

一、案例情况介绍

2019 年，美国政府以保护美国国家安全与外交政策利益为由，将部分中国企业及关联实体列入实体清单。此后，美国企业向实体清单中的中国公司实体出口、再出口、在国内转让任何受美国《出口管制条例》（EAR）管制的物项，必须事先向美国商务部产业与安全局（BIS）申请出口许可。BIS 是美国商务部下属处理涉及有关国家安全及高科技事项的部门。根据 BIS 官网所述，BIS 的目的是通过确保有效的出口管制和条约合规体系，促进美国继续保持战略技术领先地位，推进美国的国家安全，外交政策和经济目标。[①]

X 公司在美国商务部对部分中国企业制裁禁令生效后，对禁令规则没有做出正确合规评估，持续与被制裁企业开展交易活动。

2022 年，X 公司收到了 BIS 的"拟议指控函"（proposed charging letter），被指控与被制裁企业进行交易的行为违反美国出口管制规则。2023 年，X 公司与 BIS 达成和解，支付 3 亿美元罚款，并停止与被制裁企业的交易。

二、合规义务来源

出口管制，是指为了国家安全、防扩散、外交政策等目的对货物、技术、软件和服务（统称"物项"）的出口、再出口以及某些境内转让采取禁止或限制措施。出口管制的核心着眼点是"物"，即物项的敏感性（如可用于大规模杀伤性武器），同时考虑目的地、最终用户、最终用途，从这四个维度对出口、再出口、境内转让等活动进行管控。与物项的出口、再出口、境内转让有关的各类主体，包括制造商、贸易公司、科研机构以及代理、货运、报关、电子商务平台、银行、保险等服务提供者都是出口管制的合规义务人。

出口管制与经济制裁之间存在紧密联系。出口管制的核心关注是"物"，但也会关注"人"，如某些国家、某些最终用户受到更严厉的管制；经济制裁的核心关注是"人"，但其中的贸易制裁是通过禁止或限制"物"的出口、进口来实现制裁目的。更重要的是，一些国家存在滥用出口管制的趋势，将出口管制作为实施制裁的手段，如以所谓人权问题将中国的

---

① 参见 X 公司官网。

某些实体加入"实体清单"。因此，多数企业会将出口管制合规和经济制裁合规统筹考虑，搭建统一的出口管制和制裁合规体系。

美国始于 2019 年的制裁，对部分中国企业产生了深远影响。美国的出口管制主要包括对军品的出口管制和对两用物项的出口管制，二者分属不同的法律体系并且由不同的主管部门负责。由于美国实施对华武器禁运，对于中国主体而言，美国两用物项的出口管制制度更值得重视。

1. 法律体系和主管部门

两用物项出口管制的法律依据主要包括《出口管制改革法》（ECRA）、《国际紧急状态经济权力法》（IEEPA）、《出口管理条例》（EAR）以及根据上述法律规定发布的命令、许可等，主管部门是美国商务部产业安全局（BIS）。

2. 受管辖的物项

美国出口管制法规所称的物项包括商品、技术和软件。从物项性质看，EAR 管辖除了由美国国务院等其他部门管辖出口活动的物项或者被 EAR 第 734.3 节排除的物项之外的物项。据此，EAR 管辖的物项包括：完全民用物项、"两用物项"，以及军用但不受《武器国际运输条例》管辖的物项。

从物项来源看，受 EAR 管辖的物项可分为以下类型：

（1）所有在美国境内的物项，包括经过美国转运的物项；

（2）所有美国原产物项（无论位于何地，已出口到外国的也不例外）；

（3）外国商品（如原产于中国或德国的商品，下同）集成了受管制的美国原产商品和/或"捆绑"了受管制的美国原产软件，外国软件"掺和"了受管制的美国原产软件，或者外国技术"掺和"了受管制的美国原产技术，且受管制美国成分（即假设该成分系从美国向前述外国商品/软件/技术的目的国出口，该出口须经美国商务部许可）的价值占比超过了"微量比例"（具体比例依照 EAR 第 734.4 节而定）；

（4）利用美国原产技术或软件直接生产而来的某些外国商品（具体范围依照 EAR 第 734.9 节而定）；

（5）由利用美国原产技术或软件建设的、美国境外的工厂或其主要设备生产的某些外国商品（具体范围依照第 734.9 节而定）。

第（4）项、第（5）项统称"外国直接产品规则"。

就受管制的程度而言，受 EAR 管辖的物项可分为两大类：一是被列入《商务管制清单》的物项，二是没有被列入该清单的物项（这些物项被统称为 EAR99）。

X 公司案中，BIS 认为 X 公司违反实体清单直接产品规则，在无许可证情况下向实体清单所列企业提供了受美国出口管制条例（EAR）管辖的硬盘。BIS 在对 X 公司的提议指控书中对外国直接产品规则的核心概念"主要设备（major component）"进行了详细阐述，对中国企业在判断利用美国特定技术生产的外国产品以及含有利用美国特定技术生产的部件的下游产品是否因外国直接产品规则受 EAR 管辖时，有重要的指导意义。

三、X 公司案中所体现的出口管制合规问题

X 公司案提出了以下核心问题：在适用外国直接产品规则判断最终产品受 EAR 管辖情况时，是否需将生产产品零部件时使用的设备也考虑在内？如何理解产线中的"主要设备"这一概念？

X 公司案的主要争议点在于受 EAR 管辖产品的认定。

由于涉案硬盘驱动产品（HDD）的制造过程复杂，例如，磁头作为读写数据的关键部件之一，需要通过一系列的加工和测试来确保其性能和质量；盘片也需要进行抛光处理，以确保其表面的光滑度，所以 HDD 的生产过程中需要用到许多设备，这也加大了研判该类产品是否符合出口管制规则的难度。

对于规则的解读，X 公司认为，规则只评估其制造过程的最终阶段，即 HDD 的组装阶段，而非全过程，即其认为"主要设备"不应考虑生产 HDD 零部件的设备。在判断 HDD 产品是否受 EAR 管辖时，仅需判断 HDD 产品的组装环节是否使用了符合规则的设备。

BIS 则认为，"主要设备"应考虑生产产品零部件时使用的设备。根据 EAR 相关规则，受管制的设备如果涉及任何生产阶段，都被认为是至关重要的（essential），X 公司的最终产品的组装虽然并未使用受管制技术，但产品的零部件（如盘片、磁头等）的生产使用了受管制的技术和设备，并认定生产零部件的设备对 HDD 生产来说都是至关重要，故此最终产品应当受 EAR 管制。

四、企业合规管理启示

（一）判定是否符合出口管制规则时，应评估整个生产过程

美国的出口管制规则极为复杂严格。BIS 在本案中的观点延续了其对"主要设备"严格的解释，强调任何生产阶段涉及的任何设备均被视为至关重要的设备。虽然 EAR 的规定有其模糊之处，但是 X 公司在本案中对 EAR 所规定的生产阶段的理解显然较为片面和孤立，其认为"主要设备"只需考虑 HDD 制造的最终阶段即 HDD 的组装阶段的设备，而没有动态地将整个 HDD 的制造过程视为生产阶段。HDD 的生产并非只有简单的组装阶段，进入该阶

段之前需要进行大量的生产工序，包括晶圆和磁头的加工、磁头和制动臂的组装等，这些零部件的生产过程显然属于生产阶段。在此前提下，考虑"主要设备"时，应当考虑所有生产过程中所涉及的设备。本案彻底明确了生产零部件的设备应纳入"主要设备"的考量中。今后企业研判产品是否符合出口管制规则时，应当注意评估产品生产的全过程所涉及的设备是否属于"主要设备"，包括生产产品零部件时所使用的设备。

（二）审慎解读美国出口管制规则，切勿心存侥幸

虽然美国的出口管制规则有其不明确之处，但 X 公司对相关规则的冒失、激进的理解是其遭受处罚的主要原因。

相关企业在理解与适用美国出口管制规则时，应当保持小心审慎的态度，应当全面梳理相关规定，并考虑立法者的立法意图，切勿激进地解释规则。在难以确定公司产品是否受到 EAR 管制时，应当寻求专业人士的意见。

同时，美国的出口管制规则存在不确定性和动态性，因其往往基于国家安全与外交政策利益调整和修改规则，因此增加了出口管制合规的难度，因此相关企业应时刻保持对法规的关注和了解，及时根据规则的适用范围筛查企业的产品是否受到管制、调整企业的业务，并开展相应的合规工作。

（三）重视出口管制合规，警惕他人举报

2023 年 4 月，美国商务部负责出口执法的助理部长发布了一份备忘录，题为《澄清我们关于主动自我披露及披露他人的政策》（以下简称《政策备忘录》），指出一个强有力的出口合规体系的重要组成部分是向出口执法办公室（Office of Export Enforcement，OEE）进行两种不同类型的披露程序：

（1）主动自我披露自身可能违反 EAR 的行为；

（2）举报他人可能违反 EAR 的行为。

《政策备忘录》指出，主动自我披露能够大幅降低披露主体的罚金。同时，《政策备忘录》鼓励相关实体披露可能存在的违反 EAR 的"重大"违规行为，并指出如果相关实体发现可能存在违反 EAR 的重大违规行为却没有立即主动披露，则 OEE 会将这种隐瞒行为作为加重处罚因素。另外，《政策备忘录》还鼓励各方举报他人违反 EAR 的行为，如果 OEE 因举报人提供的线索而采取了执法行动，那么未来 OEE 对举报人采取执法行动时，将会将该举报行为视为对举报人的减轻因素。而且当举报的行为不仅包括潜在的出口管制违规行为，还包括潜在的制裁违规行为时，举报人还有可能获得金钱的奖励。

鉴于此，我国企业应当重视出口管制合规，避免自身违规行为，同时应定期开展内部或外部调查，若发现出口管制违规情况，在充分评估风险的前提下，可以考虑及时向监管机构主动披露并采取缓解措施，以降低可能遭受的处罚。同时，由于《政策备忘录》鼓励他人举报出口管制违规行为，我国企业应当将出口管制合规纳入日常业务管理工作中，注意合规动作留痕，避免参与出口管制违规交易，同时警惕如竞争对手、交易相对方、内部员工等利益相关方的举报。

从 X 公司案可看出，虽然美国出口管制法律经常因规则的模糊性存在一定的适用争议和对规则的不同解读，但由于美国出口管制项下的行政责任为严格责任，企业不得以不理解相关规定为由逃避合规及违法责任，特别是在有证据表明企业明确知晓其对规则的理解可能存在错误时。因此，企业在解读相关法律条文时，应重视行业中其他参与者（包括竞争对手、供应商）的合规要求，并结合规则的逻辑及目的整体考虑，存疑时应从严解读或寻求官方指导意见。

案例二：Y 公司出口合规管理实践

一、案例情况介绍

Y 公司是全球领先的综合通信解决方案提供商。因违反美国出口管制法遭受制裁。美国的禁令对公司全体员工、遍布全球的运营商客户、终端消费者和股东的利益造成直接损害。

制裁事件发生之后，Y 公司搭建了完善的出口合规管理体系，并重新开始盈利。自此，恪守商业道德、遵守业务开展所在国的法律法规成为 Y 公司在全球合规经营的基本原则。

二、合规风险识别

（一）法律分析

因联合国安理会就伊核问题对伊朗实施制裁，美国《出口管理条例》规定，不允许向朝鲜、伊朗等出口重型武器、精密仪器、半导体等，违反该规定的国家，将受到美国的贸易制裁。

（二）合规风险识别

1. 管理层对合规重要性认识不够

早在 2012 年美国商务部即已就 Y 公司对伊业务展开调查，2013 年在美国商务部持续调查的情况下，Y 公司仍然与伊朗保持交易。由此可见，出口行为合规性问题并未得到当时公司管理层的足够重视。

2. 合规管理体系存在重大缺陷

Y 公司的合规管理部门没有向董事会直线报告的渠道，而 CEO 或者销售部门拥有的决策权力可以轻易突破合规管控。而且 Y 公司整改后的一项重要的内容就是设立由总裁直接领导的合规管理委员会。

（三）合规风险管理应对能力不足

2012 年美国开始立案调查时，Y 公司并未完全配合，而是采取抵抗方式。一系列操作导致公司面对的出口管制合规风险进一步升级，最终完全失控。从事件发展进程来看，当时 Y 公司并未建立有效的合规风险管理和应对机制。Y 公司事件极大地促进我国企业合规管理体系建设，企业合规管理迎来爆发期。

三、合规管理要点解读

Y 公司之后重建合规管理体系，将诚信为本，按照道德标准开展业务奉为公司在全球范围内从事经营活动的基本原则。该公司所发布的《商业行为准则》，确立了诚信和遵守道德标准的基本准则，对公司、员工、客户、商业合作伙伴和投资者提出了遵守法律法规的要求，将"以合乎道德的方式代表公司从事业务"确立为每一位员工的义务。

根据《商业行为准则》，Y 公司致力于形成高效而有组织的合规运作，将合规制度嵌入公司全部业务流程，创立合规与业务的融合，从而实现业界一流合规管理体系，使合规成为该公司的竞争优势。Y 公司成立了由总裁直接领导的合规管理委员会，在其领导下，各业务单位、合规专业部门与合规稽查部各司其职，协调配合，构成 Y 公司合规风险管理的三道防线。其中，合规专业部门分为出口管制合规部、反商业贿赂合规部、数据保护合规部以及合规组织管理部四个部分，主要从事出口管制、反商业贿赂、数据保护等专项合规管理工作。

（一）穿透式合规管理制度

在合规组织管理上，Y 公司建立了合规管理委员会领导下的"穿透式合规管理制度"。简要说来，在各合规专业部门设立法律法规专家中心（COE），针对重要风险领域设立专业化合规团队；设立专职 BU 合规团队，以此作为 COE 部门与业务部门的桥梁；在各业务部门设立合规联系人（POC），实现子公司穿透式合规管理，将合规政策传达到业务第一线。

Y 公司在重建合规体系方面做出了一系列努力。首先，在合规文化建设方面。Y 公司董事长和总裁发表全员声明，表达合规建设的决心；公司高管作为各自领域第一合规责任人签署合规责任状，作出合规承诺，传达公司建立合规体系的决心和信心；Y 公司持续开展全员合规培训，倡导全员监督、内部举报文化以及多方位的外部合作。其次，在合规资源投入方面。公司加大合规管理资金投入，支持监察团队需求，加强与外部律所咨询机构的合作，优化了全球贸易系统（GTS）、商业伙伴扫描系统（BPS）、法律及合规管理系统（LCM）等 IT 工具。加大合规风险评估，推进公司合规治理。再次，在流程制度建设方面。公司加强了合规管理委员会的作用，将公司合规管理制度的制定、合规事项审议和决策权纳入合规管理委员会；将合规检查点嵌入具体业务流程之中；通过 IT 系统的设置，将合规检查点进行上线 IT 处理，减少或消除线下人工检查。最后，在专业能力提升方面。公司与顶级律所和会计师事务所进行合作，协同处理合规领域的专业问题。

（二）合规组织

Y 公司重新建立了出口管制合规组织体系。Y 公司设立了合规管理委员会，使其成为公司内部负责制定和执行出口管制政策与流程的最高机构。公司任何与受控产品或技术有关的交易、出口及其他业务都要经过合规管理委员会审核，该委员会对是否执行具体业务活动拥有"一票否决权"。在该委员会之下，公司设立首席出口管制合规官（CECO），全面负责出口管制合规政策和流程的执行与实施。在首席出口管制合规官之下，设立法律与合规管理部，作为合规管理委员会的秘书单位，对研发、销售、物流、工程、服务等各个业务环节进行合规管控，并获得外部律师和顾问团队的支持与指导。公司大幅度增加了合规预算，并投入更多的合规资源。

（三）合规方针

Y 公司确立了出口管制合规计划的基本理念，推动一种合规文化的确立。Y 公司强调，出口合规体系的建立对于 Y 公司至关重要，出口合规是"每个人的责任"；合规不仅"可以创造价值，还可以保护价值"。为推动合规文化的普及与合规意识的增强，确保合规政策和合规理念在全公司内部的有效沟通，Y 公司向所有业务合作伙伴发出公开的"出口合规函"，强调公司的出口合规政策和流程。公司还向全体董事、管理人员、员工和合同工发出多份"关于出口管制合规的管理层承诺声明"，传达合规创造价值的理念，告知公司出口合规计划的更新和进展。公司还发出若干份"就禁止向限制地区转移受管控之物品致董事、管理人员、员工、合同工、供应商以及业务合作伙伴的公开信及通知"，重申遵守各国出口管制法规是 Y 公司及其国际运营业务的基本要求。不仅如此，Y 公司的首席出口管制合规官还向业务合作伙伴发出"季度通讯稿"，通报公司合规计划的进展情况。

(四) 合规流程

Y公司重建出口管制合规计划的重要步骤，是发布出口管制合规政策。该项政策初次发布于2018年，是一项记录Y公司出口合规管理体系的综合性规范文件。之后，该公司又对出口管制合规政策作出了改进，发布新的版本。根据这一政策，Y公司承诺"遵守其开展业务所处国家的可适用的法律法规，包括经济制裁和出口管制法律法规的各项限制"，承诺"基于出口合规风险评估采取措施，以确保代表Y公司的任何人（包括代理商、经销商和分销商）进行的交易符合可适用的出口管制及制裁法律法规"。鉴于违反上述法律和法规可能导致严重的刑事和民事制裁，尤其是包括罚款、监禁、不得获取出口许可、被剥夺出口特权以及其他可能影响Y公司整体全球业务的制裁，Y公司对于违反本政策的员工将予以纪律处分或者予以解雇。

大体说来，Y公司的出口合规政策可分为五个部分，具体内容简述如下：

一是所有员工都要遵守合规承诺、遵守法律法规和接受合规培训，并承担其他方面的义务。具体包括完成关于遵守出口管制合规政策的证明的签署；遵守可适用的出口管制和经济制裁法律法规，以及Y公司为确保合规颁布的相关政策和流程；向出口管制合规部人员以及公司内部和外部合规监督人员提供准确、完整和及时的信息；充分了解出口管制及经济制裁法律法规对其工作的适用情况，并充分参与所有合规培训，报告任何潜在的合规问题或违规行为，确保记录、数据和信息准确完整，并对上述信息做好文档保存，等等。

二是公司不得与受限地区和受限方开展任何业务。具体包括：在出口、再出口、采购以及以其他方式转移货物、软件或技术，或者提供相关服务之前，Y公司需确认其正确出口分类编码，确认上述转移不需要获得其他政府的事先授权或者许可，若上述转移需依赖于事先的出口授权，则Y公司在未获得授权之前，不得实施任何出口、再出口、提供服务或以其他方式进行转移行为；不得与那些位于、注册于或经营于那些受美国制裁的国家和地区的任何当事方（包括来自受限地区的公司）开展任何业务；不得与任何受其他政府制裁的受限方开展业务。

三是Y公司需要开展适当的尽职调查，并遵守为降低风险所建立的合规流程。这一流程主要包括：在Y公司系统中录入商业合作伙伴的完整信息；对Y公司产品进行正确分类；了解所有参与商业交易的相对方；根据受制裁清单扫描第三方；基于出口合规风险要求，获取第三方在受限地区存在的业务或相关陈述；对在高风险地区开展的交易进行特别检查；必要时获得最终用户或最终用途声明；发现显示出口的最终用户、最终用途涉嫌违法或者某项交易可能涉及受限地区或受制裁方的危险信号。

四是所有员工不得在未获得出口关注合规部事先批准的情况下，就所有相关和解协议以及与出口管制合规相关事项在任何通讯平台上进行公开评论。

五是所有员工都对任何潜在的出口合规问题或违规行为负有报告责任。员工报告可以直接向合规部门提出，或者匿名提出，禁止对任何员工的举报行为采取报复措施。对于明知存在违规行为而不履行报告义务的员工，公司可以采取纪律处分或者予以解雇。

在发布上述出口管制合规政策的同时，Y公司还通过多种途径，确立了相应的出口管制合规风险的防范和监控机制，这些机制主要有合规风险评估、尽职调查、合规培训、全流程监控等制度。

5. 合规培训

其一，Y公司推行全新的合规培训制度，推行全员培训、业务培训与重点岗位人员培训相结合的培训方式。

其二，推进"子公司合规提升计划"（SCEP）。加强对Y公司所属子公司的出口管理合规管理体系建设，对子公司的管理人员进行有针对性的合规培训。

6. 合规风险管理

通过一系列科技手段的运用，加强对合规风险的防范和识别。

一方面，Y公司积极推行自动扫描程序，通过使用受限方清单扫描工具，在多个运营、财务和通信平台上定期对业务合作伙伴进行自动扫描，从而更为及时有效地发现受限地区的公司以及受限方实体或者个人。另一方面，Y公司通过与业务合作伙伴建立有效的沟通机制，收集出口管制分类编码（ECCN）及相关分类信息，以确保公司的供应链和分销渠道符合出口要求。此外，Y公司的出口管制合规手册要求各单位按照Y公司商业行为准则、出口管制合规计划、进出口管理措施和材料库存操作准则进行商业活动，同时将出口管制法律法规与合规手册的要求嵌入公司各项业务流程之中，通过引进IT系统对合作伙伴进行扫描，对业务活动所涉产品进行合规审查，实现对核心业务环节信息化、自动化的合规管控。

其次，Y公司还公布了合规举报途径。提醒举报人对于任何违法违规行为，既可以直接向出口管制合规领导团队进行举报，也可以利用Y公司的其他通讯方式（包括匿名举报方式）进行举报。Y公司在其官方网站上也公布了举报热线、国内和海外举报网站、举报通讯地址等信息。

Y公司重建出口管制合规计划的努力和成效，提供了一个出口管制合规计划的有效样本。

第十三章

知识产权合规

> 知识产权对企业提升市场竞争力、支撑企业可持续发展以及提高企业核心竞争力至关重要。建立和实施有效的知识产权合规管理体系不仅是监管要求,也是促进企业业务增长和保证可持续发展的关键举措。本章以知识产权合规良好实践的典型案例为研究对象,分析知识产权合规的实现路径。通过本章的学习,学员要熟悉违反知识产权相关法律法规所带来的法律后果,掌握知识产权领域常见的合规风险识别,如发明合规风险、商标合规风险等,掌握实现知识产权合规合法的相关技能。

理论综述

知识产权合规,是指通过公司合规治理,避免企业及其员工因知识产权不合规行为,引发法律风险,造成刑事追责、行政处罚、经济或声誉损失以及其他负面影响。涉知识产权的法律风险包括但不限于:专利权法律风险、商标权法律风险、著作权法律风险、商业秘密法律风险。

构建知识产权合规管理体系是企业实现知识产权合规的关键。知识产权合规管理体系应包含合规组织架构、合规管理制度、合规文化制度、合规保障制度、合规机制运行机制等内容。

案例一：B 公司知识产权合规管理实践

一、企业基本情况介绍

B 公司是汽车领域的高新技术企业，经过 20 多年的发展，掌握电池、电机、电控等新能源汽车全产业链核心技术，从自主创新到全面开放创新，持续引领全球新能源汽车技术变革。

在轨道交通领域，为解决城市交通拥堵问题，B 公司发挥集成创新优势，将电动汽车产业链延伸到轨道交通领域，成功研发出拥有完全自主知识产权的城市轨道交通产品，掌握全产业链核心技术，为全球城市治理交通拥堵贡献力量。在电池领域，B 公司具备 100% 自主研发、设计和生产能力，凭借 20 多年的不断创新，产品已经覆盖消费类 3C 电池、动力电池以及储能电池等领域，并形成了完整（原材料、研发、设计、制造、应用以及回收）的电池产业链，在电池技术、品质、智能制造、生产效率等方面成为业界标杆。B 公司是全球领先的储能解决方案供应商，已经为全球合作伙伴提供了近百个电网级、工商业级和居民级储能解决方案，储能产品除了中国市场，还远销至 20 多个国家，遍布全球六大洲。

业务的持续开拓促使 B 公司不断完善知识产权合规管理。经过多年的探索与实践，B 公司逐步建立起以安全自由经营为前提的知识产权合规管理体系。

二、B 公司的知识产权合规管理体系

（一）合规方针

面对经营风险日益严峻复杂的竞争环境，企业需要加强合规工作防控风险。在国家强调依法治国的大环境下，政府、社会组织对合规的要求越来越高，对企业合规监管越来越严，B 公司作为中国制造业的代表，更加注重合规。B 公司认为"合规是企业长远发展的基石，是企业的生命线"。企业如果不合规经营，就会面临很大的风险，包括法律的制裁、经济的损失、商誉的损失等，这些都将影响到企业的生存。B 公司强调要坚持敬畏法律法规、敬畏制度规范，牢记初心使命，廉洁从业、诚实守信，有担当、有作为，助力公司规范运作、合规经营、健康发展。

（二）合规组织

合规组织是企业内部负责履行合规职能、执行合规工作的人员和部门组织。合规管理制

度落实需要依赖合规人员实践。合规官是负责落实合规相关政策和工作的主要责任人。合规部门是合规组织体系的中心，受合规委员会和首席合规官领导。企业通过对知识产权管理的组织机构、人员分配、职责划分、工作流程等作出系统化、规范化的制度规定，保证制度的完整性、可操作性和严密性，将知识产权管理真正落实到位。

B公司建立一套规范、有效的合规管理体系有效地防控风险。B公司成立了合规委员会，下设秘书处，成立人力资源组、计划与运营组、行政后勤组、投资融资组、财务组、知识产权及法务组、采购组、审计监察组、研发组、品质与安环组、品牌组、信息组、营销组。委员会主任由公司总裁担任，委员会秘书处设在审计监察处，秘书长由审计监察处总经理担任，委员会委员由公司副总裁、各事业群CEO、各事业部总经理担任，各工作组组长则由对应组织中最高负责人担任或由委员会主任指定。秘书处负责组织建立合规管理体系，各工作组则负责建立本专业领域内的合规管理体系。这样一套完整的体系下来，B公司在合规管理上将做到职责清晰、责任明确，做到谁负责哪一块业务，谁就要负责哪一块的合规，出现不合规的情况时，相应的人员就要出来承担责任。[①]

（三）知识产权合规管理制度与流程

要加强合规工作防控风险知识产权合规管理的具体落实，需要在业务节点嵌入可执行操作的流程或管理模式，在业务广度及业务深度上构成横纵交错的全方位、全业务链的知识产权合规管理体系。B公司建立起特有的工作管理模式，包括预警机制、风险管控机制、逐层递进的自我保护机制和体系化专利布局机制。

构建提前识别风险的预警机制。B公司构建了与公司产业紧密相关的情报系统。该系统由四大数据平台组成，既可为企业研发提供强有力技术支撑，又能及时收集分析重点技术、重点企业的数据，发布相关专利预警信息。B公司设有二级预警发布机制，一旦发现可能的风险，会率先通过情报系统发布一级预警信息，之后情报系统与办公系统对接，通过办公系统向特定相关人员发布二级预警信息，从而使相关人员及时收到预警信息，并针对预警信息进行详细分析以及研判，提前预告风险。

建立贯穿全业务链的知识产权风险管理机制。B公司的业务链包括前期的技术研发/产品开发、中期资源采购和产品生产以及后期销售。根据各个节点的业务类型，B公司采取不同的知识产权风险管理策略：在前期研发阶段，设置专利分析以及规避设计的风险管控模式；在中期采购阶段，采用供应商知识产权担保的风险管控模式，避免因供应商带来知识产权侵权风险；在后期销售阶段，通过知识产权诉讼进行维权或通过许可方式获得授权许可。

---

① 参见谢琼：《合规，企业长远发展的基石》，载"廉洁B公司"微信公众号，2021年1月13日。

涉及技术许可合同时，通过对许可范围等内容的具体审查，避免落入专利许可条款的法律陷阱，进而规避相应的知识产权风险。

实现逐层递进的自我保护机制。为了实现知识产权的数量、质量和价值，B公司在业务流程中设置申请组织、质量审核及抽检组织、价值挖掘组织，并针对每个业务组织对应设置具体的工作程序及工作标准。数量积累机制使B公司形成了一定的知识产权防御屏障；高质量机制使B公司产出高质量专利，自主创新成果得到高质量知识产权保护；价值机制使B公司能持续发掘价值专利，进而保证业务的自由安全经营。数量、质量、价值层层递进，数量中有重点、重点中有核心的知识产权分布模式，使B公司形成逐层递进的全面自我保护机制。

创建体系化专利布局机制。基于公司战略发展，对前沿科技、战略技术、重要产品实现全方位、体系化、层次化的全面保护和管理，打造高质量和高价值专利组合，B公司探索创建了体系化专利布局工作模式，改变以往专利布局在实际操作过程中的局限性、繁复性、片面性。通过专利布局培训、专利布局前的情报分析为专利布局的深入性和全面性奠定基础；通过专利布局中项目核心团队构建以及审核机制，确保专利技术的创新性和价值性；通过专利布局模型的设计，保证专利布局的方向性；通过专利架构的构建，保证专利布局结果的层次性、完整性和合理性，以及管理的针对性；通过专利布局评审，激励技术创新。

（四）合规风险管理

企业合规管理是管理企业生产经营活动、产品和服务的保持合规的过程，因此，企业应系统性地识别其生产经营活动、产品和服务所对应的合规义务，对是否遵守这些合规义务的不确定性和后果、机会，即合规风险，开展有效管理。

B公司设立风险管理委员会，建立规范有效的风险管理体系，制定《公司风险管理》，提高风险防范能力和经营管理水平；持续开展全面风险管理工作，根据职责分工做到风险闭环管理。通过风险预警/异常事件/管理建议流程，连接公司各业务单位，广泛持续地收集公司各业务单位风险和风险管理相关的内外部初始信息，建立业务风险清单，识别各关键环节中可能存在的风险点，自查各风险点是否建立有效控制措施；建立岗位红线清单，根据岗位职责、权限，建立"负面清单"，明确"不能做什么"；建立风险管理责任追踪机制，责任到人，落实到位。通过培训、宣导将风险管理文化融入到企业文化建设中，将风险管理意识转化为全体员工的共同认识和自觉行动，树立正确的风险管理理念，增强全体员工风险管理意识，促进公司建立系统、规范、高效的风险管理机制。

（五）合规审计

B公司董事会下设审核委员会，主要负责公司内部和外部审计的沟通、监督和核查工作。审核委员会下设审计部、调查部,作为公司内部审计、监察机构,配备专职人员从事内部审计、监察工作。审计部在审核委员会指导下,依据《公司内部控制制度》、《公司内部控制评价管理规定》以及各项内部审计工作规定,独立开展审计工作、行使审计职权,不受其他部门及个人的干涉,对公司财务信息的真实性和完整性、内部控制制度的实施情况进行检查监督。对在审计中或检查中发现的内部控制缺陷,依据问题严重程度向监事会、审核委员会或管理层报告,督促相关部门采取积极措施予以整改,并持续跟进整改情况,做到闭环管理。审计监督提高了公司运营效率,确保公司制度体系建设不缺失、不滞后、不虚设,持续推动制度优势向治理效能转化,保障公司经营活动健康、持续发展。

B公司制定、修改了《公司管理人员经济行为准则》《公司举报人保护和奖励规定》《行为准则》等制度;建立健全举报监督机制,运用多样化的审查方式,加强监督力度;通过建立廉洁网站、开展廉洁培训、廉洁宣传月等方式,多渠道宣传廉洁文化、相关制度及案例,营造反腐倡廉、廉洁自律的氛围。

(六)合规管理信息系统

B公司以法律法规为基准,业务为导向,实施信息化项目建设,优化信息化相关制度和管理流程,制定、修订了《公司信息资源管理》《云平台及SAP系统权限管理办法》等制度,规范信息系统获取、开发和维护工作,完善信息资产管理。B公司制定了《公司信息披露事务管理规定》,对信息披露工作的管理部门、责任人及责任划分,信息披露的原则、内容及重大事件判断标准,审核披露程序、信息保密制度、责任追究等方面作了详细规定。公司致力于信息安全管理体系建设,制定了一系列信息安全方针、策略和制度,以保护公司信息资产安全。公司利用多种渠道和机制,与投资者、媒体、监管机构保持顺畅的沟通和联络,定期及不定期披露相关报告,接受各监管机构的问询、检查。公司内部通过OA办公平台、微信公众号、企业微信、企业邮箱、电话、视频等媒介平台,建立了上下沟通、反馈的信息渠道,进行信息的沟通与传递;在日常管理中,建立了例会、汇报等信息沟通渠道,便于公司各级员工及时高效地了解公司各种经营管理信息;同时通过举报电话、举报邮箱等渠道对公司各种不合理、不合规的行为进行监督;通过持续运用信息化手段,不断提高管理决策和运营效率。

(七)合规文化

企业合规文化建设是企业文化建设的重要组成部分,也是企业合规管理的重要内容。企业知识产权合规文化建设,是指企业应将知识产权合规文化作为企业文化建设的重要内容。合规文化作为抽象的企业合规管理要素,经常被视为企业合规管理的内在价值目标,即培育和宣传合规文化，提升企业软实力。合规不是某个人、某个部门要做的事，而是全员要做的事，B 公司在公司内部努力培育"人人合规，事事合规"的合规文化。每个企业都会有自己的个性、品格。"百年老店"为什么会受到大家的信赖？大家其实是认同这个企业的品格。合规也是企业的一种良好品格，体现出企业的诚信，这在商业社会显得弥足珍贵。推广合规文化的过程不是一场运动，而是一个潜移默化的意识培养过程。B 公司积极培育合规文化，使之成为员工的一种习惯，成为公司的品格和精神。①

三、延伸阅读

20 世纪 80 年代到 90 年代，我国开始初步构建起知识产权的法律框架，《专利法》《商标法》《著作权法》等知识产权专门法均在这一时期发布。进入 21 世纪初，我国加入 WTO，同意遵守 TRIPS 协议，知识产权国际合规逐步受到重视。与此同时，我国也逐步加强了各相关部门法的知识产权法治保障，《民法典》《中小企业促进法》《促进科技成果转化法》等法律法规对企业在技术开发与科技成果转化过程中涉及的知识产权问题进行了规定。《对外贸易法》《电子商务法》则对企业从事商业经营活动时的知识产权要求作出了明确规定。上述法律法规为企业知识产权合规奠定了制度基础。

除法律法规外，国务院有关部门、地方政府、监管部门等有关机构也发布了多项规范，为企业知识产权合规提供明确的行政指引。我国的知识产权合规意识的建立大体经历了探索试点（2018 年之前）、全面开展（2018 年至 2021 年）、深入推动（2022 年至今）三个阶段。2016 年，科学技术部、财政部、国家税务总局联合发布《高新技术企业认定管理办法》《高新技术企业认定管理工作指引》，明确提出对拟申报高新技术企业的知识产权数量和质量、知识产权获取方式、知识产权运用能力以及知识产权管理体系等方面的要求。这一时期，国内企业知识产权合规尚处于探索试点阶段，知识产权合规覆盖率相对较低。2018 年，国务院国有资产监督管理委员会发布《中央企业合规管理指引（试行）》（以下简称《管理指引》），将"知识产权"列为企业开展合规建设的七大重点领域之一，知识产权合规越来越受到企业关注。此后，各级政府机构也多方发布各项文件，为企业合规管理体系建设提供指引，企业知识产权合规进入全面发展时期。2022 年，国务院国资委发布《中央企业合规管理办法》，与 2018 年的《管理指引》相比，国际条约、规则成为合规管理新的义务来源。此外，证券交易所也逐渐加大对科创板拟上市企业的知识产权审核，作为"硬科技"指针的知识产权指标已成为影响企业科创板上市的关键性因素，知识产权合规成为企业上市的关键方面。自此，企业知识产权合规已深入推动和全面铺开。

---

① 参见谢琼：《合规，企业长远发展的基石》，载"廉洁 B 公司"微信公众号，2021 年 1 月 13 日。

案例二：P公司商标侵权案

一、案例基本情况

P公司是一家互联网医疗健康服务平台，自2014起P公司先后注册了多个医疗健康方面的商标，并开发了相关App。该公司自称截至2020年6月末，平台注册用户数达3.46亿，期末月活跃用户数超6700万。

H公司成立于1998年，产品集中在中医药领域，业务涵盖医药、医疗服务、医药研发等八个版块。1998年，H公司开始申请第一件H公司商标，次年商标获得注册。2002年至2003年，H公司商标分别在保健品、医疗用品、饮料、化妆品类别获准注册。从2005年开始，H公司开始布局海外市场，并准备商标国际注册。2010年，H公司商标被国家商标局认定为驰名商标。截至2011年，H公司商标已在商标1-43类、45类共44个类别获准注册，国际上已获得至少30个国家和地区的商标保护。

2018年4月，H公司发布声明，主张P公司未经授权而擅自使用H公司商标驰名商标，并以其名进行大量宣传和在其App上使用，对H公司商标专用权造成了严重损害。法院依法判决：P公司立即停止标志性使用包含H公司商标字样等侵害注册商标专用权的行为。在起诉的同时，2018年5月，H公司向国家知识产权局提出申请，要求认定P公司商标及图案无效但未得支持。2018年5月，P公司在香港正式挂牌上市。2019年3月，法院作出判决：判令P公司停止标志使用包含H公司商标、字样的侵权行为，赔偿H公司经济损失及合理开支共计300万元。2019年12月，二审法院维持了该判决。而后，国家知识产权局与P公司一起诉至北京市高级人民法院。2020年6月，北京市高级人民法院依法终审判决：认定H公司商标为中国驰名商标，予以驰名商标保护，依法撤销P公司在医疗大健康产业抢注的商标。

在被判决七件商标无效、登报致歉后，P公司并未放弃商标争夺战。据H公司介绍，2020年2月，因P公司拒不履行生效判决，继续对H公司进行侵权，H公司向法院申请强制执行，P公司以种种方式拒绝履行生效判决，并且P公司将案件向最高人民法院申请再审。2021年，P公司将App由更名。此后，P公司股票狂跌不休，市值蒸发近千亿港元。2023年，最高人民法院作出民事裁定：本案由最高人民法院提审。争夺战仍在继续。

二、合规义务来源

根据风险产生的领域，可以将知识产权合规风险分为著作权合规风险、商标权合规风险、专利权合规风险、商业秘密合规风险、植物新品种权合规风险等。本案涉及的商标权保护的主要法律及政策性文件包括《刑法》《商标法》《商标法实施条例》《商标评审规则》《最高人民法院关于审理涉及驰名商标保护的民事纠纷案件应用法律若干问题的解释》等。

企业申请注册商标，不得违反《商标法》第4条、第10-13条、第15-16条、第30-32条的规定，否则，即使已经注册，也会引发被宣告无的后果，被宣告无效的注册商标专用权视为自始即不存在。

《商标法》第49条等规定了注册商标所有人承担注册商标的合理使用义务，应当按照法律规定的要求使用注册商标，注册商标所有人违反其合理使用注册商标的义务且情节严重的，会引发注册商标被撤销的后果。被撤销的注册商标，由商标局予以公告，该注册商标专用权自公告之日起终止。第57条等规定了未经商标注册人的许可，在同一种商品上使用与其注册商标相同的商标的，未经商标注册人的许可，在同一种商品上使用与其注册商标近似的商标，或者在类似商品上使用与其注册商标相同或者近似的商标，容易导致混淆的；销售侵犯注册商标专用权的商品的；伪造、擅自制造他人注册商标标识或者销售伪造、擅自制造的注册商标标识的；未经商标注人同意，更换其注册商标并将该更换商标的商品又投入市场的；故意为侵犯他人商标专用权行为提供便利条件，帮助他人实施侵犯商标专用权行为的；或者给他人的注册商标专用权造成其他损害的，都属于侵犯注册商标专用权的行为，将会引发相应的民事法律责任。

在对"驰名商标保护"制度适用时，应当结合在案证据，对我国境内为相关公众所熟知的商标给予相应的保护。同时，对驰名商标的保护应当考虑其自身知名度与显著性的高低，对知名度高、显著性强的驰名商标，应当给予其更宽的保护。

《最高人民法院关于审理涉及驰名商标保护的民事纠纷案件应用法律若干问题的解释》第9条第2款规定，"足以使相关公众认为被诉商标与驰名商标具有相当程度的联系，而减弱驰名商标的显著性、贬损驰名商标的市场声誉、或者不正当利用驰名商标的市场声誉的，属于商标法第十三条第二款规定的'误导公众，致使该驰名商标注册人的利益可能受到损害'"。虽然上述司法解释系针对驰名商标保护的民事纠纷中相关情形予以的规定，但是在商标授权确权行政案件中关于2001年修正的《商标法》第13条第2款规定和2013年《商标法》第13条第3款规定的认定可以依据上述司法解释予以执行，避免驰名商标司法保护标准在民事与行政案件中不一致情形的出现，有利于法律适用标准的稳定性与可预期性。

三、合规风险识别

P公司商标案中，P公司涉及违反《商标法》《商标法实施条例》等法律法规和司法解释引发民事法律责任的风险，具体为侵犯商标权引发的民事法律责任风险。

P公司的行为涉嫌构成擅自使用H公司企业名称、特有商品名称的不正当竞争行为，被H公司提出了9000万元的赔偿请求等诉求。

对于在服务类别上使用两个图文组合商标的情形，四川省成都市中级人民法院特别在一审判决中指出，该行为是否构成侵权，H公司应就被控标识与涉案商标之间的争议向相关行政主管机关申请解决。而国家知识产权局裁定诉争商标予以无效宣告。同时，国家知识产权总局裁定诉争商标在九项商品上予以无效宣告，在一项商品上予以维持。

对于上述裁定结果，P公司不服，依次上诉被驳回后，裁定书指出，P公司可以提起审判监督程序，但并不影响该二审判决的法律效力。这也意味着，目前除了奶瓶一项商品，P公司方面在其他九项商品上不能再使用涉案商标。

在民事诉讼方面，2019年，法院作出一审判决：一、被告P公司于本判决生效之日起立即停止标志性使用包含H公司商标和字样的标志。二、被告P公司于本判决生效之日十五日内赔偿原告H公司经济损失及合理开支共计300万元；三、被告P公司在《中国消费者报》上刊登声明，以消除影响；四、驳回原告H公司的其余诉讼请求。二审维持原判。2020年5月，P公司在《中国消费者报》上刊登了致歉声明。

四、企业合规管理建议

2013年，国家知识产权局起草制定，国家质量监督检验检疫总局、国家标准化管理委员会批准颁布了知识产权领域的首部国家标准GB/T 29490—2013《企业知识产权管理规范》（以下简称《管理规范》），随后相继颁布了《高等学校知识产权管理规范》和《科研组织知识产权管理规范》，上述管理规范的颁布和实施，为我国全面加强知识产权保护和知识产权治理体系的健全发挥了积极作用。2022年国家知识产权局启动《管理规范》修订工作，并于2023年8月发布，改名为《企业知识产权合规管理体系要求》。此次修订突出了标准的合规属性，为企业建立完善知识产权管理体系、防范知识产权风险、实现知识产权价值提供了参照标准。这表明管理层对知识产权工作特别是企业知识产权工作的理念发生了转变，这也是国家知识产权治理体系和治理能力现代化的必然选择。

H公司与P公司因商标进行的诉讼就长达多年，P公司亦因为商标不合规而付出了沉重的代价。企业知识产权合规建设以风险管控为目的，以责任自觉承担为导向，是一种自我规范、监督、调节、纠正的体系机制建设。从知识产权合规的领域来讲，无论是专利、商标、著作权、反不正当竞争还是数据合规领域，若企业不重视知识产权合规，这对企业造成的负面影响可能是巨大的。在商标领域，合规的重要性同样不能忽视。知识产权合规既是企业内部进行公司治理的重要手段，也是企业防范外部法律风险的重要途径。

全面的知识产权布局是企业搭建自身技术"护城河"，占领技术创新高地，保持市场竞争力的重要武器。同时，全面的知识产权布局还能够反映企业的创新能力、技术实力，助力企业收获更多投资机构的青睐。企业应当结合自身研发水平、主营业务或核心产品特点、企业发展部署方向等因素，运用不同类型的知识产权对产品进行组合保护，量身打造最贴合企业需求的知识产权布局。企业对各个类型的知识产权均应进行周密而详细的布局。以专利为例，企业应当综合考虑产品研发周期、更新迭代周期、技术升级规划、销售地域等因素，确认申请专利的类型、地域与申请时间，使核心产品与专利布局相对应，保证专利有效期能够覆盖产品上市、销售、升级迭代等不同阶段。日常的知识产权管理维护对于知识产权作用的发挥同样重要。知识产权管理工作包括维持权利有效性、进行权利转让、许可等等。由于知识产权的有效期限、维护措施、续期方式均不同，需要进行定期监控，期间也可能涉及较为繁琐的程序流程。如果企业知识产权数量较大，或者在多个关联公司知识产权权属较为分散的情况下，为了保证企业知识产权得到有效保护与最高效率的运用，建议设立专门的知识产权管理部门或公司，以对知识产权进行统一管理和运作。

核心技术人员管理是企业知识产权管理的重要一环。企业应当建立和完善人员管理制度，坚持激励与约束并重，在调动员工研发积极性的同时，规范其职务行为并对知识产权权属进行详细约定。为避免产生知识产权权属纠纷或侵权纠纷，企业也应结合相关人员在入职、在职、离职的不同阶段，分别制定相应的约束措施。在实践中，很多企业的核心技术人员或高管在加入企业之前，可能曾就职于同行业的其他公司，并且其在前单位的工作范围、所参与的研发项目、前单位的主营业务也与企业存在不同程度的重合。尤其是某些核心技术人员在前单位担任研发团队负责人，或者被列为专利发明人，并与前单位之间签署了知识产权协议。近年来，我国法院对商业秘密采取"强保护"措施，尤其对员工"跳槽"带走商业秘密或通过"挖角"而不当获取商业秘密的行为进行严厉打击，企业对此类合规风险应当尤其注意。

企业在研发生产过程中可能产生侵权、知识产权归属约定不明等合规风险。如企业在研发生产前未对产品的相关技术进行侵权风险分析，则可能在产品上市后受到权利人的侵权指控。又如企业在开展合作研发时，对于研发成果的归属，如企业未进行全面谨慎的约定，则可能导致企业无法对研发成果享有权利或者可能导致后期实施受到较大限制。此时应尽早进行自由实施分析（Freedom To Operate，FTO），在不侵犯他人专利权的前提下自由实施技术，实质是进行专利侵权风险分析。FTO 的分析过程为，首先确认企业技术/产品的核心技术，然后在技术/产品计划上市的地域内进行专利检索和比对分析，最终判断企业技术/产品的侵权风险。通过 FTO 分析能够使企业在研发阶段对技术/产品未来的侵权风险进行预估，及时调整研发方向。建议企业尽早在研发阶段引入 FTO 分析，如有相应的侵权风险，企业可以在前期采取绕过设计规避侵权风险，或转换研发方向，避免在现有研发方向上进行重复劳动，导致研发资金的浪费。

企业与外部机构进行合作研发的模式主要可分为委托开发与合作开发。在两种开发模式下，法律均给予了当事人较大的意思自治空间，双方可以就开发过程中各自承担的工作、技术成果的归属和使用等做出约定。如果双方未对研发成果归属进行约定或者约定不清楚，则分别按照委托开发和合作开发模式下的法定规则执行。

建议企业建立防御机制，一方面应当尽早申请专利，以形成对自身技术的保护；另一方面应当加强对侵权行为的监测，对同行业市场进行常态监控。通常企业可以通过电商平台、展会和线下实体店收集侵权线索，并及时打击抄袭、仿冒等行为。

近年来，竞争对手在企业上市进程中提起系列知识产权诉讼来阻碍其上市进程的案例也屡见不鲜。在一则案例中，某公司上市过程中被竞争对手指控侵犯其商业秘密及集成电路布图设计权，要求追究该公司及其核心技术人员的民事责任与刑事责任。该竞争对手也对该公司的实用新型专利提起无效，其中多项专利被全部无效或部分无效，无效比例高达 72%。监管机构对该公司的知识产权诉讼和专利无效纠纷高度重视，展开了多轮问询，最终该公司撤回了 IPO 上市申请。在企业上市过程中，监管机构会重点关注企业是否存在知识产权风险以及是否会对企业的未来发展产生重大不利影响。在科创板等板块，监管机构亦将知识产权储备和质量等列为硬性指标。以科创板为例，根据统计数据，截至 2021 年 9 月，在 500 余家科创板 IPO 企业中，共计 452 家企业被问询知识产权权属和完整性的问题，占比 80% 以上，共计 38 家企业在 IPO 受理前后遭遇过知识产权纠纷。其他主要的问询要点则集中在核心技术人员、科创属性、合作研发、技术先进性等方面。

五、延伸阅读

《企业知识产权合规管理体系要求》（GB/T 29490-2023），国家标准《企业知识产权管理规范》（GB/T 29490-2013）于 2013 年颁布实施，是我国首个知识产权管理领域国家标准。标准颁布以来，得到了大批企业的贯彻实施，累计超过 8 万家企业通过了知识产权管理体系认证，有力促进了企业知识产权意识和管理水平的提升。近年来，随着我国经济社会快速发展，知识产权工作和企业发展的环境、形势、特点都发生了较大变化，为更好地满足企业实际需要，国家知识产权局联合中国国际贸易促进委员会、中国标准化研究院等单位启动了《企业知识产权管理规范》（GB29490-2013）的修订工作。

国家知识产权局介绍，本次修订的重点：

一是调整标准名称。本次修订将标准名称调整为"企业知识产权合规管理体系要求"，更加准确地反映出新标准以知识产权合规管理体系为运行内核，以"要求"作为核心技术要素的特点，强化了与后续贯标认证相关工作的衔接。

二是强化合规要素。本次修订在标准全文系统增加知识产权合规管理相关条款，明确了知识产权合规管理体系相关概念，强化了领导重视、全员参与的基本原则，将知识产权合规要求贯穿于各类型知识产权管理全链条、企业经营管理各环节全周期，并在审核改进中将知识产权合规作为重点关注内容，同时增加了"附录B. 专利、商标、著作权、商业秘密典型禁止性行为列表"，旨在指导企业加强知识产权合规管理体系建设，助力企业规范知识产权管理、履行知识产权合规义务、防范知识产权风险、维护利益和保障发展。

三是扩大覆盖范围。针对前版标准将专利作为主要管理对象的情况，此次修订强化了对知识产权类型的全面覆盖，对专利、商标、版权、地理标志、商业秘密等多种类型知识产权分别提出了获取、维护、运用、保护等管理要求，并在绩效评价中针对不同类型知识产权规定了审核重点，同时，在篇末增加了"附录A. 商业秘密管理的工具与方法"，帮助企业能够通过建立知识产权管理体系管理好各类型知识产权，为核心业务保驾护航。

四是优化标准结构。本次修改结构上全面对标国际标准化组织（ISO）提出的管理体系国际标准通用框架"高层结构"（HLS），结构更加完整，系统性更强。标准内容主要由10个主要条款及其相关分条款组成，除1范围、2规范性引用文件、3术语和定义以外，4企业环境、5领导作用、6策划、7支持、8运行、9绩效评价、10改进，按照"PDCA方式"展开。

国家知识产权局称，将加强与标准化工作主管部门配合，加大《企业知识产权合规管理体系要求》（GB/T 29490-2023）国家标准与《创新管理-知识产权管理指南》（ISO56005）国际标准的协同推广力度，支持企业有效运用知识产权标准化工具，促进科技创新和风险防控能力同步提升，强化企业核心竞争力，有力支撑现代化产业体系建设。

第十四章

税务合规

> 税务合规要求合规人员具备扎实的专业知识背景，包括但不仅限于对税法和相关财务规定的深刻理解。本章的学习重点将围绕《税法》《税收征管法》等法律法规的相关规定，特别是涉及税务登记、纳税申报、税款缴纳等关键环节。通过学习本章内容，学员应能辨识各种潜在的税务合规风险，并了解违规操作可能带来的法律后果和经济损失。学员需要深入理解税务合规的基本要求，包括但不仅限于正确计算和申报各类税种、合理利用税收优惠政策，以及掌握税收筹划的合法边界。在此基础之上，结合税务合规的总则，学员应进一步掌握税务合规的实施措施。包括税务风险的识别与评估，建立合规承诺机制，开展税务合规培训，设立咨询和举报热线，以及构建完善的税务合规管理制度。此外，学员还需学习如何应对税务合规调查，包括了解专项调查和常规调查的流程、准备相应的资料和证据，以及如何与税务部门进行有效沟通。

理论综述

在市场经济体制下，税收作为国家财政收入的主要来源和宏观经济调控的重要工具，对于维持社会经济秩序、促进社会公平、推动经济发展具有不可替代的作用。为了维护税收秩序、保障国家财政收入、促进市场公平竞争，各国和地区都制定了相应的税收法律法规，对企业和个人的税收行为进行规范。这些法律法规统称为税法，是税务合规的基础和依据。

税务合规，是指企业在税收方面的行为完全符合税法等法律、法规、规章及其他规范性文件的要求。税务合规风险主要包括因税务违法行为引发的法律风险、财务风险以及声誉风险等。为了预防和降低这些风险，企业必须加强税务合规管理，确保自身税收行为的合法性、合规性。税务合规管理涵盖制度建设、风险识别与评估、风险应对、合规监控以及持续改进等多个环节。企业应建立完善的税务管理制度，明确税务管理流程，确保税收申报、缴纳等环节的合规性。同时，企业还应定期开展税务风险评估，及时发现和解决潜在的税务问题。为了加强税务合规意识，企业应积极开展税务合规培训，提高员工对税法的认识和理解。此外，企业还应倡导依法纳税、诚信纳税的价值观，营造良好的税务合规文化氛围。

案例：W因"税务不合规"被查

一、案例情况介绍

W做直播带货平台，销售各种各样的产品。W夫妇控股多家公司，业务涉及外贸、零售、咨询、企业管理、电商等。W团队年营业额超百亿元。

2021年，据新华社消息，某市税务局稽查局查明，W通过隐匿个人收入、虚构业务转换收入性质虚假申报等方式偷逃税款6.43亿元，其他少缴税款0.6亿元，依法对W作出税务行政处理处罚决定。

表14-1 商业模式画布（4.0）[①]

重要合作	关键业务	价值主张	客户关系	客户佣分
供应商 物流商 直播平台 第三方支付 专业KOL、艺人	建设及运营供应链基地 帮助业务成功 开发交易基础设施（App、系统） 内容的生产及分发	合理消化库存 成交变得简单 物美价廉的产品	品牌沟通会 直播培训	品牌商or授权代理商 渴望改变命运、实现梦想的专业主播
	核心资源 供应链管理能力 稳定的粉丝基数		渠道道路 各大线上线下网络平台	观看网络直播,使用网络购物的消费者
成本结构 网络平台费、流量费（获客成本）、公司租金、人工				收入来源 买卖差价、交易佣金、代言费、粉丝打赏

[①] 来源：澎湃新闻，2023年10月28日访问。

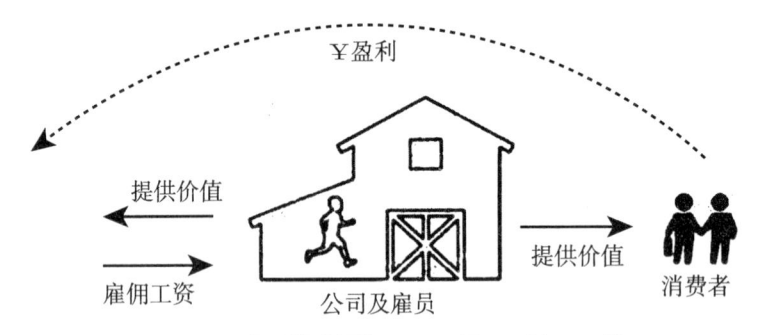

图 14-1　商业模式图解（1.0s 及 2.0 及 4.0）①

经税收大数据分析评估，某市税务局稽查局发现 W 存在涉嫌重大偷逃税问题，且经税务机关多次提醒督促仍整改不彻底，遂依法依规对其进行立案并开展了全面深入的税务检查。某市税务局稽查局对 W 追缴税款、加收滞纳金并处罚款。2021 年，W 发布致歉信，称愿意为自己的错误承担一切后果。W 夫妇称此前聘用了所谓的专业机构进行税务统筹，但后续发现所谓的税务统筹有极大风险，并在 2020 年 11 月终止了该税务统筹。②

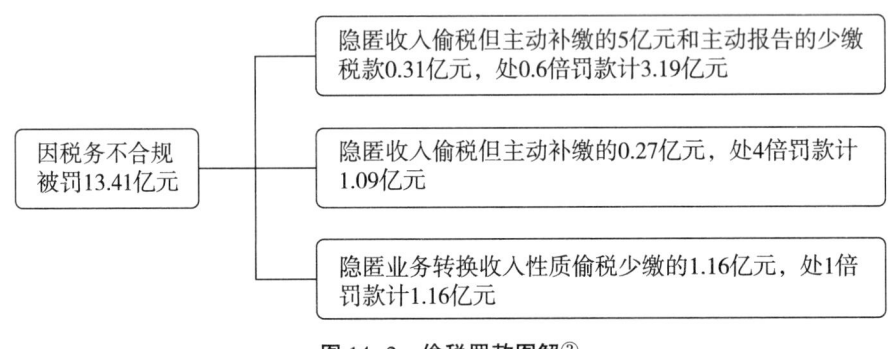

因税务不合规被罚13.41亿元
- 隐匿收入偷税但主动补缴的5亿元和主动报告的少缴税款0.31亿元，处0.6倍罚款计3.19亿元
- 隐匿收入偷税但主动补缴的0.27亿元，处4倍罚款计1.09亿元
- 隐匿业务转换收入性质偷税少缴的1.16亿元，处1倍罚款计1.16亿元

图 14-2　偷税罚款图解③

二、W 案违法违规分析

根据税务部门通报，W 偷逃税的方式主要有三种：一是通过隐匿其从直播平台取得的佣金收入，虚假申报偷逃税款。二是通过设立多家个人独资企业、合伙企业虚构业务，将其个人从事直播带货取得的佣金、坑位费等劳务报酬所得，转换为企业经营所得进行虚假申报偷逃税款。三是从事其他生产经营活动取得收入，未依法申报纳税。

或许有人不理解为什么 W 有工作室（个人独资企业）有团队，直播带货的收入还要算作个人劳务报酬？关键在于其多个个人独资企业在税务稽查中是否有真实的员工和对应产出

---

① 来源：澎湃新闻，2023 年 10 月 28 日访问。
② 同上。
③ 同上。

的投入成本和财产,以及是否开展实质经营。如果没有,通过设立个人独资企业以经营所得纳税并且通过核定征收降低税负会被认定是其套利政策,不足以支撑其与谦某公司的实质独立经营与业务合作关系事实,最终被穿透为个人劳务报酬所得,适用于最高45%的个税税率纳税。对比相关案例,都是通过成立工作室的方式来改变收入性质的,将劳务所得转化成经营所得,通过设立个人工作室(个人独资企业),再利用税收核定政策,成为许多网络主播进行"税务筹划"的常见操作。但是,2021年9月,国家税务总局发布通知,要求进一步加强文娱领域从业人员税收管理。通知中提出,对明星艺人、网络主播成立的个人工作室和企业,要辅导其依法依规建账建制,并采用查账征收方式申报纳税。

明星、网红等文娱人员不能再利用核定征收进行税收"筹划",这是否意味着核定征收将全面取消?中国很大,地区发展不平衡,纳税人管理水平也参差不齐,对于收入金额小,不能独立健全核算的纳税人,无论是从鼓励小微企业发展,还是从征管效率角度来讲,核定征收方式的客观条件还是存在,但是要注意适用的条件。国家税务局出台税收优惠政策,即是鼓励企业在正确的财税规划下,能减轻企业的税负,让企业更好地发展。所以我们要正面理解和使用税筹,依法纳税,是每个公民应尽之义务,合理税筹,依法依规开展业务,公司方可使得万年船。

三、合规风险识别

税务部门严查网络主播等高收入群体偷逃税,释放了对高收入群体加大税收监管力度的信号,有助于维护法律尊严,调节收入分配,促进社会公平。在网络迅速发展的今天,市场上越来越多打着"税筹"旗号方法出现,其中大部分只着眼于当下而不是考虑长远的风险,效果适得其反。随着科技的发展,税局的系统比对、风险识别系统、金税四期、大数据联网增加了对财务人员和财税公司的高要求。相关案例的曝光应该触发我们的思考,税筹并不虚假,真正的税筹,是需要前期搭建合理的公司架构,发展期间合理规划业务模式,深度了解税收优惠政策去做到的,不要忽视潜在的风险,采用不当税收筹划,影响社会公平的行为,其所付出的代价只会越来越大。

随着税收法定的推进,我国税收立法正不断发展完善。这在促进我国税收法治建设的同时,要求企业不仅需要时刻警惕不要触碰税法规定这一"红线",还需熟练掌握税法的相关规定与优惠政策,在不触碰"红线"的同时,也需要活用税收优惠政策,以保障企业的最大利益。

(一)增值税税务风险控制

增值税是我国第一大税种。自从"营改增"以来,改革不断推进,政策也在不断更新，这在促进经济发展的同时也给企业带来各种潜在的税务风险。如何通过内部控制来强化税务风险管理，降低税务风险是大多数企业现阶段亟待解决的难题。增值税的税务风险控制可以防范可能存在的风险点来进行风险控制。以下从四个方面介绍增值税方面的风险点：

1. 纳税人身份确定风险增值税纳税人分为一般纳税人和小规模纳税人。正常情况下，一般纳税人采用一般计税法，小规模纳税人采用简易计税的方法。方法的不同会影响税负的高低。在实务中，身份确定一般有两种风险：一是小规模纳税已经达到一般纳税人的标准，但是未登记为一般纳税人的风险。根据增值税的相关规定，小规模纳税人年应税销售额达到标准后，应当登记为一般纳税人。如若小规模纳税人已达标却不进行一般纳税人登记，则不得抵扣进项税额，直到办理登记手续为止。二是盲目登记成为一般纳税人的风险。根据增值税的相关规定，年应税销售额未达到规定标准，但会计核算健全，能够准确提供税务资料的，主管税务机关可以将其登记为一般纳税人。但如若对于税负及相关政策考虑不周全，此举一般会导致税负增加。

2. 销项税额相关风险

销项税额，是指纳税人发生应税行为，按照销售额和增值税税率计算并收取的增值税额。一般计税方法中的销售额不包括销项税额。在销项税额常发生的风险有三种：

（1）纳税义务发生时间确定错误。根据增值税的相关规定，应税销售义务发生时间的总原则是，以收讫销售款项、取得索取销售款项凭据或者开具发票的时间，三者谁先即为纳税义务确定发生的时间。如若未按照规定时间履行纳税义务，导致未能及时缴纳税款，根据《税收征管法》的相关规定，将面临限期责令缴纳并加收滞纳金。

（2）增值税中的特殊行为和特殊范围未按规定申报的纳税风险。增值税的征收范围有一般征收范围与特殊范围，特殊范围需要按照规定申报，并缴纳增值税，如若不按照规定确认收入申报纳税则面临漏税、少缴或多缴税赋的风险：①视同销售行为。是指会计上不作为销售核算，而在增值税上须作为销售，确认收入计缴税金的商品、服务或劳务的转移行为。发生此类行为，应当按照规定计算销税额并缴纳税款。②价外费用。诸如价外向购买方收取的手续费、补贴、基金、赔偿金等均需要并入销售额计征增值税。③兼营行为。根据增值税的相关规定，纳税人从事兼营行为应当分别核算适用不同税率，如没有分别核算，则从高适用税率。④混合销售。是指一项销售行为既涉及服务，又涉及货物。根据增值税相关规定，混合销售行为只适用一种税率，批发或者零售的企业混合销售行为适用销售货物缴纳增值税，其他企业混合销售，则适用销售服务增值税。⑤出售废品、废料。根据相关规定，一般纳税人销售自己使用过的除固定资产以外的产品，应当按照适用税率征收增值税。

（3）无正当理由低价销售商品或服务风险。价格明显偏低且无正当理由的，税务机关会怀疑企业通过此种方式转移利润以达到少缴税款的目的。

（4）处置自己使用过的固定财产，未计算缴纳增值税风险。尽管其他个人销售自己使用过的物品免征增值税，但对于小规模纳税人与一般纳税人，则均需要按照规定缴纳增值税。

3. 进项税额相关风险

进项税额是指纳税人购进货物、劳务、服务、无形资产、不动产支付或者负担的增值税额。根据《增值税暂行条例》的规定，部分进项税额可以从销项税额中抵扣：从销售方取得的增值税专用发票上注明的增值税额；从海关取得的海关进口增值税专用缴款书上注明的增值税额；购进农产品，除取得增值税专用发票或者海关进口增值税专用缴款书外，按照农产品收购发票或者销售发票上注明的农产品买价和11%的扣除率计算的进项税额，国务院另有规定的除外；自境外单位或者个人购进劳务、服务、无形资产或者境内的不动产，从税务机关或者扣缴义务人取得的代扣代缴税款的完税凭证上注明的增值税额。

在税务实务中，存在以下几种税务风险：第一，企业取得不符合规定的增值税扣税凭证风险，如若扣税凭证不符合规定，则不能从销项税额中进行抵扣；第二，不得抵扣进项税额未做进项转出的处理，导致存在少缴增值税的风险；第三，企业在发生进货退回或转让的过程中，进项税额未转出，则会多抵扣进项税额，从而造成一定的税务风险；第四，企业在收到返利后，进项税额未转出则会多抵扣进项税额，从而导致少缴纳增值税的风险；第五，固定资产、不动产进项税额处理有误，导致多缴、少缴增值税；第六，农产品抵扣进项税额处理错误，这类错误主要表现在抵扣凭证不符合规定、抵扣进项税额计算错误、兼营行为未分别核算等；第七，运输服务抵扣进税额度风险，根据增值税相关规定，如若非本单位员工，则不能予以抵扣。

4. 其他风险

（1）视同销售与进项税额转出的混淆风险。进项税额转出，是指购进货物改变用途或发生非正常损失，原来已经抵扣的进项税应转出，计入应交税费—应缴增值税。其主要特征是没有经过生产环节。而视同销售行为则是发生了特定的经济业务，进入了生产环节。如若将二者混淆，则容易在计提销项税额和进项税额转出处理时出现错误。

（2）兼营免税、减税项目未分别核算的风险。根据增值税的相关规定，如若兼营免税、减税项目未分别核算，则不得免税、减税。

（3）对开发票风险。有些企业为了规避开红字发票的麻烦，由退货企业再开一份销售专用发票视同购进后又销售给了原生产企业，或是为了完成销售任务而对开发票。这两种行为均有税务风险，对于第一种，可能会增加税收负担，根据增值税相关规定，此类行为不允许从销项税额中扣减，对于第二种则可能被视为虚开发票。

(二) 企业所得税税务风险控制

企业所得税政策性强，核算形式多样，计算过程复杂，政策更新比较快。企业所得税的税务风险控制可以从收入类项目税务风险点和税前扣除风险点两个方面来把握。

1. 企业所得税收入类项目税务风险点

企业所得税收入类项目风险主要是针对收入的确认、收入的理解、不征税与免税收入以及股权转让收入的范围而展开。

首先，企业所得税收入确认类风险，这类风险主要分为两类，一是未按照规定确认企业所得税应税所得，即未将相关税目调整为所得税收入或者未将其他收入列入收入总额，从而导致税收减少；二是企业所得税收入确认时间没有按照税法规定予以确认从而产生一系列税收风险。

其次，税务与会计对于收入的理解存在差异从而导致税收风险。在实务中，税务适用税法的相关规定，如《企业所得税法》以及《企业所得税实施条例》，但是会计一般适用会计准则，尽管二者有一定衔接处理，但仍旧存在适用问题，表现为：（1）如若基于会计准则的规定进行报税，则可能导致违反税法相应规定。如对于企业特许权使用费的处理，会计准则与《企业所得税法》的规定有所不同，如若企业需要申报特许权使用费，则需要根据税法规定进行纳税调整。（2）如若基于会计准则进行报税，则可能无法充分利用税收优惠政策。如对于财产转让收入的处理，根据会计准则的规定，企业取得财产转让时应当一次性确认收入的年度计算缴纳企业所得税，无论是货币性财产还是非货币性财产。但根据企业所得税相关规定，非货币性财产则可以在连续不超过 5 个纳税年度内，分期均匀计入相应年度的应纳税所得额。故企业应当基于实际情况进行纳税调整。

再次，不征税与免税收入处理风险。不征税收入是指从税制原理上就不应缴纳税金的项目，是法律规定不予征收的项目。而免税则是本应缴税，但是国家出于某种考虑不予征收。二者的处理风险如下：

不征税收入的纳税风险主要是政策适用风险：一方面，适用不征税收入规定时应当准确把握适用条件；另一方面，有时企业选择按照不征税收入处理也会存在多缴税款的风险，因此企业在实务操作时，需要灵活把握不征税收入的运用。

根据《企业所得税法》相关规定，企业的免税收入包括国债利息收入；符合条件的居民企业之间的股息、红利等权益性投资收益；在中国境内设立机构、场所的非居民企业从居民企业取得与该机构、场所有实际联系的股息、红利等权益性投资收益；符合条件的非营利组织的收入。对于此种税收优惠政策应当基于相关规定正确适用，以规避企业税务风险。

最后，股权转让收入处理风险。在处理股权转让时应当注意以下四点：第一，股权转让所得额确认是否正确；第二，企业在计算股权转让所得时，不应扣除股东留存权益中按该项股权可能分配的金额；第三，按照规定时间确认股权转让所得；第四，股权转让应做一定税收筹划，避免多缴税款。

2. 企业所得税税前扣除风险点

企业所得税税前扣除是指企业实际发生的与收入有关的合理支出，包括成本、费用、税金、损失和其他支出，准予在计算应纳税所得额时扣除。企业所得税税前扣除的风险点主要涉及两大类，一是税前扣除凭证风险，二是税前扣除具体项目的风险，以下分述之。

（1）税前扣除凭证风险对于税前扣除凭证，应当按照规定，及时取得合法税前扣除凭证。对于补开、换开的税前扣除凭证，则应当根据《企业所得税税前扣除凭证管理办法》第14条的规定进行补开与换开，否则将面临支出无法扣除的风险。此外，如若是共同分摊支出的则应当在独立交易原则基础上根据相关规定将对应单据当作税前扣除凭证。值得注意的是，企业与其他企业（包括关联企业）、个人在境内接受应税劳务发生的支出，不应当采取开发票的方式分摊支出。

（2）税前扣除具体项目的风险根据企业所得税法相关规定，税前扣除具体项目主要包括工资薪金、工会经费、职工福利经费、职工教育经费、业务招待费、会议费、手续费和佣金支出、广告费和业务宣传费、财务费用、固定资产折旧、弥补企业亏损等。规避此类风险在于遵守相关规定，除满足具体项目的相关规定外，还需要把握以下几点要求：①应秉持实事求是的原则，即用即扣，不要超额或者提前扣除；②确保支出用途合理合法；③对于各项目的界定要清晰，不要混淆类似概念。

（三）个人所得税税务风险控制

个人所得税是我国仅次于增值税与企业所得税的第三大税种。作为与每一个公民息息相关的税种，其操作过程中难免存在些许税务风险。

1. 工资、薪金所得与劳务报酬所得风险点。企业以各种形式对公司员工进行奖励、给予经济性利益或者公司员工兼任公司董事、监事的，未将这些经济性利益与个人工资少收入合并，统一按照工资、薪金所得缴纳个人所得税。

2. 利息、股息、红利所得风险点。企业给予投资者任何资产均需要按照"利息、股息、红利"缴纳个人所得税，员工持股也是如此。企业向个人借款并支付利息时，也需要缴纳个人所得税。

3. 股权转让所得风险点。个人发生股权转让行为时，除股权转让外，对于违约金、补偿金以及其他名目的款项资产等，也应当缴纳股权转让个人所得税。

4. 房屋产权无偿赠与他人风险点。房屋无偿赠与他人，不符合免税条件的，应当按照"偶然所得"项目计算缴纳个人所得税。

5. 企业为雇员代扣代缴偶然所得个人所得税风险。一般存在上述情况，可能存在个人所得税适用品目不正确的问题。

6. 其他应按照规定缴纳个人所得税的行为。企业对于个人的无偿赠与行为，企业赠送个人礼品、发放网络红包，单位低价向职工售房，为员工缴付的保险，离退休人员相关收入，全年一次性奖金等行为均应当按照规定缴纳个人所得税。

（四）其他税种税务风险控制

本部分主要介绍印花税、土地增值税以及土地使用税的税务风险。

1. 印花税税务风险管理

印花税的税务风险点主要集中在印花税的缴纳问题上。一方面，印花税的应税范围较广，容易漏缴，另一方面，对于一些特殊情况诸如实收资本、资本公积变化，发生产权行为等应当注意其相关规定，按照规定缴纳印花税。值得注意的是，根据2022年7月1日实施的《印花税法》规定，电子订单被列入印花税的免税范围，不需要再缴纳印花税。

2. 土地增值税税务风险管理土地增值税的税务风险主要是对于相关规定的理解不到位，具体体现在以下四个方面：一是应履行未履行土地增值税纳税义务；二是土地增值税征收范围不明晰导致判断错误；三是土地增值税收入、扣除项目确认错误；四是核定征收不符合条件或是账务核算不规范。

3. 土地使用税税务风险点主要有以下三个：一是土地使用税征税、免税范围界定不清；二是土地使用税的纳税义务开始时间确认错误；三是土地使用税纳税截止时间确认错误。

由以上可以看出，小税种的税务风险主要是在对于相关规定的理解与运用上，一方面是因为小税种的税务相对简单，不存在过于复杂的税务风险问题；另一方面也表明企业对于小税种不重视。故对于小税种税务风险控制，主要在于企业应当重视小税种，学会用活小税种的相关规定，以切实降低企业的税务风险。

四、违规后果

企业税务违规会导致公司股价下跌并且声誉受损，受到相关行政处罚，严重违规还可能涉及刑事责任。依法纳税是公民基本义务，直播间当然不是法外之地。《电子商务法》早已将网络主播纳入电子商务经营者范畴，《网络交易监督管理办法》更是明确规定，个人从事网络交易活动年交易额累计超过10万元的,应当依法登记并申报纳税。

在刑事责任方面,企业违反纳税规定偷税漏税的,可能构成违反《刑法》,纳税人采取欺骗、隐瞒手段进行虚假纳税申报或者不申报,逃避缴纳税款数额较大并且占应纳税额百分之十以上的,处三年以下有期徒刑或者拘役,并处罚金;数额巨大并且占应纳税额百分之三十以上的,处三年以上七年以下有期徒刑,并处罚金。扣缴义务人采取前款所列手段,不缴或者少缴已扣、已收税款,数额较大的,依照前款的规定处罚。对多次实施前两款行为,未经处理的,按照累计数额计算。有第一款行为,经税务机关依法下达追缴通知后,补缴应纳税款,缴纳滞纳金,已受行政处罚的,不予追究刑事责任;但是,五年内因逃避缴纳税款受过刑事处罚或者被税务机关给予二次以上行政处罚的除外。

在行政责任上,根据《行政处罚法》第9条规定,行政处罚的种类:(一)警告、通报批评;(二)罚款、没收违法所得、没收非法财物;(三)暂扣许可证件、降低资质等级、吊销许可证件;(四)限制开展生产经营活动、责令停产停业、责令关闭、限制从业;(五)行政拘留;(六)法律、行政法规规定的其他行政处罚。其中,第四项"限制开展生产经营活动、责令停产停业、责令关闭、限制从业"系行业限制、禁止准入处罚,与禁止网络主播从事直播带货的"封杀"性质类似。W因税务问题遭受处罚,其相关主播账号、网店等也被关闭。

在社会影响上,W被撤销网络诚信宣传大使。

五、税务合规管理启示

现代社会中,不断变化的世界经济格局、纷繁复杂的商业经营模式、巨大的市场竞争压力都给企业带来不小的经营风险。企业税务风险便是企业经营风险的一种。如若企业经营决策、战略规划、日常经营等环节出现问题,则很容易引发税务风险,从而造成企业巨大的经济和声誉损失。凡事预则立不预则废,加强企业税务风险控制,建立良好的风险合规流程是企业税务合规的必修课。

(一)制定合法的税务筹划目标

税务政策存在天然的空间性,是国家政策给予纳税人的优惠适用权。纳税人可以在法定限度之内,提前安排交易方式、交易环节、纳税主体等,准确地把握缴税方法,实现减少税收成本,增加税后收益的筹划结果。因此,税务筹划本身具有正当性,不是造假、作假,更不是偷税漏税。

相较传统的节税目标,当下纳税主体对税务筹划的需求更加多元化,筹划的方式也更具复合性，不同企业可以拥有不同的筹划目标，同一企业在同一时期也可以拥有多种筹划目标。纳税人应根据自身实际情况，设计更为适应企业发展的税务筹划目标层次或目标组合。具体而言，每一家企业在日常业务中，或多或少存在合法的税收改善空间，但由于每个企业所处发展阶段不同，对税务筹划需求的服务方向也存在差异，因而衍生出多种筹划方式。具体可包括：减免税费；多进抵支、多进增收；时间性调整；地区性调整；转换式调整。

在减免税费、多进抵支、多进增收方面，要求企业合理合规地享受国家政策上的优惠待遇，包括但不限于享受高新技术企业所得税优惠、享受地区减免优惠等。在筹划方向选择上，可采取税基式减少、税率式减少、抵减式减少等方法。在多进抵支、多进增收方面，依靠政府财政支持实现关联交易的调整落地，或是依靠即征即退或先征后退方式实现增值税的优惠利益，如个人限售股转让个税返还政策等。最后，在"三调整"方面，要求企业在弥补亏损期、免税期、优惠政策适用期进行收入或利润的安排。比如，将纳税期的所得延续到免税适用期来达到相应目的；同时，在境内外、国内地区间形成收入或利润实现地，优化税负空间。比如，通过跨境交易在境外或海南等地搭建投资或资金池结构；转换式调整则要求企业将一种交易的形式变成另一种交易的形式来达到优化的效果，在取得相似利益的情况下，还能实现税收利益的降低或转移。比如，将资产交易转变为股权交易，境内交易转变为境外交易，一级股权交易变成更高一层股权交易等。

（二）建立完善税务合规体系

建立完善的税务合规体系对于公司的长期稳健经营至关重要。首先，公司应该明确税务合规的目标，将其纳入企业战略规划中，并确保领导层对合规的承诺。领导层要以身作则，树立正确的税收合规榜样，形成公司文化的核心价值观。要建立专业的税务团队，确保公司内部有足够的专业力量来应对复杂的税收法规和变化；同时，公司需要建立明确的税收政策和程序，确保员工了解并能够遵循相关规定。这包括建立清晰的账务和报告制度，确保税务文件的准确和及时提交。在这个过程中，利用现代技术，如税收软件和信息管理系统，可以提高效率，减少错误。

其次，培训和教育是关键的一环，公司应该定期为员工提供相关的税务培训，使其了解最新的法规和政策，强调合规的重要性。这有助于降低误操作的风险，提高整体税务合规水平；配套建立内部审计和风险管理机制也是确保税务合规的关键步骤。通过内部审计，可以发现和纠正潜在的税务风险和问题。同时，建立风险管理体系，全面评估可能面临的税务风险，采取预防措施，降低不合规行为的发生概率。

最后，公司需要与外部专业税务顾问和律师建立合作关系，及时了解和适应法规的变化。外部专业团队可以为公司提供更深入的税务法律知识和实践经验，确保公司在变化的法规环境中保持合规。在建立税务合规体系的过程中，公司需要与税务部门保持积极的沟通。建立起良好的合作关系，有助于及时了解税务政策的变化，并减少潜在的纳税风险。公司应建立持续改进的机制。通过定期的评估和反馈，不断完善税务合规体系，以适应不断变化的法规和业务环境。这需要公司保持敏锐的观察力，及时调整和改进合规措施。

（三）提升公司高层及企业员工税务合规意识

要提升公司高层及企业员工的税务合规意识，首先，需要建立明确的公司文化和价值观，将税务合规融入其中。公司领导层应当以身作则，通过言传身教强调税务合规的重要性，成为员工的榜样。定期组织全员税务培训是关键，确保高层和员工了解最新的税收法规和公司内部的合规政策。这有助于强化他们对税务合规的敏感度，降低违规的风险。

其次，设立内部沟通平台，通过公司内部通讯、会议等途径及时传达税务合规政策变化和相关信息。在公司内部强调税务合规的重要性，使每个员工都意识到他们在维护公司声誉和经营持续性方面的责任。与外部专业机构合作，邀请专业税务顾问进行培训或提供咨询服务。他们的专业知识和经验可以为员工提供实用的指导，增强其对税务合规的理解和认识。

最后，建立监督机制，确保公司高层和员工都在合规框架内运作。通过内部审计和风险管理，及时发现和纠正潜在的合规问题。这将有助于在公司内树立起全员税务合规意识，确保高层和员工共同遵循税收法规，维护公司的声誉和可持续发展。

六、延伸阅读：税务风险分析的具体方法

（一）核对法

核对法是指通过表表之间、表实之间以及内外部信息之间的核对，查找企业存在涉税问题的方法。核对法，就是通过对应各个渠道的数据自查自纠企业的税务问题。具体可以分为表表核对、表实核对、内外核对。表表核对即对企业各种纳税申报表、财务报表等报表之间的数据进行核对，查找涉税风险，具体包括纳税申报表间的核对、财务报表间的核对和纳税申报表与财务报表之间的核对。表实核对是根据账面记录核实库存实物的品种、数量、价值是否相符的一种自查方式。内外核对是将企业内部的信息与第三方信息进行核对，以检查企业是否有涉税风险的问题。

（二）比较分析法

比较分析法是指将企业当期的申报材料，包括涉税信息、财务数据等资料与某一设定好的数值进行比对分析，具体内容包括同一纳税人不同时期的数据对比、同一行业中不同企业的相同时期的数据对比以及某一纳税人当期申报资料的数据与该值范围变动边界值的对比，通过比对，找出差异，并对差异的合理性和合法性进行分析判断的一种评估分析方法。具体可以分为绝对数比较分析法和相对数比较分析法。在使用比较分析法时，应重点关注所涉及内容的正确性以及指标是否具有可比性，并确保对比指标口径一致。

(三) 逻辑推理法

逻辑推理法主要利用企业生产经营中的各种已知条件和数据，根据其内在的逻辑关系来推断指标体系中某一特定指标的真实性和合理性，从而分析企业纳税相关数据是否异常。

(四) 控制计算法

控制计算法是指根据有关数据之间的相互控制、相互制约的关系，用其他可靠的或科学测定的数据来证实账面资料是否正确的一种纳税检查办法。例如，通过最低生产经营成本测算出最低保本销售收入的保本经营测算法，通过纳税分析期内能源动力的生产耗用情况测定纳税人实际生产、销售数量，并与纳税人申报信息比对分析的能耗测算法，通过设备的生产能力来推算的设备生产能力法等。此类方法都是通过抓住企业生产经营中必不可少的关键变量来推出企业的生产经营情况，从而得出大概的应纳税额。

第十五章

劳动用工合规

> 通过学习本章，学员应能够辨识和了解企业在劳动用工过程中可能遇到的合规风险及其可能带来的法律后果。学员需要重点掌握《劳动法》《劳动合同法》等相关法律规定，了解劳动关系的建立、劳动合同的签订与执行、员工福利保障、劳动争议处理等方面的具体要求。此外，还需熟悉劳动用工过程中的关键环节，如招聘、用工形式选择、薪酬福利设计、员工培训与发展、劳动合同解除与终止等。在此基础之上，结合劳动用工合规的总则，学员应学会如何实施劳动用工合规措施。这包括劳动用工风险的识别与评估，构建合规承诺机制，开展劳动用工合规培训，设立咨询和援助渠道，以及建立完善的劳动用工合规管理制度。同时，学员还需学习如何应对劳动用工相关的检查和争议，包括了解相关流程和准备必要的资料，以及如何与劳动监察部门和员工进行有效沟通。
>
> 通过学习本章内容，学员将能够全面提升劳动用工合规意识和实操能力，为企业的人力资源管理提供坚实的合规保障，确保企业在用工过程中既保障员工权益，也降低潜在的法律风险。

理论综述

在现代市场经济体制中，劳动用工是企业运营不可或缺的一部分。合理的劳动用工不仅有助于企业提升生产效率，还是保障员工权益、促进社会和谐稳定的重要因素。然而，实践表明，市场力量自身并不足以确保劳动用工的公平性和规范性。因此，为了维护劳动者权益、规范用工行为以及预防劳动争议，各国和地区都制定了相应的劳动法律法规，对劳动用工行为进行规范和约束。

在此背景下，劳动用工合规成为企业管理的重要组成部分。劳动用工合规，是指企业在劳动用工过程中，严格遵守国家及地方的劳动法律法规，确保员工的合法权益得到保障，同时降低企业因违法用工而引发的法律风险。劳动用工合规管理涵盖了劳动合同的签订、履行、变更和解除，劳动报酬的支付，工作时间和休息休假的安排，社会保险和福利的提供等多个方面。企业在劳动用工过程中面临着多种合规风险，包括但不限于违法用工风险、劳动合同纠纷风险、劳动争议风险等。这些风险不仅可能给企业带来法律纠纷和经济损失，还可能损害企业的声誉和形象。因此，加强劳动用工合规管理对企业而言至关重要。劳动用工合规管理以预防和降低劳动用工风险为目的，以企业及其员工的劳动用工行为为对象，开展包括制度制定、风险识别、风险应对、考核评价、合规培训等在内的管理活动。在劳动用工合规管理的总体要求下，鼓励企业自主进行合规管理设计，识别、分析与评价合规风险，不断创新合规管理措施，提高管理水平，预防和降低违法行为风险。

同时，鼓励企业建立健全合规审查机制，将合规审查作为规章制度制定、重大事项决策、重要合同签订、重大项目运营等经营管理行为的必经程序。通过及时对不合规的内容提出修改建议并确保未经合规审查不得实施相关行为，企业可以进一步提升劳动用工的合规性。此外，重视合规培训也是劳动用工合规管理的重要环节。通过结合法治宣传教育开展制度化、常态化的培训机制企业可以确保员工理解并遵循合规目标和要求。同时积极培育合规文化通过制定发放合规手册、签订合规承诺书等方式强化员工的合规意识树立依法合规、守法诚信的价值观为企业的稳健发展提供坚实的思想基础。

案例一：M公司"灵活用工"合规案

一、案例情况介绍

M公司成立于2004年。作为中国领先的生活服务电子商务平台，M公司拥有多款消费者熟知的App，服务涵盖餐饮、外卖、生鲜零售、打车、共享单车、酒店旅游、电影、休闲娱乐等200多个品类，业务覆盖全国。

2021年，某市人社局相关人员与M公司代表进行对话，M公司在册1000万骑手均为"外包"，骑手"外包"所涉及的法律问题引起了广大人民群众热烈的讨论。

二、合规风险识别

"外包"是广义上认为的灵活用工方式的一种，区别于传统、常规的标准劳动合同用工方式。"灵活用工"指的是雇主不同于传统标准雇佣模式的工作安排形式，强调的是雇主充分利用雇佣组织外部人力资源的用工形式，包括非全日制用工、劳务派遣、劳务外包、退休返聘等多种形式。以下对常见的灵活用工模式进行简要介绍。①

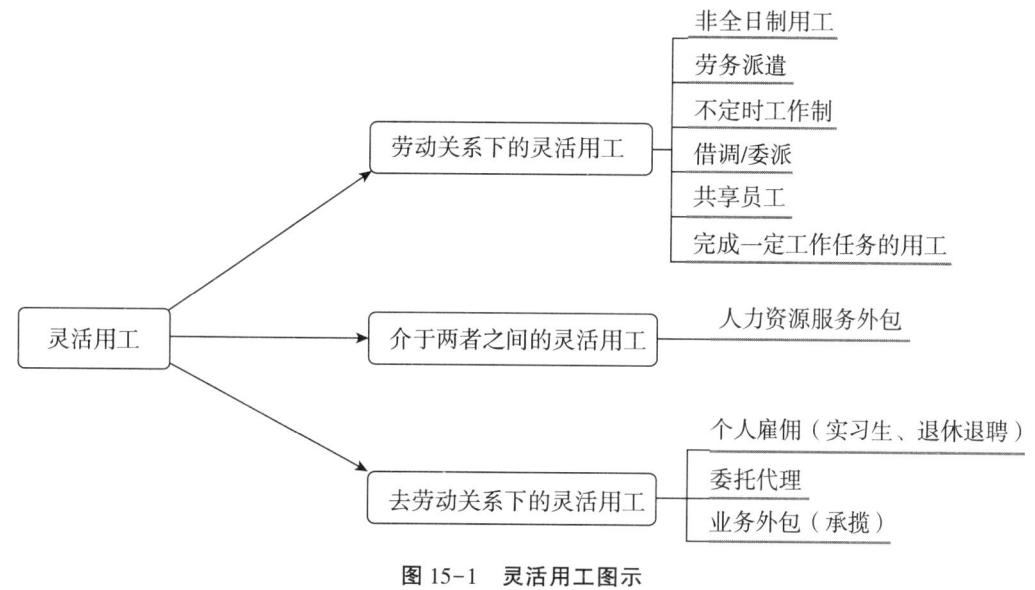

```
                                        ┌─ 非全日制用工
                                        ├─ 劳务派遣
                       ┌─ 劳动关系下的灵活用工 ─┼─ 不定时工作制
                       │                ├─ 借调/委派
                       │                ├─ 共享员工
                       │                └─ 完成一定工作任务的用工
            灵活用工 ───┼─ 介于两者之间的灵活用工 ── 人力资源服务外包
                       │                ┌─ 个人雇佣（实习生、退休退聘）
                       └─ 去劳动关系下的灵活用工 ─┼─ 委托代理
                                        └─ 业务外包（承揽）
```

图 15-1　灵活用工图示

1. 非全日制用工，是指以小时计酬为主，劳动者在同一用人单位一般平均每日工作时间不超过四小时，每周工作时间累计不超过二十四小时的用工形式。

非全日制用工具有以下特点：

（1）非强制订立书面劳动合同。非全日制用工双方当事人可以仅订立口头协议，双方通过口头约定的方式明确各自的权利、义务。

（2）建立多重劳动关系。从事非全日制用工的劳动者可以与一个或者一个以上用人单位订立劳动合同，但后订立的劳动合同不得影响先订立的劳动合同的履行。

（3）工作时间灵活。每日工作时间不超过 4 小时，每周工作时间累计不超过 24 小时。

（4）薪资支付周期短。支付周期最长不得超过十五日。

（5）解约方式灵活。双方当事人任何一方都可以随时通知对方终止用工，用人单位无需向劳动者支付经济补偿。

2. 劳务派遣，就是劳动者与劳务派遣公司（用人单位）签订劳动合同，然后由劳务派遣公司将劳动者派遣至用工单位工作，用工单位直接管理员工的一种用工模式。该模式下，

---

① 来源：https://mp.weixin.qq.com/s?__biz=MzA4MjU5MTUwOQ==&mid=2653985961&idx=2&sn=45c57f7a14daee2d4ac24f9b198451ab&chksm=844756d3b330dfc55dc48ff6f23268f249e435d95be7855dfc60944d257e0b8bc65a3f094eb3&scene=27，2023 年 9 月 25 日访问。

劳动者的劳动关系在劳务派遣公司，却接受用工单位的日常用工管理。劳务派遣适用于临时性、辅助性、替代性的岗位。其优点在于能够实现灵活用工，人力资源部门也能从繁琐的手续性工作当中解放出来，由专业的派遣机构协助公司处理有关员工关系管理问题。但是，劳务派遣也存在一些明显的弊端，比如员工忠诚度不高，归属感弱，满意度低；成本、风险不一定会降低，碰上不专业的派遣机构，成本和风险反而增加；法律对劳务派遣有限制性规定。

3. 共享员工，是疫情防控背景下催生出来的新型人力资源配置模式，是指企业受疫情影响，在尊重员工意愿的前提下，通过"共享"劳动力给其他急需用工的企业使用，一方面缓解输出劳动力的企业因停工停产带来的人力成本，另一方面缓解输入劳动力的企业"用工荒"，从而实现互惠共赢的一种用工模式。共享员工不改变原单位与劳动者的劳动关系、社保关系，能够优化人力资源配置，提高劳动力的使用效率，一般合作企业之间签订的协议属民事协议，通过民事协议确定各方权利义务，且非以盈利为目的。

4. 业务外包，就是指用工单位把业务的一部分或者全部发包给外部专门机构，由承包方外派员工完成相应的业务工作的一种模式。其中，员工与承包方签订劳动合同，并受承包方管理，发包方不对员工直接进行管理。业务外包适用于单位不擅长的且容易分散单位管理精力的非核心岗位、风险比较大的岗位。业务外包的优点在于，风险全部由承包方承担，可以采用不同的薪资、福利体系，发包单位可以集中精力管理公司的核心业务。其弊端在于用工成本不会减少；承包方的资质要求较高；管理不当，可能构成"变相劳务派遣"，从而承担法律责任；不能直接管理员工，可能会影响日常工作。

M公司的外包模式主要是，M公司作为用工企业将公司的配送业务外包给第三方企业，然后由第三方企业作为承包方，与配送员签署相关合同，由这些配送员为M公司提供服务。M公司与配送员之间属于外包关系，第三方企业与配送员之间属于劳动/劳务/合作关系，M公司负责支付给第三方企业服务费，第三方企业负责为配送员支付工资/劳务报酬/服务费等。此种模式下，对于M公司而言，几乎不存在用工风险，风险由第三方承包企业与配送员承担。

对于互联网灵活用工企业而言，其风险来自企业与员工之间被认定为存在劳动关系。我国司法实践对平台用工是否构成劳动关系的认定标准：原则上，法院仍以《关于确立劳动关系有关事项的通知》（劳社部发〔2005〕12号）文件的第一条为基础，以劳动关系的"三性"——人格从属性、组织从属性、经济从属性，并结合当事人双方合意、利益的分配等因素认定互联网平台用工的法律关系。对于涉及互联网平台企业，一般根据用人单位网络平台的运营形式、员工从业状况、网络平台对员工的管理程度、员工分配方式及是否独立承担经营风险等因素，依法区分劳动关系和劳务关系。① 对于发挥联系中介作用的网络平台，员工通过网络平台与企业建立工作联系关系，企业通过网络平台提供服务信息，并通过网络平台收取管理费或信息费用的，一般不作为劳动关系处理。如果员工未与互联网平台企业订立劳动合同，而是签订了承包协议、委托协议等，一般从其协议约定来认定双方的法律关系。如果双方关系符合事实劳动关系要素的，一般认定为双方存在劳动关系。

人社部等八部门于 2021 年 7 月 22 日共同印发的《关于维护新就业形态劳动者劳动保障权益的指导意见》指出：符合确立劳动关系情形的，企业应当依法与劳动者订立劳动合同。不完全符合确立劳动关系情形但企业对劳动者进行劳动管理的，指导企业与劳动者订立书面协议，合理确定企业与劳动者的权利义务。个人依托平台自主开展经营活动、从事自由职业等，按照民事法律调整双方的权利义务。平台企业采取劳务派遣等合作用工方式组织劳动者完成平台工作的，应选择具备合法经营资质的企业，并对其保障劳动者权益情况进行监督。平台企业采用劳务派遣方式用工的，依法履行劳务派遣用工单位责任。对采取外包等其他合作用工方式，劳动者权益受到损害的，平台企业依法承担相应责任。也即，互联网灵活用工企业需承担的用工风险、用工责任，由企业与员工之间的法律关系决定，企业对法律关系的错误理解，错误适用将导致企业违规用工并承担法律规定的后果。

在实践中，互联网灵活用工企业与新兴业态员工之间法律关系的认定采取的事实优先原则，超越双方形式上约定的民事合同，对劳动用工事实进行实质认定，普遍采用"从属性+要素式"的思路。由于新业态用工形态、用工模式的差异性，仲裁和司法实践中难以对某一类行业企业、某一职业的用工方式采用"成立或不成立劳动关系"的统一判定结论，而需要对不同的用工形态分别进行个案判断，结合个案事实进行综合考量。② 经检索全国各地典型案例，各地法院对是否认定为劳动关系的裁判尺度也有所区别。③

1. 认定为劳动关系

案例 1：包某与餐饮管理有限公司劳动争议案④

裁判要旨：快递员劳动关系的确认问题，并未脱离劳动法律法规调整之范畴。虽劳动者与用人单位之间履行劳动义务、享有劳动权利的场所、形式等发生了变化，但其劳动法律关系的本质没有变化。外卖快递员劳动关系的认定问题，仍应当通过劳动关系的相应要素来确

---

① 参见汪敏：《新业态下劳动与社会保险政策的检视与选择》，载《社会保障评论》2021 年 5 月，第 23-38 页。
② 参见卢越：《发布新就业形态劳动争议典型案例释放的积极信号》，载《工人日报》2023 年 5 月 31 日。
③ 参见陕西省人力资源和社会保障厅官网，https：//rst.shaanxi.gov.cn/newstyle/pub_newsshow.asp？id＝1018277&chid＝100077。
④ 陕西省人力资源和社会保障厅、陕西省高级人民法院《陕西省人力资源和社会保障厅 陕西省高级人民法院关于联合发布第一批劳动人事争议典型案例的通知》(陕人社发〔2022〕32 号)。

定。本案中用人单位虽欲将与劳动者之间的劳动法律关系掩饰为商业合作关系，但双方之间权利义务清晰、劳动法律关系特征突出。故无论用工形态如何发展变化，关于劳动关系的确定问题仍应从劳动关系的核心法律特征综合分析。

案例2：郝某与某家政服务公司劳动争议案[①]

裁判要旨： 郝某的劳动是在某家政服务公司的要求和安排下进行的，其接单和工作时间虽具有自主性，但某家政服务公司对郝某承担的劳务内容、工资及福利待遇、奖罚措施、基本职责等均进行了限定，且某家政服务公司为郝某出具的工资表中注明有岗位补贴、基本工资等事项，双方之间具有一定的从属性、依附性。双方签订的合同虽名为"劳务合同"，但具备劳动合同的实质要件，故双方之间在合同期内存在事实劳动关系。

2. 未认定为劳动关系

案例3：某快递股份有限公司与王某某劳动争议案[②]

裁判要旨： 劳动关系的认定要从主体资格、管理性、人身隶属性以及劳动性质等几方面综合考量。劳动关系是长期、稳定且带有人身性质的一种关系，其本质属性在于劳动者与用人单位之间存在从属（隶属）关系。本案中，从双方签署的《合作协议》及履行情况看，首先，王某某可以自主决定是否从事快递取送工作，无需遵守某快递公司的考勤制度；其次，王某某只需按双方签署的《合作协议》履行合同义务，除此之外，某快递公司的劳动规章制度并不适用于王某某，某快递公司与王某某之间不存在管理与被管理的关系，王某某对某快递公司无组织上的隶属属性；最后，王某某的报酬仅由其取送快递的单数及取送服务费用决定，某快递公司并不提供最低工资保障，由此可见王某某取得的服务费的性质并非劳动法规定的用人单位按一定支付周期有规律地向劳动者支付的工资，王某某对某快递公司并无经济上的依赖性。综上，王某某与某快递公司之间的关系不符合劳动关系的本质属性和重要特征，故应认定王某某与某快递公司之间不存在劳动关系。

案例4：刘某辉与天津某公司劳动争议案[③]

裁判要旨： 刘某辉与天津某公司签订《运输协议书》，运输业务源于某网络平台操作接单，天津某公司提供货源，刘某辉负责货物承运，运费为每完成一次运输单独结算。天津某公司未对刘某辉进行考勤管理、工作安排，刘某辉驾驶的运输工具也并非天津某公司提供。因此，双方之间不存在隶属关系，刘某辉要求确认与天津某公司之间存在劳动关系的诉讼请求，不予支持。

---

① 来源：河南省高级人民法院与河南省人力资源和社会保障厅联合发布十件劳动争议典型案例（2022年）。
② 来源：成都法院劳动争议白皮书及十大典型案例（2019年）。
③ 来源：天津法院发布劳动争议典型案例（2022年）。

三、合规义务来源

规制灵活用工的法律、法规、司法解释主要有《民法典》《劳动法》《劳动合同法》《妇女权益保障法》《工伤保险条例》《最高人民法院关于审理劳动争议案件适用法律问题的解释（一）》，以下作部分法条列举：

《中华人民共和国民法典》

第一千一百九十一条 用人单位的工作人员因执行工作任务造成他人损害的，由用人单位承担侵权责任。用人单位承担侵权责任后，可以向有故意或者重大过失的工作人员追偿。

劳务派遣期间，被派遣的工作人员因执行工作任务造成他人损害的，由接受劳务派遣的用工单位承担侵权责任；劳务派遣单位有过错的，承担相应的责任。

第一千一百九十二条 个人之间形成劳务关系，提供劳务一方因劳务造成他人损害的，由接受劳务一方承担侵权责任。接受劳务一方承担侵权责任后，可以向有故意或者重大过失的提供劳务一方追偿。提供劳务一方因劳务受到损害的，根据双方各自的过错承担相应的责任。

提供劳务期间，因第三人的行为造成提供劳务一方损害的，提供劳务一方有权请求第三人承担侵权责任，也有权请求接受劳务一方给予补偿。接受劳务一方补偿后，可以向第三人追偿。

第一千一百九十三条 承揽人在完成工作过程中造成第三人损害或者自己损害的，定作人不承担侵权责任。但是，定作人对定作、指示或者选任有过错的，应当承担相应的责任。

《中华人民共和国劳动法》

第十八条 下列劳动合同无效：

（一）违反法律、行政法规的劳动合同；

（二）采取欺诈、威胁等手段订立的劳动合同。

无效的劳动合同，从订立的时候起，就没有法律约束力。确认劳动合同部分无效的，如果不影响其余部分的效力，其余部分仍然有效。

劳动合同的无效，由劳动争议仲裁委员会或者人民法院确认。

第八十九条 用人单位制定的劳动规章制度违反法律、法规规定的，由劳动行政部门给予警告，责令改正；对劳动者造成损害的，应当承担赔偿责任。

第九十一条 用人单位有下列侵害劳动者合法权益情形之一的，由劳动行政部门责令支付劳动者的工资报酬、经济补偿，并可以责令支付赔偿金：

（一）克扣或者无故拖欠劳动者工资的；

（二）拒不支付劳动者延长工作时间工资报酬的；

（三）低于当地最低工资标准支付劳动者工资的；

（四）解除劳动合同后，未依照本法规定给予劳动者经济补偿的。

《中华人民共和国劳动合同法》

第三十八条 【劳动者单方解除劳动合同】用人单位有下列情形之一的，劳动者可以解除劳动合同：

（一）未按照劳动合同约定提供劳动保护或者劳动条件的；

（二）未及时足额支付劳动报酬的；

（三）未依法为劳动者缴纳社会保险费的；

（四）用人单位的规章制度违反法律、法规的规定，损害劳动者权益的；

（五）因本法第二十六条第一款规定的情形致使劳动合同无效的；

（六）法律、行政法规规定劳动者可以解除劳动合同的其他情形。

用人单位以暴力、威胁或者非法限制人身自由的手段强迫劳动者劳动的，或者用人单位违章指挥、强令冒险作业危及劳动者人身安全的，劳动者可以立即解除劳动合同，不需事先告知用人单位。

第三十九条 【用人单位单方解除劳动合同（过失性辞退）】劳动者有下列情形之一的，用人单位可以解除劳动合同：

（一）在试用期间被证明不符合录用条件的；

（二）严重违反用人单位的规章制度的；

（三）严重失职，营私舞弊，给用人单位造成重大损害的；

（四）劳动者同时与其他用人单位建立劳动关系，对完成本单位的工作任务造成严重影响，或者经用人单位提出，拒不改正的；

（五）因本法第二十六条第一款第一项规定的情形致使劳动合同无效的；

（六）被依法追究刑事责任的。

第八十二条 【不订立书面劳动合同的法律责任】用人单位自用工之日起超过一个月不满一年未与劳动者订立书面劳动合同的，应当向劳动者每月支付二倍的工资。

用人单位违反本法规定不与劳动者订立无固定期限劳动合同的，自应当订立无固定期限劳动合同之日起向劳动者每月支付二倍的工资。

第八十五条 【未依法支付劳动报酬、经济补偿等的法律责任】用人单位有下列情形之一的，由劳动行政部门责令限期支付劳动报酬、加班费或者经济补偿；劳动报酬低于当地最低工资标准的，应当支付其差额部分；逾期不支付的，责令用人单位按应付金额百分之五十以上百分之一百以下的标准向劳动者加付赔偿金：

（一）未按照劳动合同的约定或者国家规定及时足额支付劳动者劳动报酬的；

（二）低于当地最低工资标准支付劳动者工资的；

（三）安排加班不支付加班费的；

（四）解除或者终止劳动合同，未依照本法规定向劳动者支付经济补偿的。

《最高人民法院关于审理劳动争议案件适用法律问题的解释（一）》

第三条 劳动争议案件由用人单位所在地或者劳动合同履行地的基层人民法院管辖。

劳动合同履行地不明确的，由用人单位所在地的基层人民法院管辖。

法律另有规定的，依照其规定。

第二十六条 用人单位与其他单位合并的，合并前发生的劳动争议，由合并后的单位为当事人；用人单位分立为若干单位的，其分立前发生的劳动争议，由分立后的实际用人单位为当事人。

用人单位分立为若干单位后，具体承受劳动权利义务的单位不明确的，分立后的单位均为当事人。

第三十二条 用人单位与其招用的已经依法享受养老保险待遇或者领取退休金的人员发生用工争议而提起诉讼的，人民法院应当按劳务关系处理。

企业停薪留职人员、未达到法定退休年龄的内退人员、下岗待岗人员以及企业经营性停产放长假人员，因与新的用人单位发生用工争议而提起诉讼的，人民法院应当按劳动关系处理。

四、企业合规管理启示

（一）实施有效的灵活用工合规管理，最重要的是要理解当前的法律原则和法规，针对灵活用工的不同形式采取不同管理模式以规避风险。比如，非全日制用工需注意与劳动者订立书面合同，明确约定双方之间的权利、义务；加强薪酬管理，按小时计算薪酬，小时工资标准不低于当地的最低小时工资标准，且至少15天发放一次工资；注意工作时间管理，每天工作时间不得超出4小时；不得约定试用期等。灵活用工在不同国家和地区有不同的法律法规，因此企业应该了解有关灵活用工的法律法规，以此来确保灵活用工的合法性。

（二）企业应该建立适当的管理流程，以确保灵活用工的基础事务都得到妥善处理。管理流程应包括对灵活用工的聘用、培训和考核、奖励和惩罚等方面的制定，以确保灵活用工能开展其工作并且符合企业的目标。特别是对于劳务派遣，用工单位要告知被派遣劳动者的工作要求和劳动报酬，对在岗被派遣劳动者进行工作岗位所必需的培训。

（三）企业还需要制定监督政策，以确保灵活用工能够得到充分的保障。这些政策应包括灵活用工的劳动权益和社会保障等方面的保障，以及关于灵活用工的合规检查等内容，以确保企业能够有效遵守法律法规，避免可能存在的合规风险。要特别注意外包与劳务派遣、事实劳动关系之间的法律后果。若被认定为外包，发包单位无须就劳动者承担任何劳动法上的责任；若被认定为劳务派遣，在特定情形下须同劳务派遣单位承担连带责任；若被认定为事实劳动关系，因未签书面劳动合同，还面临着双倍工资的惩罚。

案例二：W公司竞业限制纠纷案[①]

一、案例情况介绍

王某山于2018年7月进入W公司工作，双方签订了劳动合同。2019年7月，王某山、W公司又签订《竞业限制协议》，对竞业行为、竞业限制期限、竞业限制补偿金等内容进行了约定。2020年7月，王某山填写《辞职申请表》，以个人原因为由解除与W公司的劳动合同，并于2020年8月加入上海B公司。该案的争议焦点是王某山入职B公司是否违反了竞业限制协议。尽管对比两家公司的经营范围存在一定的重合，但法院经审理后认为W公司目前的经营模式主要是提供金融信息服务，其主要的受众为相关的金融机构或者金融学术研究机构。而B公司的主营业务是文化社区和视频平台，即提供网络空间供用户上传视频、进行交流。两者对比，不论是经营模式、对应市场还是受众，都存在显著差别。因此，W公司仅以双方所登记的经营范围存在重合即主张两家企业形成竞争关系，尚未完成其举证义务。王某山入职B公司并未违反竞业限制协议的约定。

最高人民法院总结该案裁判要点认为，人民法院在审理竞业限制纠纷案件时，审查劳动者自营或者新入职单位与原用人单位是否形成竞争关系，不应仅从依法登记的经营范围是否重合进行认定，还应当结合实际经营内容、服务对象或者产品受众、对应市场等方面是否重合进行综合判断。劳动者提供证据证明自营或者新入职单位与原用人单位的实际经营内容、服务对象或者产品受众、对应市场等不相同，主张不存在竞争关系的，人民法院应予支持。

二、合规义务解读

党的二十大报告提出要"加强反垄断和反不正当竞争，依法规范和引导资本健康发展"。劳动法领域的竞业限制制度正是通过保护商业秘密和与知识产权相关的保密事项，与反不正

[①] 指导性案例190号，最高人民法院2022年12月8日发布。

当竞争法协力维护市场公平竞争秩序和优化营商环境的重要抓手。近些年来，竞业限制纠纷呈现缔约强势的用人单位不当泛化滥用该制度的趋势。[①] 王某山诉 W 公司竞业限制纠纷案通过切实平衡劳资利益，实现竞业限制制度的社会公共利益——市场的公平竞争秩序，从"实际"经营内容出发，积极探索发展了实质审查竞争关系的具体要素，在营造公平竞争的法治环境当下，对类似案件具有指导示范作用。

对于企业合规而言，其风险在于竞业限制条款被认定为无效或者对员工没有实际的约束力。因此，企业在适用《劳动合同法》第 23 条、第 24 条竞业限制的法律规定时，应注意以下七个方面。

（一）哪些劳动者可以与用人单位签署竞业限制条款？

1. 合规风险识别

《劳动合同法》第 24 条第 1 款规定，"竞业限制的人员限于用人单位的高级管理人员、高级技术人员和其他负有保密义务的人员"，对于上述适用对象范围的理解，司法实践中的倾向性观点是实质重于形式，即根据劳动者其所在工作岗位及工作职责可能在工作中掌握用人单位的商业秘密、知识产权或其他保密事项来确定主体适格问题。

2. 违规后果

如劳动者不符合竞业限制的特定主体身份的，则用人单位与其约定竞业限制义务无效。例如：苑某受雇于某传媒公司，为该传媒公司的签约主播。双方签订劳动合同，期限为两年，自 2018 年 8 月 11 日起至 2020 年 8 月 11 日止。劳动合同中约定了竞业限制条款，具体为：双方终止劳动合同后，苑某的竞业期限为两年，在此期间内，某传媒公司每月向苑某支付 100 元的经济补偿。苑某在两年内不能在任何平台从事、经营、开设与某传媒公司有竞争关系的相同或者类似的主播网络演艺行业，并具有保守某传媒公司商业秘密的义务，否则，苑某应向某传媒公司支付 10 万元违约金。2019 年 11 月，苑某在未与某传媒公司解除劳动合同关系的情况下私自离开公司，并在双方约定的竞业限制期内从事主播行业。某传媒公司申请仲裁，劳动仲裁委员会不予受理，某传媒公司遂向法院提起诉讼，请求：1. 解除与苑某的劳动关系，苑某向某传媒公司支付违约金 10 万元；2. 判令苑某依照劳动合同约定，在两年内不得从事网络主播工作。法院经审理认为，某传媒公司未提供证据证明苑某掌握该公司的商业秘密。苑某作为普通员工，不属于《劳动合同法》规定的竞业限制主体。某传媒公司与苑某签订的劳动合同中的竞业限制条款对苑某不产生法律效力。判决驳回某传媒公司的诉讼

[①] 朱军：《指导性案例 190 号丨王某诉万某信息技术股份有限公司竞业限制纠纷案点评》，载《人民法院报》2022 年 12 月 25 日。

请求。①

3. 企业合规的管理启示

实务中，存在部分用人单位不做任何区分地与入职员工一律签署竞业限制协议或约定竞业限制条款的情况，这种做法不仅可能会因为侵害劳动者的自主就业权及生存权而被认定无效，也增大了用人单位的经济负担及人事管理成本。因此，用人单位需结合实际情况作出区分，从掌握用人单位的商业秘密、知识产权或其他保密事项的实质出发，与该等员工约定竞业限制。同时，还应注意在员工任职期间留存好相应其掌握公司保密事项的证据，方便日后举证，以免竞业限制的约定被认定无效。

（二）用人单位是否可以与劳动者约定在职期间的竞业限制义务？

1. 合规风险识别

用人单位是否可以与劳动者约定在职期间的竞业限制义务，从司法实践上看，主流观点是肯定的。例如，在《浙江省高级人民法院民事审判第一庭、浙江省劳动人事争议仲裁院关于印发〈关于审理劳动争议案件若干问题的解答（三）〉的通知》中就指出，竞业限制期间包括但不限于劳动合同解除或者终止后，用人单位与劳动者就劳动者在职期间的竞业限制义务作出约定的，应属有效。用人单位要求劳动者就其在职期间违反竞业限制约定的行为承担责任的，可予支持。劳动者要求用人单位就其在职期间履行竞业限制义务支付经济补偿，或者以用人单位未支付经济补偿为由主张在职期间竞业限制约定无效的，不予支持。劳动者在职期间对用人单位依约负有竞业限制义务是从劳动者在职期间对用人单位负有忠实和诚信义务此点展开的。劳动者在职期间掌握着用人单位实时的一手资料，从危害程度上，在职期间劳动者的竞业行为对用人单位造成的损害更大。从履行该等义务的难度上看，在职期间的员工并不需要为履行竞业限制义务付出高昂的代价，并不会影响其自由择业权和生存权。因此，司法实践中多对此类约定多持支持态度。

用人单位是否可以就劳动者在职期间违反竞业限制义务的行为约定违约金，实务中存在着两种观点。一种观点认为应予支持，另一种观点则认为，除《劳动合同法》第 22 条和第 23 条规定的情形外，用人单位不得与劳动者约定由劳动者承担违约金，而《劳动合同法》第 23 条并未明确规定用人单位与劳动者可以约定劳动者在职期间的竞业限制违约金，因此不予支持。②

---

① 参见 2022 年河南省高级人民法院与河南省人力资源和社会保障厅联合发布十大劳动争议典型案例之九。
② 参见上海 ZC 创业孵化器有限公司与安某竞业限制纠纷二审案件民事判决书 [（2021）沪 01 民终 10815 号]。

2. 违规后果

企业根据与劳动者签订竞业限制协议，约定在职期间的竞业限制义务，并就劳动者违反竞业限制义务的行为主张在职期间的竞业限制违约金，可能被认定为约定无效。

3. 企业合规的管理启示

员工入职时均可约定在职期间的竞业限制条款。与离职后的竞业限制不同，在职期间的员工竞业限制是从对用人单位的忠诚义务出发的，且履行该等义务并不限制在职员工的自主就业权，因此无需限制特定适用主体，亦无需另行支付经济补偿。

(三) 仲裁/诉讼期间是否可以约定不计入竞业限制期间？

1. 合规风险识别

实践中，有的公司会在竞业限制协议中约定"如因履行本协议发生争议而提起仲裁或诉讼时，则竞业限制期限应将仲裁和诉讼的审理期限扣除"等条款，该条款可能被认定为剥夺劳动者择业自由权、劳动者司法救济权，属于《劳动合同法》第26条第1款第2项规定的"用人单位免除自己的法定责任、排除劳动者权利"的情形。

2. 违规后果

竞业限制协议或该条款被认定为无效。关于该项约定效力的误解也会导致企业在设置竞业限制期限上的误判。最高人民法院2022年7月4日发布的指导案例184号中，SH新动力公司（甲方）与马某（乙方）签订《不竞争协议》，其中第3.3款约定："……，竞业限制期限从乙方离职之日开始计算，最长不超过12个月，具体的月数根据甲方向乙方实际支付的竞业限制补偿费计算得出。但如因履行本协议发生争议而提起仲裁或诉讼时，则上述竞业限制期限应将仲裁和诉讼的审理期限扣除；即乙方应履行竞业限制义务的期限，在扣除仲裁和诉讼审理的期限后，不应短于上述约定的竞业限制月数。"该案争议焦点为《不竞争协议》第3.3款约定的竞业限制期限的法律适用问题。SH新动力公司上诉主张该协议第3.3款约定有效，马某的竞业限制期限为本案仲裁和诉讼的实际审理期限加上12个月，以实际发生时间为准且不超过二年，但法院对其该项主张不予采信。法院认为，一方面从劳动者择业自由权角度来看，基于劳动争议案件需要经过"一裁两审"的特殊性及具体案件的仲裁及诉讼程序期间的不确定性，该等约定不符合竞业限制条款应具体明确的立法目的；另一方面，从劳动者司法救济权角度来看，如因该等约定导致其竞业限制期限被延长的，将使劳动者陷入"寻求司法救济则其竞业限制期限被延长""不寻求司法救济则其权益受损害"的两难境地；而对于用人单位一方，可以通过提起仲裁和诉讼的方式单方地、变相地延长劳动者的竞业限制期限，一定程度上免除了其法定责任。因此，法院认为，《不竞争协议》第3.3款中关于竞业限制期限应将仲裁和诉讼的审理期限扣除的约定属于《劳动合同法》第 26 条第 1 款第 2 项规定的"用人单位免除自己的法定责任、排除劳动者权利"的情形，应属无效。

3. 企业合规的管理启示

在竞业限制协议中不要作出仲裁/诉讼期间不计入竞业限制期间的约定。同时，在具体案件的仲裁及诉讼程序期间，应注意继续履行相应的支付义务以维持竞业限制协议的有效存续。

（四）竞业限制经济补偿未约定或约定过低是否会导致竞业限制协议无效？

1. 合规风险识别

《劳动合同法》第 23 条第 2 款规定，对负有保密义务的劳动者，用人单位可以在劳动合同或者保密协议中与劳动者约定竞业限制条款，并约定在解除或者终止劳动合同后，在竞业限制期限内按月给予劳动者经济补偿。根据《最高人民法院关于审理劳动争议案件适用法律问题的解释（一）》第 36 条之规定，用人单位与劳动者未约定竞业限制经济补偿，劳动者履行了竞业限制义务，要求用人单位按照劳动者在劳动合同解除或者终止前十二个月平均工资的 30% 按月支付经济补偿的，人民法院应予支持；月平均工资的 30% 低于劳动合同履行地最低工资标准的，按照劳动合同履行地最低工资标准支付。

从上述规定可以看出，《劳动合同法》并未明确竞业限制经济补偿未约定或约定过低是否会导致竞业限制协议无效。但在司法实践中，存在被认定为无效的风险。

2. 违规后果

一种观点认为约定竞业限制的同时未约定经济补偿或约定数额明显过低的，显失公平，属于《劳动合同法》第 26 条第 1 款第 2 项规定的"用人单位免除自己的法定责任、排除劳动者权利的"情形，该竞业限制条款或协议当属无效。[①] 另一种观点认为应尽量维护意思自治与契约自由，尽管竞业限制条款或协议中对补偿金的数额未作出明确约定或约定过低，可以适用司法解释明确或调整补偿金数额的，竞业限制条款或协议有效。[②] 例如，《上海市劳动和社会保障局关于实施〈上海市劳动合同条例〉若干问题的通知（二）》第 4 条中就明确规定，竞业限制协议对经济补偿金的标准、支付形式等未作约定的，劳动者可以要求用人单位支付经济补偿金。双方当事人由此发生争议的，可按劳动争议处理程序解决。用人单位要求劳动者继续履行竞业限制协议的，应当按劳动争议处理机构确认的标准及双方约定的竞业限制期限一次性支付经济补偿金，劳动者应当继续履行竞业限制义务；用人单位放弃对剩余期限竞业限制要求的，应当按劳动争议处理机构确认的标准支付已经履行部分的经济补偿金。

---

① 参见西安 LC 检测技术有限公司与谷某劳动争议二审民事判决书 [（2021）陕 01 民终 7914 号]。
② 参见由某霞与北京环某科技有限公司劳动争议二审民事判决书 [（2023）京 02 民终 2278 号]。

3. 企业合规的管理启示

尽管竞业限制协议未约定补偿金并不当然影响竞业限制协议的效力，为避免争议及纠纷，用人单位应按照《最高院关于审理劳动争议案件适用法律问题的解释（一）》第 36 条规定的标准向劳动者支付经济补偿。经济补偿可以在离职后一次性支付也可以按月支付。但应注意，根据《最高院关于审理劳动争议案件适用法律问题的解释（一）》第 38 条规定，劳动合同解除或者终止后，因用人单位的原因导致三个月未支付经济补偿，劳动者可以请求解除竞业限制约定。这三个月不需要连续，未支付经济补偿达到三个月劳动者即可解除竞业限制约定。但非因用人单位导致经济补偿无法支付的除外，如劳动者注销账户或失联等。

（五）竞业限制补偿金是否可以在在职期间每月随工资发放？

1. 合规风险识别

《劳动合同法》第 23 条的本意即"在解除或者终止劳动合同后，在竞业限制期限内按月给予劳动者经济补偿"。主要原因是在于竞业限制补偿金在劳动者在职期间每月随工资发放难以与劳动报酬加以区分。若企业无法证明工资与竞业限制补偿金已做区分，可能承担竞业限制无效的法律风险。

2. 违规后果

竞业限制被认定为无效。在 DG 国际资信评估有限公司与刘某劳动争议案[①]中，法院认为，虽然双方在《劳动合同书》中约定的月工资包含 10% 的竞业禁止补偿金，但并未明确约定该费用是劳动关系解除后的竞业限制补偿。而且，在双方之间此前就拖欠工资、经济赔偿金和未休年休假工资的劳动争议案件中，DG 公司亦未提出平时发放的工资包含刘某离职后的竞业禁止补偿金等费用及该等费用不应计入经济赔偿金和未休年休假工资的计算基数的抗辩意见，法院生效判决亦认定刘某离职前 12 个月的平均工资包含 DG 公司平时按月固定发放的所谓竞业禁止补偿金、培训费和保密金。故法院认为，DG 公司应对其劳动合同约定不明承担对其不利解释的后果，刘某在职期间发放的工资不应理解为包含双方劳动关系解除后的竞业限制补偿，应认定双方并未约定劳动关系解除后竞业限制补偿及标准。

3. 企业合规的管理启示

竞业限制补偿金应在劳动关系解除或终止后，竞业限制期限内按月发放。

---

① 参见 DG 国际资信评估有限公司与刘某劳动争议二审民事判决书［（2022）京 03 民终 14700 号］。

（六）竞业限制协议中应如何约定违约金数额？

1. 合规风险识别

现行法律法规中并未对竞业限制违约金的数额标准进行明确的约定，从相关案例上看，法院通常会结合劳动者的工资收入、用人单位的实际损失、违约方的主观过错程度、竞业限制补偿金的数额等酌定。但应注意的是，违约金数额应当明确可计算，如仅仅约定劳动者按照公司所受损失向其承担违约金的，则公司又要举证证明因竞业而遭受的损失数额，白白浪费了竞业限制条款相较《反不当竞争法》在商业秘密保护方面无过错规则原则的优势。

2. 违规后果

违约金金额约定不明可能会承担举证不能，诉讼请求被法院驳回的法律后果。在北京HTYK科技股份有限公司与谭某劳动争议案[①]中，用人单位与劳动者约定"支付相当于已支付竞业禁止补偿金数额双倍的违约金，违约金不足以赔偿甲方损失的，乙方有义务补偿差额部分"。一方面，对于"已支付竞业禁止补偿金数额双倍的违约金"。因客观上公司方并未向劳动者支付竞业限制补偿金，则按照前述约定，在"已支付竞业限制补偿金"数额为0的情况下，劳动者应向公司支付的竞业限制违约金计算方式为"0×2倍"，即0元。另一方面，对于"违约金不足以赔偿甲方损失的，乙方有义务补偿差额部分"。该案中，由于当事人并无证据证明劳动者违反竞业限制约定的行为给公司造成了直接经济损失。故在此情况下，用人单位应承担举证不能的不利责任。最终，尽管法院认为劳动者确有竞业限制违约行为，但基于双方间约定的违约金计算方式，驳回了用工单位的全部诉讼请求。

3. 企业合规的管理启示

用人单位在与劳动者约定违约金的时候，根据员工离职前月工资的倍数或者以其他可以明确计算的方式进行约定，避免抽象性描述或难以举证证明的方式进行约定。

（七）用人单位如何解除竞业限制协议？

1. 合规风险识别

竞业限制协议对于用人单位而言，并不是可以单方随时解除的。《最高人民法院关于审理劳动争议案件适用法律问题的解释（一）》第39条规定，在竞业限制期限内，用人单位请求解除竞业限制协议的，人民法院应予支持。在解除竞业限制协议时，劳动者请求用人单位额外支付劳动者三个月的竞业限制经济补偿的，人民法院应予支持。

---

① 参见北京HTYK科技股份有限公司与谭某劳动争议一审民事判决书[（2017）京0108民初48135号]。

2. 违规后果

若劳动者起诉用人单位额外支付三个月的竞业限制经济补偿，用人单位将面临败诉、额外支付补偿的法律后果。

3. 企业合规的管理启示

用人单位在与劳动者签订竞业限制协议前应审核协议内容，避免单方面主动解除协议。

图书在版编目（CIP）数据

企业合规管理实务案例 / 中国国际贸易促进委员会商事法律服务中心主编 . —北京：中国法制出版社，2024.5

ISBN 978-7-5216-4481-4

Ⅰ. ①企… Ⅱ. ①中… Ⅲ. ①企业法-案例-中国 Ⅳ. ①D922.291.915

中国国家版本馆 CIP 数据核字（2024）第 085992 号

策划编辑：王彧　　　　　　责任编辑：王悦　　　　　　封面设计：李宁

企业合规管理实务案例
QIYE HEGUI GUANLI SHIWU ANLI

主编 / 中国国际贸易促进委员会商事法律服务中心
经销 / 新华书店
印刷 / 三河市紫恒印装有限公司
开本 / 787 毫米×1092 毫米　16 开　　　　　印张 / 22.75　字数 / 352 千
版次 / 2024 年 5 月第 1 版　　　　　　　　　2024 年 5 月第 1 次印刷

中国法制出版社出版
书号 ISBN 978-7-5216-4481-4　　　　　　　　　　　　定价：89.00 元

北京市西城区西便门西里甲 16 号西便门办公区
邮政编码：100053　　　　　　　　　　　　　传真：010-63141600
网址：http：//www.zgfzs.com　　　　　　　编辑部电话：010-63141837
市场营销部电话：010-63141612　　　　　　印务部电话：010-63141606

（如有印装质量问题，请与本社印务部联系。）